Joe J. McKenna.

D1217237

VOCABULARIO DE ROMANCE EN LATÍN

ANTONIO DE NEBRIJA

VOCABULARIO
DE ROMANCE EN LATÍN

*Transcripción crítica de la edición revisada por
el autor (Sevilla, 1516) con una introducción*

DE

GERALD J. MACDONALD

TEMPLE UNIVERSITY PRESS
PHILADELPHIA

TEMPLE UNIVERSITY PRESS, PHILADELPHIA 19122, U.S.A.
© 1973 BY TEMPLE UNIVERSITY. ALL RIGHTS RESERVED
PUBLISHED 1973 JOINTLY WITH EDITORIAL CASTALIA, MADRID 10, SPAIN
PRINTED IN SPAIN

SALE OF THIS COPY IS PROHIBITED OUTSIDE OF THE U.S.A.,
ITS DEPENDENCIES, THE PHILIPPINES AND CANADA.

INTERNATIONAL STANDARD BOOK NUMBER: 0-87722-018-2
LIBRARY OF CONGRESS CATALOG CARD NUMBER: 72-96003

DEPÓSITO LEGAL: V. 1.798 - 1973

ARTES GRÁFICAS SOLER, S. A. - JÁVEA, 28 - VALENCIA (8) - 1973

INTRODUCCIÓN

La falta de una edición moderna del diccionario español-latino de Antonio de Nebrija fue remediada en parte por el facsímil de la edición de Salamanca de 1495 (?) publicado en 1951 por la Real Academia Española. Sin embargo, los hispanistas y lexicógrafos jamás han podido consultar una edición erudita digna de la gran obra de Nebrija a pesar de un número grande de ediciones publicadas entre los siglos dieciséis y dieciocho.[1] He emprendido esta transcripción con el fin de acabar esta carencia y así poner a la disposición del mundo una edición nueva, autoritativa, y de fácil consulta del diccionario español-latino de Nebrija.

Antes de su muerte en el año 1522 Antonio de Nebrija redactó de nuevo y aumentó mucho sus diccionarios latino-español y español-latino y extrajo de ellos los nombres geográficos y gentilicios para dedicar a éstos una lista particular. No obstante estos ajustes, Nebrija declaró que la nueva edición contenía diez mil vocablos agregados. Estos constan de artículos nuevos así como glosas ensanchadas, y nuevas calificaciones y definiciones.[2] La segunda edición del diccionario latino-español fue publicada en Burgos en 1512 según Lemus y Rubio. El *Vocabulario de romance en latin,* es decir, el diccionario español-latino refundido, apareció por primera vez en Sevilla en el año 1516 "en casa de Johannes Varela." Puesto que la segunda edición es la versión corregida y reelaborada del mismo autor, ésta tiene la virtud de ser la edición más autoritativa y,

---

[1] Para inventorios extensos de las ediciones y traducciones del diccionario, véanse Pedro Lemus y Rubio, "El maestro Elio Antonio de Lebrixa, 1441?-1522", *Revue hispanique,* XXIX (1913), 13-120, y José Simón Díaz, *Bibliografía de la literatura española* III (Madrid, 1953), págs. 892-894.

[2] El título de esta edición reza *Vocabulario de romance en latin hecho por el doctissimo maestro Antonio de Nebrissa, nuevamente corregido* & *augmentado; mas de diez mill vocablos de los que antes solia tener.* Al parecer, las diez mil palabras agregadas son la totalidad de las adiciones a los dos diccionarios en conjunto.

como tal, la última palabra del autor sobre el asunto. Por eso he emprendido esta transcripción a base de la segunda edición.

La primera edición está dedicada a Juan de Zúñiga, maestro de la Orden de Alcántara y amigo, estudiante, y protector del autor. La segunda edición tiene además una segunda dedicatoria en forma de epílogo consagrada a los hijos de Miguel Almazán, secretario de Fernando el Católico. Nebrija, quien fue nombrado cronista real en 1509, era amigo de Almazán y guió los estudios de los hijos de éste.[3] Su devoción a los estudios clásicos es evidente en este epílogo.

Antonio de Nebrija, lexicógrafo

Gramático de profesión, Nebrija estaba bien dispuesto para la lexicografía. Su preocupación por la claridad mediante las glosas, los sinónimos, y los calificativos sintácticos junto con su deseo de brevedad son indicios de su entendimiento claro de lo que debe ser un diccionario. Nebrija demuestra un conocimiento tan profundo del idioma y léxico latinos como de los españoles. Si hemos de conceder el que entendió mal y erró a veces, no podemos censurarle por las interpretaciones caprichosas y las etimologías fantásticas de algunos lexicógrafos contemporáneos y subsecuentes. A veces él documenta sus datos citando autoridades como Aristóteles, Juan de Mena, y Plinio el Antiguo. La segunda edición del *Vocabulario* revela de varios modos que es una obra refundida a la cual se añadieron muchas locuciones españolas a la lista principal e igualmente palabras latinas y griegas entre las equivalencias. Un intento algo descuidado de condensación resultó en unas omisiones y duplicaciones, sin embargo. Para la mayoría de los lectores la tacha estilística más notable será el orden alfabético imperfecto, pues los derivados de vocablos básicos suelen seguir, fuera del orden alfabético lógico, la palabra raíz. Por ejemplo, después de *sufrir* se encuentran en este orden: *sufrimiento, sufrido* y *sufrible*. Se notan también otras faltas de orden alfabético sin razón aparente para ello. Para los lectores de algún conocimiento lexicográfico, el uso del todo inconsistente de los calificativos será de lamentar. Parece que los calificativos *adverbio, conjunción,* y *preposición* sirven más bien para llenar espacio libre que para calificar. El calificativo curioso *cosa*

---

[3] Esta dedicación ha sido identificada por Francisco G. Olmedo como la sustancia de una carta dirigida a los hijos de Almazán. Véase Francisco G. Olmedo, *Nebrija (1441-1522), debelador de la barbarie* (Madrid, 1942), págs. 198-200.

aparece después de casi todos los adjetivos en la lista principal, o como parte de la voz que se define o como parte de la glosa. El calificativo *adjetivo*, el cual Nebrija usa de vez en cuando, sería de preferir en su lugar. Desafortunadamente Nebrija jamás indica el género de los sustantivos. Su práctica de usar frases de especificación tales como *desta manera, esta mesma*, y *assi* constituye un rasgo estilístico que obliga que el lector se refiera a artículos previos para determinar el sentido de la palabra de que se trata. En cambio, el lector se contenta de notar, además de las calificaciones de función, unos calificativos latinos de usaje o categoría lingüística como *novum* ('sentido nuevo' o 'neologismo'), *proprie* ('de uso sancionado'), *barbare* ('de uso bárbaro o inculto'), *impersonale* ('verbo impersonal'), *indeclinabile, graece, in plurali*, y *vide*. Una lista de las expresiones calificativas usadas por Nebrija se encuentra más abajo.

En el *Diálogo de la lengua*, [4] Juan de Valdés critica entre otras cosas varios errores de interpretación y definiciones discutibles de la obra de Nebrija. Debido a su carácter corriente o su base errónea o inapropiada, algunas equivalencias sí son de criticar; por ejemplo **calaboço** se define *scalae gemoniae*, **raposa**, glosada como "animal," está interpretada de *alopex*, **siete en rama** yerva *pentaphyllon*, **canto de cabreros** *égloga*, **decoro, saber en el abito** *teneo memoria*, y **castañuelas entre dedos** *digitorum crepitus*.

Otra tacha de la obra de Nebrija que se nota a menudo es la mala interpretación de los números grandes, específicamente los que utilizan la expresión arcaica *cuento*, es decir 'millón'. Cuando ésta ocurre, Nebrija frecuentemente la traduce mal en latín. En los ejemplos que van a continuación y que fueron sacados palabra por palabra del texto, los descuidos de imprenta parecen ser improbables: **sesenta cuentos** [es decir, 60.000.000] se expresa por *sexagies centum mille* [6.000.000] y **sesenta mill cuentos** [60.000.000.000] se expresa por *sexies millies centum mille* [600.000.000].

Unas peculiaridades estilísticas más deben mencionarse. Muchas veces Nebrija maneja de un modo inconsistente el formato de las equivalencias latinas. De costumbre representa los verbos españoles por las dos primeras inflexiones de singular del indicativo del verbo latino (por ejemplo: **buscar** *quaero -is*) o éstas más la primera persona de singular del tiempo perfecto del indicativo (al modo de: **hender** *findo -is fidi*). Pero de vez en cuando es el infinitivo solo que se da cuando hay también un

---

[4] Ed. José F. Montesinos, *Clásicos Castellanos* (Madrid, 1946), págs. 12-13.

complemento nominal (**abrasarse** *in prunas delabi,* **acuchillar** *cae-dere gladio*). En otros casos, los verbos impersonales que por naturaleza ocurren sólo en la tercera persona de singular están representados por las formas verbales debidas (**hazer calor** *aestuat. Calet;* **hazer frio** *hiber-nat. Hiemat*). En cambio, sin explicación del porqué se lee para **llover,** *pluo -is* y *depluo -is,* para **nevar,** *ningo -is -xi,* para **anochecer,** *noctesco -is.*

La utilización de las glosas, los sinónimos, los calificativos, y de las frases explicativas constituye probablemente el procedimiento lexicográfico más prudente de la obra. Además de las reformas ya mencionadas en la segunda edición, parece que Nebrija se preocupó con agregar aún más datos lexicográficos a lo dado en la primera edición. El lector se agrada al notar los calificativos de sujeto como *yerva, ave, pescado, mata, fruto, árbol,* etcétera. El que la concepción de Nebrija del vocabulario funcional sobrepasara una mera lista de vocablos con explicaciones o equivalencias es evidente en vista de que se incluyen en la lista principal hasta las frases preposicionales e idiomáticas, y las de alta frecuencia. Su procedimiento es especialmente cuerdo cuando incluye después del artículo dedicado a ciertos conceptos fundamentales, las expresiones de importancia o sentido particular derivadas de él. Por ejemplo, después de los artículos **nave** y **navegar** se encuentran **naves, echar al agua** y **naves, sacar del agua.**

Al parecer Nebrija se esmeró en evitar el vocabulario esotérico, extravagante, o poco científico —el léxico astrológico, por ejemplo— e igualmente desdeñó las etimologías y glosas fantásticas. Que haya optado por reducir a p y t las digrafías gratuitas inspiradas en los ph y th griegos, los cuales estaban todavía utilizados dos siglos más tarde en el *Diccionario de Autoridades,* da prueba de su amplia visión lingüística.

Las características de la segunda edición

La comparación de la primera edición del *Vocabulario,* publicada en Salamanca, y la segunda, publicada en Sevilla, hace destacar unas diferencias notables entre las dos. Mayor cuidado y competencia en la composición e imprenta se observan en el incunábulo cuyo cumplimiento general contrasta con la negligencia relativa de la segunda. Es especialmente notable que el estilo ortográfico de la primera, impresa en Castilla, se parezca más que el de la segunda, impresa veinte años después en Andalucía, a la norma moderna española. El conservadurismo fonético y ortográfico de Andalucía será, al parecer, la razón de esto. Además, muchos errores ortográficos en las definiciones latinas de la segunda edición indican que el impresor debió ser tan descuidado como inexperto en latín y que la composición no fue atentamente dirigida.

Excepto por los nuevos artículos, la lista principal de la segunda edición conserva el orden alfabético de la primera, pero en el texto de la segunda algunas palabras aparecen con una ortografía variante. En la lista principal de las dos ediciones se nota, por ejemplo, una moda de ortografía ilustrada por estos vocablos: *hazer, ciudad, cuatro, ierva,* y *cualquiera* mientras que en la segunda éstos aparecen a menudo en las glosas y calificaciones deletreados *fazer, cibdad, quatro, yerva,* y *qualquiera.* En cuanto al uso de la h inicial aspirada y de la y para la i medial y palatal, la versión alternativa de la segunda edición se parece más a la ortografía aprobada actualmente.

El uso de una u otra de las grafías pareadas u/v e i/j en las locuciones españolas de la edición incunabular también se parece a la ortografía moderna mientras que las definiciones latinas de la misma edición reflejan la u para u y v en todos los casos. En este sentido la segunda edición demuestra más consistencia entre las ortografías española y latina con la v usada siempre para la u/v inicial. Así es que *vua* en la segunda edición representa *uva* en la primera y en la ortografía moderna. Como vuelvo a explicar más tarde, la normalización de estas variantes fue uno de los criterios críticos de esta transcripción. Las dos ediciones del diccionario concuerdan bastante bien en cuanto al uso de las grafías z, ç, c africada, s, y ss, aun cuando se diferencian del uso moderno (en el caso, por ejemplo, de *vezes, rezio, dança, çoçobra,* y *osso*). Además, la b y la v se usan parecidamente en ambas ediciones; a veces éstas se distinguen del uso moderno (*boz, bolar, bivo,* y *hava* en las dos).

En el uso de elementos no etimológicos en la ortografía latina una edición peca tanto como la otra. Se observa la h gratuita en *hordacea, hexedra, charitas, charus,* y *arthemisia;* la y gratuita en *hylaritas, hystoria,* y *nymbus.* Se nota la reducción no justificada de consonantes mediales geminadas en *ampola* (dícese *ampolla), efluus (effluus), titilatio (titillatio), tinunculus (tinnunculus),* y la geminación no justificada de consonantes mediales que deben ser sencillas: *mollosus, quallus, cordylla, exhallo, assarotum,* y *emblemma.* Parece posible que en algunos casos de éstos un mero error de ortografía de la primera edición fuera repetido ciegamente en la imprenta de la segunda.

Los criterios eruditos de esta transcripción

Si la idea de una edición crítica de un diccionario es difícil de defender, la idea de una transcripción crítica que respete el intento y espíritu del original no lo es. La conservación del diccionario en su forma originaria, ni adaptado ni modernizado, ha sido el primer criterio erudito de esta transcripción. De modo que el que la consulta conocerá el español y el latín del *Vocabulario* esencialmente en la forma en que Antonio de Nebrija los conocía. He querido producir una copia fiel de la obra, corrigiendo sólo las faltas obvias de imprenta y ortografía y los defectos, como el procedimiento inconsistente, por ejemplo, que tienden a dañar su utilidad y valor erudito. Los errores descubiertos a la luz de los conocimientos científicos modernos o que no pueden atribuirse estrictamente a Nebrija quedan sin corregirse. Por eso, la calificación de "pescado" para *cavallo de rio* ('hipopótamo') se conserva porque sugiere la ignorancia del sujeto, no una falta de método. En cambio se han corregido las interpretaciones erróneas de los números que utilizan la voz *cuento*. Cuando por rigor científico me he sentido obligado a hacer tales correcciones, me he esforzado mejorar pero no cambiar extensamente el formato del autor. Así que la transcripción debe reflejar rígidamente el léxico contenido en la edición de Sevilla de 1516, pero debe resultar más fácil de consultar y de entender.

La ortografía española no ha sido modernizada, pero la inconsistencia ortográfica fue rectificada tanto para el español como para el latín. En unos pocos casos se ha escogido por fuerza de entre posibilidades ortográficas alternativas para alcanzar una uniformidad que faltaba en el original. Un caso típico fue el de optar por usar la y minúscula para la i palatal española cuando es inicial (en *yerva, yelo,* y *yo*) y en los diptongos decrecientes (en *veynte* y *rey*). Las dos ediciones originarias del *Vocabulario* se difieren a menudo en el uso de estas grafías. Además es interesante notar que en la lista principal de las dos los vocablos *yedra, yelo,* y *yerva,* así como *yazer, yema, yermo,* y *yo* se encuentran bajo la I puesto que no hay lista alguna de Y inicial. Esta práctica se observa también en esta transcripción.

Una peculiaridad del formato de Nebrija es el tratamiento de los adjetivos. Cuando la forma citada es la masculina y se incluye el calificativo *cosa,* he apartado éste del adjetivo por dos espacios puesto que no puede servir sintácticamente de objeto teórico del adjetivo. Cuando se cita la femenina o la forma epicena, el calificativo se coloca al lado del adjetivo como si juntos constituyeran una frase. Unos ejemplos de las dos clases van a continuación: **gorda** *cosa,* **enteriza** *cosa,* **mayor** *cosa,* **manual** *cosa,* pero **ovejuno** *cosa de oveja,* **marino** *cosa de la mar,* **pando** *cosa tesa.*

Nebrija fue menos que consecuente al tratar de las locuciones griegas que complementan a veces las equivalencias latinas. Puso algunas voces de pura etimología griega sin designarlas griegas. Cuando éstas no se encuentran en el *Latin Dictionary* de Lewis y Short [5] como helenismos reconocidos del léxico latino, he seguido la costumbre de añadir la calificación *graece* entre corchetes. La forma latinizante que Nebrija dio a muchas locuciones griegas a pesar de designarlas griegas, la he ajustado para que se conformen más exactamente con la ortografía griega en transcripción.

La ortografía latina ha sido verificada a base de la del *Latin Dictionary* de Lewis y Short. La ortografía variante o alternativa reconocida por Lewis y Short se ha conservado. Por regla general la precisión semántica de las definiciones latinas fue verificada mediante el diccionario de Lewis y Short y otros diccionarios de la lengua latina incluso el *Glossarium mediae et infimae latinitatis* de Du Cange y el *Dictionarium* latino-español (Burgos, 1512) del mismo Antonio de Nebrija. Igualmente las locuciones griegas han sido verificadas mediante el *Greek Lexicon* de Liddell y Scott. [6]

En cuanto a la inconsistencia ya mencionada de la ortografía española, se ha resuelto según la versión citada en la lista principal de las dos ediciones del diccionario. De modo que *cibdad, fazer,* y *quatro* aparecen siempre *ciudad, hazer,* y *cuatro.* Por la misma razón la h inicial española se omite cuando el étimo latino la tiene (en *ombre, uerta,* y *onrrar*) y se conserva cuando la f inicial latina había de evolucionar normalmente en la h aspirada española de aquella época (en *huego, hambre, hablar,* y *hembra*). *Uesso* y *uevo* reemplazan *huesso* y *huevo* puesto que la h de éstos es anti-etimológica.

Otros ajustes llevados a cabo con el fin de hacer la transcripción más útil y más fácil de consultar son: el hacerse imprimir los nombres propios con la inicial en mayúscula; la resolución de todos los símbolos y abre-

---

[5] Charlton S. Lewis and Charles Short, *A Latin Dictionary, Founded on Andrews' Edition of Freund's Latin Dictionary* (Oxford, 1879).

[6] Henry G. Liddell and Robert Scott, *Greek English Lexicon* (9th edition; Oxford, 1940).

viaturas menos la cifra &; la corrección de los defectos de orden alfabético en la lista principal donde no se trata de derivados de artículos antecedentes; la adición entre corchetes de materias omitidas erróneamente o por falta de espacio; y el uso de tipos de letra distintos según este plan: artículo principal en negrilla; glosas, calificativos, y sinónimos en letra redonda; y traducción latina u otra equivalencia en cursiva. Cuando se indican el objeto o el sujeto de los verbos, el objeto va impreso con el verbo como una frase en conjunto (**abotonar la vestidura, abrevar ganado**), pero el sujeto va impreso algo aparte en letra redonda (**bramar** el osso, **abotonar** los árboles, **nacer** la planta).

Unos consejos para la consulta de esta obra

En su introducción latina Nebrija advierte al lector que el siguiente orden alfabético se utiliza en el texto: a, b, c, ç, ch, d, e, f, g, h, i, j, l, ll, m, n, ñ, o, p, r, s, t, u, v, x, z. A causa de los adelantos fonológicos registrados por el español y las otras lenguas romances, el alfabeto clásico latino se había hecho algo inadecuado para representar los sistemas fonéticos para los cuales todavía servía en los siglos quince y dieciséis. Si Nebrija fue, como parece haber sido, el primer erudito en querer aplicar sistemáticamente el alfabeto latino a las necesidades de la lengua española de aquella época, no ha de desacreditarle el que no pudiera resolver conclusivamente todos los problemas ortográficos y fonéticos que se le presentaron y que dejara sin remedio cierto número de ambigüedades y lagunas fonéticas.

Lo que Nebrija dejó de explicar en la introducción es que bajo el título de la ç se encuentra también la función africada de la c seguida de e o i [ts]; que la g inicial oclusiva siempre precede la g africada [dž] de modo que las voces *gemir, gente,* y *ginete* siguen *gloria* y *gota,* por ejemplo; que las grafías iniciales i y j son idénticas en los textos originales excepto que su función consonantal africada [dž], ejemplificada en *jacinto* y *jardín,* puede distinguirse de la función vocálica [i] y palatal [j] según su sitio en secuencia después de la vocal i; que el lector sí encuentra voces de q inicial *(que-, qui-)* después de la p a pesar de la sugestión de Nebrija de que la q no es más que una variante de la c que se omite del resumen alfabético.

De recordatorio va a continuación un sumario de la secuencia interna y de las variantes que han de ser encontradas bajo los títulos c, ç, g, i, j, q, y u.

c   [k] ca- cl- co- cr- cu-
ç   [ts] ça- ce- ci- ço- çu-
g   [g] ga- gue- gui- gl- go- gr- gu-; [dž] ge- gi-
i   [j] y [i] ya- id- ye- ig- il- im- in- yo- ip- ir- it- yu- iz-
j   [dž] ja- jo- ju-
q   [k] que- qui-
u   [w] y [u] ub- ue- ul- um- un- uñ- us-

Se le recuerda al lector que bajo la h se descubren muchas voces que tienen la f inicial en la lengua moderna *(huego, hebrero, halda,* no *fuego, febrero, falda)* y que muchas que tienen la h inicial en la lengua moderna se descubren bajo la u y las otras vocales *(uesso, aver, onor)*. Ya que la introducción de Nebrija no da aviso de su práctica de colocar los derivados después de la palabra básica, de modo que *cogedor* sigue *coger,* por ejemplo, se le advierte al lector que tenga presente ésta y otras razones por las cuales determinadas voces tal vez no parezcan en su lugar debido.

Aunque la mayoría de las calificaciones y glosas utilizadas por Nebrija se entienden universalmente, algunas de ellas son únicas. Las expresiones españolas y latinas citadas a continuación merecen explicación por su sentido especializado o ambiguo.

español

assi	= voz así calificada es sinónimo o derivado del artículo anterior
como quiera	= "en general"
cosa	= voz así calificada es adjetivo
cualquiera	= "en general"
desta manera	= voz así calificada deriva del artículo anterior
en esta manera	= voz así calificada deriva del artículo anterior
este mesmo	= sinónimo del artículo anterior
nombre adjetivo	= adjetivo
nombre sustantivo	= sustantivo
requiere	= "véase"

latín

activum	= verbo activo
ad hoc pertinens	= voz así calificada es adjetivo derivado del artículo anterior

barbare = vulgar o inculto
frequentativum = verbo frecuentativo
impersonale = verbo impersonal
improprie = de uso no sancionado
novum = neologismo o sentido nuevo
proprie = de uso sancionado

Me da gusto reconocer aquí el aliento y consejos amables recibidos en el curso de mi labor de los profesores Edwin B. Williams y William Roach de la University of Pennsylvania, del profesor Paul M. Murphy de Ohio University, y del director de la Hispanic Society of America, el Dr. Theodore S. Beardsley. Por su asistencia en los preparativos finales del manuscrito le agradezco al profesor George J. Edberg, jefe del Department of Spanish and Iberoamerican Languages and Literatures de Temple University. Una subvención liberal del College of Liberal Arts de Temple University facilitó mucho la redacción del manuscrito en el verano del año 1970.

VOCABULARIO DE ROMANCE EN LATÍN

PROLOGUS

Ad magnificentissimum ac perinde illustrem D. Joannem Stunicam, Magistrum Militiae d'Alcantara Ordinis Cisterciensis. Aelii Antonii Nebrissensis grammatici praefatio in interpretationem dictionem hispaniensem in latinum sermonem. Lege feliciter.

Cum omnes vitae meae rationes quam probatissimas esse velim ceteris hominibus, tum maxime tibi princeps illustrissime, in quo uno omne mihi praesidium atque totius rei domesticae spem collocavi. Nam cum nos ad aliquid agendum natura finxerit et quemadmodum ait divinus ille Plato, non solum nobis nati sumus, sed partim patriae partim amicis, non fuit nobis committendum ut vitam in otio atque ignavia tereremus. Sed cum tria sint hominum genera quibus nulla vivendi ratio constat: eorum qui aut nihil agunt, aut male agunt, aut aliud agunt, illi profecta sunt vita dignissimi qui non modo bene agunt, verum etiam ex salvatoris nostri sententia operantur cibum qui non perit et quatenus negat illis diu vivere, relinquunt aliquid quo se vixisse testentur. Horum in numero velle haberi et si hominis est parum modesti atque voto suo intemperanter utentis, ego tamen ut hanc animi mei levitatem confitear, nihil umquam magis prae me tuli quam ut ad communem omnium utilitatem vigilias atque labores meos conferrem; ut cum essem de republica nostra bene meritus, immortalem mihi gloriam compararem. Haec est certissima in caelum eundi via; haec consecravit aeternitati eos quorum ingenia ex operibus admiramur. Quod si labores nostri perituri sunt, quoniam ut ait Poeta, victurus genum debet habere liber, nos tamen tanta cura et vigilantia scripsimus ac si essent victuri. Cumque suppeteret nobis ingenium simul et doctrina ad illustrandam unam ex his artibus quae sunt pecuniosissimae atque ambiendis honoribus magis aptae, non fuimus contenti vulgarem illam nimisque detritam viam insistere, sed a diverticulo uni

3

mihi ex nostris monstrato divinitus ad fontem pervenire unde me in primis deinde hispanos meos omnes satiarem. Atque ut omittam pueritiae meae annos laborosissime actos in patria sub paedagogis et artis grammaticae ac dialecticae praeceptoribus, ut omittam quinque annos quibus Salmanticae dedi operam in Mathematicis Apollonio, in Physicis Paschali ab Aranda, in Ethice Petro Oxonomensi professoribus in sua cuique arte clarissimis, cum primum visus mihi sum aliquid per aetatem sapere, suspicatus sum id quod erat, quodque de se Paulus apostolus ingenue confessus est: viros illos et si non scientia sermone tamen imperitos fuisse. Itaque cum essem natus annos undeviginti me in Italiam contuli, non qua id ceteri faciunt ratione, ut aucupentur redditus ecclesiasticos aut utriusque juris formulas reportent aut permutent merces, sed ut latinae linguae auctores jam multis ante saeculis ab Hispania exules patriae amissae possessioni quasi longo postliminio restituerem. Quibus ediscendis cum decem illic annos consumpsissem atque jam de reditu cogitarem, allectus sum litteris perquam reverendissimi ac perinde sapientissimi viri Alphonsi Fonsecae Archiepiscopi Hispali qui me qua vidit die atque suorum in numero esse jussit. Multa imprimis benigne pollicitus, praeter centum quinquaginta aureos annuos vectigales, quos mihi constituit, congiario insuper amplissimo quotidie prosecutus est. Sed quod ille magnam temporis partem rebus divinis, magnam praeterea publicis negotiis indulgebat, nonnullam etiam valitudini quod per crebra temporum intervalla substillo premebatur, toto illo triennio quo sum illius familiaritate usus nihil aliud egi quam ut omnes copias meas recenserem, meque ad latinae linguae professionem paratum exercitatumque redderem quasi divinarem cum omnibus barbaris magnum aliquod mihi instare certamen. Postea igitur quam ille diem suum obiit et quamquam merens gemensque mei tamen juris esse coepi, numquam destiti cogitare rationem qua possem tam longe lateque per omnes Hispaniae partes diffusam barbariem profligare. Fuitque mihi praesto consilium quo Petrus Paulusque apostolorum principes in extirpanda gentilitate atque inferenda Christi religione usi sunt. Nam quemadmodum illi in jaciendis ecclesiae fundamentis non aggressi sunt populos quosdam obscuros et incognitos, quod alicujus falsae positionis auctores facere consueverunt, sed alter Athenas ambo Antiochiam clarissimas illa tempestate in studio litterarum civitates, deinde uterque Roman totius orbis terrarum dominam atque reginam. Sic ego in eradicanda ex nostris hominibus barbaria non aliunde quam a Salmanticensi academia sum auspicatus, qua velut arce quadam expugnata non dubitam ceteros Hispaniae populos brevi in deditionem esse venturos. Ubi cum essem duplici salario stipendiatus e publico, id quod ante me adhuc nulli contigit, quantum utilitatis duodecim annorum professione attulerim, alii melius atque incorruptius judicabunt; certe posteritas sentiet. Quo tempore duo artis grammaticae opuscula sunt a nobis tumultuarie edita, vel potius e manibus exciderunt. Quae cum essent incredibili totius Hispaniae consensu recepta, intellexi me satis magna et firma aedificio quod institueram fundamenta jecisse, neque aliud jam deesse quam materiae copiam unde tanta moles assurgeret. Quod est divina quadam Providentia effectum. Cum enim mihi jam non esset integrum vitae rationem institutam dimittere, quod uxore ducta auctaque familia redditus illos ecclesiasticos abalienaveram, neque aliunde mihi victus esset quaerendus quam ex mercede illa scholastica, tu munificentissime princeps, omnia es elargitus qui mihi multis amplissimisque muneribus affecto otium pariter atque animi tranquillitatem dedisti. Et ut tota hujus septenii ex quo tuus esse coepi ratio tibi constet, quattuor diversa opera in eodem opere elaboravimus. Primum in quo dictiones latinas et graecas latino sermoni admixtas strictim breviterque hispanienses fecimus, quod tamquam hujus mei laboris primitias amplitudini tuae dedicavi. Alterum quod etiam impraesentiarum praeclarissimo tuo nomine inscribimus in quo e diverso dictiones hispanas pari brevitate in latinum sermonem interpretati sumus. Tertium in quo omnes artis grammaticae partes cum singularum dictionum enarratione disserimus in tria maxima volumina distributum. Quartum in totidem quoque volumina digestum in quo dictiones hispanas et barbaras jam hispanitate donatas interpretamur addita singulis in eodem sermone quam brevissima enarratione. Quintum praeterea adjecimus in quo sermonem hispanum incertis artificii legibus vagantem sub regulas atque praecepta contraximus, quod clarissimae omnium feminarum ac perinde virorum augustae nostrae dicatum est. Quam vero artem grammatices ejusdem imperio ex latina hispaniensem e regione versuum fecimus, nolo inter opera mea enumerare quod paucorum dierum labor ille fuit et quod potius interpretis quam auctoris officio functi sumus. Quod si adjecerimus commentarios artis grammaticae, qui sunt a nobis tuo aspicio inchoati, res omnis litteraria erit confecta. Quare cum omnis loquendi ratio constet materia et forma, materiam voco nomina et verba ceterasque orationis partes, formam vero illarum partium accidentia atque inter se connexionem, quod ad materiam attinet assecuti sumus illis octo voluminibus quae sunt a nobis de vocabulorum significationibus scripta, quod vero ad formam quinque memoratis codicibus qui sunt de arte grammatica partim editi partim edendi. Num videor tibi, princeps optime, fuisse otiosus, ex quo tempore me huic amplissimae familiae tuae insinuavi? An secessisse, quod plerique suspicati sunt, ad ignaviam potius quam ad vigilias atque laborem? Sed quamquam instat nobis annus aetatis primus et quinquagesimus, quod nati sumus anno antea quam Joanne Secundo rege ad Ulmetum est feliciter dimicatum, poteramque ego pulchre etiam divina jubilaei lege jam fieri emeritus, quidquid tamen spiritus et vitae mihi restat, quidquid ingenii et doctrinae superest, id omne ad tuum arbitrium publicae utilitati conferemus.

De alphabeto hispano cujus ordinem secuturi sumus

Quemadmodum in primo libro ejus operis quod est a nobis de grammatica hispana editum satis copiose disputavimus, sex et viginti pronuntiationes habet sermo hispanus, quas viginti duabus litterarum figuris a latino et graeco sermone mutuo acceptis scribere consuevit. Quarum duodecim simpliciter nobis pro se deserviunt: a, b, d, e, f, m, o, p, r, s, t, z. Sex vero pro se ipsis et pro aliis cum aut apponimus apices aut geminamus et adjungimus quasdam litteras, ut: c, ç, ch, gu, g, i, j, l, ll, n, ñ, u, vau. Quattuor praeterea pro aliis utimur et non pro se ipsis: h pro he, q pro c, x pro xe, y pro i. Erit igitur litterarum ordo quem in dictionibus hispanis sequemur hujusmodi: a, b, c, ç, ch, d, e, f, g, h, i, j, l, ll, m, n, ñ, o, p, r, s, t, u, v, x, z, nisi quod ad scribendum sonum proprium c quando sequitur e vel i utimur qu. Ad scribendum quoque sonum verum g quando sequuntur eaedem vocales utimur gu.

Prologus explicitus

Dictionarium ex hispaniensi in latinum sermonem interprete Aelio Antonio Nebrissensi. Lege feliciter

A

a primera letra del ABC. En latin tiene el nombre de su sonido *a*

a en ebraico llamase *aleph*

a en griego llamase *alpha*

a en aravigo llamase *alipha*

a preposicion por cerca *ad. Apud*

a preposicion por hazia *ad. Versus*

a adverbio para llamar *o. Heus*

a a del que halla a otro en maleficio *at at*

a a a interjecion del que se rie *ah ah ah*

aaron o barva de Aaron yerva *arus -i* sive *arum -i*

abad prelado de monjes *abbas -atis*

abadessa *abbatis -idis;* de monjas *abbatissa -ae*

abadia dignidad de aquestos *abbatia -ae*

abadengo lo del abad *ad abbatem pertinens*

abadejo escaravajo ponçoñoso *cantharis -idis*

abahar retener el baho *vaporo -as -avi*

abalançarse alguno *infero me medium*

aballar mover con dificultad *amolior -iris*

abarca suela de cuero rudo *pero -onis*

abarcado calçado con ella *peronatus -a -um*

abarca calçado de madera *soccus -i*

abarcado calçado con ella *soccipes -edis*

abarcar casi abraçar *complector. Amplector*

abarcar como tierra o onrra *ambio -is -ivi*

abarraganado varon con soltera *concubinarius -ii*

abarraganada hembra con soltero *concubina*

abarraganada aquella mesma *pallaca -ae*

abarraganada de casado *pellex -icis*

abarrancarse el ganado *in anfractum cadere*

abarrancado ganado *in anfractu haerens*

abarrancadero lugar *anfractus -us. Praecipitium -ii*

abarrar como a la pared *allido -is. Illido -is*

abastar *abundo -as. Sufficio -is*

abasto o abastança *abundantia -ae. Copia -ae*

abatirse *demitto -is. Dejicio me*

abatimiento *demissio -onis. Dejectus -us*

abatir derribando *deturbo -as. Dejicio -is*

abatimiento assi *deturbatio -onis. Dejectus -us*

abaxo *deorsum* adverbium loci

abaxar por decendir *descendo -is*

abaxamiento decendimiento *descensus -us*

abaxar a otra cosa de alto *defero -fers*

abaxamiento en esta manera *delatio -onis*

abaxar lo sobervio *humilio -as*

abaxamiento assi *humiliatio -onis*

abeja volatile ceñido *apes apis*

abeja pequeña *apicula -ae*

abejera o torongil *citreago -inis*

abejera en griego *meliphyllon*

abejon falsa abeja *pseudomelissa -ae*
abejon juego antiguo *alaparum ludus*
abejurco ave *apiastra riparia*
abejurco en griego *merops*
abenuz arbol de madera negra *hebenus -i*
abenuz madera deste arbol *hebenum -i*
abertura de lo cerrado *apertura. Reclusio*
abertura de la boca *hiatus -us*
abertura grande de boca *rictus -us*
abertura de lo que se hiende *hiatus -us*
abertura de lo sellado *resignatio -onis*
abestruz ave *struthio. Struthiocamelus -i*
abezar enseñar *doceo -es. Instituo -is*
abezar poner costumbre *assuefacio. Consuefacio*
abezarse acostumbrarse *assuesco. Consuesco*
abezado assi *assuetus. Consuetus*
abezado assi *assuefactus. Consuefactus*
abierto participio es de abrir requiere **abrir**
abierto siempre como las orejas *patulus -a -um*
abierto a vezes como los ojos *patens -tis*
abile cosa *habilis -e. Aptus. Idoneus -a -um*
abilidad assi *habilitas. Aptitudo*
abilemente *habiliter. Apte*
abilitar hazer abile *habilito -as* novum
abile para letras *docilis -e*
abilidad para letras *docilitas -atis*
abilemente assi *dociliter*
abiltar casi abatir *abjicio -is. Dejicio -is*
abiltadamente *abjecte. Dejecte*
abismo agua sin hondon *abyssus -i*
abismo lugar sin hondon *barathrum -i*
abispa volatile ceñido *vespa -ae*
abispa que buela señera *pseudosphex -ecis*
abispon o tavarro desta especie *crabro*
abito vestidura *vestis.* Requiere **vestidura**
abito disposicion *habitus -us*
abito costumbre buena *mos moris*
abituado acostumbrado della *moratus -a -um*
abito costumbre mala *cacoethos -i*
abituado della *cacoethicus -a -um*
abito costumbre como quiera *consuetudo*

abituarse *assuesco -is. Consuesco -is*
abituar a otro *assuefacio. Consuefacio -is*
abituado como quiera *assuetus. Consuetus*
ablandar lo duro *mollio -is. Mollifico -as*
ablandadura assi *mollitudo. Mollificatio*
abogar en lo criminal defendiendo *patrocinor*
abogado en lo criminal assi *patronus -i*
abogacia en esta manera *patrocinium -ii*
abogado sin letras mal letrado *rabula -ae*
abogado de consejo *jureconsultus -i*
abogar como quiera *ago causas. Adsum*
abogado assi *advocatus. Causidicus*
abogacia assi *advocatio -onis*
abogar por el adversario *praevaricor -aris*
abogado en esta manera *praevaricator -oris*
abogacia en esta manera *praevaricatio -onis*
abollar o abollonar *bullas facio vel lacunas*
abollonado con bollones *bullatus -a -um*
abollado de abolladuras *lacunosus -a -um*
abolladura *lacuna -ae*
abolorio o aboluengo *series avorum*
abolorio en griego *genealogia. Stemma -atis*
abominar *abominor -aris. Averior -aris*
abominar maldezir *detestor -aris. Execror -aris*
abominable cosa *abominabilis -e*
abominable *detestabilis -e. Execrabilis -e*
abominacion *abominatio -onis*
abominacion *detestatio -onis. Execratio -onis*
abonar en hazienda *do praedes*
abonado en hazienda *praeditus. Assiduus*
abonado en otra cosa *praeditus -a -um*
abonar el tiempo *tranquillo -as*
abonarse el tiempo *tranquillor -aris*
abonança de tiempo *tranquillitas -atis*
abonar el tiempo en griego *malacisso -as*
abonança de tiempo en griego *malacia -ae*
abondar *abundo -as. Sufficio -is. Afflo -is*
abondoso *abundus -a -um. Copiosus -a -um*

abondosamente *abunde. Abundanter. Copiose. Affluenter*

abondamiento *abundantia. Copia. Affluentia*

abondoso en manjares *opiparus -a -um*

abondosamente assi *opipare*

aborrecer *odi odisti. Odio habeo -es*

aborrecible cosa *odiosus. Individous -a -um*

aborrecedor *osor -oris. Osus. Exosus. Perosus*

aborrecible cosa en griego *misumenos*

aborrecedor de ombres *misanthropos* [graece]

abortar mal parir, mover *abortio -is*

abortado en esta manera *abortivus -a -um*

aborton *pullus abortivus*

abortadura mal parto *abortio. Abortus -us*

abotonar la vestidura *condylos necto*

abotonadura de plata o de oro *spinther -is*

abotonar los arboles *gemmo -as. Germino -as*

abraçar *amplector -eris. Complector -eris*

abraçado nombre *amplexus. Complexus -us*

abrasar *in prunas redigo*

abrasarse *in prunas delabi*

abrevar dar a bever *poto -as*

abrevado harto de bever *potus -a -um*

abrevar ganado *adaquo -as. Potum ago*

abrevadero de bestias *aquagium -ii*

abreviar *adbrevio. In compendium redigo*

abreviadura *adbreviatio. Compendium -ii*

abrigo viento lluvioso *africus -i. Carbinus -i*

abrigo este mesmo en griego *libs. Libys*

abrigado lugar *apricus -a -um*

abrigado lo que se abriga *apricus -a -um*

abrigar en lugar abrigado *aprico -as*

abrigar como quiera *focillo -as. Foveo -es*

abrigaño lugar *apricatio -onis*

abrigo el mesmo abrigar *apricitas*

abril mes *Aprilis* unde *aprilis -e*

abrir la puerta *resero -as. Pando -is*

abrir lo sellado *resigno -as*

abrir como quiera *aperio -is. Recludo -is*

abrirse lo que se hiende *hio -as. Hisco -is*

abrir lo embarrado o empegado *relino -is*

abrochar vestido *stringo -is -xi*

abrochadura de vestido *strictura -ae*

abrojo yerva espinosa *tribulus -i*

abrojo de hierro *murex -icis. Tribulus*

abubilla ave *upupa -ae. Epops -opis*

abucasta especie de anade *avis casta*

abuelo padre de padre & madre *avus -i*

abuela madre de padre & madre *avia -ae*

abuelo segundo o bisabuelo *proavus -i*

abuela segunda o bisabuela *proavia -ae*

abuelo tercero *abavus -i*

abuela tercera *abavia -ae*

abuelo cuarto *abavus -i*

abuela cuarta *abavia -ae*

abuelos dende arriba *majores -um*

abuelo de mi muger *prosocer meus*

abuela de mi muger *prosocus mea*

abuhado o abuhetado *cacochylos* graece

abuhamiento en esta manera *cacochylia* [graece]

abundancia requiere en **abondamiento**

aburar *amburo -is. Aduro -is. Comburo -is*

aburado *ambustus. Combustus -a -um*

abusar mal usar *abutor -eris*

abusion mal uso *abutio -onis. Abusus -us*

abutarda ave grande *avis tarda*

aca donde yo esto *huc* adverbium

acabar *finio -is. Termino -as*

acabamiento *finis -is. Terminus -i*

acabar obra *perficio -is. Conficio -is*

acabar obra *consumo -as. Absolvo -is*

acabamiento de obra *perfectio. Confectio*

acabamiento assi *consumatio. Absolutio*

acabar de hazer *perficio -is. Perago -is*

acabar de leer *perlego -is perlegi*

acabarse el libro *explicitus est*, non *explicit*

acabar de escrivir *perscribo -is -psi*

acabar de velar *pervigilo -as -avi*

acabar de bivir *defungor vita*

acabar de bever *percibo -is. Perpoto -as*

a cada barrio *vicatim* adverbium

a cada casa *domesticatim* adverbium

a cada canton *angulatim* adverbium

a cada collacion *regionatim* adverbium
a cada ciudad *oppidatim* adverbium
a cada villa cercada *castellatim* adverbium
a cada villa con juridicion *municipatim* adverbium
a cada aldea *vicatim* adverbium
a cada linage por vando *tributim* adverbium
a cada varon *viritim* adverbium
a cada puerta *ostiatim* adverbium
a cada passo *passim* adverbium
acaecer *contingit* impersonable
acaecimiento *contingentia -ae. Casus -us*
acaecimiento en mala parte *accidentia -ae*
acaecer en mala parte *accidit* impersonale
acaecer en buena parte *evenit* impersonale
acaecimiento en bien o mal *eventus -us*
a canales *canaliculatim. Imbricatim* adverbia
acanalado *caniculatus. Imbricatus -a -um*
acarrear *adveho -is. Inveho -is. Conveho -is*
acarreadura *advectio. Invectio. Convectio*
acarreo lo mesmo que acarreadura
acarreadizo *advecticius. Invecticius -a -um*
a caso *forte. Fortasse. Forsitan* adverbia
a caso *casu. Fortuna*
acatar onrrar *observo -as. Colo -is*
acatamiento assi *observantia. Cultus*
acatar lo mayor & mas alto *suspicio -is*
acatar como quiera *aspicio -is. Tuor -eris*
acatamiento assi *aspectus. Intuitus -us*
acatar en derredor *circumspicio -is. Circumspecto*
acatamiento en derredor *circumspectus -us*
acatar adelante *prospicio -is -xi. Prospecto -as*
acatamiento adelante *prospectus -us*
acatar atras *respicio -is. Respecto -as*
acatamiento assi *respectus -us*
acatar por diversas partes *despicio -is*
acatar juntamente *conspicio -is*
acatamiento assi *conspectus -us*
acatar mediante otra cosa *perspicio -is*
acatamiento assi *perspectio -onis*

acatar de dentro *inspicio -is -xi. Introspicio*
acatamiento assi *inspectio -onis*
acatar considerando *animadverto -is*
acatar abaxo *despicio -is. Despecto -as*
acatamiento en esta manera *despectus -us*
acatadura por haz o cara *facies -ei*
acaudalar *in fortem vel caput redigo*
acaudalar nombre *in fortem redactio*
acaudillar *duco -is. Impero -as*
acaudillar a menudo *ducto -as. Imperito -as*
acaudillamiento *ductus -us. Imperium -ii*
aclarar *sereno -as. Clarifico -as. Sedo -as*
aclaracion *serenitas. Clarificatio. Sedatio*
aclararse *clareo -es* vel *claresco -is*
acocear *calco -as. Exculco. Conculco. Proculco*
acoceamiento *calcatio. Exculcatio. Con- Pro-*
acoceador *calcator. Exculcator. Con- Proacocear *tirar coces *calcitro -as -avi*
acoceador assi *calcitro -onis*
acoceadora cosa assi *calcitrosus -a -um*
acocear hazia atras *recalcitro -as -avi*
acodar *estribar sobre el codo *innitor cubito*
acodadura assi *cubiti nixus -us*
acodar vides o plantas *geniculo -as*
acodadura en esta manera *geniculatio*
acoger en casa *suspicio. Excipio in domum*
acogimiento assi *susceptio -onis. Exceptio -onis*
acogerse a guarida *recipio me*
acogimiento assi *receptus -us*
acometer *invado -is. Aggredior -eris*
acometimiento *invasio -onis. Aggressio -onis*
acometedor *invasor -oris. Aggresor -oris*
acometedora cosa *invasorius -a -um. Aggressorius -a -um*
acometer en mala parte *adorior -iris*
acometimiento assi *adorsio -onis*
acometer salteando *grassor -aris. Expilo -as*
acometimiento assi *grassatio -onis. Compilatio -onis*
acometedor assi *grassator -oris. Compilator -oris*

acometedora cosa assi *grassatorius -a -um*

acompañar al mayor *comitor -aris. Assector -aris*

acompañamiento assi *comitatus -us. Assectatio -onis*

acompañador assi *comes -itis. Assecla -ae. Assectator -oris*

acompañar al igual *socio -as. Associo -as*

acompañar desde su casa *deduco -is*

acompañador desde su casa *deductor -oris*

acompañamiento assi *deductio -onis*

acompañar a otro hasta su casa *reduco -is*

acompañador hasta su casa *reductor -oris*

acompañamiento assi *reductio -onis*

acontecer & acontecimiento requiere **acaecer**

acordarse *memini -isti. Recordor -aris. Reminiscor -eris*

acordar a otro *memoro -as. Admoneo -es*

acordarse despertar *expergiscor -eris*

acordar despertar a otro *expergefacio -is*

acordar con otro *concordo -as -avi*

acordar deliberar *discerno -is -ui*

acordar las bozes *consono -as -avi*

acordes en musica *consonantia. Harmonia*

acorrer *accurro. Succurro. Subvenio*

acorro *suppetiae. Auxilium. Subventio*

acossar *ago -is. Agito -as. Cursu premo*

acossador *agitador. Exagitator*

acostarse en la cama *jaceo. Cubo*

acostamiento assi *cubitus -us*

acostarse en la mesa *accumbo. Discumbo*

acostamiento assi *accubitus. Discubitus*

acostarse sin su muger *secubo -as*

acostamiento assi *secubitus -us*

acrecentar *augeo -es. Adaugeo -es*

acrecentar a menudo *aucto -as*

acrecentado, ser *augesco -is -xi*

acrecentado, ser *accresco -is*

acrecentamiento *accrementum. Accessio*

acuciar *acuo -is. Exacuo -is*

acucia *accumen -inis. Acutella -ae*

acucioso *acutus. Curiosus. Diligens*

acuciosamente *acute. Diligenter*

acuchillar *caedere gladio*

acuchillarse con otro *digladior -aris*

acudir o recudir *reddo -is reddidi*

acudimiento o recudimiento *redditio*

acuerdo en consejo *decretum -i*

acuerdo con otro *concordia -ae*

aculla donde esta alguno *illic*

aculla a donde esta alguno *illuc. Illo*

aculla por donde esta alguno *illac*

aculla de donde esta alguno *illinc*

acusar en juizio *postulo -as -avi*

acusacion en juizio *postulatio -onis*

acusador en juizio *postulator -oris*

acusadora cosa assi *postulatorius -a -um*

acusar criminalmente *criminor -aris*

acusacion en esta manera *criminatio -onis*

acusador en esta manera *criminator -oris*

acusadora cosa assi *criminatorius -a -um*

acusar como malsin *defero -fers detuli*

acusador como malsin *delator -oris*

acusadora cosa assi *delatorius -a -um*

acusacion en esta manera *delatio -onis*

acusar quexandose *incuso -as -avi*

acusacion con querellas *incusatio -onis*

acusador en esta manera *incusator -oris*

acusadora cosa assi *incusatorius -a -um*

acusar como quiera *accuso -as -avi*

acusacion como quiera *accusatio -onis*

acusador como quiera *accusator -oris*

acusadora cosa assi *accusatorius -a -um*

acusativo caso *accusativus. Quartus casus*

acusativo este mesmo *accusandi casus*

acusar falsamente *calumnior. Insimulo -as*

acusacion assi *calumnia. Insimulatio*

acusador assi *calumniator. Insimulator*

acusadora cosa assi *calumniosus -a -um*

acusado en juizio *reus -a -um*

acusacion en juizio *reatus -us*

açacan aguadero *aquarius -ii. Hydrochoos* graece

açacan en el real *lixa -ae*

açada *pastinum -i. Ligo -onis*

açadon para roçar *runca -ae. Uncina -ae*

açadon de pala & peto *bidens -tis*

açadon de muchos dientes *rastri -orum*

açafran la especia *crocum -i*

açafran la mesma flor *crocus -i*

açafran oriental *crocum corricium*

açafranar *croco inficere*

açafranada cosa *croceus -a -um*

acelga yerba *beta -ae. Betaceus. Betaculum*

acemite *simila -ae. Similago -inis*
acentuar *accino -is accinui accentum*
acento *accentus -us. Tonus -i. Voculatio*
acento en griego *prosodia*
aceña para moler *mola aquaria*
aceñero molinero *pistor aquarius*
acepillar *laevo -as. Laevigo -as*
acepilladuras *ramentum -i. Fomes -tis*
aceptar lo prometido *stipulor -aris*
aceptacion assi *stipulatio. Stipulatus -us*
aceptar erencia *adeo hereditatem*
aceptacion de erencia *aditio hereditatis*
aceptable assi acepto *acceptabilis -e* novum
acequia *incile -is. Fossa incilis*
acerca adverbio *juxta. Prope*
acerca preposicion *ad. Apud. Prope*
acerca preposicion *juxta. Secus. Secun-dum*
acerca en señorio *penes* praepositio
acerca en amor preposicion *in. Erga*
acercarse *accedo -is. Adhaereo -es*
acercamiento assi *accessio. Adherentia*
acercarse o acercar *appropinquo -as*
acercamiento assi *appropinquatio*
acertar a caso herir al blanco *figo sig-num*
acertamiento assi *ictus fortuitus*
acertar en alguna cosa *casu tango. Re-perio*
acertamiento assi *casus. Fortuna*
acertarse en algun lugar *incido -is*
acertamiento assi *contingentia -ae*
acetre *urna aerea. Situla aerea*
acetreria de aves *accipitraria ars*
acetrero de aves *accipitrarius -ii*
acevadarse la bestia *ex ordeo crudescere*
acevadada bestia *ex ordeo crudus -a -um*
acevadamiento assi *ex ordeo cruditas*
acezar o alentar *anhelo -as -avi*
acezo o aliento *anhelatio. Anhelatus*
acezo en esta manera *anhelitus -us*
acezoso cosa que aceza *anhelus -a -um*
acibar medicina amarga *aloe -es*
acicalar *polio -is. Laevo -as -avi*
acicalado *politus -a -um*
acicaladura *politura -ae. Policies -ei*
acidental cosa *accidens. Accidentalis -e*
acidente *accidens -tis. Accidentia -ae*
acitara de silla *stragulum corium* novum
açofar o fuslera *aes fusile*

açofeifo arbol *ziziphus -i*
açofeifa fruta del *ziziphum -i*
açomar *irrito -as. Instigo -as -avi*
açomamiento *irritatio. Instigatio -onis*
açor *accipiter humipeta Aristoteli*
açorado *efferus -a -um. Efferatus*
açorarse *efferor -aris. Efferatus sum*
açote liviano para niños *scutica -ae*
açote mas crudo *fragrum -i. Flagellum*
açote de vergajo de toro *taurea -ae*
açote de la diosa Venus *cestus -i*
açotar *flagello -as. Verbero -as*
açotadizo *verbero -onis. Mastigia*
açote en griego *mastix*
açotea *pavimentum subdiale*
açucena lirio blanco *lilium -ii. Crinon* graece
açucar *saccharon -i. Succus arundinaceus*
açucarado con açucar *saccharatus -a -um*
açuda *incile -is* vel *fossa incilis*
açuela grande *ascia -ae. Dolabra -ae*
açuela pequeña *asciola -ae. Dolabella -ae*
açuela grande para desbastar *dolabra -ae*
açumbre medida *oenophorum -i*
achaque *causa. Causatio. Occasio -onis*
achacar *causor -aris. Occasionem quaero*
achacoso *causarius. Causabundus -a -um*
achicar *curto -as. Contraho -is -xi*
achicadura *curtatio. Contractio -onis*
adarga de cuero arma defensoria *cetra -ae*
adargado cubierto della *cetratus -a -um*
adargarse con ella *cetra protego -is*
adargarse con otra cosa *oppono -is*
adareme dinero o peso *drachma -ae*
adaremes, dos *didrachma -ae* sive *di-drachmon*
adelante preposicion *prae. Ante. Ultra*
adelantarse *praeeo. Praecedo. Antecedo*
adelantamiento assi *praecessio. Ante-cessio*
adelantar a otro en onrra *praeficio -is. Praefero -fers*
adelantamiento assi *praefectio. Praela-tura*
adelantado nombre de dignidad *praeses provinciae*
adelantamiento dignidad *praesidatus -us*
adelfa mata conocida *nerium -ii*

adelfa en griego *rhododaphne -es*

adelgazar *tenuo -as. Attenuo -as. Exte-nuo*

adelgazar como hilo *deduco -is deduxi*

adelgazamiento de hilo *deductio -onis*

adelgazamiento *tenuitas. Attenuatio*

adentellar o morder *mordeo -es mo-mordi*

adentelladas adverbio *mordicus*

adentro adverbio *intro. Introrsus*

adereçar *apparo -as. Praeparo -as*

adereço o aparejo *praeparatio -onis*

adereço en griego *parasceve -es*

adereçar lo tuerto *dirigo -is -xi*

adereçamiento assi *directio -onis*

adesoras adverbio *subito. Repente*

adeudarse *contraho. Conflo aes alienum*

adeudado *obaeratus -a -um. Nexus -a -um*

adeudar a otro *obaero -as -avi. Obligo*

adivas de bestia *angina -ae*

adivas de bestia en griego *synanche -es*

adivinar o adivino vide divinar. *Edi-vinus*

administrar oficio *administro -as*

administracion de oficio *administratio -onis*

administrador de oficio *administrator -oris*

administradora cosa *administratorius -a -um*

adobar vestidos *reconcinno -as -avi*

adobo en esta manera *reconcinnatio -onis*

adobar manjares *conditio -is. Concinno -as*

adobo de manjares *condimentum -i*

adobada cosa assi *conditaneus -a -um*

adobar como quiera *reficio -is refeci*

adobe de barro o de tierra *later crudus*

adolecerse de otro *condoleo -es condolui*

adolecer *aegroto -as. Langueo -es*

adonde adverbio preguntando *quo. Quo-nam*

adondequiera adverbio respondiendo *quocumque*

adoptar hijo o ahijar *adopto -as -avi*

adopcion en esta manera *adoptio -onis*

adoptado assi *adoptivus -a -um*

adoptar al libre de padre *arrogo -as -avi*

adopcion en esta forma *arrogatio -onis*

adorar a otro inclinandose *adoro -as -avi*

adoracion en esta manera *adoratio -onis*

adoracion a Dios en griego *douleia*

adoracion a los santos en griego *latreia*

adorar con palabras suplicando *suppli-co -as*

adoracion desta manera *supplicatio -onis*

adormecerse *dormito -as. Obdormisco -is*

adormecido *sopitus. Soporatus -a -um*

adormecer a otro *sopio -is. Soporo -as*

adornar componer o afeytar *orno. Ador-no -as*

adornamiento *adornatio. Ornamentum*

adrada cosa rara *rarus -a -um. Infre-quens*

adrede adverbio *de industria*

adufe o atabal o pandero *tympanum -i*

adufero el que los tañe *tympanistes -ae*

adufera la que los tañe *tympanistria -ae*

adulçar hazer mas dulce *dulcoro -as*

adultero de casada *adulter -eri*

adultero assi en griego *moechos*

adulterio de casados *adulterium -ii*

adulterio assi en griego *moechia*

adultera muger casada *adultera -ae*

adulterar con casada *adultero -as -avi*

adulterar la muger casada *adultero -as -avi*

adulterar los casados *moechor -aris*

adulterar contrahazer o falsar *adultero -as -avi*

adulterino contrahecho *adulterinus -a -um*

advenedizo o advenediza *advena -ae. Extraneus*

advenediza cosa *adventicius -a -um. Ex-traneus -a -um*

advenedizo con otros *convena -ae*

afan trabajo demasiado *aerumna -ae*

afan trabajo remplado *labor -oris*

afanar en esta manera *laboro -as -avi*

afanado en esta manera *laboriosus -a -um*

afanado con trabajo *aerumnosus -a -um*

afear *deturbo -as. Deformo -as. Dehones-to -as*

afeyte de muger *fucus -i. Medicamen -inis*

afeytar la muger con afeytes *fuco -as -avi*

afeytada cosa assi *fucatus. Fucosus -a -um*

afeytar la barva o cabello *tondeo -es. Como -is*

afeytador en esta manera *tonsor -oris*

afeytadera en esta manera *tonstrix -icis*

afeytadera pequeña *tonstricula -ae*

afeytadera de muger en griego *cosmeta*

afeytar como quiera *orno. Exorno. Adorno -as*

aferes negocios inutiles *nugae -arum*

afilar cosa de hierro *acuo -is. Exacuo -is*

afiladura *ferri acies* vel *acumen ferri*

afinar *summam impono manum*

afinadura *finis* aut *summa operis*

afirmar *affirmo -as. Assero -is. Astruo -is*

afirmacion *affirmatio. Assertio. Astructio*

afirmar porfiando *assevero -as -avi*

afirmacion con porfia *asseveratio -onis*

afirmador assi *asseverator -oris*

afirmadamente assi *asseverate* adverbium

afligir *affligo- is. Ango -is. Vexo -as*

afligimiento *afflictio. Angor. Vexatio -onis*

afloxar la cosa apretada *laxo -as -avi*

afloxar assi otra vez *relaxo -as -avi*

afloxadura assi *laxatio. Relaxatio*

afloxar lo tirado *retendo -is -di*

afloxadura de lo tirado *retentio -onis*

afloxar en el esfuerço *demitto animum*

afloxadura desta manera *animi demissio*

afloxar emperezando *desideo -es desedi*

afloxadura assi *desidia -ae. Ignavia*

afrechos o salvados *furfures. Salviatum*

afrontar *faciem confundo* vel *vultum*

afruenta *vultus confusio* vel *faciei*

afrontar *crimen objicio coram*

afrontar en peligro *in discrimen adduco*

afruenta de peligro *discrimen -inis*

afuziar dar esperança *bene sperare jubeo*

agalla de arboles *galla -ae. Cecis -idos* graece

agalla de cipres *conus -i* sive *galla*

agalla de pescado *branchia -ae*

agalla en la garganta del ombre *tonsilla -ae*

aguija piedra *glarea -ae. Calculus fluviatilis*

aguijeño lleno de aguijas *glareosus -a -um*

aguijar bestia *ago -is. Agito -as. Obagito -as*

aguijador de bestia *agitator. Obagitator*

aguijadura desta manera *agitatio -onis*

aguijarse assi mesmo *propero -as. Festino -as*

aguijadura assi *properatus -us. Properantia -ae*

aguijadura en esta manera *festinatio -onis*

aguijon de hierro *aculeus -i. Stimulus -i*

aguijonear con el *stimulo -as. Extimulo -as*

aguijon de abeja *stimulus -i. Aculeus -i*

aguijonear con el *pungo -is -xi*

aguila ave conocida *aquila -ae. Aetos* graece

aguilocho pollo de aguila *pullus aquilinus*

aguileño cosa de aguila *aquilinus -a -um*

aguila negra *valeria. Melanaetos*

aguila pescadera *percepterus -i. Haliaeetos -i*

aguila atahorma *pygargus -i*

aguila quebranta uessos *aquila barbata*

aguila seña de los romanos *aquila -ae*

aguinaldo o albricias *strenae -arum*

agora adverbio de tiempo *presente. Nunc*

agora poco a *modo. Iam dudum. Nunc*

agora de aqui a poco *iam dudum. Modo*

agorar por instinto *auguro -as*

agorar por palabra *ominor -aris*

agorar por las aves *auspicor -aris*

agorar a alguno *inauguro illum*

agorero por aves *augur. Auspex -icis*

agoreria arte de agueros *auspicina -ae*

agosto mes *Sextilis. Augustus -i*

agostadero lugar para estio *aestiva -orum*

agostar tener alli el estio *aestivo -as*

agotar no dexar gota *exhaurio -is*

agra cosa *acer acris acre*

agrura *acritas. Acritudo. Acredo*

agramente *acriter. Acerbe*

agro por madurar *acerbus -a -um*

agro en esta manera *praematurus -a -um*

agrura assi *acerbitas. Acerbitudo*

agraz de uva no madura *acresta -ae* novum

agraz desta manera en griego *omphacias*

agraz miel no madura *mel omphacinum*

agraz azeyte de olivas *oleum omphaci-num*
agradar a otro *placeo -es placui*
agradamiento *placitum -i*
agradecer por palabra *ago gratias*
agradecimiento assi *actio gratiarum*
agradecer en su coraçon *habeo gratiam*
agradecer en obra *refero gratiam*
agradecido *gratus -a -um*
agradecimiento *gratitudo -inis*
agraviar *gravo -as. Aggravo -as*
agravio *gravatio. Aggravatio -onis*
agraviadamente *gravate*
agua *aqua -ae. Lympha -ae*
agua pequeña *aquula -ae*
agua bendita *aqua lustralis*
aguas bivas en la mar *aestus maris*
agua congelada *crystallus -i*
aguadero o aguador *aquarius -ii*
aguadero en el real *lyxa -ae*
aguado que no beve vino *abstemius -ii*
aguar vino *diluo -is. Misceo -es*
aguada cosa *dilutus -a -um. Mistus -a -um*
aguaducho *aquaeductus. Aquagium -ii*
aguatocho *sypho -onis. Siphunculus -i*
agua sin hondon *abyssus -i*
agua que passa por sufre *albula -ae*
agua pie vino *lora. Vinum acinacium*
aguas vertientes *aquarum divortia*
agua entre cuero & carne *aqua intercus*
agua de sentina *nautea -ae. Nausea -ae*
agua do se lavaron las manos *malluviae -arum*
agua manil *aquimanirium. Malluvium -ii*
agua do se lavaron los pies *pelluviae -arum*
aguaytar o assechar *capto -as. Insidior -aris*
aguaytador *captator -oris. Insidiator -oris*
aguaytadora cosa *captatorius -a -um*
aguaytamiento *captatio. Insidiae -arum*
agudo de ingenio *perspicax -acis. Acer acris*
agudeza de ingenio *perspicacitas -atis. Acritas*
agudeza de ingenio *acies ingenii*
agudamente assi *perspicaciter. Acriter*
agudo como quiera *acutus -a -um*
agudeza en esta manera *acumen -inis*
agudeza con malicia *acutella -ae*
agudeza de vista *acies oculorum*

agudeza de hierro *acies ferri*
aguero de aves *auspicium -ii*
aguero de palabra *omen -inis*
aguja para coser *acus acus*
aguja paladar pescado *acus -i*
agujero *cavus -i. Foramen -inis*
agujeta *strigmentum -i novum*
agujetero *strigmentarius -ii novum*
aguzar *acuo -is -ui. Exacuo -is -ui*
aguzar punta *spiculo -as -avi*
aguzar las navajas el puerco *frendeo -es*
aguzadera piedra *cos -tis*
aguzanieve avezita *motacilla. Seisopygis* [graece]. *Sisura*
ageno cosa no nuestra *alienus -a -um*
ageno de nuestro linage *alienigena -ae*
agenar el hijo en vida *abdico -as -avi*
agenamiento assi *abdicatio -onis*
agenarse de dignidad *abdico -as -avi*
agenamiento assi *abdicatio -onis*
agenar otra cosa *alieno -as. Abalieno -as*
agenamiento assi *alienatio. Abalienatio*
ageno, ser de otra cosa *abhorreo a re*
ahao adverbio para llamar *heus*
ahechar *cribro -as. Secerno -is. Purgo -as*
ahechaduras de trigo *acus aceris*
ahechaduras como quiera *purgamentum -i*
ahechaduras en esta forma *purgamen -inis*
ahelar saber a hiel *fellio -is. Fel sapio*
ahijar ageno hijo *adopto -as -avi*
ahijado hijo *filius adoptivus*
ahijamiento de hijo *adoptio -onis*
ahijar el ganado *subrumo -as -avi*
ahijado a madre assi *subrumus -a -um*
ahijamiento assi *subrumatio -onis*
ahijado en el sacramento *filius spiritualis novum*
ahijada en esta manera *filia spiritualis*
ahincar a otro *insto -as. Insisto -is -stiti*
ahinco en esta manera *instantia -ae*
ahincarse *propero -as. Insto -as. Festino -as*
ahinco en esta manera *properatio. Festinatio*
ahincadamente assi *properanter. Festinanter*
ahitado en el estomago *crudus -a -um*
ahito de estomago *cruditas -atis*
ahitarse el estomago *crudesco -is*

ahito con azedia oxyremia -ae
ahocinarse el rio in fauces coarctari
ahocinado assi in fauces coarctatus
ahogar por fuerça strangulo -as. Suffoco -as
ahogamiento assi strangulatio -onis
ahogar como quiera extinguo -is
ahogamiento assi extinctio -onis
ahoyar hazer hoyo scrobem fodio
ahoyadura assi scrobum fossio
ahorcar suspendo -is. Appendo -is
ahorcadura suspensio. Appensio -onis
ahorcado pendens. Pendulus -a -um
ahorcado, estar pendeo -is pependi
ahorcadura assi suspendium -ii
ahuyentar hazer huir fugo -as -avi
ahuyentada cosa profugus -a -um
ahumar echar de si humo fumo -as
ahumar hazer humo fumigo -as
ahumado fumeus. Fumosus -a -um
ahumadas fumi diurni in plurali
ai donde tu estas isthic adverbium
ai donde esta alguno ibi. Inibi
aina adverbio de tiempo cito. Propere
aina en esta manera properanter. Properatim
aya o ama que cria altrix. Educatrix. Nutrix
ayo o amo que cria altor. Educator. Nutricius
ayo que enseña niño educator. Eruditor
ayo este mesmo en griego paedagogos
ayre en la cara del ombre vultus -us
ayre de cara gracioso decor -oris
ayroso cosa de tal ayre decorus -a -um
ayrado con ira iratus -a -um. Ira percitus
ayrado con razon indignatus -a -um
ayrado por ira de Dios dirus -a -um
ayrado mucho insensus -a -um. Offensus
ayrarse con razon indignor -aris
ayramiento assi indignatio -onis
ayrarse como quiera succenseo -es. Irascor
ayramiento assi ira. Irascentia -ae
ayre elemento aer aeris. Anima -ae
ayre viento pequeño aura -ae
ayre viento rezio ventus -i. Spiritus -us
ayroso cosa de ayre aerius -a -um
ayslar casi de agua intercludo -is
ayslado assi interclusus -a -um
ayuda auxilium. Adjutorium. Adjumentum

ayuda opis. Opitulatio. Adminiculum -i
ayudar en esta manera opem fero. Auxilior
ayuda juvamen. Adjuvamen -inis
ayuda de gente armada suppetiae -arum
ayudar en esta forma fero suppetias
ayudadora cosa assi auxiliaris -e
ayudar adjuvo -as. Adminiculor. Opitulor
ayudador assi adjutor. Opitulator. Opitulor
ayudadora adjutrix. Opitulatrix -icis
ayudar a menudo adjuto -as. frequentativum
ayudar con voto suffragor -aris
ayuda en esta manera suffragatio. Suffragium
ayudador en esta manera suffragator
ayudadora cosa assi Suffragatorius -a -um
ayuda tristel clystere clysteris. Clysterium
ayuno jejunium -ii. Inedia -ae
ayuno mayor de judios nudipedalia -ium
ayuna cosa jejunus -a -um
ayunar no comer jejuno -as -avi
ayuntar jungo. Jugo -as. Copulo -as
ayuntamineto junctura. Copulatio
ayuntar en uno conjungo -is. Conjugo -as
ayuntar assi compingo -is. Cogo -is
ayuntamiento assi conjunctio -onis. Copula -ae
ayuntamiento assi copula -ae. Coitus -us
ayuntamiento de los rios confluens -tis
ayuso en lugar adverbio infra
ayuso preposicion con medio sub
ayuso sin medio alguno subter. Subtus
ayuso a lugar deorsum. Versum
ajo cabeça con dientes alium -ii
ajo castañuelo ulpicum. Aphroscordon [graece]
al por otra cosa aliud. Reliquum
ala con que buela el ave ala -ae
ala de gente tendida en luengo ala -ae
ala de batallas ala militaris
alar cosa desta batalla alaris -e
ala de tejado subgrunda -ae
ala yerva conocida helenium -ii
alabar laudo -as. Collaudo -as
alabança laudatio -onis. Collaudatio
alabança del que es alabado laus -dis

alabança de muerto *epitaphium -ii. Neniae*

alabança de Dios *hymnos* graece

alabança de dioses & ombres *panegyris*

alabastro piedra *alabastrum. Alabastrites -ae*

alaçor *cnicus. Carthamum. Crocum silvestrum* vulgo

alache pece *scombrus -i. Halex -icis*

alado cosa con alas *alatus -a -um*

aladar de cabellos en las sienes *ala -ae*

alambique o alquitara *sublimatorium -ii*

alambre cobre *aes aeris. Aeramentum -i*

alamo blanco arbol *populus -i*

alamo negrillo arbol *alnus -i*

alano especie de canes *molossus -i*

alarde de gente *recensio. Recensus -us*

alarde, hazer *recenseo -es. Lustro -as*

alargar tiempo *differo -fers. Profero -fers*

alargar assi *prorogo -as. Protelo -as*

alargas de tiempo *dilatio. Prolatio -onis*

alargas assi *prorogatio. Protelatio -onis*

alaridos, dar *quiritor -aris. Vociferor -aris*

alarido *quiritatus -us. Vociferatio -onis*

alarido de los que pelean *barbaricum -i*

alarife juez de los edificios *Aedilis -is*

alarifadgo aquella judicatura *aedilitas -atis*

alastrar la nave con lastre *saburro -as*

alastrarse el animal *asternor -aris*

alaton morisco *orichalcum -i*

alatron *aphronitrum -i. Spuma nitri*

albacea de testamento *testamentarius -ii*

albahaca yerva conocida *basilicum -i*

albañar de casa *proluvies -ei. Proluvium -ii*

albañar assi *colluvies -ei. Illuvies -ei*

albañar publico *cloaca -ae. Forica -ae*

albañir de casas *latomus. Caementarius*

albañileria *latomia -ae. Ars caementaria*

albaquia en aravigo lo restante *reliquiae -arum*

albarda de bestia *clitella -ae. Stragulum -i*

albardero *clitellarius sartor*

albardon cavallo *caballus clitellarius*

albardon mulo *mulus clitellarius*

albarran ombre no casado *caelebs -ibis*

albarrania de aqueste *caelibatus -us*

albarrana torre *turris extraria*

albarrana cebolla *scylla -ae*

albarrada de piedras secas *maceria -ae*

albatoça genero de nave *emphrata navis*

albeytar medico de bestias *veterinarius -ii*

albeyteria arte de aqueste *veterinaria -ae*

alberca o estanque *stagnum -i. Piscina -ae*

albogue o flauta *calamus -i. Aulos* [graece]

alboguero *fistulator -oris. Auloedus -i*

albor por el alva *aurora. Albor -oris*

alborbolas de alegria *jubilus -i*

alborbolas, hazer *jubilo -as -avi*

alborear o amanecer *lucesco -is. Diluculo -as*

alboroço o alborote *tumultus -us*

alboroçar o alborotar *tumultuor -aris*

alborotada cosa *tumultuarius -a -um*

alborote de ciudadanos *seditio -onis*

alborotada cosa *seditiosus -a -um*

alborotar assi *seditionem facio*

albornoz *sagum* vel *sagulum militare*

albricias por la nueva buena *strenae -arum*

albricias assi en griego *evangelium*

albriciar demandarlas *evangelizo -as*

albur o mugle pece *mugilis mugilis*

alcaçaba fortaleza en aravigo *arx arcis*

alcacer de cevada *farrago hordacea*

alcaduce de anoria *haustrum. Modiolus*

alcaduce de aguaducho *tubus. Tubulus -i*

alcayde de fortaleza *praeses -dis*

alcaydia de fortaleza *praesidatus -us*

alcalde mayor de justicia *praetor -oris*

alcaldia desta manera *praetura -ae*

alcalde menor de justicia *judex pedaneus*

alcalde de las alçadas *recuperator -oris*

alcançar lo que huye *consequor. Assequor*

alcance de lo que huye *consecutio. Assecutio*

alcançar los enemigos *persequor -eris*

alcance de los enemigos *persecutio*

alcançar lo desseado *nanciscor. Adipiscor*

alcançar assi *obtineo -es. Potior -eris*

alcance assi *adeptio. Obtentus -us*

alcançar lo alto *attingo -is. Contingo -is*

alcance de lo alto *attactus -us. Contactus -us*

alcançar rogando *impetro -as. Exoro -as*

alcance assi *impetratio. Exoratio -onis*

alcançar en la cuenta *subducere ratio-nem*
alcance en la cuenta *subductio rationis*
alcandara o percha de halcones *pertica -ae*
alcaparra espina conocida *capparis -is*
alcaravia especia *careum -i. Carum*
alcarchofa espina conocida *acanthus -i*
alcartaz para especias *cucullus -i*
alcatara o alquitara *sublimatorium -ii*
alcahuetear *lenocinor -aris*
alcahueteria *lenocinium -ii. Lenocinatio*
alcahuete o alcahuetador *leno -onis*
alcahueta o alcahuetadora *lena -ae*
alcavala *vectigal publicum vel regium*
alcavalero desta renta *publicanus -i*
alcohol piedra conocida *antimonium -ii*
alcohol *stimmi. Stibi. Stibium. Larbason* [graece]
alcohol *platyophthalmos* graece
alcoholar *fuligine tingo* vel *inficio*
alconcilla de brasil *purpurissum -i*
alcornoque *suber -eris. Salsicortex -icis*
alcornoque en griego *haliphloeos*
alcorque *solea -ae. Crepida -ae*
alcrivite o piedra sufre *sulphur -uris*
alcuza azeytera require in **azeytera**
alçar barvecho *proscindo solum*
alçadura de barvecho *proscissio soli*
alçar de obra *ab opere cesso*
alçadura de obra *operis cessatio*
alçar lo caido *tollo. Attollo. Levo. Sub-levo*
alçadura assi *levatio -onis. Sublevatio -onis*
alçar arriba *sustollo -is. Erigo -is*
alçadura assi *sublatio. Erectio*
aldaba de puerta *pessulus -i. Repagu-lum -i*
aldea *vicus paganus. Pagus -i*
aldeano *vicinus -a -um. Paganus -a -um*
alegre en'si mesmo *hilaris -e. Laetus -a -um*
alegremente assi *hilariter. Laete*
alegria assi *hilaritas. Hilaritudo. Laeti-tia*
alegrarse *hilaresco -is. Laetor -aris*
alegre cosa saltando *alacris -e. Exultans -tis*
alegremente assi *alacriter. Exultanter*
alegria assi *alacritas. Exultatio*
alegrarse en esta manera *Exulto -as*
alegrar a otro *laetifico -as. Hilaro -as*

alegre a otro *jucundus -a -um. Laetificus -a -um*
alegremente assi *jucunde. Laetifice*
alegria desta manera *jucunditas -atis*
alegrar en esta manera *jucundo -as*
alegrarse a otro en su bien *gratulor -aris*
alegrarse con otro assi *congratulor -aris*
alegrarse con otro assi *grator -aris*
alegria en esta manera *gratulatio -onis. Congratulatio -onis*
alegria o aljonjoli *sesamum -i*
alentar tomar aliento *anhelo -as*
alerze o cedro arbol *cedrus -i*
alesna para coser çapatos *subula -ae*
aleta ala pequeña, diminutivo *axilla -ae*
aleve *proditio -onis. Traditio -onis*
alevoso *proditor -oris. Traditor -oris*
alfayate en aravigo *sarcinator -oris*
alfayata en aravigo *sarcinatrix -cis*
alfalfa ervage conocido *medica -ae*
alfamar *stragulum laneum*
alfarge de molino de azeyte *trapetum -i*
alfaxor o alaxur *artomeli graecum*
alfeñique *sacchari gluten*
alferez *signifer -eri. Vexillifer -eri*
alfereza *signifera -ae. Vexillifera -ae*
alferez de aguilas señas *aquilifer -eri*
alfil toledano aguero *omen -inis*
alfilel para afeytar *acicula -ae*
alforja *mantica -ae. Manticula -ae*
alforza de vestido *Sinus -us*
algarada en aravigo *tumultus -us*
algarve *specus -us. Antrum -i. Scrobs -obis*
algo *aliquid* in genero neutro. *Quicquam*
algodon *gossipion -ii* unde *gossympinus -a -um*
algorfa o soberado *contignatio -onis*
alguarismo arte de contar *abacus -i*
alguazil *officialis praefecti* vel *executor*
alguaziladgo *officialis magistratus*
alguien por alguno *aliquis. Quispiam*
alguirlanda de yervas o flores *serta -orum*
alguno alguna algo *aliquis -quid. Ullus -a -um*
alguna vez *aliquando. Aliquoties. Non-numquam*
algun tanto *aliquantum. Aliquantulum*
algun tanto tamaño *aliquantulus -a -um*
algunos en numero *aliquot* in plurali

algebra arte de encassar uessos *ars luxatoria*

algibe o cisterna de agua *cisterna -ae*

algibe prision en el campo *ergastulum -i*

algibe carcel de condenados *tullianum -i*

alhadida *chalcocaumenon* graece

alhadida *aes combustum* latine

alhaja de casa *supellex -ectilis*

alhajeme en aravigo *tonsor -oris*

alhaqueque en aravigo *caduceator -oris*

alhena *cyprus* graece. *Ligustrum* latine

alhilel o alfilel *acicula -ae*

alholi de trigo o cevada *granarium -ii*

alholvas *fenum graecum. Cornu bovis. Buceras -atis*

alhombra *tapes -etis. Tapetum -i*

alhondiga de pan *horreum -i*

alhondiguero guarda del *horrearius -ii*

alhostigo o alhocigo arbol *pistacia -ae*

alhostigo fruta deste arbol *pistacium -ii*

alhurreca *adarca -ae. Calamochnus -i*

alhuzema *lavanda* vel *lavandula. Primula veris*

aliar en amistad publica *confoedero -as*

aliança en esta manera *confoederatio*

aliado en esta manera *confoederatus -a -um*

alicaçe o çanja *fundamentum -i*

aliento respirando *halitus -us. Anhelitus*

alimpiar *tergo -is. Mundo -as -avi*

alimpiadura *abstersio. Mundatio*

alimpiar por sacrificios *pio -as. Expio -as*

alimpiar en esta manera *lustro -as -avi*

alimpiadura assi *expiatio. Lustratio*

alimpiar las narizes *emungo -is -xi*

alimpiadero por donde purga uno *emunctorium -ii*

alimpiaduras *purgamenta -orum*

alindar eredades *limito -as -avi*

aliñar o ataviar *apto -as. Paro -as*

aliño o atavio *Aptatio. Paratus -us*

aliox marmol *marmor -oris*

alisar hazer liso *levo -as. Levigo -as*

alisadura *levatio. Levigatio -onis*

alivio *levatio. Sublevatio. Allevatio*

aliviar o alivianar *levo. Sublevo. Allevo*

aljama de judios *synagoga judaeorum*

aljama de moros *concilium punicum*

aljava o carcax *corytus -i. Pharetra -ae*

aljofar menudo *margarita -ae. Margaritum -i*

aljofar granado *unio -onis*

aljofifar ladrillado *asarotum lavo*

aljonge *viscum ex carduo*

aljongera *carduus viscarius*

aljonjoli o alegria semiente *sesamum -i*

aljuba morisca *vestis punica Plini*

alla donde tu estas adverbio *istuc*

alla donde esta alguno adverbio *illuc*

allanar *explano -as. Complano -as*

allanadura *explanatio. Complanatio*

allegar ayuntando *congrego. Aggrego -as*

allegar assi *cogo -is. Congero*

allegamiento assi *congregatio. Aggregatio*

allegamiento assi *congeries -ei. Congestus -us*

allegadiza cosa *congesticius -a -um*

allegar o arribar a lugar *appello -is. Applico -as*

allegamiento assi *applicatio. Appulsio*

allegarse *accedo -is. Haereo. Adhaereo*

allegamiento assi *accessio. Accessus -us*

allegarse amenudo *accesito -as -avi*

allegado a señor en vando *cliens -tis*

allegamiento de tales *clientela -ae*

allende preposicion *ultra. Trans*

allende & aquende *ultro. Citroque*

alli donde esta alguno mesmo *illic*

alli donde alguno esta adverbio *eo. Quo. Eodem*

alma por la cual bivimos *anima -ae*

alma por la cual entendemos *animus -i*

alma con que recordamos *mens -tis*

alma que parece de noche *lemures -ium*

alma que deciende al infierno *manes -ium*

almadana o marra *marrae -arum*

almaden minero *metallum -i. Vena -ae*

almadraque o colchon *culcitra -ae*

almadrava de atunes *cetarium -ii*

almagre barro para teñir *rubrica -ae*

almagrado con almagre *rubricatus*

almagrar con ella *rubrica inficio*

almagre quemada *ochra -ae*

almayzar *sudarium sethabum*

almanach de astrologia *ephemeris -idis*

almario *armarium -ii. Pluteum -i*

almarjo yerva *herba nitraria*

almarraxa *guttus vitreus*

almartaga *lithargyrus -i. Argenti lapis*

almastiga *mastiche -es. Mastix -chis*

almazen de armas *armamentarium -ii*

almazen de aguaducho *castellum -i*

3

almazen de azeyte *apotheca olearia*
almazen de madera o tablas *pinaco-theca*
almear de heno *foenile -is*
almena de torre o muro *pinna -ae*
almenara de açofar *lucerna polymyxos*
almenara de huegos *ignes nocturni*
almendro arbol conocido *amygdalus -i*
almendra fruta del *amygdalum -i*
almendra en latin *nux longa. Nux alna*
almendral lugar dellos *amygdaletum -i*
almendrada *amygdalinus cremor*
almiralle en aravigo interpretatur *rex*
almirante de la mar *navarchus. Archi-thalassos* [graece]
almirez *aereum mortarium sive ahenum*
almiron o chicoria *intubus -i. Intybus*
almivar *conditura ex saccharo*
almodrote de ajos & queso *moretum -i*
almofrex *culcitraria fascia*
almohaça *strigilis ferrea*
almohaçar *stringo -is. Distringo -is*
almohada de cama *cervical -is*
almohada de estrado *pulvinus -i*
almojavana de queso & harina *circulus*
almoneda *auctio -onis. Sectio -onis*
almonedear *auctionor -aris*
almoneda a cierto dia *in diem addictio*
almonedear assi *in diem addico*
almorrana con sangre *haemorrhois -idis*
almorrana sin sangre *condyloma -atis*
almorrana con resquebradura *rhagas -dis*
almorrana de los sodomitas *marisca -ae. Ficus -i*
almorrananiento *haemorrhoicus -a -um*
almorzar de mañana *jento -as*
almuerzo de mañana *jentaculum -i*
almotacen o fiel *aedilis plebeius*
almotacenadgo *aedilitas plebeia*
almoxarife *exactor portoriorum*
almoxarifadgo *portorium -ii*
almud o celemin *modius -ii. Medianum*
almud & medio *sesquimodius -ii*
almuedano de moros *stentoreus praeco*
alna medida de paño & cetera *ulna curta*
a lo mas mas *ut multum*
alondra ave *luscinia -ae. Lusciniola -ae*
alongar otra cosa *prolongo -as. Protraho -is*
alongamiento assi *prolongatio. Protractio*

alongarse *disto -as. Absum abes abfui*
alongamiento assi *distantia. Absentia*
aloxa brevage de moros *hydromeli. Aqua mulsa*
aloxa de agua salada de mar *thalassomeli*
alpargate genero de calçado *sculponea -ae*
alpechin de azeytuna *amurca -ae*
alpiste *alopecuros. Vulpis cauda*
alquerque *calculorum ludus*
alquetifa *tapes -etis. Tapetum -i*
alquetira medicinal *dragantum -i*
alquicer morisco *sagum punicum*
alquinal morisco *sudarium linteum*
alquitara o alcatara *sublimatorium -ii*
altabaque *calathus. Calathiscus*
altanero halcon *sublimipeta. Sublimis*
altar donde sacrifican *altare -is. Ara -ae*
alterar perturbar *perturbo -as -avi*
alteracion perturbacion *perturbatio -onis*
alteza *altitudo. Celsitudo. Excelsitas*
alteza estado real *celsitudo* proprie
alto *altus. Celsus. Excelsus. Sublimis. Summus*
altura *altitudo. Fastigium. Apex. Sublimitas*
altura de monte *jugum -i* sive *juga -orum*
alumbrar *illustro -as. Illumino -as*
alumbramiento *illustratio. Illuminatio*
alumbre piedra *alumen -inis. Styperia*
alumbrado con alumbre *aluminatus -a -um*
alunado tomado de la luna *lunaticus -a -um*
alva cuando amanece *aurora. Diluculum*
alva vela de la mañana *vigilia quarta*
alvayalde o blanque *cerussa -ae. Psimython* graece
alvayaldado *cerussatus -a -um*
alvala de propia mano *chirographum -i*
alvala de pago fin & quito *apocha -ae*
alvanega de red *reticulum -i*
alvar lo que madura temprano *praecox -cis*
alvar lo que presto se cueze *praecox -cis*
alvarazo en griego *alphos*
alvarquoque *persicum praecoquum*
alvedriar juzgar por alvedrio *arbitror -aris*

alvedrio juizio assi *arbitrarium -ii. Arbitratus -us*

alvergarse en posada *diverto -is*

alvergueria posada *diversorium -ii*

alvergar a otro *hospitio suscipio*

alvin piedra conocida *lapis sanguinarius*

alvina de marisma *aestuarium. Aestus -us*

alvo cosa blanca requiere **blanco**

alvura blancura requiere **blancura**

alvura de la madera *alburnum -i*

ama que cria niño *nutrix -icis*

ama de moço o moça de servicio *patrona -ae*

ama de siervo o esclavo *domina -ae*

amable cosa dina de amar *amabilis -e*

amablemente en esta manera *amabiliter*

amador de mugeres *mulierosus. Amasius*

amadora de varones *virosa mulier*

amador de su mesma muger *uxorius -a -um*

amador de cosas gruessas *pinguiarius -a -um*

amador de carne *carnarius -a -um*

amador de niños *infantarius -a -um*

amador de esclavas *ancillarius -a -um*

amador de antiguedades *antiquarius*

amador como quiera *amator -oris*

amadora cosa *amatorius -a -um*

amadora como quiera *amatrix -icis*

amado onestamente *carus -a -um*

amaestrar o enseñar *magistro -as -avi*

amagar *intento -as. Minor -aris*

amamantar dar a mamar *lacto -as*

amamantamiento assi *lactatus -us*

amancebado requiere **abarraganado**

amanecer de mañana *diluculo -as. Lucesco -is*

amanecer nombre *diluculum -i*

amaneciendo adverbio *diluculo*

amansar lo fiero *mansuefacio. Mitigo -as. Cicuro*

amansar lo ayrado *placo -as -avi*

amansarse lo fiero *mansuesco. Mitesco -is*

amañar o aliñar *apto -as -avi. Paro -as*

amar con passion *amo -as. Redamo -as*

amar mucho con passion *deamo -as*

amar con razon *diligo -is dilexi*

amar como enamorado *adamo -as*

amar con las entrañas *amo medullitus*

amar con los ojos *amo oculitus*

amar con la vida *amo animitus*

amar al mayor onrrandolo *colo -is*

amargar hazer amargo *amaro -as. Amarico -as*

amargar ser amargo *amaresco -is*

amargo o amargoso *amarus. Amarulentus*

amargura *amaritudo -inis. Amaror -oris*

amargo por no ser maduro *acerbus -a -um*

amargura en esta forma *acerbitas. Acerbitudo*

amarillo *pallidus -a -um*

amarillo un poco *pallidulus. Subpallidus*

amarillez color amarillo *pallor -oris*

amarillecerse *palleo -es. Pallesco -is*

amarillecerse mucho *expalleo -es. Expallesco*

amassar *subigo -is. Pinso -is -sui*

amassador de pan *pistor -oris*

amassadera de pan *pistrix -icis*

amassador de otra cosa *subactor*

amassadura de otra cosa *subactio*

amassadura de pan *pistura -ae*

ambar de las cuentas *succinum -i. Electrum -i*

amblar la bestia *gradior -eris gressus*

amblador cavallo *gradarius -ii*

amblar la muger *crisso -as in unum*

amblar el varon que padece *ceveo -es*

ambos a dos *ambo ambae ambo*

amelezinar *medeor. Medicor. Medico*

amenazas *minae -arum. Conminatio -onis*

amenazar *intento -as. Minor -aris*

amenazar a menudo *minitor -aris*

amenazar caida *minari ruinam* [vel] *casum*

amenazador *minax -acis. Minabundus -a -um*

amenazando adverbio *minaciter. Minanter*

amenguar *minuo -is. Imminuo -is*

amentar tirar con amiento *amento -as*

a menudo *frequenter. Crebro. Saepe*

amidon de trigo curado *amylum -i*

amiento para tirar *amentum -i*

amiesgado fruto de yerva *fragum -i*

amigo en parte onesta *amicus. Necessarius*

amigable cosa *amicus -a -um. Amicabilis -e*

amigo de muger *amator -oris. Amasius*

amiga de varon *amica -ae. Amasia*

amiga de otra muger *amica -ae*
amigar hazer amigos *amico -as -avi*
amigable como amoroso *comis -e*
amistad *amicitia. Necessitudo. Necessitas*
amistad *benivolentia. Familiaritas*
amo que cria niño *nutricius -ii*
amo que le enseña *paedagogus -i*
amo de moço de servicio *patronus -i*
amo de siervo o esclavo *dominus -i*
amolar hierro *acuo -is acui. Exacuo -is*
amoladuras de hierro *scobs ferri*
amollentar *mollio -is. Mollifico -as*
amollentar mucho *emollio -is -ivi*
amollentadura *mollitudo. Mollificatio*
amollentar otra vez *remollio -is -ivi*
amollentarse *mollesco. Emollesco -is*
amollentarse otra vez *remollesco -is*
amonesta *moneo -es. Commonefacio -is*
amonestacion *monitio. Monitus -us*
amonestador *monitor. Commonitor*
amonestadora cosa *monitorius -a -um*
amonestar induziendo *hortor -aris. Ex-Co-*
amontonar *cumulo -as. Accumulo -as*
amontonar *acervo -as. Coacervo -as*
amontonar *aggero -as. Exaggero -as*
amontonamiento *cumulus. Accumulatio*
amontonamiento *acervus. Coacervatio*
amontonamiento *aggregatio -onis*
a montones adverbio *acervatim*
amor a todas las cosas *amor -oris*
amor a solos los ombres *charitas -atis*
amor con razon *dilectio -onis*
amor desonesto *amores -rum* in plurali
amor furioso *furor -oris. Ignis -is*
amoroso *benivolus -a -um. Comis -e*
amoroso antiguamente *amorabundus -a -um*
amorosamente *benivole. Comiter*
amor de ortelano yerva *philanthropos. Lappa -ae*
amoradux o a x e d r e a *sampsuchus -i. Amaracus*
amordazar *admordeo -es admordi*
amordazador *mordax -acis*
amordazamiento *mordacitas -atis*
amordazando adverbio *mordaciter*
amortecerse *exanimor -aris. Animo linquor*
amortecimiento *exanimatio. Animi deliquium*

amortecido *exanimatus -a -um. Semianimis -e*
amortiguar a otro *mortifico -as -avi*
amortiguamiento *mortificatio -onis*
amparar *protego -is. Tueor. Tutor -aris*
amparo *protectio. Tutela. Tutamen*
ampolla para bever *ampulla potoria*
ampolla hinchazon *ampulla -ae*
ampolla burbuja del agua *bulla -ae*
ampollarse hinchandose *ampullor -aris*
anade ave conocida *anas -atis. Nessa graece*
anadino pollo de anade *anaticulus -i*
anadear *in anatis morem natare*
anapelo yerva *lupi strangulator*
anca donde juegan los uessos *coxendix. Ischia*
anca la nalga *nates -is. Clunis -is*
anca esta mesma en griego *pyga*
ancla de nave *anchora -ae. Ancyra graece*
anciano en edad viejo *senex. Senior*
anciana cosa *antiquus -a -um. Vetus -eris*
anciania assi *antiquitas -atis. Vetustas -atis*
anciano en la guerra *veteranus -i*
ançorates *sarcocolla -ae. Carnis gluten*
ancho *latus -a -um. Amplius -a -um*
anchura *latitudo. Amplitudo -inis*
anchamente *late. Ampliter* adverbia
anchova pecezico *halecula -ae*
andado o antenado *privignus -i*
andada o antenada *privigna -ae*
andar *ambulo -as. Pergo -is. Gradior -aris*
andar en çancos *grallo -as -avi*
andador assi *grallator*
andadura *ambulatio -onis. Gradus -us*
andar con pompa & aparato *incedo -is*
andadura assi *incessus -us*
andar con otro *congredior -eris congressus*
andadura con otro *congressio. Congressus -us*
andar delante de otro *anteambulo -as*
andador assi para acompañar *anteambulo -onis*
andador que se passea *ambulator -oris*
andadora cosa atras *retrogradus -a -um*
andadora cosa con otra *congradus -a -um*
andar en derredor *obambulo -as -avi*

andadura assi *obambulatio -onis*
andar por diversas tierras *peragro -as*
andadura assi *peragratio -onis*
andar perdido de camino *error -as. Deerro -as*
andador en esta manera *erro -onis*
andar vagando *vagor -aris -atus*
andadora cosa assi *vagabundus -a -um*
andar culebreando *varico -as -avi*
andadora cosa assi *varicus -a -um*
andar de andadura *gradatim eo is*
andar de dos en dos *pedatim eo is*
andar trotando *subsultim incedo -is*
andadora cosa assi *desultorius -a -um*
andador pregonero *viator -oris. Accensus -i*
andador que llama por nombre *nomenclator -oris*
andamio por donde andan *ambulacrum -i*
andarraya *calculorum ludus* novum
andas de muerto *capulus -i. Sandapila -ae. Pheretron* graece
andas para bivo *sella -ae. Lectica -ae. Carpentum*
andas pequeñas *lecticula -ae. Arcera -ae*
andas que llevan cuatro *tetraphoron* [graece]
andas que llevan seys *hexaphorum*
andas que llevan ocho *octaphoron*
anden para andar *ambulacrum -i*
anegarse la nave *naufragium facere*
anegado en esta manera *naufragus -a -um*
anegamiento assi *naufragium -ii*
anegar a otra cosa *mergo -is. Submergo*
angarillas *craticium vectabulum*
anguilla pescado conocido *anguilla -ae*
angosto cosa estrecha *angustus -a -um*
angostura o estrechura *angustia -ae*
angostar o estrechar *angusto -as*
angustia encogimiento de animo *angor*
angustiar en esta manera *ango -is -xi*
angustiado en esta manera *anxius -a -um*
angel mensagero de Dios *angelus -i*
angel bueno *calodaemon* [graece]. *Genius bonus*
angel malo *cacodaemon* [graece]. *Genius malus*
angelical cosa *angelicus -a -um*

anidar hazer nido *nidifico -as. Nidulor -aris*
anillo *anulus -i. Dactylos* graece
anillo pequeño *anellus -i*
anillo para sellar *anulus signatorius*
anillo este mesmo *gemma signatoria*
anima require in verbo **alma**
animal *animans -ntis. Animal -is*
animar dar animo *animo -as*
animoso de grande animo *animosus -a -um*
animosidad assi *animositas -atis*
animoso en las onrras *magnanimus -a -um*
animosidad assi *magnanimitas -atis*
anis o matalahuga *anisum. Anicetum -i*
anoche adverbio *heri vesperi*
anochecer *noctesco -is. Advesperasco -is*
anocheciendo nombre *crepusculum vespertinum*
anoria para sacar agua *antlia -ae. Haustrum*
ansar ave conocida *anser -eris. Ocha -ae*
ansarero que las guarda *anserarius -ii*
ansareria donde se crian *chenotrophion* [graece]
ansareria esta mesma *chenoboscion -ii*
ansarino pollo *pullus anserinus*
antaño el año de antes *annus superior*
ante preposicion *ante. Prae*
ante o **antes** adverbio *antea. Ante*
anteceder *praecedo -is. Antecedo -is*
antecedente *praecedens. Antecedens*
antecessor *decessor. Antecessor -oris*
antena de nave *antemna -ae*
antena de carnicol *antemna -ae*
antenado o andado *privignus -i*
antenada o andada *privigna -ae*
anteponer *praepono. Praefero. Antepono*
antepuerta *januae velum*
antes que conjuncion *antequam*
antes no *immo. Quin immo. Quin potius*
anticipar tomar primero *anticipo -as*
anticipacion *anticipatio -onis*
anticiparse ir primero *antecedo -is*
antier adverbio *nudius tertius*
antifaz de novia *flammeum -i*
antiguo en su edad *senex -cis. Senior -oris*
antiguo en edad publica *priscus -a -um*
antiguo en ambas maneras *antiquus -a -um*

antiguo assi *vetus -eris. Vetustus -a -um*
antiguedad en su edad *senectus -utis*
antiguedad en lo publico *antiquitas -atis*
antiguedad en ambas maneras *vetustas*
antiguamente *antiquitus. Antique*
antiguar quitar lo antiguo *antiquo -as*
antiguamiento assi *antiquatio -onis*
antiguor lo mesmo es que **antiguedad**
antojarse algo *libet* impersonale
antojarse algo a la preñada *pico -as*
antojo de preñada *picatio -onis*
antojo desta manera *libido -inis*
antojadizo assi *libidinosus -a -um*
antojos espejuelos *conspicillium -ii*
antorcha o hacha de cera *funale -is*
antruejo o i n t r o i t o *carnis privium. Acreos* graece
antuviarse *praevenio -is. Praecedo -is*
antuvio *praeventio -onis. Praecessio -onis*
anxia o congoja *angor. Anxietas*
anzel en aravigo es **decreto** o **seso**
anzuelo como para tomar peces *hamus -i*
anzolado de anzuelos lleno *hamatus -a -um*
añadir *addo -is. Adjicio -is. Adjungo -is*
añadidura *additamentum. Additio*
añadidura *adjectio. Adjunctio -onis*
añadir sobre lo añadido *superaddo -is*
añadidura al justo peso *mantisa -ae*
añafil de moros *tuba punica* sive *maura*
añagaza para tomar aves *illex -icis*
añal cosa de año *annualis -e. Annuarius -a -um*
añazeas *feriae -arum. Nundinae -arum*
añejo de muchos años *annosus -a -um*
añejo de mucho tiempo *antiquus -a -um*
añejarse algo *vetustesco -is. Senesco -is*
añejar otra cosa *antiquo -as -avi*
añino lana de cordero *vellus agninum*
añir color azul o pastel *glastum -i*
añirado cosa deste color *glastatus -a -um*
año de doze meses *annus -i*
año comun *annus vertens*
añojo bezerro de año *vitulus -i*
añublar el cielo *nubilo -as -avi*
añublo del trigo *rubigo* sive *robigo*
añublado trigo *rubiginosus -a -um*
aojar dañar con mal ojo *fascino -as*
aojadura de aquel ojo *fascinatio -onis*
a osadas adverbio *audaciter. Audacter*

apacentar ganado *pasco -is pavi*
apacentamiento *pastio -onis. Pastus -us*
apagar huego *restinguo -is restinxi*
apagamiento de huego *restinctio -onis*
aparar o aparejar *paro -as -avi. Praeparo -as*
aparador de vasos *abacus -i*
aparador de vestidos *vestiarium -ii*
aparato aparejo con estado *apparatus -a -um*
aparejar *paro. Praeparo -as*
aparejo *paratus -us. Praeparatio -onis*
aparejado *paratus -a -um. Promptus -a -um*
apartar *segrego. Separo. Secerno -is*
apartamiento *segregatio. Separatio*
apartamiento de casados *divortium -ii*
apartar ganado para hurtarlo *abigo -is*
apartador de ganado assi *abactor. Abigeus*
apartamiento en esta forma *abactio*
apartar a otro para engañarlo *seduco -is*
apartamiento en esta manera *seductio*
apartador en esta manera *seductor. Planos* graece
apartar lo limpio *secerno -is. Discerno -is*
apartamiento assi *secretio. Discretio*
apartar en diferencia *discrimino -as*
apartamiento assi *discrimen -inis*
apartarse de camino *aberro -as. Diverto -is*
apartamiento assi *aberratio -onis. Diverticulum*
apartador de cabellos *discerniculum -i*
apartar lo confuso *distinguo -is distinxi*
apartamiento dello *distinctio -onis*
apartadamente assi *distincte* adverbium
apartar ganado *segrego -as -avi*
apartamiento assi *segregatio -onis*
apartadamente *separatim. Seorsum*
apassionado en el anima *aeger -a -um*
apassionarse *aegreo -es. Aegresco -is*
apassionar a otro *molestia afficio*
apearse *ex equo vel mula descendo*
apeamiento *ex equo vel mula descensus*
apedrear con piedras *lapido -as*
apedrear con granizo *grandino -as*
apegarse *haereo -es. Adhaereo -es*
apegado assi *adhaesus -a -um*
apegamiento assi *adhaesio -onis*

apegar con otra cosa *conglutino -as*
apegamiento assi *conglutinatio -onis*
apelar de juez *provoco -as. Appello -as*
apelacion assi *provocatio. Appellatio*
apelo o pelo ayuso *pilus secundus*
apellido de guerra *tessera -ae. Symbolon* graece
apellidar assi *ad symbolum clamito*
apellido de linage *cognomen -inis*
apenas adverbio *vix. Aegre. Difficulter*
apercebir o amonestar *moneo. Hortor*
apercibimiento *monitus -us. Hortatio*
apercebir para guerra *evoco -as -avi*
apercibimiento assi *evocatio -onis*
apesgar *gravo -as. Aggravo -as. Degravo*
apesgar *premo -is. Deprimo -is*
apesgamiento *aggravatio. Depressio*
apeter lo onesto *expeto -is*
apetito de lo onesto *expetitio -onis*
apetecer como quiera *appeto -is*
apetito assi *appetitio. Appetitus -us*
apio yerva conocida *apium -ii. Selinon* graece
apitonado como cavallo *appetitivus*
apitonamiento assi *appetitio -onis*
aplazer o agradar *placeo. Complaceo*
aplazible *jucundus. Voluptuosus -a -um*
apodar o tassar *taxo -as. Aestimo -as*
apodamiento *taxatio. Aestimatio*
apoyar la teta el niño *lallo -as -avi*
apolillar *tinea pertundo -is*
apolilladura *tineae pertusio*
apolillado *tinea pertusus -a -um*
aporcar arrimar tierra *porco. Imporco -as*
aporcadura *porcatio. Imporcatio -onis*
a porfia uno de otro adverbio *certatim*
aporrear herir con palo *fustigo -as*
aporreadura assi *fustigatio -onis*
aposentarse por amistad *hospitor -aris*
aposentamiento assi *hospitium -ii*
aposentado assi *hospes -itis*
aposentarse en meson *in tabernam diverso*
aposentamiento assi *diversorium -ii*
aposentamiento de meson *taberna meritoria*
aposentador de principe *metatus -i*
aposentar aqueste *metor -aris metatus*
apospelo pelo arriba *pilus adversus*
apostemarse *abscedo -is abscessi*
apostema o apostemacion *abscessus -us*

apostolo embiado *legatus -i. Apostolus -i*
apostolos letras *litterae dimissoriae*
apreciar *taxo -as. Apprecio -as. Aestimo -as*
apreciadura *taxatio. Aestimatio -onis*
apreciador *taxator. Aestimator -oris*
apremiar *compello -is. Cogo -is coegi*
apremiadura *compulsus -us. Coactio -onis*
apressurarse *propero -as -avi. Festino -as*
apressurado *trepidus -a -um. Festinus -a -um*
apressuradamente *festinanter. Propere*
apretar *premo -is. Comprimo -is*
apretamiento *pressio. Compressio -onis*
apretar uno con otro *coagmento -as*
apretamiento assi *coagmentatio -onis*
apretadamente *pressim. Compressim*
apriessa adverbio *propere. Properatim*
aprisco de ovejas *caula -ae. Ovile -is*
apropiar hazer propio *proprium facio*
apropiar assemejar *assimilo -as*
apropiacion assi *assimilatio -onis*
aprovar *probo -as. Approbo. Comprobo*
aprovacion *probatio. Approbatio. Comprobatio*
aprovecer *prosum. Proficio. Augesco -is*
aprovecimiento *profectus. Augmentum -i*
aprovechar lo mesmo es que **aprovecer**
aprovechamiento lo mesmo que **aprovecimiento**
apuesta *depositum -i. Sequestratum -i*
apuesta cosa *ornatus -a -um. Compositus -a -um*
apuñear *pugnis caedo. Pulso pugnis*
apuñearse *pugnis certo. Contendo*
aquedar lo que anda *sisto -is* activum
aquedar reteniendo *coerceo. Cohibeo*
aquedador *stator. Coercitor. Cohibitor*
aquel aquella aquello *ille illa illud. Is ea id*
aquesse aquessa aquesso *iste ista istud*
aqueste aquesta aquesto *hic haec hoc*
aquende preposicion *cis. Citra*
aquende mas *citerior citerius*
aquende mui mucho *citimus -a -um*
aquexarse *propero -as. Festino -as*
aquexamiento assi *properatio. Festinatio*

aquexadamente assi *propere. Properanter*

aquexadamente assi *festinanter. Properatim*

aquexarse con tiento *maturo -as*

aquexamiento assi *maturatio -onis*

aquexadamente assi *mature* adverbium

aquexada cosa assi *maturus -a -um*

aquexar a otro *stimulo -as*

aquexamiento assi *stimulatio -onis*

aqui donde yo esto *hic* adverbium

aqui adonde yo esto *huc* adverbium

ara para sacrificar *ara. Altare -is*

ara constelacion del cielo. *Ara -ae*

arado instrumento para arar *aratrum -i*

arado camero *aratrum curvum*

arada lugar donde aran *aratio -onis*

arador el gañan que ara *arator -oris*

arador el de la mano *acarus -i*

arar como quiera *aro -as -avi*

arar lo sembrado *artro -as -avi*

arar alçando barvecho *proscindo -is*

arar al traves *offringo -is offregi*

arar vinando *bino -as -avi. Itero -as -avi*

arada en esta manera *binatio. Iteratio*

arar terciando *tertio -as -avi*

arado en esta manera *tertiatio*

aramble o cobre *aes aeris. Aeramentum -i*

araña muy ponçoñosa *phalangius -ii*

araña como quiera *arachneus -i*

araña pequeña *arachneolus -i*

arañera cosa *arachneosus -a -um*

arbitro juez arbitrario *arbiter -tri*

arbitrio o alvedrio deste *arbitrium. Arbitratus -us*

arbitrar el juzgar deste *arbitror -aris*

arbitrador juez arbitro *arbitrator -oris*

arbitraria cosa *arbitrarius -a -um*

arbol por la planta *arbor* vel *arbos -oris*

arbol de naves *malus -i. Arbor -oris*

arboleda de arboles *arbustum. Arboretum -i*

arbolecer crecer en arbol *arboresco -is*

arca de libros *scrinium -ii*

arca de pan *mactra* [graece]. *Panarium -ii*

arca como quiera *arca -ae. Arcula -ae*

arcaduz o alcaduz o acaduz una cosa

arco de edificio *fornix -icis*

arco del cielo *iris iridis*

arco para tirar *arcus -us*

arco como quiera *arcus -us*

arcediano de iglesia *archidiaconus -i*

arcedianadgo *archidiaconatus -us*

arcipreste de iglesia *archipresbyter -eri*

arciprestadgo *archipresbyteratus -us*

arçobispo *archiepiscopus -i*

arçobispado *archiepiscopatus -us*

arçobispal cosa *archiepiscopalis -e*

archero o frechero *arquites -is. Sagittarius*

arder *ardeo -es. Ardesco -is*

arder mucho *exardeo. Exardesco*

arder con huego *flagro -as. Deflagro*

ardimiento *flagratio. Deflagratio*

ardite de guerra *stratagema -atis*

ardor calor estraño *ardor -oris*

arena o arenal *arena -ae. Sabulum -i*

arenosa cosa *arenosus -a -um. Sabulosus*

arenisca cosa *arenaceus -a -um. Arenarius -a -um*

argamassa *opus signinum*

arguenas o alforjas *mantica -ae*

arguenas pequeñas *manticula -ae*

argolla de hierro *annulus ferreus*

arguir disputando *arguo -is. Objicio*

argulloso cosa de argullo *argutus -a -um*

argullosamente assi *argute* adverbium

argumentar *argumentor -aris. Arguo -is*

argumentador *argumentator -oris*

argumento breve *argumentum -i*

argumento luengo *argumentatio -onis*

argumento contencioso *sophisma -atis*

argumento aparente *elenchus -i*

argumento de contradicion *aphorisma* [graece]

argumento de dos cabeças *dilemma -atis*

argumento demostrativo *apodicticon* [graece]

argumento reciproco *antistrophon* [graece]

argumento oratorio *enthymema*

argumento de libro *argumentum libri*

argumento de pintura *argumentum picturae*

argumento de sinzel *argumentum caelaturae*

argumento de esmalte *emblema -atis*

aristolochia yerva conocida *aristolochia*

armado ombre de guerra *miles -itis*

armado con otro assi *commilito -onis*

armadura de piernas *caliga -ae. Ocrea -ae*
armadura de cabeça *galea. Cassis -idis*
armado desta armadura *galeatus*
armadura *armamentum -i. Armatura -ae*
armar con armas *armo -as -avi*
armar en derredor *obarmo -as -avi*
armar engeño para tirar *tendo -is*
armas para nos defender o ofender *arma -orum*
armas de insignias *insignia -orum*
armas como devisa *gestamen -inis*
armatoste de ballesta *vertibulum arcuarium*
armero que haze armas *armamentarius*
armella de hierro *annulus ferreus*
armuelles yerva *atriplex. Atriplexum -i*
arqueta arca pequeña *arcula -ae*
arrabal de ciudad *suburbium -ii*
arracife camino de calçada *via strata*
arraygar hazer raizes *radico -as. Stirpesco -is*
arraygadura assi *radicatio -onis*
arrayhan mata conocida *myrtus -i*
arrayhan el lugar donde nace *myrtetum -i*
arrayhan morisco *myrtus urbana*
arrayhan silvestre en griego *oxymyrsine*
arrayhan este mesmo en griego *chamaemyrsine*
arrayhan grano deste arbol *myrtum -i*
arrancar *vello -is. Convello -is. Divello -is*
arrancar *evello -is. Pervello -is. Revello -is*
arrancar de raiz *eradico. Extirpo -as*
arrancar lo hincado *refigo -is -xi*
arrancadura *evulsio. Revulsio. Avulsio*
arrancadura de raiz *eradicatio. Extirpatio*
arrancadura de lo hincado *refixura -ae*
arras en el casamiento *arrae -arum. Arrabo*
arrasar el vaso o medida *hostio -is*
arrasadura desta manera *hostimentum -i*
arrastrar llevando *traho -is -xi*
arrastradura assi *tractus -us. Tractatio -onis*
arrastrar a menudo *rapto -as. Raptito*
arrastrar despedaçando *distraho -is -xi*
arrastradura assi *distractio -onis*
arrebañar *congrego -as. Congero*

arrebañadura *congeries. Congestus -us*
arrebañar dineros *aerusco -as -avi*
arrebañadura assi *aeruscatio -onis*
arrebatar *rapio -is. Arripio. Corripio*
arrebatar *diripio. Proripio. Deripio*
arrebatamiento *raptus -us*
arrebatadamente *raptim* adverbium
arrebatina de lo que echan *rapina -ae*
arrebatado en espiritu *arrepticius -a -um*
arrechar enhestar *arrigo -is. Tendo -is*
arrechadura *arrectio. Tentigo -inis*
arredrar *arceo -is. Coerceo -is*
arredrar *abigo -is. Submoveo -is*
arrejada para limpiar la reja *fulla -ae*
arremangar *succingo -is succinxi*
arremeter *irruo -is. Invado -is. Adorior -iris*
arremetida *invasio -onis. Impetus -us*
arremeter contra los cercadores *erumpo -is*
arremetida assi *eruptio -onis*
arrendar cavallo *freno -as*
arrendar dar a renta *loco -as*
arrendamiento assi *locatio -onis*
arrendador assi *locator -oris*
arrendar tomar a renta *conduco -is*
arrendamiento assi *conductio -onis*
arrendador assi *conductor -oris*
arrendada cosa *conducticius -a -um*
arrendar las rentas publicas *redimo -is*
arrendamiento dellas *redemptio -onis*
arrendador destas rentas *redemptor publicanus*
arrepentirse *poenitet* impersonale
arrepentimiento *paenitentia -ae*
arrepentido *paenitens -tis*
arrexaque de hierro *tridens. Fuscina*
arrexaque ave *apus -odis. Cypsellus -i*
arreziar de dolencia *convaleo. Convalesco*
arriba preposicion *super. Supra*
arriba adverbio *sursum*
arribar como nave *applico. Appello -is*
arribar por allegar *accedo -is. Pervenio*
arrimar algo a otra cosa *admoveo -es*
arrimarse *accedo -is. Adhaereo -es*
arrimadura a otra cosa *admotio -onis*
arrodillar *ingeniculo -as -avi*
arrodilladura *ingeniculatio -onis*
arrojar *jacio -is. Jaculor -aris*
arrojarse *infero me arduum*

arropar *vestibus operio. Vestio -is*
arrope de mosto cozido *sapa -ae. Mella-ceum*
arrope en griego *hepsema. Siraion*
arrope de moras *diamoron* graece
arrova medida *amphora -ae*
arrovador que mide *amphorarius -ii*
arrovada cosa *amphorarius -a -um*
arrovado vino *vinum amphorarium*
arroz *oryza. Risum* barbare
arruga o plegadera *ruga -ae*
arrugar *rugo -as. Irrugo -as*
arrugada cosa *rugosus -a -um*
arrugas, quitar *erugo -as -avi*
arrullar al niño *sopio -is -ivi*
arrullarse la paloma o tortola *gemo -is*
arsenico oropimente *arsenicum. Auri pig-mentum*
arte ciencia o oficio *ars artis. Techna -ae*
arte engaño *ars. Dolus. Techna*
artejo uesso del dedo, articulo *articu-lus -i*
artemisia yerva *ambrosia. Artemisia*
artero engañoso *dolosus. Fraudulentus*
artesa para amassar *panaria*
artesano oficial de alguna arte *artifex*
articulo partezilla *articulus -i*
articulo a articulo adverbio *articulatim*
articulo del nombre *articulus -i. Arthron* graece
articulo punto de tiempo *articulus -i*
articulo de la fe *articulus fidei*
artificio lo hecho por arte *artificium -ii*
artificioso o artificial *artificialis -e. Arti-tus*
artificialmente *fabre. Adfabre*
artilleria *machinae -arum. Machinamenta -orum*
artiller maestro della *machinarius op-pugnator*
artimaña *ars. Dolus. Techna*
artista *technites -ae. Artitus -a -um*
arveja legumbre *ervilia -ae*
as un punto en el dado *canis. Canicula*
asa para prender por ella *ansa -ae*
ascalonia cebolla *cepa ascalonia*
asco, aver de algo *horreo rem illam*
asco de aquella cosa *horror -oris*
ascoroso que a asco *horrens -tis*
ascua o brasa *pruna -ae*
asir *prehendo -is. Prendo -is prendi*
asir a menudo *prenso -as -avi*

asirse a otra cosa *adhaereo -es*
asido en esta manera *adhaesus -a -um*
asma dolencia de acezar *asthma -atis*
asmatico doliente della *asthmaticus*
asmar casi **estimar** o **pensar**
asno silvestre *onager onagri*
asno manso & domestico *asinus -i*
asno pequeño desta especie *asellus -i*
asna desta mesma especie *asina -ae. Asella -ae*
asnal cosa de asno *asininus -a -um*
asnerizo o harriero *agaso -onis*
asnero que guarda asnos *asinarius -ii*
aspera cosa al tocar *asper -a -um*
aspereza assi *aspredo. Aspritudo. Aspe-ritas*
aspero al gustar *austerus -a -um*
aspereza en esta manera *austeritas -atis*
aspero por no limpio *scaber -a -um*
aspereza assi *scabritia -ae. S c a b r e d o -inis*
aspera cosa por piedras *confragus -a -um*
aspero en esta manera *confragosus -a -um*
asperear hazer aspero *aspero. Exaspero*
asperear en esta manera *exacerbo -as*
aspereamiento *exasperatio. Exacerbatio*
assadero para assar *veru* indeclinabile
assadero pequeño *veruculum -i*
assadura del animal *exta -orum*
assadura adobada *tomaculum -i*
assaetado *sagitta confixus*
assar *torreo -es torrui tostum*
assada cosa *assus -a -um. Torridus -a -um*
assaz adverbio *sat. Satis*
assechar *capto -as. Insidior -aris*
assechança *captatio. Insidiae -arum*
assechador *captator. Insidiator -oris*
assechadora cosa *insidiosus -a -um*
assechando tomar *excipio -is*
assensios yerva conocida *absinthium -ii*
assentar otra cosa *loco -as. Colloco -as*
assentamiento assi *locatio -onis*
assentarse a la mesa *accumbo -is accu-bui*
assentamiento assi *accubitus -us*
assentarse assi en partes *discumbo -is*
assentamiento assi *discubitus -us*
assentarse como quiera *sedeo -es*
assentamiento assi *sessio -onis*

assentamiento con otros   *consessus -us*
assentarse con otros   *consideo -es*
assentarse cerca de otro   *assideo -es*
assentamiento   assi   *assessus -us*
assentarse debaxo   *subsideo -es*
assentamiento   assi   *subsessio -onis*
assentarse   la hez   *sido -is sidi*
assentar real   *castrametor -aris*
assentamiento de real   *castrorum metatio*
assentador de real   *metator. Metatus -us*
asserrar   cortar con sierra   *serro -as*
asserraduras   *scobs scobis*
assestar tiro   *dirigo -is direxi. Tendo -is*
assestadura de tiro   *directio -onis*
assessor dado a otro   *assessor -oris*
assessora dada a otro   *assestrix -icis*
assi   adverbio   *sic. Ita* [adverbia] *simili-*
    tudinis
assi como   conjuncion   *velut. Sicut. Ceu*
assi como   conjuncion   *tanquam. Quem-*
    admodum
assiento de edificio   *sedimentum -i*
assiento, hazer   lo pesado   *sido -is*
assignar   o señalar   *assigno -as -avi*
assignacion   en esta manera   *assignatio*
assistente   varon   *assessor -oris*
assistente   hembra   *assestrix -icis*
assolar lo poblado   *desolo -as -avi*
assoladura   en esta manera   *desolatio -onis*
assolear   secar al sol   *insolo -as*
assoleado al sol   *insolatus -a -um*
assolver de pecado   *absolvo -is*
assolucion de pecado   *absolutio -onis*
assomar   *incipio apparere*
assombrar   *terreo -es. Attono -as -avi*
assombrado   *territus. Attonitus -a -um*
assuelto de pecado   *absolutus -a -um*
assulcar lo arado   *liro -as. Imporco -as*
assulcado en dos partes   *bisulcus -a -um*
assulcado en tres partes   *trifidus -a -um*
assulcado en cuatro partes   *quadifidus*
    -a -um
asta   como de lança   *hasta -ae*
astil   asta pequeña   *hastile -is*
astil de yerva   o tallo   *caulis -is*
astilejos   constelacion del cielo   *Orion*
astilla de madera   *assula -ae*
astilla a astilla   adverbio   *assulatim*
astrologo de los movimientos   *astrono-*
    mus
astrologia   desta forma   *astronomia -ae*
astrologal   cosa assi   *astronomicus -a -um*

astrologo de los juizios   *astrologus*
astrologia   desta forma   *astrologia -ae*
astrologal   cosa assi   *astrologicus -a -um*
astrologo por nacimiento   *genethliacus -i*
astrologia   en esta manera   *genethliace*
    -es
astrologia   yerva   *aristolochia -ae*
astroso   *malo astro natus*
astucia   *astutia. Calliditas. Vafritia*
astuto   *astutus. Callidus. Vafer -a -um*
astutamente   *astute. Callide. Vafre*
atabal   o pandero   *tympanum -i*
atabalero   *tympanistes -ae*
atabalera   *tympanistria -ae*
atacar las calças   *stringo -is -xi*
atacadura   assi   *strictura novum*
atado   empachado   *impeditus -a -um*
atadura   *ligatura -ae. Ligamen -inis*
atadura   *vinculum -i. Vinctus -us*
atahona de asno   *mola asinaria*
atahona de mulos   *mola mulionica*
atahorma   ave   *pygargus -i*
atayfor morisco   *abacus -i. Abax -acis*
atajar los enemigos   *intercludo -is*
atajo de enemigos   *interclusio -onis*
atajar descubriendo tierra   *speculor -aris*
atajador   desta forma   *speculator -oris*
atajo   desta manera   *speculatio -onis*
atajar ganado del hato   *abigo -is*
atajador de ganado   *abactor -oris*
atajo de ganado   *abactio -onis*
atajar camino   *compendium facio*
atajo de camino   *compendium -ii*
atajando   adverbio   *compendio*
atajar pleyto   *decido -is. Transigo -is*
atajo de pleyto   *decisio. Transactio*
atalaya   lugar alto   *specula -ae*
atalaya   varon que atalaya   *speculator*
atalayar   mirar de alli   *speculor -aris*
atalayamiento   assi   *speculatio -onis*
atalayadora   cosa   *speculatorius -a -um*
atambor   o atabal   *tympanum -i*
atanor de aguaducho   *tubus -i. Tubulus*
    -i
atanquia   para arrancar pelos   *psilotrum -i*
atapar con tapadera   *operculo -as*
atapar con otra cosa   *tego -is*
atar   *ligo -as -avi. Vincio -is vinxi*
atar & reatar   *religo -as. Revincio -is*
atar mucho   *deligo -as. Devincio -is*
atar a otra cosa   *alligo -as -avi. Illigo -as*
atar con otra cosa   *colligo -as -avi*

atar por debaxo *subligo -as -avi*
atar por obligacion *obligo -as. Obstringo
-is*
ataraçana *navale -is. Casteria -ae*
ataviar *apto -as -avi. Orno -as -avi*
ataviado *aptus -a -um. Ornatus -a -um*
atemorizar *pavefacio -is pavefeci*
atenazar con tenazas *forcipo -as*
atenazadas adverbio *forcipatim*
atencion *attentio -onis. Intentio -onis*
atender esperar *expecto -as*
atenerse en voto a otro *assentior illi*
atentar tocando con mano *tango -is*
atentar a tiento buscar *tento -as*
atentarse *contineo -es continui*
atento en cuerpo o animo *attentus -a
-um*
atento estar *attendo -is. Intendo -is*
aterecerse de frio *rigeo* vel *rigesco*
aterecimiento de frio *rigor -oris*
aterido de frio *rigidus -a -um*
atinar casi ir a tino *allucinor -aris*
atino el ir desta manera *allucinatio*
atincar o borrax *santerna. Chrysocolla*
atizar los tizones *irrito titiones*
atizador de tizones *irritator titionum*
atocha *sparti quisquiliae*
otochado o astronado *stolidus -a -um*
atolladal o lamedal *lama -ae. Volutabrum*
atollar en el lodo *in luto haesito -as*
atordido casi atronado *attonitus -a -um*
atormecerse *stupeo -es* vel *stupesco.
Torpeo*
atormecido *stupidus -a -um. Torpidus*
atormecimiento assi *stupor -oris. Torpor*
atormentar *torqueo -es torsi*
atormentador *tortor tortoris*
atoroçonada bestia *torminosus -a -um*
atraer por fuerça *elicio -is elicui. At-
traho*
atraymiento assi *attractio. Attractus -us*
atraer por halagos *allicio -is. Pellicio -is*
atraymiento assi *illectus -us. Illectatio*
atraer por razones *hortor -aris. Ex-* Co-
atraymiento assi *hortatio. Hortatus -us*
atrayllar *copula duco* vel *traho*
atrancar la puerta *repagulum obdo -is*
atras adverbio *retro. Retrorsum*
atravessar poner al traves *transverto -is*

atravessada cosa *transversus -a -um*
atravessado en esta manera *transversa-
rius -a -um*
atravessar con otro *adversor illi*
atreguado loco *per intervalla insanus*
atreverse *audeo -es. Confido -is*
atrevimiento assi *audacia. Confidentia*
atriaca *antidotum theriacum*
atriaquero *pharmacopola circumforaneus*
atronado con trueno *attonitus -a -um*
atronar en esta manera *attono -as -ui*
atronamiento en esta manera *attonitus
-us*
atruendo o estruendo *strepitus -us*
atun pescado conocido *thunnus -i*
atun de un año *limaria -ae. Pelamis*
graece
atun chico *cordyla -ae. Scordule -ae. Au-
xuma*
audiencia *audientia. Auditio -onis*
auditor oydor o discipulo *auditor -oris*
auditorio los mesmos auditores *auditorium -ii*
auditorio lugar para oir *auditorium -ii*
aullar los lobos o mugeres *ululo -as*
aullido de aquestos *ululatus -us*
aun adverbio *adhuc. Adhuc usque*
aun no adverbio *nondum*
a una & a otra parte *utroque. Utrolibet*
aunque conjuncion. *etsi. Tametsi. Quamquam. Licet*
ausentarse *absum -es abfui*
ausente cosa *absens -tis* unde *absentia*
autillo ave nocturna *ulula -ae*
autor o hazedor *auctor -oris*
autora o hazedora *auctor -oris*
autoridad de aquestos *auctoritas -atis*
autorizar *auctoritate confirmo -as*
avaricia codicia grande *avaritia*
avariento escasso *parcus -a -um*
avaricia escasseza *parsimonia -ae*
avariento escasso *parcus -a -um*
ave que pone huevos *avis avis*
ave que tiene alas *ales alitis*
ave que aguera cantando *oscen -inis*
ave que aguera bolando *praepes -etis*
avellacar *vilifacio -is vilifeci*
avellana *nux abellana. Abellina praenesti-
na*
avellana en griego *corylos*

avellano en griego *corylos*
avellanedo lugar de avellanos *coryletum -i*
avena vana *avena sterilis. Aegilops* graece
avena con grano *avena fructuosa*
avenado cosa de avena *avenaceus -a -um*
avenado sin seso *insanus -a -um*
avenedizo estrangero *advena -ae*
avenedizo con otros *convena -ae*
avenir convenirse *convenio -is*
avenencia conveniencia *conventio -onis*
avenir a los discordes *compono -is*
avenencia assi *compositio -onis*
avenir el rio *diluo -is. Inundo -as*
avenida del rio *diluvium. Diluvies -ei*
aventajarse *primas obtineo*
aventajado *primarius -a -um. Egregius*
aventar hazer viento *ventilo -as*
aventadero para ello *ventilabrum -i. Flabrum*
aventar el pan al viento *ventilo -as*
aventadero para ello *ventilabrum -i*
aventarse el ganado *consternor -aris*
aventamiento assi *consternatio -onis*
aventura o ventura *fortuna -ae*
aventurarse *audeo -es ausus*
averamia ave *species anatis est*
aver o dever *debeo -es. Habeo -es*
aver gana de comer *esurio -is -ivi*
aver gana de bever *sitio -is -ivi*
aver gana de mear *micturio -is -ivi*
aver gana de parir *parturio -is -ivi*
aver gana de cagar *cacaturio -is -ivi*
aver gana de cenar *coenaturio -is -ivi*
aver gana de comprar *empturio -is -ivi*
averiguar *verifico -as -avi*
averiguamiento *verificatio -onis*
a vezes *interdum. Aliquando*
a vezes uno a una vez & otro otra *alternatim*
a vezes en esta manera *invicem. Vicissem*
axedrea yerva conocida *sisymbrium -ii*
axedrea esta mesma *sampsucus -i*
axedrez *tabula latruncularia*
axenuz simiente negra *git* indeclinabile. *Melanthium*
axorca o manilla *armilla. Dextrocherium*
axorca de pies *Periscelis -idis*
axuar de casa *supellex-icis. Utensilia -ium*

azagaya morisca *telum punicum*
azar un punto en el dado *canis. Cyon* [graece]
azar en el carnicol *ischion. Canis*
azarcon *plumbum combustum*
azavaje piedra negra *gagates -ae*
azcona tiro conocido *acontias -ae*
azebuche oliva silvestre *oleaster -i*
azebuchal lugar dellos *oleastretum -i*
azedia pescado *solea -ae*
azedia de estomago *stomachi acor. Oxyregmia*
azedo cosa azeda *acidus -a -um*
azeda cosa un poco *subacidus -a -um*
azedura desta manera *acetositas -atis. Acor*
azedera yerva acetosa *acetaria -ae*
azeyte cualquiera *oleum. Olivum -i*
azeytero que lo vende *olearius institor*
azeytera vaso *infusorium olearium. Lecythus*
azeytera esta mesma *lenticula -ae*
azeyte de agraz *omphacium -ii*
azeyte contrahecho *oleum facticium*
azeyte de nuezes *[Oleum] carynum*
azeyte de ortigas *[Oleum] agrostinum*
azeyte de lirios cardenos *irinum -i*
azeyte de açucenas *lilinum -i*
azeyte rosado *rhodinum* vel *rosaceum*
azeyte de almendras *neopum -i*
azeyte este mesmo *amygdalinum oleum*
azeyte de juncos *juncinum [oleum]*
azeyte de aljonjoli *sesaminum [oleum]*
azeyte de pez *picinum [oleum]*
azeyte de cedro *cedreleon* [graece]
azeyte de almoradux *amaracinum [oleum]*
azeytuno arbol *olea -ae Oliva -ae*
azeytuna fruta del *olea -ae. Oliva*
azeytuna verde *drupa -ae*
azeytuna orcal o judiega *orchites. Orchas -adis*
azeytuna mançanilla *oliva orbiculata*
azeytuna lechin *radius. Radiolus -i*
azeytuna para moler *oliva pausia*
azeytuna cogida a pulgar *olea strictiva*
azeytuna caediza *olea caduca*
azeytuna en curtido *olea conditanea* vel *conditiva*
azemila o mulo *mulus -i*
azemilero que las trata *mulio -onis*
azemilar cosa de azemila *mularis -e*

azemilar cosa de azemilero *mulionicus -a -um*

aziago [dia] *dies ater. Dies aegyptius*

azige para tinta *atramentum -i*

azogue argento bivo *hydrargyrus -i*

azogue este mesmo *argentum vivum*

azul cosa *caeruleus -a -um. Lividus -a -um*

azulejo *tessella pavimenticia*

azulejos *pavimentum tesselatum*

B

bacia aquello mesmo es que **bacin**

bacin para lavar los pies *pelvis -is*

bacin para esto mesmo *pelluvium -ii*

bacin como servidor *scaphium -ii*

bacin aqueste mesmo *trulla -ae*

bacinete armadura de cabeça *cassis -idis*

baço parte de la assadura *splen -enis*

baço aqueste mesmo *lien -enis*

baço cosa un poco negra *fuscus -a -um*

bachiller *lyta* graece

badajo de campana *crepitaculum -i. Sistrum*

badeha especie de melon *melopepo -onis*

badil de hogar *batillum -i. Veruculum -i*

bahari especie de halcon *accipiter*

bahear echar de si baho *halo -as. Exhalo*

baho *vapor -oris. Halitus -us. Exhalatio*

baia de mar *sinus -us. Statio -onis*

baylar o dançar *salto -as. Tripudio -as*

bayle o dança *saltatio. Saltatus -us*

bayle o dança esta mesma *tripudium -ii*

baylador o dançador *saltator -oris*

bayladera o dançadora *saltatrix -icis*

bayladera pequeña *saltatricula -ae*

bajo de vientre *aqualiculus -i. Abdomen*

bala de viento o bola *follis -is*

baladrear o parlar *blatero -as -avi*

baladron o parlero *blatero -onis*

balar las ovejas *balo -as -avi*

baldado cosa de balde *gratuitus -a -um*

baldio cosa comun *publicus -a -um*

baldio no dehesa *ager compascuus*

baldon *opprobrium. Convicium -ii*

baldonar *exprobro -as. Opprobro -as*

baldres pelleja curtida *melota -ae*

balido de oveja *balatus -us*

balitar el enodio *glaucito -as*

balitado de enodio *glaucitatus -us*

balsamo arbol & unguento *balsamum -i*

balsamo del sudor *opobalsamum -i*

balsamo de la madera *xylobalsamum -i*

balsamo del fruto *carpobalsamon* [graece]

baluarte de fortaleza *vallum -i*

baluma como bulto *volumen -inis*

ballesta de azero *arcus ferreus. Scorpio -onis*

ballesta de madera *arcus ligneus*

ballesta fuerte *arcuballista -ae*

ballestear *sagitta figo -is fixi*

ballestero *sagittarius. Sagittator -oris*

ballestero de cavallo *hippotoxota -ae*

ballestero que haze ballestas *arcuarius -ii*

bambanear *titubo -as. Vacillo -as. Nuto -as*

bancal *subsellii stragulum -i*

banco para assentarse *subsellium -ii*

banco de galea *transtrum -i. Jugum -i*

banco pinjado *testudo -inis*

bandujo relleno *venter faliscus*

bañar en baño *balneo -as -avi*

bañador de baño *balneator -oris*

baño el mesmo bañar *balneatio -onis*

baño lugar de bañarse *balneum -i*

baño pequeño *balneolum -i*

baño portatile *balinea -ae*

baño de piedra sufre *albula -ae*

Baños puerto conocido *Thermopylae -arum*

barato cosa de poco precio *vilis -e*

barato poco precio *vilitas -atis*

barato, ser alguna cosa *vilesco -is*

baratar *versuram facio*

baraton que haze barato *institor -oris*

barbara cosa peregrina *barbarus -a -um*

barbaria assi *barbaria -ae. Barbaries -ei*

barca de nao o esquife *scapha -ae*

barca de passage *cumba trajecticia*

barca de piloto *navis actuaria*

barca de pescador *navicula -ae*

barquero de tal barca *navicularius*

barquero de passage *portitor -oris*

barniz o grassa de que se haze *vernix -icis*

barniz este mesmo *sandaraca -ae*

barnizada cosa *sandaracatus -a -um*

barra de hierro o metal *massa -ae*

barragan varon mancebo *juvenis*

barragana muger manceba *juvenis*

barragania de varon   *virilitas -atis*
barran   en aravigo ombre del campo
barranco   *anfractus -us. Callis -is*
barrena   *terebra -ae. Terebrum -i*
barrena pequeña   *terebellum -i*
barrenar   con barrena   *terebro -as*
barreno   el mesmo agujero   *terebratus -us*
barrena   *cymbium fictile. Sinum fictile*
barrer   como quiera   *verro -is versi*
barrer con escoba   *scopo -as -avi*
barreduras   lo que se barre   *scobs -bis*
barredor   el que barre   *scoparius -ii*
barrendera   la que barre   *scoparia -ae*
barredero de horno   *versorium -ii*
barrera de muro   *antemurale -is*
barrero   do sacan barro   *argilletum -i*
barrial   lugar de barro   *argilletum -i*
barril   de vino   *lagena -ae. Lagona -ae*
barrio de villa   o ciudad   *vicus -i*
barro   cualquiera   *argilla -ae*
barro bermejo   *rubrica -ae*
barro de olleros   *creta figularis*
barro para crisoles   *tasconium -ii*
barro que nace en la cara   *varus -i*
barroso   el que los tiene   *varosus -a -um*
barroso   cosa llena de barro   *argillosus -a -um*
barruntar   *odoror -aris. Suspicor -aris*
barrunte   *suspicatus -us. Suspitio -onis*
Bartolome   n o m b r e de varon   *Bartolomeus*
barva   do nacen pelos   *mentum -i*
barvas   los mesmos pelos   *barbae -arum*
barva de pelos   *barba -ae*
barva de Aaron   yerva   *arus -i*
barva de niño   o muger   *mentum -i*
barvado   lo que tiene barvas   *barbatus -a -um*
barvado de barva roxa   *aenobarbus -i*
barvado de boço   *pubes pubis. Ephebus -i*
barvar   començar a tener barvas   *pubesco -is*
barvacana   *antemurale -is. Pomerium -ii*
barvasco   o gordolobo yerva   *verbascum -i*
barvechar alçando   *proscindo -is -di*
barvechar vinando   *itero -as*
barvechar terciando   *tertio -as*
barvecho   lo que assi se haze   *vervactum -i*

barvechazon   el tiempo del   *aratio verna*
barvero   el que haze la barva   *tonsor -oris*
barvera   la que haze la barva   *tonstrix -cis*
barveria   la tienda del barvero   *tonstrina -ae*
barveria   el arte mesma   *tonstrina -ae*
barvo   pescado conocido   *mullus -i. Trygla* graece
barvudo   de barvas luengas   *barbatus -a -um*
basa de coluna   *basis -is*
basilisco   serpiente en Africa   *regulus -i*
basilisco   este mesmo en griego   *basiliscos*
bastardo   vino de passas   *passum -i*
bastardo   no legitimo   *nothus -a -um*
bastardo   en esta manera   *spurius -a -um*
bastardia   *illegitimum stemma -atis*
bastecer fortaleza   *munio -is -ivi*
bastimiento   desta manera   *munitio -onis*
bastimiento de viandas   *commeatus -us*
bastida para combatir   *turris lignea*
basto   cosa no delgada   *crassus -a -um*
basto   cosa no sotil   *vastus -a -um*
baston   *fustis -is. Sudis -is*
batalla   gente en haz   *acies -ei*
batalla en escuadra   *cohors -tis*
batalla para hender   *cuneus -i*
batalla cuadrada   *agmen quadratum*
batalla de gente a pie   *phalanx -gis*
batalla de gente a cavallo   *turma -ae*
batalla real   o la mas gruessa   *subsidium*
batalla puesta en guarnicion   *praesidium -ii*
batalla tendida a cavallo   *ala militaris*
batalla   la mesma pelea   *praelium -ii*
batalla   esta mesma pelea   *conflictus -us*
batallar   *confligo -is. Congredior -eris*
batallar   *pugno -as. Confero signa*
batan de paños   *battuarium -ii*
batanar paños   *battuo -is -ui*
batel de nave   o esquife   *scapha -ae*
batiente de puerta   *anta -ae*
batihoja   batidor de oro   *bractearius -ii*
batihoja   arte   *bractearia ars*
batir hoja   en esta arte   *bracteo -as*
batir breña en la monteria   *exagito fruticem*
batir las miesses   como en Italia   *occo -as*
batidor de miesses   assi   *occator -oris*

batimiento de miesses *occatio -onis*
batir echar abaxo *dejicio -is. Deturbo -as*
batir hiriendo *quatio -is. Battuo -is*
bausan cosa de poco precio *banausos*
bautismo *baptismum -i. Baptisma -atis*
bautista *mersor -oris. Baptistes -ae*
bautisterio *lavacrum -i. Baptisterium -ii*
bautizar *mergo -is. Baptizo -as*
bava de la boca *saliva deflua*
bavadero de niños *salivarium -ii*
bavaza como bava *saliva -ae*
bavear echar bavas *salivo -as*
bavera armadura *buccula -ae*
bavosa gusano que bavea *limax -acis*
bavoso lleno de bavas *salivosus -a -um*
baxa cosa *imus -a -um. Infimus -a -um*
baxa cosa por el suelo *humilis -e*
baxeza desta manera *humilitas -atis*
baxa cosa en esta manera *humipeta -ae*
baxas de Berveria *syrtes -ium. Brevia -ium*
baxilla para servicio *abacus -i*
baxo preposicion *infra. Sub*
baxo adverbio *infra. Summissim*
baxura por aquello mesmo que **baxeza**
beca para rodear el cuello *focale -is*
beço de la boca *labium -ii*
beço pequeño *labellum -i*
beço grande & gruesso *labrum -i*
beçuda cosa de grandes beços *labrosus -a -um*
beçudo de grandes beços *labeo -onis*
beldad *species. Pulchritudo. Forma*
bella cosa *bellus -a -um. Speciosus -a -um*
bella cosa *pulcher -a -um. Formosus -a -um*
bella cosa un poco *bellulus. Pulchellulus*
bellamente *belle. Pulchre*
belleza lo mesmo es que **beldad**
bellota o lande *glans -dis*
bellotero que las coge *glandarius -ii*
bellota en griego *balanos*
bellotero arbol *arbor glandifera*
bendezir *benedico -is -xi novum*
bendicion *benedictio -onis novum*
bendicha cosa *benedictus -a -um*
beneficiar hazer bien *benefacio -is*
beneficiado *beneficiarius -ii*
beneficio *beneficium -ii. Munus -eris*
beneficio que se haze al amigo *officium -ii*

benigno *benignus -a -um*
benignidad *benignitas -atis*
beodo & beodez requiere **embriago**
berça *brassica -ae. Colis -is. Caulis -is*
berça pequeña *coliculus -i. Cauliculus -i*
bercera cosa de berças *brassicarius -a -um*
berengena yerva & fruta *melongena -ae novum*
Bergamo ciudad de Lombardia *Bergomum*
beril piedra preciosa *beryllus -i*
bermeja cosa *ruber -a -um. Rubens -tis*
bermeja cosa *rufus -a -um. Rubicundus -a -um*
bermejo un poco *rubellus. rubicundulus*
bermejura *rubedo -inis. Rubor -oris*
bermejecerse *rubeo -es. Rubesco -is*
bermejecerse un poco *subrubeo -es. Subrubesco*
bermellon natural *minium -ii. Miltos graece*
bermellon contrahecho *cinnabaris -is*
bernia vestidura *vestis ibernica. Endromis*
berraco puerco para casta *verris -is*
berro yerva conocida *nasturtium aquaticum*
berro *sion -ii. Laver -eris*
berrocal lugar de berruecos *verrucetum -i*
berrueco *montis verruca*
berruga que mucho duele *acrochordon -is*
berruga cualquiera *verruca. Verrucula -ae*
berrugoso lleno de berrugas *verrucosus*
besar onestamente *osculor -aris*
besar como enamorado *suavior -aris. Basio -as*
besar como paloma *columbor -aris*
besando assi adverbio *columbatim*
besar nombre *suaviatio. Basiatio -onis*
beso onesto de buena parte *osculum -i*
beso de enamorado *basium. Suavium -ii*
bestia fiera *fera -ae. Belua -ae. Bestia -ae*
bestial cosa *bestius -a -um. Bestialis -e*
bestial cosa assi *beluinus -a -um. Ferinus -a -um*
bestia de cargo *veterina -ae. Jumentum -i*

betuminar con betun *bitumino -as -avi*
betun *bitumen -inis. Gluten -inis*
betun judiego *bitumen judaicum. Asphaltos* [graece]
betun cera de colmena *propolis -is*
bever *bibo -is bibi. Poto -as -avi*
bever mucho *ebibo -is. Epoto -as*
bever con otro *combibo -is. Compoto -as*
bever hasta el cabo *perpoto -as. Perbibo -is*
bever a porfia de otro *obbibo -is* cum dativo
bever & dar a otro del mesmo vino *propino -as*
bevedor *potor. Bibax -acis. Bibosus -a -um*
bevedor con otros *compotor -oris. Sympotes* graece
bevedora con otros *compotrix -icis. Sympotis* graece
bevida *potio -onis. Potus -us. Poton* graece
bevida con otros *compotatio. Symposion* graece
bevida de los dioses *nectar -aris*
bevida para gomitar *tropis*
bexiga recogimiento de urina *vesica -ae*
bexiga en otra manera burbuja *bulla -ae*
bezar poner costumbre *instituo -is. Assuefacio -is*
bezar enseñar *doceo -es. Erudio -is*
bezar acostumbrar *assuefacio. Consuefacio*
bezarse o acostumbrarse *assuesco. Consuesco*
bezado *assuetus -a -um. Consuetus -a -um*
bezero el que tiene vez *vicissitudinarius*
bezo costumbre *mos moris. Consuetudo -inis*
Biblia *canon sacrarum litterarum*
bieldo para aventar *ventilabrum -i*
bien nombre sustantivo *bonum -i*
bien adverbio por buenamente *bene*
bienaventurado *felix -icis. Beatus -a -um*
bienaventurança *felicitas. Beatitas. Beatitudo*
bienaventuradamente *beate. Feliciter*
bienes de fortuna *fortunae -arum*
bien hablado *affabilis -e. Comis -e*
bienhazer *benefacio -is benefeci*
bienhecho *benefactum. Beneficium -ii*

bienhechor *benefactor -oris. Benignus*
bienquerer *bene volo bene vis. Amo -as*
bienquerencia *benivolentia -ae*
bienquisto *benivolus -a -um*
bigot de barva *mystax* [graece]
bilma para bilmar *epithema -ae*
billon de moneda *aes confusaneum*
bisabuelo padre de abuelo *proavus -i*
bisabuela madre de abuelo *proavia -ae*
bisnaga yerva conocida *oreoselinum -i*
bisnieto hijo de hijos *pronepos -otis*
bisnieta hija de hijos *proneptis -is*
bisperas *horae vespertinae*
bisperadas *psalmi verpertini*
bispera de fiesta *vigilia -ae. Profestum -i*
bissiesto *dies intercalaris* vel *bisextilis*
bitor ave conocida *glottis -idis*
biuda de marido *vidua conjuge*
biudo de muger *orbus conjuge*
biudo de lo que amava mucho *orbus -a -um*
biudar hazer biuda de marido *viduo -as -avi*
biudez de marido *viduitas -atis. Viduertas*
bivar de animales *vivarium -ii*
bivar de aves *aviarium -ii. Ornithoboscion*
bivar de peces *piscina -ae* vel *stagnum -i*
bivar de conejos *cuniculus -i* sicut animal
bivar de caracoles *cochlearium -ii*
bivar de gallinas *ornithon -onis*
bivar de anseres *chenotrophion* [graece]
bivar de anseres *chenoboscion*
bivienda modo de bivir *victus -us. Vita -ae*
bivienda con otro *convictus -us*
biviente cosa en tierra & agua *amphibios* [graece]
bivo cosa en cualquier manera *vivus -a -um*
bivo cosa que se mueve *vivus -a -um*
bivo cosa natural *vivus -a -um*
bivo cosa con vigor & fuerça *vividus -a -um*
bivo que bive sobre otro *superstes -itis*
bivo o lista de la toca *taenia -ae*
bivora serpiente conocida *vipera -ae. Echis* graece

4

bivorezno hijo deste *catulus viperinus*
blanca moneda castellana *as assis*
blanca nueva moneda *bessis -is*
blanco como quiera *albus -a -um*
blanco un poco assi *albidus -a -um*
blanco cosa con resplandor *candidus -a -um*
blanco por huego *candens -tis*
blancor o blancura *albedo -inis. Albitudo*
blancura assi *albor -oris. Albicies -ei*
blancura de lo que luze *candor -oris*
blanquezino como amarillo *albidus -a -um*
blanquezino un poco *subalbidus -a -um*
blanco a donde tiran *signum -i. Scopos*
blanco del ojo *album oculi. Leucon* graece
blanco del uevo *album ovi. Albugo*
blanquear ser blanco *albeo -es. Albesco -is*
blanquear lo que luze *candeo -es. Candesco -is*
blanquear por de fuera *albico -as*
blanquear hazer blanco *albifico. Albefacio*
blanquear dando lustre *candifico -as*
blanquear la pared *albo parietem*
blanqueadura de pared *albarium -ii*
blanquibol o alvayalde *cerussa -ae*
blanchete perrito *catellus melitensis*
blando al sentido de tocar *lenis -e*
blandura assi *lenitudo -inis. Lenitas -atis*
blandamente assi *leniter* adverbium
blanda cosa con halagos *blandus -a -um*
blandura assi *blanditiae -arum*
blandear esgrimiendo *vibro -as. Crispo -as*
blandear torciendo lo duro *lento -as*
blandon de cera *cereus cubicularius*
bledo yerva conocida *blitum -i*
boca generalmente *os oris. Stoma* graece
boca de rio salida a la mar *ostium -ii*
boca del estomago *stomachus -i*
bocado de vianda *bucca -ae. Buccella -ae*
bocado por la mordidura *morsus -us*
bocal de pozo *os putei*
boçal cosa nueva en servicio *novicius -a -um*
bocezo *oscitatio -onis. Chasma -atos* graece

bocezar *o s c i t o -as -avi. Chasmaomai* graece
bocezo con sonido *oscedo -inis*
boço de la barva *lanugo barbae*
bodas *nuptiae -arum. Taedae -arum*
bodega de vino *cellarium. Cella vinaria*
bodega en griego *apotheca. Hypogeon*
bodegon o taverna *caupona. Ganea -ae*
bodeguero de bodega *cellarius. Apothecarius*
bodegonero que come en el bodegon *ganeo -onis*
bodegonero que vende alli *caupo -onis. Caupona -ae*
bodigo de ofrenda *libum -i. Fertum*
bofes o livianos de assadura *pulmo -onis*
bofetada *alapa -ae. Colaphus -i*
bofetadas, dar *colaphizo -as. Colaphum incutio*
bogar contrario de ciar *impello navem*
boya corcha de red *tragula -ae*
boya corcha de ancla *anchorale -is*
boyada manada de bueyes *bucetum -i*
boyero que guarda bueyes *bubulus -i*
boyuno cosa de buey o vaca *bubulcus -i*
bola de madera *globus ligneus*
bola de viento para jugar *follis -is*
bolar como quiera *volo -as -avi*
bolar en uno *convolo -as -avi*
bolar rebolando *revolo -as -avi*
bolar hazia otra cosa *advolo -as -avi*
bolar contra otra cosa *involo -as -avi*
bolar de arriba abaxo *devolo -as -avi*
bolar por otra cosa *pervolo -as -avi*
bolar allende *transvolo -as -avi*
bolar en derredor *circumvolo -as -avi*
boleo de pelota *pilae volitatus* novum
bolsa para dineros *loculi -orum. Follis -is*
bolsa en griego *bursa. Crumina -ae*
bolsico pequeña bolsa *locellus -i*
boltejador *petaurista -ae a ludo petauro*
boltejar *corpus jactare petauro*
bolver de lugar do fueste *redeo -is. Revertor*
bolver lo prestado o recebido *reddo -is*
bolver lo torcido o derecho *flecto -is*
bolver mezclando cosas *convolvo -is. Misceo*
bolver lo de dentro a fuera *inverto -is*
bolver lo de arriba abaxo *inverto -is*

bolver lo de tras a delante *inverto -is*
bolver las espaldas *avertor -eris. Aversor -aris*
bolver como quiera *verto -is. Volvo -is*
bolver la cara a lugar *adverto -is*
bolver la cara de lugar *averto -is*
bolver el pensamiento a algo *animadverto -is*
bolver en derredor *gyro -as. Roto -as*
bolvible cosa *volubilis -e. Revolubilis -e. Versilis -e*
bolvimiento assi *volubilitas -atis*
bollicio o alboroto de ciudad *seditio -onis*
bollicioso en ciudad *seditiosus -a -um*
bolliciar alborotando *seditione concito*
bollicio como quiera *tumultus -us*
bolliciar como quiera *tumultuor -aris*
bollicioso o **bolliciador** assi *tumultuator*
bolliciosa cosa assi *tumultuarius -a -um*
bollo de pan *spira panis. Orbis panis*
bollon de cinta o cinto *bulla -ae*
bollonado cosa con bollones *bullatus -a -um*
bomba para sacar agua *organum pneumaticum*
bondad *bonitas -atis. Probitas -atis*
boneta de la nave *veli supplementum*
bonete cobertura de cabeça *pileus -i*
bonica cosa *bellus -a -um. Bellulus*
boñiga de buey o vaca *editus bovis*
boñuelo o almojavana *circulus -i. Lixula -ae*
boquear abrir la boca *hio -as. Hisco -is*
bordar o boslar *plumo -as. Laboro -as*
bordador de bordes *limborarius -ii*
bordador como quiera *phrygio. Plumarius*
borde por bastardo *spurius -ii. Nothus*
borde de vestidura *limbus -i. Ora -ae*
borde de otra cosa *labrum -i. Ora -ae*
bordon *baculus -i. Baculum*
borne arbol de madera *laburnum -i*
bornear la madera estar tuerta *varicor -aris*
borneada cosa de madera *varus -a -um*
borni especie de halcon *accipiter laburnicus*
borracho o **borrachez** vide **embriago**
borraja yerva conocida *buglossa -ae*
borrar hazer borrones *lino -is. Oblino -is*
borras hezes de cosa liquida *fex -cis*

borras de unguento *magma -atis*
borras de vino *floces -um*
borras de azeyte *fraces -um*
borras, hazer el azeyte *fracesco -is*
borrax o atincar *chrysocolla* [graece]. *Auri gluten* latine
borrax este mesmo *santerna -ae. Acesis -is*
borrego hijo de oveja *agnus anniculus*
borrico hijo de asna *pullus asininus*
borron de escriptura *litura -ae*
borzegui calçado conocido *cothurnus -i*
borzeguinero *cothurnarius sutor*
borzeguineria *cothurnaria sutrina*
boslar *plumo -as. Laboro -as*
boslada cosa *phrygius -a -um. Laboratus -a -um*
boslador *plumarius -ii. Phrygio -onis*
boslandera *plumaria -ae. Limbolaria -ae*
bosque de arboles *silva -ae. Nemus -oris*
bosque de arboles sagrado *lucus -i*
bosque para ganados *saltus -us*
bossar o gomitar *vomo -is. Evomo -is*
bota de nao o tonel *cupa -ae*
bota de vino *utriculus -i. Uterculus -i. Ascopera* graece
bota calçado conocido *ocrea scortea*
botana *utris assumentum*
botar echar fuera *extrudo -is -si*
botarse el color *vanesco -is. Hebesco -is*
botar la pelota *expulso -as -avi*
bote de pelota *expulsatio -onis*
bote de conserva *conditorium -ii*
botica tienda do venden algo *taberna -ae*
botica de medicinas *pharmacopolium -ii*
boticario de medicinas *pharmacopola -ae*
botilla para vino *utriculus -i. Uterculus -i*
botiller *cellarius -ii. Apothecarius -ii*
botilleria *cellarium -ii. Cella vinaria. Apotheca*
botin el despojo de la cavalgada *manubiae -arum*
botinero en cuyo poder se pone *praefectus praedae*
boto cosa no aguda *obtusus -a -um. Hebes -etis*
boto cosa no ingeniosa *tardus -a -um*
boton de vestidura *condylus -i. Nodus -i*
boton de huego *cauterium -ii*
boton de arbol cuando echa *gemma -ae*

botor buva o deviesso *abscessus -us.*
apostema
bovear *desipio -is. Moror -aris*
boveda edificio *testudo -inis. Camera*
-ae
boveda desta manera en arco *fornix*
-icis
boveda, hazer *concamero -as -avi*
boveria *stupor -oris. Stultitia -ae*
bovo *morio -onis. Stultus -a -um*
box arbol conocido *buxus -i. Pyxos* graece
box madera deste arbol *buxum -i*
boxedal lugar de boxes *buxetum -i*
boz sonido de animal *vox vocis*
boz pequeña desta manera *vocula -ae*
bozes, dar *clamo -as. Clamito -as*
boz con gemido *ejulatio -onis. Ejulatus*
-us
bozes, dar assi *ejulor -aris*
boz voto en la elecion *suffragium -ii*
boz en el consejo *sententia -ae. Punctum*
-i
boz, dar en esta manera *sentio -is*
bozear dar bozes *vociferor -aris*
bozina para tañer *buccina -ae*
bozinero que la tañe *buccinator -oris*
bozinglero *vociferator -oris*
bracear *toros vel lacertos excutio*
bracero el que mucho tira *torosus -a -um*
braço de ombre *brachium -ii*
braço de alacran o cangrejo *chele -es*
braço del antena *ceruchus -i*
braço de cualquier cosa *brachium -ii*
braçada medida en luengo *ulna -ae*
bragas *femoralia -ium. Feminalia -ium*
bragas estas mesmas *subligar -aris*
bragas en griego *anaxyrides*
bragas marineras *bracae -arum*
braguero o bragueta *bracile -is*
bramar los bueyes o vacas *mugio -is.*
De-
bramido en esta manera *mugitus -us*
bramar al bramido *admugio -is*
bramar el leon o leona *rugio -is*
bramido desta manera *rugitus -us*
bramar la onça animal *caurio -is*
bramar la tigre animal *ranco -as*
bramar el pardo animal *felio -is*
bramar la lince animal *orco -as*
bramar el osso animal *unco -as*
bramar el ciervo *glocito -as*

bramar el elefante *barrio -is*
bramido de elefante *barritus -us*
bramar como quiera *fremo -is*
bramido en esta forma *fremitus -us*
bramar al bramido de otro *affremo -is*
brasa de huego *pruna -ae*
brasero destas brasas *prunarium -ii*
brasil arbol & madera *cotinus -i*
brasil color de afeyte *purpurissum -i*
brava cosa fiera *ferus -a -um. Ferox -ocis*
bravamente *ferociter. Fere* adverbia
braveza *feritas -atis. Ferocia -ae*
bravear ser bravo *ferocio -is. -ivi*
bravo, hazer *effero -as. Exaspero -as*
breço que hazen del carbon *ulex -icis*
breña o mata *frutetum -i. Fruticetum -i*
breton de berça *coliculus -i. Cauliculus*
-i
breton en griego este mesmo *cyma -atis*
breva higo temprano *ficus praecox*
breval higuera *ficus bifera*
breve cosa *brevis -e. Succinctus -a -um*
brevemente *breviter. Succincte* adverbia
brevedad *brevitas -atis. Compendium -ii*
breviario *breviarium. Epitoma* graece
brio en costumbres *morositas -atis*
briosa cosa en esta manera *morosus -a*
-um
brocado *auro intexus -a -um*
broquel *pelta -ae. Umbo -onis*
broquelado *peltasus -a -um. Umbone tec-*
tus
brotar los arboles *germino -as -avi*
brotar salir con impetu *erumpo -is*
bruno cosa negra *pullus -a -um. Ater -a*
-um
bruneta paño negro *pannus pullus*
bruta o **brutal** cosa *brutus -a -um*
bruxa *strix -gis. Lamia -ae*
bruxo *lamius -ii. Lestrygon -onis*
bruxula para tirar *libramentum -i*
buche del animal *ventriculus*
buchete lo que se hincha de la boca
bucca -ae
buchete el sonido de alli *stloppus -i*
buey o vaca *bos bovis. Bus boos* graece
buey nuevo o novillo *juvencus -i*
bueytre ave *vultur -uris. Vulturius -ii*
bueytre pollo *pullus vulturinus*
buelco o rebuelco *volutatus -us*
buelo *volatura -ae. Volatus -us. Volatio*
buelta tornando de lugar *reditus -us*

buelta retorno de lo dado *redditio -onis*
buelta de torcido o derecho *flexus -us. Flexura*
buelta mezcla de cosas *mixtio. Mixtura -ae*
buelta de lo de dentro a fuera *inversio -onis*
buelta de lo de tras a delante *inversio -onis*
buelta de lo de arriba a baxo *inversio -onis*
buelta de alguna cosa *aversio -onis*
buelta a alguna cosa *adversio -onis*
buelta en derredor *gyrus -i. Rotatus -us*
buelta en esta manera *vertigo -inis*
buelta de trepador o bolteador *petaurus -i*
buena cosa *bonus -a -um. Probus -a -um*
buenamente *bene. Probe* adverbia
buetagos o bofes *pulmo -onis. Pneumon -onos*
bufalo animal *bubalus -i*
bufar *boo -as -avi. Reboo -as -avi*
bufido *boatus -us. Reboatus -us*
buho ave conocida *bubo -onis*
bula privilegio *diploma -atis*
bular la frente *inuro frontem*
bullir *scateo -es. Scaturio -is*
bullir *bullio -is. Ebullio -is*
bullidura *scatebra -ae. Scaturigo -onis*
bullidura *bullitio. Ebullitio -onis*
bullon especie de cuchillo *sica -ae*
burbuja ampolla pequeña *bulla -ae*
burbugear hazer burbujas *bullo -as*
burdegano hijo de cavallo & asna *hinnus -i*
burdegano este mesmo *burdo -onis*
burdel *lupanar. Lustrum. Prostibulum -i*
buril o sinzel de platero *caelum -i*
buril para labrar marfil *cestrum*
burlar de palabra *jocor -aris jocatus*
burla de palabra *jocus -i. Lusus -us*
burlando assi adverbio *joculariter*
burlona cosa assi *jocosus -a -um. Jocularis -e*
burlar de manos *ludo -is lusi*
burla assi *ludus -i. Illusio -onis*
burlar de alguno *ludo is. Irrideo -es. Derideo -es*
burla en esta manera *illusio. Irrisio. Derisio*
burlador assi *illusor. Irrisor. Derisor*

burlar engañado *fallo -is. Decipio -is*
burla assi *dolus -i. Fraus -dis*
burujo de uvas *acini -orum*
burujo de azeytunas *sampsa -ae*
buscar como quiera *quaero -is. Inquiro -is*
busca assi *Quaesitio. Inquisitio -onis*
buscar juntamente *conquiro -is*
busca en esta manera *conquisitio -onis*
buscar hasta el cabo *perquiro -is*
busca en esta manera *perquisitio -onis*
buscar por diversas partes *disquiro -is*
busca en esta manera *disquisitio -onis*
buscar con diligencia *exquiro -is*
busca en esta manera *exquisitio -onis*
buscando assi adverbio *exquisitim*
buscar por el rastro *investigo -as. Indago -as*
busca en esta manera *investigatio -onis. Indago -inis*
buscar a tiento *exploro -as -avi*
busca en esta manera *exploratio -onis*
buxeta de box *pyxis -dis*
buxeta pequeña *pyxidicula -ae*

C

cabal lo que cabe a cada uno *rata portio*
cabaña *gurgustium. Tugurium*
cabañuela *gurgustiolum -i. Tuguriolum -i*
cabañuelas de judios *scenopegia -orum*
cabañuelas estas mesmas *festum tabernaculorum*
cabeça de cualquier cosa *caput -itis*
cabeça pequeña assi *capitulum -i*
cabeça abaxo *praeceps -cipitis*
cabeçal o almohada de cabeça *cervical*
cabezcaido *obstipus -a -um. Cernuus -a -um*
cabecear mover la cabeça *nuto -as. Nuo -is*
cabeceamiento assi *nutamen. Nutatio -onis*
cabecear otorgando *annuo -is*
cabecear negando *renuo -is. Abnuo -is*
cabecera de cama *caput lecti*
cabecera de mesa *caput mensae*
cabeço o cerro *collis. Tumulus. Verruca -ae*
cabeçon de camisa *limbus ad collum novum*

cabeçuda cosa con cabeça *capitatus -a -um*

cabeçudo ombre *capito -onis*

cabello de la cabeça *capillus -i. Crinis -is*

cabellos sobre la frente *capronae -arum*

cabellado de luengos cabellos *crinitus -a -um*

cabellado assi *comatus. Capillatus. Cirratus*

cabelladura *coma -ae. Caesaries -ei. Cirrus*

cabelladura *capillatura. Capillamentum -i*

cabellera *coma suppositicia*

caber en lugar algo *locus capit aliquid*

cabera cosa *ultimus -a -um. Extremus -a -um*

cabera cosa assi *supremus -a -um*

cabestrar bestia *capistro -as -avi*

cabestrage de bestia *capistratio -onis*

cabestrero que haze cabestros *capistrarius*

cabestro para atar bestia *capistrum -i*

cabestro animal para guia *sectarius -ii*

cabida *receptus -us. Receptio -onis*

cabildo de regidores *senatus -us*

cabildo de iglesias *capitulum -i* novum

cabo por fin o termino *finis. Terminus*

cabo de cuchillo o astil *manubrium -ii. Capulus -i*

cabo de tierra en la mar *promontorium*

cabra montesina *caprea -ae*

cabrito de aquesta *capreolus -i*

cabra domestica & mansa *capra -ae*

cabra pequeña domestica *capella -ae*

cabrito de aquesta *haedus -i*

cabrito pequeño assi *haedulus -i*

cabrituno cosa de cabrito *haedinus -a -um*

cabrahigo arbol *caprificus -i*

cabrahigar con este arbol *caprifico -as*

cabrahigadura *caprificatio -onis*

cabrero o cabrerizo *caprarius -ii*

cabrillas constelación *Vergiliae -arum*

cabrillas estas en griego *Pleiades*

cabrio o cabrial *tignum -i. Tigillum -i*

cabron para casta *hircus admissarius*

cabruno cosa deste cabron *hircinus -a -um*

cabron castrado *caper capri*

cabruno cosa deste linage *caprinus -a -um*

cabruno assi *caprilis -e. Caprilus -a -um*

caça de aves *aucupium -ii*

caçar aves *aucupor -aris*

caçador de aves *auceps -cupis*

caçadora cosa para caçar *aucupatorius -a -um*

caça de fieras o monteria *venatio -onis*

caçar fieras montear *venor -aris*

caçador de fieras o montero *venator -oris*

caçadora cosa de caça *venaticius -a -um*

caçadora cosa para caçar *venatorius -a -um*

caço de hierro *fuscina -ae. Creagra -ae*

caçon pescado conocido *ichthyocolla -ae*

caçurro *avarus -a -um. Avidus -a -um. Parcus*

cacho por pedaço *frustum -i*

cachar en pedaços *diffindo -is -di*

cachonda perra que se para *catuliens -tis*

cachonda, estar la perra *catulio -is. Canio -is*

cachorro can pequeño *catulus -i*

cada dos años *secundus quisque annus*

cada tres años *tertius quisque annus*

cada cuatro años *quartus quisque annus*

cada cinco años *quintus quisque annus*

cada seys años *sextus quisque annus*

cada siete años *septimus quisque annus*

cada ocho años *octavus quisque annus*

cada nueve años *nonus quisque annus*

cada diez años *decimus quisque annus*

cada dia *singulis diebus. Quotidie*

cada dos dias *secundus quisque dies*

cada tres dias *tertius quisque dies*

cada mes *singuli menses*

cada dos meses *secundus quisque mensis*

cada tres meses *tertius quisque mensis*

cada uno sendos *singuli -ae -a*

cada uno dos *bini -ae -a*

cada uno tres *terni -ae -a*

cada uno cuatro *quaterni -ae -a*

cada uno cinco *quinqueni -ae -a*

cada uno seys *seni -ae -a*

cada uno siete *septeni -ae -a*

cada uno ocho *octoni -ae -a*

cada uno nueve *noveni -ae -a*

cada uno diez *deni -ae -a*

cada cual *quilibet. Quivis. Quicumque*

cada uno *unusquisque unaquaeque unumquodque*

cada bueno *optimus quisque*

cada ruin *pessimus quisque*

cada sabio   sapientissimus quisque
cada necio   insipientissimus quisque
cadahalso   suggestum -i. Suggestus -us
cadaño   quotannis. Singularis annis
cadaño   adverbio   annuatim
cadañera   cosa   anniversarius -a -um. Annuus
cadena de oro   o collar   monile -is
cadena   desta manera   torquis aereus
cadena para encadenar   catena -ae
cadera   o cuadril   coxendix -icis. Ischia
caer   como quiera   cado -is cecidi
caediza   cosa   caducus -a -um. Cadivus -a -um
caer a menudo   casito -as -avi
caer juntamente   concido -is concidi
caer otra vez   recido -is recidi
caediza cosa otra vez   recidivus -a -um
caer de arriba   decido -is decidi
caediza cosa de arriba   deciduus -a -um
caer abaxo   succido -is succidi
caediza cosa abaxo   succiduus -a -um
caer en alguna cosa   incido -is incidi
caer muriendo   occido -is occidi
caediza cosa que muere   occiduus -a -um
caer resbalando o deslizandose   labor -eris
caer assi de arriba   sublabor -eris. Delabor -eris
caer assi en otra cosa   illabor -eris
caer assi hazia otra cosa   allabor -eris
caer assi juntamente   collabor -eris
caer assi en diversas partes   dilabor -eris
caer assi otra vez   relabor -eris
caer subitamente   ruo -is. Labo -as
caediza   cosa   ruinosus -a -um. Labilis -e
caerse de la memoria   excido -is
caer en tierra muriendo   oppeto -is
cagar   caco -as. Ventrem exonero
cagada   o cagajon   excrementum alvi
cagarruta   stercus ovillum, caprinum, et cetera
cayado   o cayada   baculus -i. Baculum -i. Scipio
cayado de pastor con gancho   pedum -i
caida   o caymiento   casus -us. Occasus -us
caida & lo mesmo que cae   ruina -ae
caida como deslizandose   lapsus -us
caida assi de arriba   delapsus -us
caida assi abaxo   sublapsus -us
caida assi en otra cosa   illapsus -us

caida assi hazia otra cosa   allapsus -us
caida assi en diversas partes   dilapsus -us
caida assi otra vez   relapsus -us
cal de piedras cozidas   calx -cis
cala para purgar   pessum -i. Balanus -i
calabaça   yerva & fruto   cucurbita -ae. Colocynthis -idis
calabaça pequeña   cucurbitula -ae
calabaça silvestre   colocynthis -idis
calaboço   carcel   scalae gemoniae
calaboço de hierro   runcina lignatoria novum
calador de cirugiano   specillum -i
calamar   pescado   lolligo -iginis
calamar pequeño   lolliguncula -ae
calamar grande en su linage   lollius -ii
calambre   tetanus -i. Nervorum rigor
calamon   ave de lagunas   porphyrio -onis
calar lo cerrado   penetro -as
cala de lo cerrado   penetratio -onis
calaverna de cabeça   calvaria -ae. Cranion [graece]
calcañar   calx calcis. Calcaneus -i
calcar   o recalcar   conculco -as. Inculco -as
calcar recalcando   farcio -is. Refercio -is
calçada   camino empedrado   via strata
calçada, hazer de nuevo   viam sterno
calçada, renovar   viam restituo   vel reficio
calçar   calceo -as -avi   sive   calcio -as -avi
calçado   calceatus -us. Calciatus -us
calçado   calcearium -ii. Calciarium -ii
calçado   calceamentum -ii. Calciamentum -ii
calçado   calceamen -inis. Calciamen -inis
calçada cosa de botas   ocreatus -a -um
calçada cosa de borzeguies   cothurnatus -a -um
calçada cosa de alcorques   crepidatus -a -um
calçada cosa de chinelas   soleatus -a -um
calçada cosa con guantes   manicatus -a -um
calçada cosa de calças   caligatus -a -um novum
calçado con çapatos   calceatus -a -um
calças de piernas   caligae -arum novum
calças hasta las rodillas   tibialia -ium

calcetero que haze calças *sartor caligarius*

calçon *udo -onis. Pedulis -is.*

caldera de cobre *ahenum -i. Caldarium -ii*

caldera pequeña de cobre *ahenulum -i*

caldera de tinte de colores *cortina -ae*

calderon para cozinar *cacabus -i. Lebes -etis*

calderero *faber aerarius*

caldereria lugar *officina aeraria*

calendario de los meses *calendarium -ii*

calendario de los santos *catalogus sanctorum*

calendario de los martires *martyrologium -ii*

calentarse *caleo -es. Calesco -is*

calentarse otra vez *recaleo -es. Recalesco -is*

calentarse juntamente *concaleo. Concalesco*

calentamiento *calfactus. Calfactio -onis*

calentar otra cosa *calefacio. Calfacio -is*

calentador para cama *calfactorium -ii*

calentura por calor *calor -oris*

calentura con fiebre *febris -is*

calentura cuando crece *accessio -onis*

calentura cuando afloxa *remissio -onis*

calentura continua *febris perpetua*

calentura cotidiana *febris quotidiana*

calentura terciana *febris tertiana*

calentura terciana doble *hemitritaeus -i*

calentura cuartana *febris quartana*

calentura de solo un dia *ephemeris -idis*

calenturoso el que las tiene *febriculosus -a -um*

calenturoso, ser *febrio -is. Febricito -as*

calera do se haze la cal *calcaria -ae*

calero el que la haze *calcarius -ii*

calidad o acidente *qualitas -atis*

caliente cosa *calidus -a -um. Caldus -a -um*

caliente lo que haze calor *calorificus -a -um*

calma de viento *tranquillitas -atis*

calma en la mar *malacia -ae*

calongia dignidad eclesiastica *canonicatus -us*

calor natural *calor -oris*

calor o calura del sol *solis aestus*

calurosa cosa assi *aestuosus -a -um*

caluroso, lo que lo haze *aestifer -a -um*

calostro leche nueva *colostrum -i*

calunia o caloña *calumnia -ae*

caluniador assi *calumniator*

caluniar acusar assi *calumniator -aris*

calva de la cabeça *calva -ae*

calvez de cabellos *calvitium. Calvities -ei*

calvo de cabellos *calvus -a -um*

calvo un poco *calvaster -tri. Recalvus -i*

callar *taceo -es. Sileo -es. Silesco -is*

callar juntamente *conticeo. Conticesco -is*

callar en esta manera *consileo. Consilesco*

callar mucho *reticeo -es reticui*

callar un poco *subticeo -es subticui*

callada cosa que calle o se calla *tacitus -a -um*

calle en lugar poblado *via publica*

calle sin salida *fundula -ae*

calle angosta o calleja *angiportus -i*

callo de la mano o de tal manera *callum -i*

callosa cosa con callos *callosus -a -um*

callecer hazer callos *calleo -es. Callesco -is. Ob- Con-*

callo de herradura *soleae ferreae nucleus*

cama lecho donde dormimos *lectus -i. Torus -i*

cama pequeña *lectulus -i. Torulus -i*

cama de madera *fulcrum -i. Sponda -ae*

cama de pobres *grabatum -i*

camara donde dormimos *cubiculum -i*

camara como quiera *cella -ae*

camarero de gran señor *cubicularius -ii*

camaras con llagas de tripas *dysenteria -ae*

camaras con gomito *choleres* [graece]

camaras livianas *tenesmos -i*

camaras como quiera *ventris profluvium*

camaras sin dolencia *alvi citatio*

camara lo que assi se haze *alvi excrementum*

camaron pescado *gammarus -i. Cammaros* graece

cambiar *commuto -as. Permuto -as*

cambio *commutatio. Permutatio -onis*

cambiador *mensarius -ii. Argentarius -ii. Trapezita -ae*

cambiador assi *nummularius -ii*

cambio de lugar *vectura -ae*

camello de una corcoba *camelus bactria-nus*

camellos de dos corcobas *camelus arabicus*

camellero que los cura *camelarius -ii*

camelleria oficio de aqueste *camelelasia -ae*

caminar andar camino *facio iter*

caminar, querer *habeo iter*

caminador o caminante *viator -oris*

camino real *via consularis* vel *regia* vel *publica*

camino para servidumbre *actus -us*

camino tal para ir a pie *iter itineris*

camino como vereda *semita. Trames -itis*

camino estrecho & hondo *callis -is*

camino por do algo llevan *veha -ae*

camino de Santiago en el cielo *Via lactea. Galaxias*

camisa de varon *subucula lintea*

camodar *praestigior -aris* unde *praestigiator*

campana *cymbalum -i. Tintinnabulum -i*

campanario *turris cymbalaria*

campanero que las tañe & haze *cymbalarius -ii*

campo raso como vega *campus -i*

campesino cosa de tal campo *agrestis -e. Rusticus*

campero el que lo guarda *camparius -ii*

can perro o perra *canis -is*

cana cosa con canas *canus -a -um*

canas los mesmos cabellos *cani -orum*

canal de madera cavada *canalis -is*

canal pequeña assi *canalicula -ae. Canaliculus*

canal de tejado *imbrex -icis*

canal maestra *imbrex deliciaris*

canal de la res que se come *imbrex -icis*

canal de molino *incile -is*

canalado hecho a canales *canaliculatus*

canasta grande *canistrum -i. Qualus -i*

canasta desta manera *calathus -i. Qualum -i*

canasta como cuevano *cophinus -i*

canastillo pequeño *quasillum -i. Calathiscus -i*

cancer constelacion *Cancer -cri. Carcinos* graece

cancion *cantus -us. Cantio -onis. Cantilena*

cancionero *odarum* vel *carminum liber*

candado cerradura *sera -ae*

candela *candela -ae. Lucerna -ae* novum

candelero en que las ponen *candelabrum i-* novum

candelero el que las haze *candelarius* novum

candil de azeyte *lucerna -ae. Candela -ae*

candil de una mecha *lucerna monomyxos*

candil de muchas mechas *lucerna polymyxos*

candilejos de judios *lucerna enneamyxos*

candiota vasija de Candia *cadus cretensis*

canela especia conocida *cinnamus -i*

cangrejo pescado *cancer -cri. Carcinos* graece

cangilon vaso de barro *congius -ii*

canoa nave de un madero *monoxylum -i*

canon en griego *canon. Regula* latine

canonigo de iglesia *canonicus -i*

canonista que estudia canones *canonistes* [graece]

canonista en latin *pontificii juris studiosus*

canonizar *in numerum divorum refero*

canonizacion *apotheosis* graece

canonizado *in numerum divorum relatus*

cansar a otra cosa *lasso -as. Fatigo -as*

cansado *lassus -a -um. Defessus -a -um*

cansancio *lassitudo. Defatigatio -onis*

cansarse *lassesco -is. Defetiscor -eris*

cantar el tordo o zorzal *trutilo -as -avi*

cantar el estornino *pisito -as -avi*

cantar la perdiz *cacabo -as -avi*

cantar la tortola o paloma *gemo -is*

cantar la paloma torcaza *plausito -as*

cantar la grulla *gruo -is -grui*

cantar el cisne *drenso -as -avi*

cantar o **piar** el halcon o açor *pipio -is*

cantar el gorrion *pipilo -as -avi*

cantar el buho *bubulo -as -avi*

cantar el milano *lipio -is lipivi*

cantar el bueytre *pulpo -as -avi*

cantar el cuervo *crocito -as -avi*

cantar la cigueña *gloctoro -as -avi*

cantar el aguila *clango -is*

cantar la lechuza *cucubo -as -avi*

cantar el autillo *ululo -as -avi*

cantar el alondra *mitilo -as -avi*

cantar el abejuruco *zinzilulo -as*
cantar la golondrina *trinso -as -avi*
cantar la graja *frigulo -as -avi*
cantar la gallina *gracillo -as -avi*
cantar el gallo *cucurio -is -ivi*
cantar el pavon *pupillo -as -avi*
cantar o **graznar** el ansar *gracito -as*
cantar o **graznar** el anade *tetrinnio -is*
cantar todas las aves *garrio -is*
cantar o **chillar** el morcielago *strido -is*
cantar la cigarra *fritinnio -is*
cantar el grillo *gryllo -as -avi*
cantar o **zumbar** la abeja *bombito -as*
cantar la rana *coaxo -as -avi*
cantar el ombre *cano -is. Canto -as -avi*
cantar a menudo *cantito -as -avi*
cantar con otros *concino -is -ui*
cantar a lo que otro canta *accino -is*
cantar debaxo *succino -is -ui*
cantar en lo que otro canta *incino -is*
cantar suavemente *modulor. Meditor -aris*
cantero *urna fictilis. Cantharus* graece
canteria minero de piedras *lapicidina. Latomia*
canteria de aguzaderas *cotoria -ae*
cantero que labra piedras *lapicida -ae. Latomus*
cantidad grandeza *quantitas -atis*
canto piedra *cautes -is. Saxum -i*
canto grossura o hondura *profunditas*
canton de calle *angulus exterior*
canto de aves como quiera *garritus -us*
canto de aguila *clangor -oris*
canto de autillo *ululatus -us*
canto de ombre *cantus -us. Cantio -onis*
canto en griego *ode. Psalmos*
canto de bodas *carmen nuptiale. Epithalamium*
canto de nacimiento *genethliacon -i. Carmen natalicium*
canto de muertos *nenia -ae. Epicedium -ii*
canto de amores *elegia -ae. Carmen amatorium*
canto de caida de principe *tragoedia -ae*
canto de cosas baxas *comoedia -ae*
canto de reprehensiones *satira -ae*
canto de loor de Dios *hymnus -i*

canto de vaqueros *bucolicum -i*
canto de cabreros *ecloga -ae*
canto contra el primero canto *palinodia -ae*
canto de muchos *concentus -us*
canto suave *modulatio. Modulamentum*
cantor *cantor -oris. Cantator -oris. Psaltes -ae*
cantora *cantatrix -icis. Psaltria -ae*
cantuesso mata conocida *casia sterilis*
caña *calamus -i. Arundo. Canna -ae*
caña el meollo del hueso *medulla -ae*
cañada de ganado *actus pecudum*
cañafistola *casiafistula -ae* novum
cañahexa yerva conocida *ferula -ae*
cañaherra desta especie *narthecium -ii*
cañal de pescado *canalis piscatorius*
cañama orden de pecheros *classis -is*
cañamo yerva conocida *cannabis -is*
cañamon simiente della *semen cannabinum*
cañamazo *linteum cannabinum*
cañarroya yerva *perdicium -ii. Helxine -es*
cañaveral de cañas *arundinetum -i. Cannetum*
cañilla del braço *cercis -idos* [graece]
cañilla de cuba o tinaja *canalicula -ae*
caño o albañar *canalis -is. Cloaca*
cañon de ala para escrivir *caulis pennae*
cañuto *internodium -ii. Cicuta -ae*
capacete armadura de cabeça *galea. Cassis*
capacho o çumaya ave *cicuma -ae*
capacho de molino de azeyte *fiscus -i*
capacho desta manera pequeño *fiscina -ae*
capar o castrar *castro -as. Execo -as*
capado cosa castrada *exectus -a -um*
capadura *exectio -onis. Castratura -ae*
capado varon *eunuchus. Spado -onis*
caparrosa *atramentum sutorium. Chalcanthum*
capelo de cardenal *umbella -ae* novum. *Galerus*
capellan *sacerdos. Minister sacrorum*
capilla de iglesia *sacellum -i*
capilla de capa *cucullus -i*
capillejo de muger *reticulum -i*
capirote vestidura *capitium -ii*

capirote de halcon *capitium -ii*
capirotada de ajos & queso *moretum -i*
capiscol o chantre de iglesia *mesochorus*
capitan de gente *dux -cis. Ductus -oris*
capitania desta manera *ductus -us*
capitanear gente *duco exercitum. Ducto*
capitan que vencio batalla *imperator*
capitania deste tal *imperium -ii*
capitanear desta manera *impero -as*
capitan de guarnicion *praeses -idis*
capitania de guarnicion *praesidium -ii*
capitel de coluna *capitellum -i*
capitel de coluna en griego *epistylion*
capitulo de libro *caput -itis*
capitulo lugar de consejo *capitulum -i*
novum
capon ave castrada *capo -onis. Capus -i*
capon golpe del dedo *talitrum -i*
capote vestido rustico *capitium -ii*
capullo de la seda *bombylis -is*
capullo del miembro viril *praeputium*
-ii
cara que se muda *vultus -us*
cara la natural *facies -ei. Os oris*
cara sin verguença *os durum*
carabo especie de navio *carabus -i* novum
carabela especie de navio *celox -ocis*
novum
caracol *cochlea -ae. Limax -acis*
caracol escalera *cochlea -ae*
carambano de yelo *crusta ex gelu*
caramillo de pastor *calamus -i*
caratula o carantoña *persona -ae. Hypo-*
crita
caratulado cosa con caratula *personatus*
-a -um
carbon *carbo -onis. Anthrax -acis*
carbonero el que lo haze *carbonarius -ii*
carboncol piedra *carbunculus -i. Pyropus*
carboncol apostema *carbunculus -i. An-*
thrax
carcajada de risa *cachinnus -i*
carcajadas de risa, dar *cachinnor -aris*
carcava de muertos *xerolophum -i. Po-*
lyandrion
carcavera puta *bustuaria meretrix*
carcavo del vientre *barathrum -i*
carcax o linjavera *coritus -i. Pharetra -ae*
carcoma de madera *caries -ei*
carcomido assi *cariosus -a -um*
carcel publica *carcer -eris. Custodia -ae*

carcel de los condenados *scalae gemo-*
niae
carcelero destas carceles *custos reorum*
carcel en el campo *ergastulum -i. Ergas-*
terium
carcelero desta carcel *ergastulus -i. Er-*
gastularius
carda para cardar *carptorium -ii*
cardar *carpo -is. Carmino -as*
cardador *carptor -oris. Carminator -oris*
cardadura *carptura -ae. Carminatio -onis*
cardenillo color verde *aerugo -inis*
cardeno *luridus -a -um. Lividus -a -um*
cardeno un poco *sublividus -a -um*
cardenal de golpe *livor -oris. Vibex -icis*
cardenal del ojo *hypopium. Sugillatio*
cardenal de Roma *cardinalis -is* novum
cardenaladgo dignidad deste *cardinala-*
tus novum
cardo generalmente *cardus -i. Acanthus*
-i
cardo corredor *erynge. Eryngion*
cardo aljongero *ixive* [graece]
cardo que se come *scolymos -i*
cardo huso *atractylis -idis*
carduçar aquello mesmo es que **cardar**
carecer no tener lo desseado *careo -es*
carena de nave *carina -ae*
careza de precio *caritas -atis*
carga de bestia *vehes -is*
cargo cualquier peso *onus -eris. Pondus*
cargada cosa assi *onerosus. Ponderosus.*
Gravis
cargar desta manera *onero -as. Premo -is*
carga de sarcia *sarcina -ae. Impedimen-*
tum
cargar de sarcia *sarcino -as -avi*
caridad amor onesto *caritas -atis*
caridad misericordia *misericordia -ae*
caritativo misericordioso *misericors -dis*
caridad lo que assi se da *eleemosyna -ae*
carlina yerva *chamaeleon -ontis*
carmenar lana o lino *carmino -as*
carmenador *carminator -oris*
carmenadura *carminatio -onis*
carmesi *purpura -ae. Murex -icis. Ostrum*
-i
carnaval o carnestolendas *carnis privium*
novum
carnaval en griego *apocreos*
carne de animal muerto *caro -onis*
carnal cosa de carne *carneus -a -um*
carnal cosa no espiritual *carnalis -e*

carnalidad desta manera *carnalitas -atis*
carne en el animal que bive *corpus -oris*
carne de animal fiero *ferina -ae*
carne de buey o vaca *bubula -ae*
carne de cordero *agnina -ae*
carne de oveja *ovilla -ae*
carne de carnero *arietina -ae*
carne de cabron *hircina -ae*
carne de membrillo *cydonites -ae*
carne de puerco *suilla -ae*
carne sin uesso *pulpa -ae. Offa -ae. Pulpamentum*
carne poca o pequeña *caruncula -ae*
carnero para casta *aries admissarius*
carnero cojudo *aries coleatus*
carnero para comer *vervex -ecis. Aries -etis*
carnero la mesma carne *arietina -ae*
carnero donde se guarda la carne *carnarium*
carnero donde echan los uessos *xerolophum -i*
carnicero que vende la carne *lanius -ii. Lanio*
carniceria lugar do se vende *macellum -i*
carniceria lugar *forum boarium. Carnarium*
carnicero cosa cruel *carnifex -icis. Carnificus*
carniceria lugar do atormentan *carnificina -ae*
carnicol de animal grande *talus -i. Taxillus*
carnicol en griego *astragalos*
carnoso o carnudo *corpulentus -a -um*
carpe arbol & madera peregrina *carpinus -i*
carpintear *dolo -as. Dedolo -as*
carpintero *faber tignarius. Faber lignarius*
carpintero de carros *carpentarius -ii*
carpintero de carretas *carrucarius -ii*
carpintero de arcas *arcarius -ii*
carpintero de madera preciosa *abietarius -ii*
carpintera de buena materia *abietaria -ae*
carpinteria como quiera *ars lignaria* [vel] *tignaria*
carpinteria assi *ars materiaria*
carrança *hamus milli. Murex milli*

carrasco arbol de bellotas *ilex -icis*
carrascal lugar destos arboles *ilicetum -i*
carrera o corrida *cursus -us. Fuga -ae. Curriculum*
carrera do corren cavallos *hippodromos -i*
carreta *carrus -i. Carruca -ae. Plaustrum -i*
carreton pequeña carreta *plostellum -i*
carretero *carrucarius. Plaustrarius -ii*
carril de carreta *orbita -ae*
carrillo como rodaja *vertebra -ae*
carrillo de cara hinchado *bucca -ae*
carrilludo hinchado assi *bucco -onis*
carrizo especie de caña *carex -icis*
carrizal lugar de carrizos *carectum -i*
carro para llevar cargos *carrus. Carrum -i*
carro para pelear o correr *currus -i*
carro con hoces para pelear *currus falcatus*
carro de dos cavallos *bigae -arum*
carro de cuatro cavallos *quadrigae -arum*
carro de los dioses *tensa* graece
carro como andas *rheda -ae. Epiredium -ii*
carro desta manera *carpentum -i. Covinus -i*
carro desta manera *essedum -i. Petoritum -i*
carta por una hoja *charta -ae. Pagina -ae*
carta mensagera *litterae -arum. Epistola -ae*
carta pequeña assi *epistolicium. Epistolium*
carta de pago *apoche* graecum est
cartabon de carpintero *umbilicus -i. Gnomon*
cartamo alaçor, yerva *cnicus*
cartapacio de papel blanco *albiolus -i*
cartel de desafio *litterae provocatoriae*
casa por la morada *domus -i. Aedes -ium*
casa por el edificio *domus -us. Aedes -ium*
casa por la familia *domus -us. Familia -ae*
casa real *regia -ae. Praetorium -ii. Basilica* graece
casa do mora el corregidor *praetorium -ii*

casa que no deslinda con otra *insula -ae*

casa pagiza o pobre *casa -ae. Casula -ae*

casa en la eredad *villa -ae. Praetorium*

casa, mudar a otra parte *migro -as -avi*

casa, mudar otra vez *remigro -as -avi*

casa, mudar juntamente *commigro -as -avi*

casa, mudar allende *transmigro -as -avi*

casa, mudar a otro lugar *immigro -as -avi*

casar donde estuvo casa *cadaver domus*

casarse el varon *duco uxorem*

casarse la muger con varon *nubo -is*

casar el padre la hija *loco filiam*

casadera moça *puella nubilis*

casado varon *vir. Maritus -i*

casada muger *nupta -ae. Marita -ae*

casado o casada *conjunx -jugis*

casado o casada una vez *monogamus -a*

casamiento en esta manera *monogamia -ae*

casado o casada dos vezes *digamus -a*

casamiento desta manera *digamia -ae*

casado o casada tres vezes *trigamus -a*

casamiento desta manera *trigamia -ae*

casado o casada cuatro vezes *tetragamos* [graece]

casamiento assi *tetragamia* [graece]

casamiento de marido & muger *conjugium -ii*

casamiento assi *connubium. Matrimonium -ii*

casamiento la dote que se da *dos dotis*

casamiento que da el padre *dos profecticia*

casamentero *conciliator matrimonii*

casamentera *conciliatrix matrimonii*

cascajo arena con pedrezicas *glarea -ae*

cascajal lugar de cascajo *locus glareosus*

cascar *quatio -is. Quasso -as*

cascara como de uevo *crusta -ae. Testa -ae*

cascara de granada *malicorium -ii*

cascaras mondaduras *putamen -inis*

cascatreguas *foedifragus -a -um*

cascavel *sonalium -ii. Nola -ae* novum

casco de vaso de barro *testa -ae*

casera cosa de casa *domesticus -a -um*

casero que mora en casa agena *inquilinus -i*

casi adverbio *quasi. Prope. Propemodum*

casi por poco mas o menos *circiter*

casia arbol & yerva olorosa *casia odorata*

casia fistula medicinal *casiafistula* novum

casilla pagiza *casula -ae. Tugurium*

caso *casus -us. Fortuna -ae. Fors*

caso de letra *ductus litterae*

caspa de cabeça *furfures capitis*

casposo lleno de caspa *furfurosus -a -um*

casquete de cuero *cudo -onis*

casquete de hierro *cassidicula -ae*

casquillo de saeta *aculeus -i*

cassar la cuenta *dispungo -is. Expungo -is*

cassacion de cuenta *dispunctio. Expunctio*

cassar la escriptura *cancello -as -avi*

cassador de escriptura *cancellarius -ii. Expunctor*

casta buen linage *genus -eris*

casta cosa *castus -a -um. Pudicus -a -um*

castamente *pudice. Caste* adverbia

castaño arbol *castanea -ae*

castaña fruta deste arbol *castanea -ae*

castaña pilada *castanea flaccida*

castaña enxerta *castanea insitiva*

castaña regoldana *castanea silvestris*

castañal lugar de castaños *castanetum -i*

castañuelas entre dedos *digitorum crepitus*

castidad *pudicitia -ae. Castitas -atis*

castigar *castigo -as. Corrigo -is*

castigo assi *castigatio. Correctio*

castigador assi *castigator. Corrector*

castigar riñiendo *objurgo -as -avi*

castigo con reñilla *jurgium -ii*

castigador assi *jurgator. Objurgator*

castigar con pena *punio -is. Animadverto -is*

castigo assi *punitio. Animadversio*

castigador assi *punitor. Animadversor*

castillo villeta cercada *castrum -i. Castellum -i*

castor animal *fiber -bri. Castor*

castrar *castro -as. Execo -as execui*

castrador *castrator. Exector -oris*

castradura *castratio. Exectio -onis*

castrazon tiempo de castrar *castratio*

castrar colmenas *castro -as -avi*

castrazon de colmenas *castratio -onis. Mellatio -onis*

castradera para castrar *castratorium -ii*
castrado ombre *spado -onis. Eunuchus -i*
cataraña ave *cataracta -ae*
catarata de ojos *nubecula oculorum*
catedra o silla *cathedra -ae. Sedes -is*
catedratico que lee alli *cathedrarius -ii*
catedral cosa de catedra *cathedralicius -a -um*
cativar a otro *capio -is. Captivo -as*
cativar ser cativo *capior -eris. Captivor*
catividad *captivitas -atis. Captio -onis*
cativo *captivus -a -um. Captus -a -um*
cativo con otro *concaptivus -a -um*
catorze numero *numerus quattuordenarius*
catorze en numero *quattuordecim*
catorze mil en numero *quattuordecim mille*
catorze millares *quattuordecim millia*
catorze cuentos *centies quadragies centum mille*
catorze mil cuentos *centies quadragies millies centum mille*
catorzeno en orden *quartus decimus -a -um*
catorzena parte *quartadecima -ae*
catorze mil en orden *quater decies millesimus*
catorze cada uno *quattuordeni -ae -a*
catorze mil cada uno *quattuordeni milleni*
catorze mil cuentos cada uno *centies quadragies millies centeni milleni*
catorze vezes adverbio *quaterdecies*
catorze mil vezes *quaterdecies millies*
catorze tanto *quattuordecuplus -a -um*
caudal en el logro *sors -tis. Caput -itis*
caudal cosa *capitalis -e*
caudillo busca en **capital**
causa generalmente *causa -ae*
causar dar causa *affero causam*
causador *causa efficiens*
causon fiebre encendida *causodes -es* [graece]
cautela o astucia *cautio -onis. Cautela -ae*
cautelosa cosa *cautus -a -um. Astutus -a -um*
cautelosamente *caute. Astute*
cava de fortaleza *fossa -ae*
cavador *fossor -oris. Pastinator*
cavalgar en cavallo *equito -as. Adequito*

cavallero a cavallo *eques -itis*
cavalgar en cualquier bestia *sedeo -es*
cavallero en esta manera *sessor -oris*
cavallera en esta manera *sestrix -icis*
cavalleria en esta manera *sessio -onis*
cavalgar subir en caballo *conscendo equum*
cavalgar el varon a la muger *futuo -is*
cavalgador assi *fututor -oris*
cavalgadura assi *fututio -onis*
cavalgar macho a hembra *ineo -is. Salio -is*
cavalgadura assi *initus -us. Coitus -us*
cavallo bien proporcionado *equus -i*
cavallo pequeño *equulus -i. Equuleus -i*
cavallo enano *mannus -i. Mannulus -i*
cavallo arrocinado *caballus -i*
cavallo morisco *asturco -onis*
cavallo ligero para caminar *veredus -i*
cavallo albardon *caballus clitellarius*
cavallo ceciliano *equus agrigentinus*
cavallo de la brida *equus desultorius*
cavallo emparamentado *equus ephippiatus*
cavallo encobertado *equus cataphractus*
cavallo amblador *gradarius -ii*
cavallo castrado *cantherius -ii*
cavallo uñido con otro *bijugis -is*
cavallo uñido con otros tres *quadrijugis -is*
cavallo de rio pescado *hippopotamus -i*
cavallar cosa de buen cavallo *equinus -a -um*
cavallar cosa de rocin *caballinus -a -um*
cavallerizo *praefectus equorum. Hippodamus*
cavallero de espuelas doradas *eques auratus*
cavallillo entre sulco & sulco *porca*
cavallillo entre era & era *forus*
cavar viñas *pastino -as -avi. Fodio -is*
cavar sacando lo cavado *effodio -is -di*
cavar por debaxo *suffodio -is -di*
cavar por medio *perfodio -is -di*
cavar otra vez *refodio -is -di*
cavar otra vez la viña *repastino -as*
cavazon como quiera *fossio. Fossura*
cavazon de viña *pastinatio -onis*
cavazon de viña otra vez *repastinatio*
cavar dolando *cavo -as -avi*
cavadura desta forma *cavatura -ae*
caverna de tierra o piedra *caverna -ae*

cavernoso lleno de cavernas *cavernosus*
caxa o arca *capsa -ae. Arca -ae. Capsula*
caxa de libros o escripturas *scrinium -ii*
caxa pequeña desta manera *scriniolum i-*
caxa de escrivanias *theca calamaria*
caxa de anillos *dactyliotheca -ae*
caxa de cuchillos *theca cultellaria*
caxon de arca *loculus -i. Locellus -i*
cazcarrias *quisquiliae -arum. Tricae -arum*
clamor grande boz *clamor -oris*
clamoroso lo que da bozes *clamosus -a -um*
clara de uevo *album ovi. Albugo -inis*
clara cosa con luz *clarus -a -um. Lucidus -a -um*
claramente assi *clare. Lucide*
claridad assi *claritas. Claritudo*
clarificar assi *claro -as. Clarifico -as*
clarecerse *clareo -es. Claresco -is*
clara cosa sin hez *liquidus -a -um. Defaecatus*
claramente assi *liquide. Defaecate*
claridad assi *liquiditas -atis. Defaecatio -onis*
claro lo que se vee *evidens. Conspicuus*
claramente assi *evidenter. Conspicue*
claridad assi *evidentia -ae. Conspicuitas*
claro lo que se trasluze *perspicuus -a -um*
claramente assi *perspicue. Diaphane*
claridad assi *perspicuitas -atis*
clara cosa en sonido *clarisonus -a -um*
clarea de miel & vino *mulsum -i. Oenomeli* graece
clavar o enclavar *clavo -as. Figo clavo*
clavadura o enclavadura *clavifixura*
clavazon de clavos *clavamentum -i*
clavero de orden *claviger -gri*
clavo de hierro *clavus -i. Helos* graece
clavo del pie *clavus pedis. Helos* graece
clavo del ojo *clavus oculi*
clavo de girofe *garyophyllon -i*
clavellina flor *garyophyllatus flos*
clemencia *clementia -ae. Benignitas -atis*
clemente *clemens -tis. Benignus -a -um*
clementemente *clementer. Benigne*
clerigo de orden eclesiastica *clericus -i*
clerigo de epistola *initiatus ad sacra*
clerigo de missa *sacerdos -otis. Presbyter*
clerezia ayuntamiento destos *clerus -i*
clerezia orden de clerigo *clericatus -us*

cloque garfio de nave *harpago -onis*
cloquear la gallina *glocio -is*
clueca gallina *gallina glociens*
clueca otra ave cualquiera *incubans*
cobarde *ignavus -a -um. Iners -tis*
cobardia *ignavia -ae. Inertia -ae*
cobertor de cama *stragulum lecti*
cobertor como quiera *opertorium -ii*
cobertura *tegmen -inis. Tegmentum -i*
cobertura *operimentum. Opertorium*
cobertura *velamen -inis. Velamentum -i*
cobijar o cobijadura requiere cobrir
cobrar lo perdido *recipio. Recupero*
cobre metal *aes cyprium. Chalcos* graece
cobre de bestias *mandra -ae*
cobre de ajos o cebollas *restis -is*
cobrir *operio -is. Adoperio -is. Cooperio -is*
cobrir *velo -as. Abdo -is. Condo -is*
cobrir en derredor *obduco -is. Obtego -is*
cobrir con sombra *obumbro -as Inumbro -as*
cobro por recaudo *receptus -us. Recuperatio -onis*
cobro lugar do algo se salva *receptaculum -i*
coce herida con el calcañar *calx -cis*
cocear tirar coces *calcitro -as. Calces do*
cocear o hollar *calco -as. Proculco -as*
cocear recalcar uno sobre otro *inculco -as*
cocear tirar coces atras *recalcitro -as*
coceador el que tira coces *calcitro -onis*
coceadora cosa que tira coces *calcitrosus -a -um*
cochino lechon *porcellus lactens*
cochino destetado *nefrens -ndis*
cochino de un año marrano *majalis -is*
cochio cosa alvar *coctivus -a -um. Coctilis -e*
codada golpe de codo *cubiti ictus*
codal cosa de un codo *cubitalis -e*
codal armadura de codo *cubitale -is*
codales de carpintero *ancones* in plurali
codear herir con el codo *cubito tango*
codera sarna de codo *cubiti psora. Scabies*
codicia *cupiditas -atis. Cupido -inis. Aviditas*
codicia de onrra *ambitio -onis*

codicioso de onrras *ambitiosus -a -um*
codicia de lo bueno & onesto *expetitio
-onis*
codicioso en esta manera *expetitor -oris*
codicia de bueno o no tal *appetitio -onis.
Appetentia -ae*
codicioso assi *appetitor -oris*
codicia de golosinas *cupedia -ae*
codiciar *cupio -is. Concupisco -is. Opto
-as*
codiciar *aveo -es. Fert animus*
codiciar onrra *ambio -is ambivi ambi-
tum*
codiciar reyno *affecto -as -avi*
codiciar lo onesto *expeto -is -ivi*
codiciar bueno o malo *appeto -is -ivi*
codicillo de testamento *codicilli -orum*
codo medida *cubitum -i*
codorniz ave conocida *coturnix -icis.
Ortyx* graece
codorniz madriz de las otras *ortygometra*
cofia de muger *mitra -ae. Reticulum*
cofin *cophinus -i. Fiscus -i. Quallus -i*
cofrade ermano con otros *confrater*
cofradia ermandad assi *confraternitas*
cofre *scrinium -ii. Scriniolum -i. Capsa*
coger *lego -is. Colligo is. Cogo -is*
coger rompiendo *decerpo -is. Carpo -is*
coger pecho *exigo -is -egi. Cogo -is -egi*
cogedor de azeytunas *legulus -i*
cogedor de pecho *exactor -oris. Coactor
-oris*
cogedor como quiera *collector -oris*
cogollo o renuevo de arbol *germen -inis*
cogote de cabeça *occiput. Occipitium -ii*
cohechar alçar barvecho *proscindo -is*
cohechazon de barvecho *proscissio -onis*
cohecho de juez *repetundae -arum*
cohombro *cucumis. Cucumer -eris. Sicyos*
cohombrillo amargo *cucumis agrestis*
cohombral *cucumerarium -ii*
cohonder *corrumpo -is. Confundo -is*
cohondimiento *corruptio -onis. Confusio
-onis*
coyunda de yugo *lorum jugi*
coyundado *loratum jugum*
coyuntura *junctura -ae. Conjunctio -onis*
cojon *coleus -i. Testis -is. Par. Didymoi*
graece
cojudo carnero *aries coleatus*
cojudo toro *taurus coleatus*
cojudo macho para casta *coleatus -a -um*

col o berça *caulis -is. Colis -is. Brassica
-ae*
cola de animal *cauda -ae. Penis -is*
cola de animal pequeña *peniculus -i*
cola para encolar *gluten -inis. Glutinum.
Colla* graece
cola pece o caçon *ichthyocolla ae*
colacion de bever *symposium -ii. Compotatio -onis*
colar beneficios *confero beneficium*
colar por coladero *colo -as -avi*
coladero por donde cuelan *colum -i*
coladura obra de colar *colatura -ae*
colar paños *candifico lintea*
colada de paños *linteorum candificatio*
colcha de cama *stragulum linteum*
colchon o colcedra de cama *culcitra -ae*
colear mover la cola *motito caudam*
colear el perro *adulor -aris* unde *adulatio*
colegio ayuntamiento *collegium -ii. Corpus*
colegial cosa de colegio *collegialis -e*
colegial varon de colegio *collega -ae*
colera umor de cuerpo *bilis -is. Chole-
xanthe* [graece]
colera negra o quemada *atra bilis. Cho-
lemelania* [graece]
colerica cosa en latin *biliosus -a -um*
coleta *coma -ae. Caesaries -ei. Capillatura*
colgajo de uvas *uvae pensiles*
colgajo algo que cuelga *appendix -icis*
colgadizo lo que cuelga *pendulus -a -um*
colgadizo que se quiso colgar *suspen-
diosus -a -um*
colgar alguna cosa *suspendo -is*
colgadura assi *suspendium -ii. Suspensio -onis*
colgado, estar *pendeo -es pependi*
colgar una cosa a otra *appendo -is*
colgado, estar de otra cosa *dependeo
-es*
colgado, estar para caer *impendeo -es*
colica passion *chordapsus -i. Colica -ae*
colico el que tiene colica *colicus -a -um*
colino para berças *coliculi -orum*
colmar la medida *cumulo -as -avi*
colmadura de medida *auctarium -ii*
colmo de medida *cumulus -i*
colmena *alveus -i. Alveare -is*
colmenar *alvearium -ii. Apiarium -ii. Me-
llarium -ii. Melisson* [graece]

colmenero *apiarius -ii. Mellarius -ii*
colmillo *dens columellaris. Cynodos -ontos*
[graece]
colmillo de javali *fulmen -inis*
colodrillo *occiput -itis. Occipitium -ii*
color cualquiera *color. Colos -oris. Chroma*
colorado cosa de color *colorius -a -um*
colorado bermejo *ruber -a -um*
columpio para columpiar *oscillum -i*
coluna de una piedra *columna -ae*
coluna pequeña *columnela -ae*
collacion de ciudad *regio. Tribus*
collar que se echa al cuello *torquis -is*
collar con carranças *millus -i*
collar de vestido *collarium. Collare -is*
comadre madre con otra *commater -tris*
comadreja *mustela -ae. Ictis -idis*
comarca *confinium -ii. Affinitas -atis*
comarcano *confinis -e. Affinis -e*
combatir *Oppugno -as. Impugno -as*
combate *oppugnatio. Impugnatio*
combatiendo tomar *expugno -as*
combatible cosa *expugnabilis -e*
combidar *invito -as -avi*
combidado, ser *convivor -aris*
combidado o combidada *conviva -ae*
combite *convivium -ii. Convictus -us. Symposium*
combleça de casada *pellex -icis*
combleço competidor con otro *rivalis -is*
comedir *praemeditor -aris*
comedido *praemeditatus -a -um*
comedimiento *praemeditatio -onis*
començar *incipio -is. Coepi -isti. Inchoo -as. Ineo -is -ivi*
començar oracion *exordior -iris*
comienço principal *initium -ii*
comienço de oracion *exordium -ii*
comienço como quiera *principium -ii*
comienço de materia *elementum -i*
comendar o encomendar *commendo -as*
comendador de orden *commendatarius*
comensal *conmensalis. Contubernio -onis*
comer *edo -is. Comedo -is comedi. Vescor -eris. Convescor -eris*
comer en derredor *ambedo -is ambedi*
comer hasta el cabo *peredo -is. Exedo -is*
comer delicado *ligurio -is -ivi. Abligurio*
comer appas *papo -as -avi*
comer en mortuorio *exequior -aris*
comer a menudo *esito -as -avi*

comedera cosa *vescus -ea -um. Edulis -e*
comedor comilon *manducus -i. Comedo -onis. Manduco -onis. Epulo -onis. Barathro -onis. Edax -acis*
comedor de ombres *anthropophagus -i*
comida *cibus -i. Esca -ae. Edulium -ii*
cometa *cometes -ae. Cometa -ae. Stella crinita*
cometer en mal *adorior -iris. Invado -is*
cometimiento assi *adorsus -us. Invasio*
cometer pecando *committo -is commisi*
cometimiento assi *commissum -i*
cometer como quiera *aggredior -eris*
cometedor assi *aggressor -oris*
cometimiento assi *aggressio -onis*
comezon *prurigo -inis*
comigo adverbio *mecum*
comilon lo mesmo es que **comedor**
comitre de galea *comes magistri*
como comparando *ut. Quemadmodum. Ceu*
como conjuncion *cum. Quando*
compadecerse *compatior -eris compassus*
compadre padre con otro *compater novum*
compadradgo assi *compaternitas -atis* novum
compañero en trabajos *socius -ii*
compañia assi *societas -atis*
compañero en los plazeres *sodalis -is*
compañia assi *sodalitas -atis. Sodalicium -ii*
compañero que acompaña a otro *comes -itis*
compañia en esta manera *comitatus -us*
compañero en la guerra *commilito -onis*
compañia en la guerra *commilitium -ii*
compañero de una mesma suerte *consors -tis*
compañia en esta manera *consortium -ii*
comparar *comparo -as. Confero -fers*
comparacion *comparatio. Collatio*
compas instrumento de hierro *circinus -i*
compassar medir por compas *circino -as*
compassion de la passion de otro *compassio*
compassion en griego *sympathia*
competer pertenecer *competit* impersonale
competir con otro de igualdad *competo -is*
competidor con otro *competitor -oris*
competicion con otro *competitio -onis*

complazer *complaceo -es -ui*
complir *compleo -es. Suppleo -es*
complimiento *complementum -i. Supplementum -i*
componer obra *compono -is. Condo -is*
componedor *compositor. Conditor*
composicion assi *compositio -onis*
componer poner en orden *dispono -is*
composicion en esta manera *dispositio -onis*
comprar *emo -is. Comparo -as -avi*
compra *emptio -onis. Comparatio -onis*
comprador *emptor -oris. Comparator -oris*
comprar a menudo *emptito -as -avi*
compradiza cosa *empticius -a -um*
comprar con mucha gana *empturio -is*
comprador en esta manera *emax -cis*
compra en esta manera *emacitas -atis*
comprar de comer *obsonor -aris -atus*
comprar de comer a menudo *obsonito -as*
comprador assi *obsonator -oris*
comprometer *compromitto -is -si*
compromisso *compromissio -onis*
compuesta de fortaleza *cataracta -ae*
comulgar *communico -as -avi*
comun cosa *communis -e. Publicus -a -um*
comun o **comunidad** *commune -is. Communitas*
comunal por comun *communis -e*
comunal por mediano *mediocris -e*
comunmente *communiter. Plerumque*
con preposicion de ablativo *cum*
con por instrumento septimus casus
concebir la hembra *concipio -is -cepi*
concejo *contio -onis. Concilium -ii*
concegil cosa de concejo *publicus -a -um*
concertarse *convenio -is -veni*
concertarse los pleyteantes *transigo -is. Decido -is*
concertar uessos *dedolo -as*
concertador de uessos *dedolator -oris*
concertar a los discordes *concilio -as*
concertador de discordes *conciliator -oris*
concierto como quiera *conventio -onis*
concierto de pleyteantes *transactio. Decisio*
concilio *concilium -ii. Contio -onis. Synodus*
conciliar nuevos amigos *concilio -as*

conciliador de nuevos amigos *conciliator -oris*
concluir *concludo -is. Colligo -is -egi*
conclusion *summa -ae. Conclusio -onis*
concordar uno con otro *concordo -as -avi*
concorde cosa assi *concors -dis. Unanimitas*
concordemente assi *concorditer. Unanimiter*
concordia assi *concordia -ae. Unanimitas*
concordar en sentencia *consentio -is*
concordia en esta manera *consensus -us*
concordar en son *consono -as -avi*
concorde cosa en son *consonus -a -um*
concordia en son *consonantia -ae. Harmonia*
concha de pescado *concha -ae. Conchylia*
conde o condessa *comes -itis*
condado señoria destos *comitatus -us*
condestable *comestabilis -is*
condenar *condemno -as. Damno as*
condenacion *condemnatio. Damnatio*
condenado a muerte *capitalis -e*
condicion natural *ingenium -ii*
condicion por estado *conditio -onis*
condicion por ley o partido *conditio -onis*
condicional cosa *conditionalis -e*
condicionalmente *conditionaliter*
conducho *consuetus -a -um*
conejo *cuniculus i. Lepusculus -i*
conegero *cunicularius venator*
confessar por su voluntad *fateor -eris*
confession desta manera *fassio -onis*
confessar por fuerça *confiteor -eris*
confession desta manera *confessio -onis*
confesso *conversus -a -um ad Christum. Neophytus*
confessor que oye *auditor poenitentiarius*
confiar de otra cosa *fido -is. Confido -is*
confiança assi *fidentia -ae. Confisio. Fiducia*
confiando adverbio *fidenter. Confidenter*
confiar prestando *credo -is credidi*
confiar poner en deposito *depono -is*
confiador assi *depositor -oris*
confiar poner en terceria *sequestro -as*
confirmar en bien *confirmo. Obfirmo*
confirmacion assi *confirmatio. Obfirmatio*

confirmar en mal *obstino -as -avi*
confirmacion en mal *obstinatio -onis*
confiscar *confisco -as. Publico -as*
confiscacion *confiscatio. Publicatio*
confites *confecta ex saccharo. Bellaria*
confitero que los haze *pistor dulciarius*
confundir *confundo -is. Misceo -es*
confusion *confusio -onis. Mistio -onis*
confusa cosa *confusaneus -a -um. Confusus*
confusamente *confuse. Mistim*
congoxa *angor. Anxietas. Anxitudo*
congoxa cosa con congoxa *anxius -a -um*
congoxamente *anxie* adverbium
congoxar a otro *ango -is anxi*
congrio pescado conocido *conger. Congrus*
conjecturar *conjicio -is. Conjecto -as -avi. Conjector -aris. Conjecturo -as*
conjectura *conjectio. Conjectura. Conjectatio*
conjugacion de verbo *conjugatio -onis. Syzygia*
conjuncion de la luna con el sol *coitus lunae. Interlunium. Luna silens*
conjurar en mala parte *conspiro -as*
conjuracion en esta manera *conspiratio -onis*
conjurar con palabras *adjuro -as. Conjuro -as*
conjuracion assi *adjuratio. Conjuratio*
connusco o con nosotros adverbio *nobiscum*
conocer *nosco -is novi. Cognosco -is*
conocimiento *notitia -ae. Cognitio -onis*
conocer lo primero conocido *agnosco -is*
conocimiento desta manera *agnitio -onis*
conocible cosa *notilis -e. Cognobilis -e*
conocido, ser *notesco -is. Pernotesco -is*
conocer a menudo *noscito -as -avi*
conocer entre diversos *internosco. Dignosco*
conocer confessando *confiteor -eris*
conocer el bien hecho *sum gratus*
conocimiento agradecimiento *gratitudo -inis*
conocido por agradecido *gratus -a -um*
conocimiento de paga *apocha -ae*
conquistar tierras *debello -as -avi*
conquista de tierras *debellatio -onis*

consagrar *sacro -as. Consecro -as. Dico -as*
consagracion *sacratio. Consecratio. Dicatio*
conseguir *consequor -eris. Assequor*
conseguiente cosa *consequens. Consectarius*
conseguientemente *consequenter*
conseguimiento *assecutio. Consecutio*
consecuencia *consequentia -ae. Sequella -ae*
conseja fingida o novela *fabula -ae*
conseja en griego *apologos. Acroama*
consejar a otro *consulo illi*
consejo, tomar de otro *consulo illum*
consegero *consiliarius. Consiliosus*
consejo *consilium -ii. Consultatio*
consejo real *senatus regius*
consentir con otro *consentio -is -si*
consentir a otro *assentio -is. Assentior -iris*
consentimiento *consensio. Consensus. Assensio. Assensus*
consentir en lo prometido *stipulor -aris*
consentir abaxando la cabeça *annuo -is*
consentimiento en esta manera *nutus -us*
consentir cerrando los ojos *conniveo -es*
conserva cosa en conserva *conditaneus -a -um*
considerar *considero -as - avi. Animadverto -is*
consideracion *consideratio. Animadversio*
considerado lo que considera *consideratus -a -um*
consideradamente *considerate*
consigo adverbio *secum*
consolar con obras *solor -aris*
consolacion por obras *solatium -ii*
consolacion assi pequeña *solatiolum -i*
consolar por palabras *consolor -aris*
consolacion por palabras *consolatio -onis*
consolador por palabras *consolator -oris*
consolador cosa assi *consolatorius -a -um*
consonancia de bozes *consonantia -ae. Harmonia*
consonante cosa *consonus -a -um*
consonante letra *consonans -antis*
consonar una cosa con otra *consono -as*
constante cosa *constans -antis. Perseverans -antis*

constantemente *constanter. Perseveranter*
constancia por firmeza *constantia -ae.*
Perseverantia -ae
constante, ser *consto -as constiti. Perse-*
vero -as
constelacion del cielo *constellatio -onis*
constituir hazer estatuto *constituo -is*
constitucion estatuto *constitutio -onis*
consuegro *consocer -cri*
consuegra *consocrus -us*
consul romano *consul -is*
consulado en Roma *consulatus -us*
consular cosa deste consul *consularis -e*
consular el que fue consul *consularis -e*
consuno *simul. Una. Pariter* adverbia
contador que cuenta *calculator -oris.*
Computator
contador mayor *quaestor regius*
contador por este *proquaestor -oris*
contadoria dignidad *quaestura -ae*
contagion dolencia que se pega *conta-*
gio. Contagium
contal de cuentas *linea calculorum*
contante para contar *calculus -i*
contar razones *narro -as. Enarro -as*
contar declarando lo escuro *enarro -as*
contar gente en alarde *censeo -es*
contar gente otra vez *recenseo -es*
contar por numero *calculo -as. Com-*
puto -as. Supputo -as
contender porfiando *contendo -is. Certo*
-as
contendedor assi *certator -oris*
contencion *certamen -inis. Contentio*
contencioso por porfia *contentiosus -a*
-um
contento *contentus -a -um*
contentarse *contineo me*
contentarse de si mesmo *placeo mihi*
contentar a otro *satisfacio -is satisfeci*
contentamiento assi *satisfactio -onis*
contienda lo mesmo es que **contencion**
contigo adverbio *tecum*
continuar *continuo -as. Perpetuo -as*
continuacion assi *continuitas -atis*
continua cosa en cantidad *continuus -a*
-um
continuamente assi *continue. Continen-*
ter
continuo en duracion *jugis -e. Perpetuus*
-a -um

continuamente a s s i *jugiter. Assidue.*
Perpetim
contra preposicion *contra. Adversus. In*
contra adverbio *contra. Ex contrario*
contradezir *contradico -is -xi*
contradicion *contradictio -onis*
contradezidor *contradictor -oris*
contradezidora c o s a *contradictorius -a*
-um
contradezir con voto *refragor -aris*
contradezidor con voto *refragator -oris*
contradicion assi *refragatio -onis*
contradicion de ley *antinomia -ae*
contrahazer a otro *imitor -aris. Ago -is.*
Assimulo -as. Repraesento -as
contrahazedor assi *imitator. Actor. Mi-*
mus. Assimulator. Repraesentator
contrahazimiento *imitatio. Repraesentatio*
contrahazer falsando *adultero -as*
contrahecho falsado *adulterinus -a -um*
contrahazedor falsario *adulterator -oris*
contramina *cuniculum adversum* vel
transversum
contraminar *cuniculum agere transversum*
contrapesar *rependo -is -di*
contrapeso *repensum -i*
contrapeso para saltar *halter -is*
contraponer *oppono -is. Objicio -is*
contraposicion *oppositio -onis. Objectio*
-onis
contraponedor *oppositor -oris. Objector*
-oris
contraria cosa *contrarius -a -um. Oppo-*
situs -a -um
contrariedad *contrarietas. Oppositio*
contrariar a otro *adversor -aris -atus*
contrario assi *adversarius -a -um*
contrariedad assi *adversatio -onis*
contrariedad de calidades *antiperistasis*
contrariedad de passiones *antipathia -ae*
contrariedad de habla *antiphrasis -is*
contratar *contrecto -as. Communico -as*
contratacion *contrectatio. Communicatio*
contrato *contractus -us. Conventio -onis*
contrato recaudo *rei cautio*
contrecho doliente *debilis -e*
contribuir *contribuo -is -ui*
contribucion *contributio -onis*
contribuidor *contributor -oris*
contumace porfiado *contumax -acis*
contumacemente *contumaciter* adverbium

contumacia porfia *contumacia -ae*
convalecer de dolencia *convalesco. Melius habeo*
convalecimiento *convalescentia -ae. Bona valitudo*
convencion *conventio -onis. Condictum -i*
convenir con otro *convenio -is -veni*
convenir ser provechoso *expedit* impersonale
convenir ser possible *licet* impersonale
convenir ser oportuno *oportet* impersonale
convenir ser cosa onesta *decet* impersonale
conveniente cosa *conveniens. Congruus -a -um*
conveniencia *congruitas -atis. Competentia -ae*
convenientemente *congrue. Competenter*
convento lugar *conventus -us. Synodus*
convento las mesmas personas *conventus -us*
conventual cosa *conventicius -a -um*
convento pequeño *conventiculum -i*
conversar *convivo -is. Conversor -aris*
conversacion *convictus -us. Conversatio -onis*
convertir en bien *converto -is -ti*
conversion en bien *conversio -onis*
convertir en mal *perverto -is -ti*
conversion en mal *perversio -onis*
convusco adverbio *vobiscum*
coño miembro de muger *cunnus -i*
copa para bever *cuppa -ae. Patera -ae*
copa grande *crater -eris. Carchesium -ii*
copada o cogujada requiere cugujada
copano barco pequeño *corbula -ae*
copero el ministro de la copa *pincerna -ae*
copete de cabellos delanteros *antiae -arum*
copia por abundancia *copia -ae*
copioso por cosa abundante *copiosus -a -um*
copia por facultad *copia -ae. Facultas -atis*
copo de lino o de lana *pensum -i*
coraças armadura del cuerpo *thorax -acis*
coraçon de animal *cor cordis. Cardia* graece
coraçon pequeño *corculum -i. Cardialon* graece

coraçon de la madera *aegis -idis*
coraçoncillo yerva de Sant Juan *hypericon -i*
coradela por assadura *praecordia -orum*
corage *animi desponsio ex feritate*
coral *corallum -i. Coralium -ii*
corcoba *gibbus -i. Gibber -i. Gibba -ae*
corcobado *gibbosus -a -um. Gibberosus -a -um*
corcobo de cavallo o bestia *tortus -us*
corcha de alcornoque *subereus cortex*
corchete de vestidura *ansa -ae. Uncinus -i*
corcho de colmena *alveus -i. Alveare*
cordel o cordon *funis -is. Chorda -ae*
cordero o cordera *agnus -i. Agna -ae*
cordero pequeño *agniculus -i*
cordero que nace tardio *cordus -i*
cordojo por dolor de coraçon *cordolium -ii*
cordon pequeño o cordel *funiculus -i*
cornado dinero *nummus coronatus*
cornado tercio de la blanca *triens -tis*
cornear herir con cuernos *cornupeto -is*
corneador o corneadora *cornipeta -ae*
corneja ave conocida *cornix -icis. Corone* [graece]
cornuda cosa con cuernos *cornutus -a -um*
cornudo en denuesto *curuca -ae*
coro por orden de iguales *chorus -i*
coroça *mitra scelerata* novum
corona como quiera *corona -ae. Anadema -atis*
corona del papa *tiaras -ae. Tiara -ae*
corona del rey *diadema -atis. Tiara -ae*
corona de rey yerva *sertula campana. Melilotos -i*
corona de angel o santo *nimbus -i*
corona de laurel *laurea -ae*
corona de laurel pequeña *laureola -ae*
corona de flores o yervas *serta -orum*
corona de clerigo *tonsura -ae*
corona del que triunfo *corona laurea*
corona del descercador *corona graminea*
corona del que libro a su ciudadano *corona civica*
corona del que subio primero *corona muralis*
corona del que entro primero *corona castrensis*

corona del que primero salto *corona navalis*

coronar *corono -as -avi -atus*

coronacion *coronatio -onis*

coronica por chronica *chronica -orum*

coronista por chronista *chronistes -ae*

coronica de año en año *annales -ium*

coronica de dia en dia *diarium -ii. Ephemeris* graece

coronica como quiera *historia -ae*

coronista escriptor de istoria *historicus -i*

corporal cosa de cuerpo *corporeus -a -um*

corporal cosa en cuerpo *corporalis -e*

corral de gallinas *cohors -tis. Cors -tis*

corral como patio de casa *impluvium -ii*

corral lugar no tejado *area subdialis*

corral estrecho entre paredes *androneum*

correa de cuero *corrigia -ae. Cestus -i*

corredera de cavallos *hippodromus -i*

corredera de ombres *stadium -ii*

corredor de mercaderia *proxeneta -ae*

corretaje salario de aqueste *proxeneticum*

corredor de cama *cortina -ae*

corredor de casa *solarium -ii. Tabulatum -i*

corredor del campo *antecursor -oris*

corredor que roba el campo *excursor -oris*

corredor que corre *cursor -oris*

corredora cosa *cursorius -a -um*

corregir *corrigo -is. Castigo -as*

correcion *correctio. Castigatio*

corregidor *corrector. Castigator*

corregidor justicia *praetor -oris*

corregimiento de aqueste *praetura -ae*

corregidor por otro *propraetor -oris*

corregimiento de aqueste *propraetura -ae*

corregir por afeytar *orno -as*

corregidera de afeytes *cosmeta -ae*

correo que lleva letras *tabellarius -ii. Cursor -oris. Grammatophoros* [graece]

correo de dineros *follis -is. Saccus -i*

correr ir mas que de passo *curro -is*

correr assi a menudo *curso -as. Cursito -as*

correr hazia otra cosa assi *accurro -is*

correr ante otra cosa *antecurro -is. Praecurro -is*

correr a fuera *excurro -is*

correr hasta el cabo *percurro -is*

correr al encuentro de otro *occurro -is*

correr contra otro *incurro -is*

correr de arriba abaxo *decurro -is*

correr con otro *concurro -is*

correr allende *transcurro -is*

correr por diversas partes *discurro -is*

correr assi a menudo *discurso -as*

correr otra vez o atras *recurro -is*

correr assi a menudo *recurso -as*

correr lo liquido *fluo -is. Labor -eris*

correr assi a diversas partes *diffluo -is*

correr en esta manera *dilabor -eris*

correr assi a defuera *effluo -is. Elabor -eris*

correr assi hazia otra cosa *affluo -is. Allabor -eris*

correr assi de arriba *defluo -is. Delabor -eris*

correr assi en otra cosa *influo -is. Illabor -eris*

correr assi con otra cosa *confluo -is. Collabor -eris*

correr assi atras *refluo -is. Relabor -eris*

correr assi por otra cosa *perfluo -is*

correr a otro *suspendo -is. Confundo -is*

corrimiento assi *suspensio -onis. Confusio -onis*

corrido assi *suspensus -a -um. Confusus -a -um*

corrida o carrera *cursus -us*

corrida pequeña *curriculum -i*

corrida en diversas partes *discursus -us*

corrida a otra parte *accursus -us*

corrida delante *praecursus -us*

corrida por defuera *excursus -us. Excursio -onis*

corrida al encuentro *occursus -us*

corrida en contrario *incursus -us*

corrida de arriba abaxo *decursus -us*

corrida con otro *concursus -us*

corrida atras o otra vez *recursus -us*

corriente como agua *torrens -tis*

corriente venage de agua *profluens -tis*

corriente cosa *currens -tis*

corriente cosa liquida *fluvidus -a -um*

corriente assi en diversas partes *diffluus -a -um*

corriente assi a fuera *effluus -a -um*

corriente assi a otra cosa *affluus -a -um*

corriente assi con otra cosa *confluus -a -um*

corriente assi atras *refluus -a -um*

corriente assi por otra cosa *perfluus -a -um*

corriente assi en otra cosa *influus -a -um*

corrimiento de lo liquido *fluor -oris. Fluxio -onis. Fluxus -us*

corro de moços *chorus -i. Chorea -ae. Restis -is*

corrillo de gente *corona -ae. Circulus -i*

corro del toro *harena -ae. Theatrum -i*

corromper *corrumpo -is. Violo -as. Vitio -as. Temero -as*

corrompimiento *corruptio -onis. Violatio -onis*

cortar *scindo -is scidi. Seco -as secui. Caedo*

cortadura *scissura -ae. Scissio -onis. Sectio. Caesura*

cortar de alguna cosa *abscindo -is*

cortadura en esta forma *abscissio -onis*

cortar en diversas partes *discindo -is. Disseco -as*

cortadura assi *discissio -onis. Dissectio -onis*

cortar en derredor *circumcido -is. Amputo -as*

cortadura assi *circumcisio -onis. Amputatio -onis*

cortar juntamente *concido -is*

cortadura assi *concisio -onis*

cortar por debaxo *succido -is*

cortadura en esta manera *succisio -onis*

cortar otra vez *rescindo -is. Recido -is*

cortadura assi *rescissio -onis*

cortadora cosa *incisivus -a -um*

cortando adverbio *incisim*

cortapisa de saya *limbus talaris. Instita subsuta*

corte de rey o papa o emperador *curia -ae*

cortesano *curialis -e. Civilis -e. Politicus -a -um*

cortes *urbanus -a -um. Festivus -a -um. Comis -e. Affabilis -e. Jucundus -a -um*

cortesia *urbanitas -atis. Festivitas -atis. Comitas -atis. Affabilitas -atis*

cortesmente *urbane. Festive. Affabiliter. Comiter*

corteza de arbol *cortex -icis. Codex -icis. Liber*

corteza de comer *crustum -i. Crustulum -i*

corteza de granada *malicorium*

corta cosa *brevis -e. Curtus -a -um*

cortedad *brevitas -atis. Curtatio -onis*

corto de coraçon *pusillanimis -e*

cortedad de coraçon *pusillanimitas -atis*

corva de la pierna *genu. Curvatura*

corva cosa *curvus -a -um. Uncus -a -um. Aduncus*

corva cosa atras *recurvus -a -um*

corvadura *curvitas. Curvatura. Curvamen*

coscoja mata en que nace la grana *ilex -icis. Quisquilia*

coscojal lugar de coscojas *ilicetum -i*

cosecha *proventus -us. Fructus perceptio*

cosecha de pan & legumbres *messis -is*

cosecha de vino *vindemia -ae*

cosecha de azeyte *oleitas -atis. Olivitas -atis*

cosecha de higos *ficitas -atis*

cosecha de miel *mellatio -onis*

coser *suo -is sui. Insuo -is. Assuo -is*

cosedura *sutura -ae. Sartura -ae*

cossario ladron de la mar *pirata -ae*

cossario principal *archipirata -ae*

cosso do corren el toro *harena -ae*

costa *sumptus -us. Impensa -ae. Impendium*

costado *latus -eris. Pleura graece*

costal *saccus -i. Sacculus -i*

costar por precio *consto -as*

costilla de espinazo *costa -ae*

costoso cosa de costa *sumptuosus -a -um*

costosa cena *cena opipara* [vel] *adjicialis*

costra como corteza *crusta -ae. Crustula -ae*

costreñir *cogo -is. Impello -is*

costreñimiento *coactio -onis. Impulsio -onis*

costribar recalcando *constipo -as*

costumbre *mos moris. Consuetudo -inis*

costumbre de muger *menstruum -i*

costura *assumentum -i. Sartura -ae*

costurera *sarcinatrix -icis*

cota de malla *lorica -ae. Loricula -ae*

cotejar *comparo -as. Confero -fers*

cotejamiento *comparatio -onis. Collatio -onis*

coto la dehesa *locus prohibitus*
cotral buey o vaca *bos rejiculus*
coxin de silla *stragulum -i. Ephippium -i*
coxo de pie o pierna *claudus -a -um*
coxedad desta manera *clauditas -atis*
coxear assi *claudico -as -avi*
coxear nombre *claudicatio -onis*
coxquillas *titillatio -onis*
coxquillas, hazer *titillo -as*
cozer *coquo -is -xi. Decoquo -is*
cozedura *coctio -onis. Coctura -ae*
cozediza cosa *coctilis -e. Coctivus -a -um*
cozido en agua *elixus -a -um*
cozina lugar *coquina -ae. Culina -ae*
cozina caldo liquido *jus juris*
cozinero *coquus -i. Cocus -i*
cra boz del cuervo *cra*
crecer *cresco -is. Adoleo -es. Adolesco -is. Augeo -es. Augesco -is. Glisco -is*
crecer mucho *excresco -is. Incresco -is*
creciente de la mar *aestus -us*
crecer una cosa con otra *concresco. Inolesco*
crecer otra vez *recresco -is recrevi*
crecer a escondidas *succresco -is*
crecimiento *incrementum -i. Augmentum -i*
crecida cosa *excretus -a -um. Adultus -a -um*
creer alguna cosa *credo -is -didi*
creencia de ligero *credulitas -atis*
creencia de fe *religio -onis*
creencia por carta *litterae cum mandatis*
crespa cosa en cabellos *crispus -a -um*
crespa cosa un poco *crispulus -a -um. Subcrispulus -a -um*
crespa de cabellos *crispitudo -inis*
cresta de ave *crista -ae. Lophos* graece
criar hazer de nuevo *creo -as -avi*
criança desta manera *creatio -onis*
criador desta manera *creator -oris*
criar niño *educo -as. Nutrio -is. Alo -is*
criança assi *educatio -onis. Nutritio -onis*
criador assi *educator. Nutritor. Altor*
criado que criamos *alumnus -i*
criada que criamos *alumna -ae*
criado que sirve *famulus -i. Mercenarius -ii*
criada que sirve *famula -ae. Mercenaria -ae*
criança de ayo *paedagogium -ii. Paedia -ae*

criado en ciudad *civilis -e. Urbanus -a -um*
criança de ciudad *civilitas -atis. Urbanitas -atis*
criado en el campo *rusticus -a -um*
criança del campo *rusticitas -atis*
crica de la muger *crista juvenalis*
crimen gran pecado *crimen -inis*
criminal cosa de crimen *criminalis -e*
criminalmente *criminaliter* adverbium
criminoso lleno de crimenes *criminosus -a -um*
criminosamente *criminose* adverbium
crines por cabellos *crinis -is. Coma -ae*
crinado *crinitus -a -um. Comatus -a -um*
crisma o uncion *unctio -onis. Chrisma -atis*
crismar o u n g i r *ungo -is -xi. Chrio* graece
crisol de plateros para fundir *catinus -i. Catillus -i*
cristal piedra preciosa *crystallus -i*
cristalina cosa de cristal *crystallinus -a -um*
Cristo o ungido *Christus -i*
cristiano dicho de Cristo *christianus -a -um*
cristiandad *christianismus -i*
cristiano verdadero *orthodoxus -a -um*
cristiandad verdadera *orthodoxia*
crivo para crivar *cribrum -i. Vannus -i*
crivar o alimpiar con crivo *cribro -as. Vanno -as*
crudo cosa no cozida *crudus -a -um*
crudeza no cozedura *cruditas -atis*
cruel o cruda cosa *crudus -a -um. Crudelis -e*
crueldad a s s i *cruditas -atis. Crudelitas -atis*
cruelmente assi *crudeliter. Crude* adverbia
cruel cosa sin misericordia *saevus. Atrox*
crueldad assi *saevitia. Saevitudo. Atrocitas*
cruelmente assi *saeviter. Atrociter*
cruz genero de pena *crux -cis*
crucificar poner en cruz *crucifigo -is -xi*
cruzado moneda *aureus crucifer*
cruzero *structura quadrivialis*
cuaderna de cuatro *quaternarium -ii*
cuaderno de hojas *quaternio -onis*
cuadra de casa *quadrata cenatio*

cuadrar poner en cuadra *quadro -as*
cuadrada cosa *quadratus -a -um*
cuadrado en luengo *quadrangulus -a -um*
cuadrante de astrologia *umbilicus -i.
Gnomon*
cuajo para cuajar *coagulum -i*
cuajar con cuajo *coagulo -as -avi*
cuajar del animal *ventriculus -i*
cuajarse alguna cosa *concresco -is*
cuajamiento *concretio -onis*
cual con articulo *qui quae quod*
cual sin articulo *qualis quale*
cual de dos *uter utra utrum*
cualquiera de dos *uterlibet. Utervis*
cualquiera de muchos *quiscumque. Quivis. Quilibet*
cuamaño *quantus -a -um. Quantuscumque*
cuando *cum. Quum. Quando*
cuandoquiera que *quandocumque. Cunque*
cuanto *quantus -a -um*
cuanto en poco *quantulus -a -um*
cuantoquiera que *quantuscumque -a -um*
cuantas vezes *quoties* adverbium
cuantos en numero *quot* indeclinabile
cuantosquiera que *quantuscumque*
cuarenta numero *numerus quadragenarius*
cuarenta en numero *quadraginta* indeclinabile
cuarenta & ocho *octo et quadraginta. Quadraginta octo. Duodequinquaginta*
cuarenta & nueve *novem et quadraginta. Quadraginta novem. Undequinquaginta*
cuarenta mil *quadraginta mille*
cuarenta millares *quadraginta millia*
cuarenta cuentos *quadringenties centum mille*
cuarenta mill cuentos *quadringenties millies centum mille*
cuarenteno en orden *quadragesimus -a -um*
cuarentena parte *quadragesima*
cuarenta mill en orden *quadragies millesimus*
cuarenta cada uno *quadrageni -ae -a*
cuarenta mill cada uno *quadrageni milleni*
cuarenta cuentos cada uno *quadringenties centeni milleni*

cuarenta vezes adverbio *quadragies*
cuarenta & una vez *quadragies semel. Semel et quadragies*
cuarenta & ocho vezes *duodequinquagies*
cuarenta & nueve vezes *undequinquagies*
cuarenta mill vezes *quadragies millies*
cuarentena *quadragenarium -ii*
cuarentañal cosa *quadragenarius -a -um*
cuarenta tanto *quarter decuplus -a -um*
cuaresma tiempo de ayuno *quadragesima -ae*
cuaresma en griego *tetracoste -es*
cuarto de doze *quadrans -ntis*
cuarta parte de cualquier cosa *quarta. Quadra*
cuarto de moneda *quadrans argentei*
cuarto en orden *quartus -a -um*
cuartal medida *quadrantal -is*
cuatro numero *numerus quaternarius*
cuatro en numero *quattuor* indeclinabile
cuatro tanto *quadruplus -a -um*
cuatrocientos numero *numerus quadringenarius*
cuatrocientos *quadringenti -ae -a. Quater centum*
cuatro cuentos *quadragies centum mille*
cuatro mill cuentos *quadragies millies centum mille*
cuatro cada uno *quaterni -ae -a*
cuatrocientos cada uno *quadringeni. Quadragenteni*
cuatro mill cada uno *quater milleni -ae -a*
cuatro cuentos cada uno *quadragies centeni milleni*
cuatro tanto *quadruplus -a -um*
cuatro vezes adverbio *quater*
cuatrocientas vezes *quadringenties*
cuatrocientas mill vezes *quadringenties millies*
cuatro vezes cuatro cuatro vezes *quaternio -onis*
cuatro años *lustrum -i. Olympias -adis*
cuatro años espacio *quadrennium -ii*
cuatro dias tiempo *quatriduum -i*
cuatro meses tiempo *tempus quadrimestre*

cuatrañal cosa *quadriennis -e. Quadrimus -a -um*
cuatrodial cosa *quatriduus -a -um*
cuatro varones en colegio *quattuor viri*
cuatro varonadgo destos *quattuor viratus*
cuatro dias adverbio *nudius quartus*
cuba para vino *cupa -ae*
cuba pequeña o cubeto *cupula -ae*
cubero que las haze *cuparius -ii*
cuclillo ave conocida *cuculus -i. Coccyx -gis*
cuchara *cochlear. Cochleare. Cochlearium*
cuchara grande de hierro *concha ferrea*
cucharada cuanto cabe en ella *ciathus -i*
cuchillo *gladius -ii. Culter -tri. Sica -ae*
cuchillo pequeño *cultellus -i. Gladiolus -i*
cuchillo grande *ensis. Machaera. Framea. Rhomphaea*
cuchillada *caesa -ae*
cuello miembro de animal *collum -i*
cuenca pila *concha -ae. Crater -eris*
cuenca del ojo *oculi recessus. Gena -ae*
cuenda para atar *loramentum -i. Fidicula -ae*
cuenta *numerus -i. Numeratio -onis. Ratio -onis. Calculus -i. Computatio*
cuenta de rezar *calculus -i*
cuento como de dineros *decies centum mille*
cuento de lança o vara *contus -i*
cuento para sostener pared *t i b i i c e n -inis*
cuento como fabula *narratio -onis*
cuento pequeño assi *narratiuncula -ae*
cuerda *funis -is. Lorum -i. Fides -is. Chorda -ae*
cuerda de nave *rudens -ntis*
cuerda que atraviessa *trasenna -ae*
cuerda de laud primera *nete -es*
cuerda cerca de aquesta *paranete -es*
cuerda de arriba o bordon *hypate -es*
cuerda acerca de aquesta *parhypate -es*
cuerda de medio *mesechorda*
cuerda de nervio en la musica *nervus -i. Nervia*
cuerdo prudente *corculum -i. Cordatus -a -um*
cuerno de animales *cornus -us. Cornu* indeclinabile

cuerno de batalla *cornu aciei* vel *cornus*
cuero de pelleja de animal *corium -ii. Tergus -oris*
cuero pelleja sin pelos *cutis -is. Cuticula -ae*
cuero para çapatos delicado *aluta -ae*
cuero o odre de vino *uter -is. Acopa*
cuero de vino pequeño *utriculus -i. Uterculus -i*
cuerpo generalmente *corpus -oris. Soma* graece
cuerpo pequeño *corpusculum -i*
cuerpo sin cabeça *truncus -i*
cuerpo muerto de animal *cadaver -eris*
cuervo ave conocida *corvus -i*
cuervo este mesmo en griego *corax*
cuervo calvo ave conocida *calvus corvus*
cuervo marino *mergus -i. Urinatrix -icis*
cuesta arriba cosa *acclivis -e. Acclivus -a -um*
cuesta arriba enriscada cosa *arduus -a -um*
cuesta abaxo cosa *declivis -e. Declivus -a -um. Pronus -a -um*
cueva *antrum -i. Caverna -ae. Specus -us. Spelunca -ae. Spelaeum -i. Crypta -ae*
cuevano de vimbres *cophinus -i*
cuexco de fruta *os cum nucleo*
cuexco lo duro de toda cosa *pyren. Chondros* [graece]
cugujada *galeritus -i. Cassita -ae. Ciris -is*
cugulla de abito de frayle *cuculla -ae*
cugulla como capilla *cucullus -i*
cuyo cosa de quien *cujus -a -um*
cuidado *cura -ae. Solicitudo -inis*
cuidadoso *curiosus -a -um. Curaculus -a -um*
cuita *solicitudo -inis. Anxietas -atis*
cuitado *solicitus -a -um. Anxius -a -um*
culantro yerva *coriandrum -i. Coriannon* graece
culantrillo *polytrichon. Callitrichon*
culantrillo de pozo *adiantos* graece
culebra *coluber -bri. Colubra -ae*
culebra de agua *anguis -is*
culebra pequeña de agua *anguiculus -i*
culebra de agua en griego *hydros*
culebra de tierra en griego *chelydros. Chersydros*
culebra como quiera *serpens -tis*

culebrilla *lichen -enis. Impetix -igis*
culo *anus. Podex. Sedes. Dactylion. Hedra*
culpa en el pecado *culpa -ae. Culpatio -onis*
culpar *culpo -as -avi. Deculpo -as -avi*
cumbre de monte *jugum montis*
cumbre *como quiera cacumen -inis. Culmen -inis*
cumple *lo mesmo es que* **conviene**
cuna de niño *cunae -arum*
cundir *crecer poco a poco serpo -is -si*
cuña para hender *cuneus -i*
cuñado *levir -i. Affinis -is*
cuñada *glos -oris. Affinis -is*
cuño de moneda *marculus -i*
cura *por cuidado cura -ae. Solicitudo -inis*
cura de enfermo *curatio -onis*
cura de iglesia *curator animarum. Curio -onis*
curar *tener cuidado curo -as -avi*
curador dado al furioso *curator -oris*
curador dado al menor de edad *curator -oris*
curador dado al menor de edad *curator -oris*
curadoria *de aquestos curatio -onis*
curador con otro *concurator -oris*
curadoria *de aquestos concuratio -onis*
curar al enfermo *curo -as. Medico -as*
curioso *curiosus -a -um. Curaculus -a -um*
curiosidad *curiositas -atis*
curtidor de cueros *cortiarius -ii*
curtir cueros *macero corium*
curtir *echar en curtido macero -as*
curtidura *assi maceratio -onis*
curuja *especie de lechuza noctua -ae. Nycticorax -cis*
cutir *herir quatio -is. Quasso -as*
cutir uno con otro *concutio -is -si*
çabullir debaxo de agua *mergo -is*
çabullir a menudo *merso -as -avi*
çabullir en alguna cosa *immergo -is*
çabullidura *assi immersio -onis*
çafari granada *apyrenum -i*
çafio en lengua *idiomaticus -a -um*
çaga *por el cabo extremitas -atis*
çaguera *cosa extremus -a -um*
çaherir *exprobro -as. Imputo -as*
çaherimiento *exprobratio -onis. Imputatio -onis*
çahinas de levadura *cremor ex fermento*

çahon *caliga cortea novum*
çahurda *o pocilga de puerco hara -ae*
çamarra *o* çamarron *rheno -onis. Pellis inversa*
çanahoria *yerva & raiz pastinaca -ae. Staphylinus -i*
çanca de pierna *tibia exilis*
çancadilla, armar *supplanto -as -avi*
çancadilla en la lucha *supplantatio -onis*
çancaxoso *vatia -ae. Vatienus -a -um*
çanco *para andar pertica grallatoria*
çanco en la cavalgada *intertrimentum belli*
çanquear *divaricor -aris*
çanqueamiento *divaricatio -onis*
çanqueadora *cosa varicus -a -um*
çapata sobre pilar *mutilus -i. Atlantion*
çapato *calceus -i*
çapatero *sutor -oris non cerdo*
çapateria *tienda & arte deste sutrina -ae*
çapatero de alcorques *crepidarius sutor*
çaquiçami *laquear -aris. Lacus -us. Lacunar*
çaranda *incerniculum -i. Vannus -i. Cribrum -i*
çarandar *secerno -is. Incerno -is. Cribo -as*
çaratan *enfermedad carcinoma -atis. Cancer -cri*
çarça *mata espinosa rubus -i. Batos graece*
çarçal *lugar de çarças rubetum -i*
çarçamora *morum rubeum*
çarzo de vergas *cratis -is. Craticula -ae*
çatico de pan *quadra panis sive frustum*
çavila *yerba del acibar aloe -es*
cebolla albarrana *scilla -ae*
cebolla domestica *cepa -ae. Cepae indeclinabile*
cebolla ascalonia *ascalonia -ae*
cebollino *simiente de cebolla cepina -ae*
cecear *balbutio -is -ivi*
ceceoso *balbus -a -um. Blaesus -a -um*
cedaço de sedas *setaceum -i*
cedaço *cualquiera cribrum -i. Incerniculum -i*
cedicio *cosa lacia flaccidus -a -um. Tabidus -a -um*
cedro *o alerze arbol cedrus -i*
cedula *hoja o carta scheda -ae sive schedula*

cegar a otro *caeco -as. Obcaeco -as*
cegar ser ciego *caecutio -is. Caligo -as*
cegajoso de ojos *lippus -a -um*
cegagez dolencia dellos *lippitudo -inis*
cegagear dellos *lippio -is -ivi*
ceguedad *caecitas -atis. Caligo -inis*
ceguera *oculorum hebetudo -inis*
ceguta yerva conocida *cicuta -ae. Conion* graece
ceja sobre los ojos *supercilium -ii*
ceja la mesma cuenca del ojo *cilium -ii*
cejunto *superciliosus -a -um. Torvus -a -um*
celada engaño de guerra *insidiae -arum*
celada, poner o echar *insidior -aris*
celada armadura de cabeça *galea -ae*
celada encubierta *latebrae -arum*
celar encubrir *celo -as -avi*
celar aver celos *zelo -as. Zelor -aris*
celda camara *cella -ae. Cellula -ae*
celebrar missa *celebro -as. Frequento -as. Rem divinam facio*
celebracion de missa *res divina*
celebro meollo de la cabeça *cerebrum -i*
celemin *modius -ii. Medimnum -i*
celemin & medio *sesquimodius -ii*
celestial cosa *caelestis -e. Divinus -a -um*
celestialmente *caelitus. Divinitus*
celoso *zelotypus -i. Zelotes -ae*
celosa muger *zelotypa -ae*
celoso al reves *cacozelus -i*
celos *zelus -i. Zelotypia -ae*
cementar echar cimiento *caemento -as*
cementar *fundo -as. Fundamentum jacio*
cementador *caementator -oris. Caementarius -ii*
cementerio de muertos *coemeterium -ii*
cementerio en latin *dormitorium -ii*
cena comida a la tarde *coena -ae. Coenula -ae*
cena en su casa propia *domicoenium -ii*
cena copiosa *tripatinum -i. Coena adjicialis*
cena costosa *coena opipara* [vel] *sumptuosa*
cena con otros *concoenatio -onis*
cenar con otros *concoeno -as -avi*
cenar como quiera *coeno -as -avi*
cenar a menudo *coenito -as -avi*
cenadero lugar *coenatorium -ii. Coenaculum -i*

cenadero en lugar baxo *coenatio -onis*
cenceño sin levadura *azymus -a -um*
cenceño sin dobladura *sincerus -a -um*
cendrar plata *pustulo -as -avi*
cendrada plata *pustulatum argentum*
cendrar otro metal *excoquo -is -xi*
ceniza *ciner* vel *cinis -eris*
ceniziento *cinericius -a -um. Cinereus -a -um*
censo sobre possession *emphyteusis*
censor juez extraordinario *censor -oris*
censura el juizio de aqueste *censura -ae*
centauro medio cavallo *centaurus -i*
centella de huego *scintilla -ae. Scintillula -ae*
centellear echar centellas *scintillo -as*
centeno miesse conocida *tiphe -es*
centolla pescado *testudo celtina*
centro punto en medio *centrum -i*
centurion capitan de ciento *centurio -onis*
centuria capitania de ciento *centuria -ae*
centurionadgo de aqueste *centurionatus -us*
ceñir *cingo -is -xi. Incingo -is -xi*
ceñidura *cinctura -ae. Cinctus -us*
ceñidero *cingulum -i. Semicinctium -ii*
cepa o vid *vitis -is. Parilema -ae*
cepa pequeña *viticula -ae*
cepacavallo yerva *chamaeleon -ontis*
cepillar con cepillo *levigo -as*
cepillo instrumento para esto *levigatorium*
cepilladuras *fomes -itis. Assulae -arum*
cepo prision *cippus -i. Nervus -i*
cepo para caer en el *decipula. Excipula*
cepo desta manera *pedica -ae*
cera que labran las abejas *cera -ae*
cera de la oreja *sordes aurium*
cerapez unguento *ceramentum -i. Pissoceros*
cerca preposicion. *ad. Apud. Juxta. Secus. Prope*
cerca en señorio *penes;* **en amor** *erga*
cerca en derredor *circum. Circa*
cerca de lo ultimo *penultimus -a -um*
cercano en sangre *propinquus -a -um*
cercanidad assi *propinquitas -atis*
cercano como quiera *proximus -a -um*
cercanamente *proxime. Prope*
cercanidad en esta manera *proximitas -atis*

cercano a la muerte *capularis -a*
cerca de ciudad o villa *murus -i*
cerca de real *vallum et fossa*
cercar de muro *cingere muro*
cercar de vallado *vallo -as*
cerco *circus -i. Circulus -i. Cyclos* graece
cerco sitio de cercadores *obsidio -onis*
cercar poniendo cerco *obsideo -es*
cercar como quiera *ambio -is -ivi*
cercarse *accedo -is accessi. Appropinquo -as*
cercenar *circuncido -is -di*
cercenadura *circuncisio -onis*
cerceta ave de lagunas *fulica -ae. Fulix -icis*
cercillo de vid *capreolus -i. Clavicula -ae*
cercillo de oreja *inauris -is. Enotion* graece
cerdas de bestia *juba -ae. Crines -ium*
cerezo arbol conocido *cerasus -i*
cereza fruta deste arbol *cerasum -i*
cerezo silvestre arbol *cornus -i*
cereza silvestre fruta del *cornum -i*
cereza ambrunesa *cerasum apronianum*
cerimonia *cerimoniae -arum in religione*
cernada o bogada de colar *cinis lixivius*
cernejas de bestia *crinis -is*
cernicalo ave conocida *tinnunculus -i*
cernir *cribro -as. Purgo -as. Mundo -as. Incerno -is. Secerno -is. Succerno -is*
cernidura *secretio -onis. Purgatio -onis*
cerniduras *purgamenta -orum*
cerote *ceratum -i. Cerotum -i*
cerraja yerva conocida *seris -is*
cerraja cerradura *sera -ae*
cerrar *claudo -is. Obturo -as*
cerradura *claustrum -i. Clostrum -i*
cerrar en derredor *obstruo -is. Circuncludo -is*
cerrar con llave *sero -as. Conclavo -is*
cerradura de llave *sera -ae*
cerradura de pestillo *patibulum -i*
cerrar dentro de raya *circumscribo -is*
cerrar de seto *sepio -is. Consepio -is*
cerradura assi *sepes -is. Sepimentum -i*
cerrarse la herida *cicatrico -as. Coit vulnus*
cerrion de carambano *stiria -ae*
cerro *collis -is. Grumus -i. Tumulus -i*
cerro pequeño *monticulus -i. Grumulus -i*
cerro enriscado o berrueco *verruca -ae*

cerro de lana o lino *pensum rude*
cerro entre las espaldas *interscapilium -i*
cerrojo cerradura *sera -ae*
certidumbre *fides -ei. Certitudo -inis*
certificar *certiorem facio. Certioro -as novum*
cervatillo hijo de ciervo *hinnulus -i*
cerviz lo detras del cuello *cervix -icis*
cervigudo de gruessa cerviz *cervicosus -a -um*
cervuno cosa de ciervo *cervinus -a -um*
cesped terron con raices *cespes -itis*
cessar de hazer algo *cesso -as -avi*
cessacion de trabajo *remissio -onis. Cessatio -onis*
cessacion de juego *diludium -ii*
cesta *cista -ae. Fiscina -ae. Qualus -i*
cesta pequeña *cistella -ae. Fiscella -ae*
cestero que las haze *cistellarius -ii*
cestero que las trae *cistifer -eri*
cesto de vendimiar *corbis -is*
cesto como quiera *textum vimineum*
cetro insignias reales *sceptrum -i*
cevada miesse conocida *ordeum -i*
cevadaza cosa *ordeaceus -a -um*
cevadera *mantica ordearia*
cevar *cibo -as. Alo -is. Sagino -as*
cevado con cevo *altilis -e. Saginatus -a -um*
cevar para engañar *inesco -as -avi*
cevadero para esto *inescarium -ii*
cevo *cibus -i. Esca -ae*
cevon cosa cevada *obesus -a -um*
cexar lo mesmo es que **cessar**
ciar mover atras *retro cieo -es*
cicion de calentura *accessio -onis*
cicorea o almiron yerva *cichoreum -i*
cidral arbol *malus citrea. Citrus -i*
cidra esta mesma fruta *malum citreum*
ciego del todo punto *caecus -a -um*
ciego un poco *caeculus -a -um. Subcaecus -a -um*
cielo todo lo que parece *caelum -i*
cielo estrellado *mundus -i. Cosmos* [graece]
cielo el mas soberano *aether -eris*
cielo de cama *peripetasma -atis*
cieno *caenum -i. Limus -i*
ciento numero *centenarius numerus*
ciento adjetivo *centum* indeclinabile
ciento sustantivo *centenarium -ii*

cien mill en numero *centum mille* vel *millia*

cien cuentos *millies centum mille*

ciento en orden *centesimus -a -um*

ciento en parte *centesima pars*

cien mill en orden *centies millesimus*

ciento cada uno *centeni -ae -a*

cien mill cada uno *centeni milleni*

cien vezes adverbio *centies*

cien mill vezes *centies millies*

ciento tanto *centuplus -a -um*

cien mill vezes tanto *millies centuplus -a -um*

cientañal cosa de cien años *centennis -e*

cien varones en colegio *centum viri*

cien varonadgo destos *centum viratus*

cientopies serpiente *oniscus -i. Seps sepis. Scholopendra -ae. Centipeda -ae. Multipeda -ae*

cien cabezas yerva *centum capita*

cien uebras de tierra *centuria -ae*

cierço que corre del norte *septentrio -onis*

cierço este mesmo en griego *aparctias*

cierço un poco hazia oriente *aquilo -onis*

cierço este mesmo en griego *boreas*

cierço propio de Francia *circius -ii*

cierta cosa *certus -a -um. Exploratus -a -um*

ciertamente *certe. Profecto. Nempe*

ciervo animal conocido *cervus -i*

cierva hembra deste genero *cerva -ae*

ciervo cabron *hircocervus -i. Tragelaphus -i*

cifra en la cuenta *cifra -ae* barbare

cigarra *cicada -ae. Acris -idis* graece

cigueña ave conocida *ciconia -ae. Pelargos* graece

cigueña instrumento para medir *ciconia -ae*

cigoñino *pullus ciconinus*

cigoñal para sacar agua *pertica putealis*

cilicio de barvas de cabrones *cilicium -ii*

cilla donde encierran pan *horreum -i*

cillero donde algo aguardan *cellarium -ii*

cillero el que lo guarda *cellarius -ii*

cillero de fruta *oporotheca -ae*

cillero de tablas *pinacotheca -ae*

cillero para despensa *promptuarium -ii*

cillero de vino *cella vinaria. Cellarium -ii*

cimera sobre el yelmo *chimaera -ae*

cimiento de cualquier cosa *fundamentum -i*

cimitarra cuchillo de turcos *acinaces -is*

cinco numero *numerus quinquenarius*

cinco en numero *quinque. Pente*

cinco mill en numero *quinque mille* vel *millia*

cinco cuentos *quinquagiens centum mille*

cinco mill cuentos *quinquagiens millies centum mille*

cinco en orden quinto *quintus -a -um*

cinco en parte quinta *quinta -ae*

cinco mill en orden *quinquiens millesimus*

cinco cada uno *quinqueni -ae -a. Quini -ae -a*

cinco mill cada uno *quinqueni milleni -ae -a*

cinco cuentos cada uno *quinquagiens centeni milleni*

cinco mill cuentos cada uno *quinquagiens millies centeni milleni*

cinco vezes adverbio *quinquiens*

cinco mill vezes *quinquiens millies*

cinco tanto *quincuplus -a -um*

cinco mill vezes tanto *quinquiens millies tanto*

cinco añal cosa de cinco años *quinquennis*

cinco dias a adverbio *nudius quintus*

cinco partes de doze *quincunx -cis*

cinco meses *tempus quinquemestre*

cinco mesino cosa deste tiempo *quinquemestris -e*

cinco vezes cinco cinco vezes *quinio -onis*

cinco palmos medida *pentadoros* [graece]

cinco medidas *pentametros* [graece]

cinco libros de Moysen *pentateucus -i*

cincuenta numero *numerus quinquagenarius*

cincuenta en numero *quinquaginta*

cincuenta mill *quinquaginta mille*

cincuenta millares *quinquaginta millia*

cincuenta cuentos *quingenties centum mille*

cincuenta mill cuentos *quingenties millies centum mille*

cincuenta en orden *quinquagesimus -a -um*
cincuenta mill en orden *quinquagiens millesimus*
cincuenta en parte *quinquagesima*
cincuenta cada uno *quinquageni -ae -a*
cincuenta mill cada uno *quinquagiens milleni*
cincuenta vezes *quinquagiens*
cincuenta mill vezes *quinquagiens millies*
cincuentañal de edad *quinquagenarius*
cincuentena parte *quinquagesima -ae*
cincuesma *quinquagesima -ae. Pentecoste*
cincha de silla o albarda *cingula -ae*
cinchar silla o albarda *cingo -is -xi*
cinchadura desta manera *cinctura -ae*
cincho como ceñidura *cinctus -us*
cincho para esprimir queso *fiscina -ae*
cincho desta manera pequeño *fiscella -ae*
cincho de rueda o carreta *canthus -i*
cinta o cinto *cingulum -i. Semicinctium -ii*
cinta cinto en griego *zona. Zonula*
cintura *cinctura -ae. Cinctus -us*
cipres arbol conocido *cupressus -i. Cyparissus -i*
cipresal lugar de cipreses *cupressetum -i*
circulo linea redonda *circus -i. Circlus -i. Cyclus -i*
circulo de gente *corona -ae. Circulus -i*
circular cosa de circulo *circularis -e*
circularmente *circulariter*
circuncidar *circuncido -is*
circuncidado *circuncisus -a -um. Recutitus -a -um*
circuncidado judio *verpus -i. Apella -ae*
ciruelo arbol conocido *prunus -i*
ciruela fruta deste arbol *prunum -i*
ciruela passa *prunum damascenum*
cirugiano medico de llagas *chirurgus -i*
cirugia arte del cirugiano *chirurgia -ae*
cirugica cosa desta arte *chirurgicus -a -um*
cisco de hogar *favillae -arum*
cisma en la iglesia *schisma -atis*
cismatico el que la haze *schismaticus -a -um*
cisne ave conocida *cygnus -i. Olor -oris*

cisne constelacion del cielo *Olor -oris*
citar para juizio *cito -as. Convenio -is*
citacion assi *citatio -onis. Conventio -onis*
citar a tercero dia *comperendino -as*
citacion a tercero dia *comperendinatio -onis*
citola instrumento en musica *cithara -ae*
citolero el que la tañe *citharoedus -i*
citolera la que la tañe *citharistria -ae*
ciudad *urbs -bis. Oppidum -i*
ciudad pequeña *oppidulum -i. Civitatula -ae*
ciudad madriz & principal *metropolis*
ciudad poblada de estrangeros *colonia -ae*
ciudad que tiene juridicion *municipium*
ciudad los mesmos edificios *urbs -bis*
ciudad el ayuntamiento de c i u d a d a n o s *civitas -atis*
ciudadano desta ciudad *civis. Oppidanus*
ciudadano de ciudad madriz *metropolitanus*
ciudadano de ciudad con j u r i d i c i o n *municeps -cipis*
ciudadano de alguna colonia *colonus -i*
ciudadana cosa *civilis -e. Municialis -e. Urbicus -a -um. Urbanus -a -um*
ciudadanos ombres buenos *o p t i m a t e s -um*
civera *quasi cibaria. Frumentum -i*
civil cosa de ciudad *civilis e. Politicus -a -um*
civilidad o policia *civilitas -atis. Politia -ae*
civilmente *civiliter. Politice* adverbia
cizercha como gavanços *cicercula -ae*
çoçobra viento en proa *fortunae inversio*
çoçobra en los dados *tesserae inversio*
çopo *truncus pedibus* aut *manibus*
çorita paloma *columba cicur*
çueco calçado de cierta forma *soccus -i*
çumaque para curtir *nautea -ae*
çumo *succus -i*
çumillo o jarrillo *aros. Dracontia minor*
çumoso cosa con çumo *succosus -a -um*
çumaya [engaña] pastor, ave *cicuma -ae*
çurrar cueros *macero corium*
çurrador de cueros *coriarius -ii*
çurron *pera -ae. Folliculus -i*
çurana paloma *columba fera*

çurriaga genero de açote *scutica -ae*
çuzon *herba fetida*

CH

chambrana de puerta *antepagmentum -i*
chamuscar *amburo -is. Ustulo -as*
chamusquina *ambustio -onis. Ustulatio -onis*
chanciller *cancellarius a comentariis*
chancilleria dignidad *cancellariatus -us*
chancilleria real *forum regium*
chantre de iglesia *mesochorus -i*
chantria deste *mesochori dignitas*
chapa de metal *bractea -ae. Bracteola -ae*
chapado de chapas *bracteatus -a -um*
chapar cobrir de chapas *bracteo -as*
chapas tarreñas para tañer *crotalum -i*
chapear como con chapas *crepito -as*
chapido como de chapas *crotalium -ii*
chapin de muger *solea -ae. Sandalium -ii*
capinero que los haze *sandaliarius -ii*
chapineria do se venden *sandaliarium -ii*
chapitel *tholus -i. Pinnaculum -i*
chibo cabrito *haedus -i. Haedulus -i*
chibo mayor *hircus -i. Caper -pri*
chibital de cabritos *haedile -is. Caprile -is*
chico cosa pequeña *parvus -a -um*
chico aun mas pequeño *parvulus -a -um*
chicharro cigarra que canta *acheta -ae*
chillar o rechinar *strideo -es. Strido -is*
chillido *stridor -oris*
china pedrezica *scrupulus -i. Lapillus -i*
china para contar *calculus -i*
chinela calçado *crepida -ae*
chinela pequeña *crepidula -ae*
chirivia raiz conocida *daucus -i. Siser -eris*
chirivia avezica *motacilla -ae. Sisasura. Sisapyga*
chisme o chinche *cimex -icis*
chisme o chismeria *nugae -arum*
chismero que las dize *nugigerulus -a -um*
chisme en griego *schisma*
chismero en griego *schismaticos*
choça *gurgustium. Tugurium. Teges. Casa*
choça pequeña *gurgustiolum. Tuguriolum*
chorro *torrens -tis. Fluxus -us. Fluentum -i*

chorrear *fluo -is. Fluito -as*
chotacabras ave *caprimulgus -i*
chotar casi chupar *sugo -is -xi*
chueca donde juegan los uessos *vertebra -ae*
chueca donde juega el anca *coxendix -icis*
chupar sacando umor *sugo -is. Exugo -is*
chupadura *suctus -us. Exuctus -us*

D

dadivoso con razon *liberalis -e*
dadivosamente assi *liberaliter*
dadivosidad en esta manera *liberalitas -atis*
dado de cuatro hazes o carnicol *talus -i*
dado pequeño assi *taxillus -i* diminutivum
dado de seys hazes *tessera -ae*
dado pequeño assi *tesserula -ae. Tesella -ae*
dado a mugeres *mulierosus -a -um*
dado a su propia muger *uxorius -a -um*
dado a vino o embriago *vinosus -a -um*
daga arma secreta *sica -ae. Sicula -ae*
dama es casi señora *domina -ae* novum
dança o bayle *saltatio -onis. Saltatus -us*
dançar o baylar *salto -as. Tripudio -as*
dançador o baylador *saltator -oris*
dança con personages *chironomia -ae*
dançador desta dança *chironomon -tis*
dançadora en esta manera *chironoma*
dança de espadas *armilustrium -ii*
dañar *noceo -es. Laedo -is -si. Damnifico -as. Incommodo -as*
daño *damnum -i. Noxa -ae. Incommodum -i*
daño por uso de alguna cosa *detrimentum -i*
dañoso assi *detrimentosus -a -um*
daño recebido en la mar *iactura -ae*
daño en las miesses *calamitas -atis*
dañoso en esta manera *calamitosus -a -um*
dañoso como quiera *damnosus -a -um. Damnificus -a -um. Incommodus -a -um. Nocuus -a -um. Nocivus -a -um. Noxius -a -um*

dar a comer *cibo -as. Pasco -is*
dar a bever *poto -as -avi*
dar a bever de lo que beviste *propino -as*
dar a logro *foenero -as. Do foenori*
dar a medias *credo ad lucri dimidium*
dar añadiendo *addo -is addidi*
dar bofetada *incutio alapam alicui*
dar palmada *do palmam* novum
dar puñada *pulso pugnis*
dar cuchillada *caesim percutio*
dar estocada *punctim percutio*
dar puñalada *pugione confodio* aut *caedo*
dar pedrada *lapide peto*
dar en el blanco *signum figo*
dar como quiera *do das. Tribuo -is*
dar en retorno *reddo -is. Retribuo -is*
dar en cierto lugar *figo rem illam*
dar nombre a la cosa *indo -is -didi*
darse a si mesmo *dedo -is -didi*
darse el cercado o vencido *dedo -is*
dar gracias *ago gratias*
dar la fe *do fidem* vel *obstringo fidem*
dar fe a otro creyendole *habeo fidem*
dar gracioso *dono -as -avi*
dar otra vez gracioso *redono -as -avi*
dar lecion el maestro *dicto -as*
dar lecion el discipulo *reddo dictatum*
dar del codo *cubito tango -is*
dar de mano *manu emitto -is*
dar obra *do operam. Navo -as. Indulgeo -es*
dar bozes *clamo -as. Vociferor -aris*
dar gritos *quiritor -aris*
dar consejo a alguno *consulo alicui*
dar al que ruega *erogo -as -avi*
dar largamente *largior -iris*
dar espensas *impendo -is*
dar dones *muneror -aris. Munero -as*
dar licencia *do copiam. Do facultatem*
dar licencia el capitan *do commeatum*
dar lugar o ventaja *cedo -is cessi*
dar lo suyo la muger *do das*
daragontia *dracontia major, minor*
dardo *hastile* vel *jaculum hamatum*
datil en latin *palma -ae. Palmula -ae*
datil en griego *dactylos. Scandalis*
datil en griego *caryota. Caryotis*
dativo caso *dandi casus. Dativus casus*
de con cuya es alguna cosa *respondet genitivus*

de preposicion de ablativo *a. Ab. Abs. De. Ex*
de con la persona que haze *a. Ab. Abs*
de con la materia de que algo se haze *ex*
de con lugar, naturaleza de alguno *a. Ab*
de aculla donde esta alguno *illinc*
de ai donde tu estas *istinc*
de algun lugar venir *venio alicunde*
de alli donde esta alguno *illinc*
dean dignidad eclesiastica *decanos* graece
deanadgo la mesma dignidad *decanatus* novum
de aqui adelante *posthac*
de aqui adelante *de cetero. Amodo*
de aqui adelante *deinceps. Dein. Deinde*
de aqui donde yo esto *hinc*
debalde cosa de barato *vilis -e*
debalde cosa sin precio *gratuitus -a -um*
debalde sin precio *gratis. Gratuito* adverbia
debate *certamen -inis. Contentio -onis*
debatir *certo -as. Decerto -as. Concerto -as*
debaxo mediante otra cosa *sub* praepositio
debaxo sin algun medio *subter. Subtus*
debuxo arte de debuxar *antigraphice -es*
debuxo el mesmo debuxar *antigraphia*
debuxador el que debuxa *antigraphus*
debuxar traçando *delinio -as*
debuxar de lo natural sacando *effigio -is*
debuxo en escorche *cataglyphe -es*
debuxado en escorche *cataglypton*
debuxar en escorche *cataglypho*
debuxador en escorche *cataglyptarius*
de cabo o de comienço *denuo. Ab integro*
de cada parte *undique. Ab omni parte*
declarar por obras *declaro -as*
declaracion por obras *declaratio -onis*
declarar lo escuro *expono -is. Explano -as*
declaracion en esta manera *expositio. Explanatio*
declarar en otro lenguage *interpretor -aris*
declaracion en esta manera *interpretatio -onis*
declarador en e s t a manera *interpres -etis*

decorar poniendo en la memoria *edisco -is*

decoro, saber en abito *teneo memoria*

decoro, dezir en obra *memoriter narro*

decendir de alto a baxo *descendo -is*

decendimiento en esta manera *descensio -onis*

decendir alguna cosa *defero defers*

decendimiento en esta manera *delatio -onis*

de cerca de lugar venir *venio a loco*

decessor contrario de sucessor *decessor -oris*

decession contrario de sucession *decessio -onis*

decimo diez en orden *decimus -a -um*

decima parte uno de diez *decima -ae*

dechado para broslar *catagraphum -i. Apographon -i*

de dentro *abintus* adverbium loci

de dentro del lugar venir *venio ex loco*

dedicar casi consagrar *dico -as. Dedico -as*

dedicar assi *sacro -as. Consecro. Sacrum facio*

dedicacion assi *dicatio. Dedicatio. Dicatura. Sacratio. Consecratio*

dedil o dedal para armar el dedo *digitale -is*

dedo generalmente *digitus -i. Dactylos* graece

dedo pulgar *pollex -icis. Antichir* graece

dedo para demostrar *index -icis*

dedo de medio *digitus medius. Verpus. [Digitus] infamis*

dedo meñique *digitus minimus*

dedo del anillo *digitus a minimo proximus*

dedo del pie encavalgado sobre otro *hallus -cis*

de donde de que lugar *unde* adverbium loci

de donde quiera *undecunque. Unde unde*

deesa por la diosa *dea -ae. Diva -ae*

defender del combate *propugno -as*

defension del combate *propugnatio -onis*

defension lugar para esto *propugnaculum -i*

defendedor del combate *propugnator -oris*

defender de la injuria *propulso injuriam*

defension en esta manera *propulsatio injuriae*

defendedor dellas *propulsator injuriae*

defender en juizio *patrocinor -aris*

defension en esta manera *patrocinium -ii*

defensor en esta manera *patronus -i*

defender como quiera *defendo -is -di*

defension en esta manera *defensio -onis*

defendedor assi *defensor -oris*

defensora assi *defenstrix -icis*

defender amparando *tueor -eris. Tutor -aris. Protego -is*

defension assi *tutela. Tutamentum. Tuitio*

defuera adverbio *deforis*

defunto *defunctus -a -um. Vita functus*

degollar *jugulo -as. Decollo -as*

degolladura de cuello *jugulus -i*

dehender lo espesso *diffindo -is -di*

dehendimiento de lo espesso *diffissio -onis*

dehesa concegil *ager compascuus*

dehesa privada *pratum -i. Pascua -ae*

del preposicion con articulo del macho

dela preposicion con articulo de la hembra

delante preposicion *ante. Prae*

delante en persona de alguno *coram*

delegar poner en su lugar *delego -as*

delegacion en esta manera *delegatio -onis*

delegado en esta manera *delegatus -i*

deleytar a otro *delecto -as. Oblecto -as*

deleyte en esta manera *delectatio. Oblectatio. Oblectamen. Oblectamentum*

deleytarse en si mesmo *delector -aris. Juvat*

deleyte en si mesmo *voluptas -atis*

deleytes en que alguno a plazer *deliciae -arum*

deleyte sin provecho *amoenitas -atis*

deleytoso *delectabilis -e. Deliciosus -a -um. Voluptuosus -a -um. Voluptuarius -a -um*

deleytoso sin provecho *amoenus -a -um*

deleytoso a otro *jucundus -a -um*

deleyte en esta manera *jucunditas -atis*

deleyte con provecho *operae pretium*

deletrear juntar letras *syllabico -as*

de lexos adverbio *alonge. Eminus*

deleznarse *labor -eris.* Requiere **deslizar**

deleznar a otra cosa *lubrico -as*

deleznable *labilis -e. Lubricus -a -um*

deleznamiento *lapsus -us. Lubricitas -atis*

deleznadero *lapsus -us. Lubricum -i*
delfin o golfin *delphin -inis. Delphinus -i*
delgado *tenuis -e. Gracilis -e. Subtilis -e*
delgadez *tenuitas -atis. Gracilitas -atis. Subtilitas -atis*
delgazar hilo *deduco -is -xi*
delgazar como quiera *tenuo -as. Extenuo -as*
deliberar lo venidero *delibero -as*
deliberacion en esta manera *deliberatio -onis*
deliberar con otros *consulto -as*
deliberacion en esta manera *consultatio -onis*
deliberando assentar en algo *decerno -is*
deliberacion en esta manera *decretum -i*
deliberar en pensamiento *destino -as*
deliberacion en esta manera *destinatio -onis*
delibrar de servidumbre *libero -as. Assero -is*
delibramiento a s s i *liberatio -onis. Assertio -onis*
delibrador assi *liberator -oris. Assertor -oris*
delicado *delicatus -a -um. Deliciosus -a -um*
delicadeza *deliciae -arum* in plurali
delicado en manjares *lautus -a -um*
delicadeza en esta manera *lauticia -ae*
del todo adverbio *penitus. Prorsus. Omnino*
del vando del senado *a senatu*
del vando de lo romanos *a romanis*
del vando de los sabinos *a sabinis*
del vando de Santo T h o m e *a divo Thoma*
demandar con importunidad *flagito -as. Efflagito -as*
demanda en e s t a manera *efflagitatio -onis*
demandador en esta manera *efflagitator -oris*
demandar con porfia *contendo -is -di*
demanda con porfia *contentio -onis*
demandar alcavala o derechos *exigo -is -egi*
demanda en esta manera *exactio -onis*
demandador en e s t a manera *exactor -oris*

demandadora cosa assi *exactorius -a -um*
demandar en juizio o requiriendo *postulo -as*
demanda en esta manera *postulatio -onis*
demandador en esta manera *postulator -oris*
demandadora cosa assi *postulaticius -a -um*
demandar lo justo & devido *posco -is*
demandar como quiera *peto -is*
demanda en esta manera *petitio -onis. Petitus -us*
demandador en esta manera *petitor -oris*
demandadora cosa assi *petitorius -a -um*
demandar por Dios *mendico -as -avi*
demanda assi *mendicitas -atis*
demandador assi *mendicus -i*
demandador en juizio *actor -oris*
demanda en juizio *actio -onis*
demandador en lo criminal *accusator -oris*
demandadora cosa assi *accusatorius -a -um*
demanda en esta manera *accusatio -onis*
demandado en juizio *reus -a -um*
demanda en esta manera *reatus -us*
demandar consejo *consulo aliquem*
demandador de consejo *consultor -oris*
demandar a los contrarios el robo *clarigo -as*
demanda en esta manera *clarigatio -onis*
demandador en esta manera *clarigator -oris*
demasia *supervacuitas -atis. Superfluitas -atis*
demasiado *supervacuus -a -um. Supervacaneus -a -um. Superfluus -a -um. Otiosus -a -um*
demediar *dimidio -as -avi*
demediado *dimidiatus -a -um*
demientras que conjuncion *dum. Interim*
demonio bueno o malo *daemon. Daemonium*
demoniado *daemoniacus -a -um*
demostrar con el dedo *indico -as*
demostrar *monstro -as. Ostendo -is*
demuestra *judicium -ii. Ostensio -onis*
demudar el color *decoloro -as*
dende *dein. Deinde. Exin. Exinde*
denodado *audax. Confidens Temerarius*

denuedo *audacia. Confidentia. Temeritas*
denostar *dehonesto -as. Inhonesto -as*
denuesto *dehonestatio -onis. Dehonesta-mentum -i*
denostar diziendo tachas *vitupero -as*
denuesto en esta m a n e r a *vituperatio -onis*
dentado cosa con dientes *dentatus -a -um*
dental del arado *dentale -is*
dentecer nacer los dientes *dentio -is*
dentecer el tiempo en que nacen *denti-tio -onis*
dentera de dientes *stupor dentium*
dentera, aver en ellos *stupent dentes*
denton pece conocido *dentix -icis*
dentro en lugar adverbio *intus*
dentro de si preposicion *intra*
dentro cosa *interaneus -a -um. Intestinus -a -um*
de nuevo *ab integro. Denuo* adverbia
denunciar con testigos *detestor -aris*
denunciada cosa assi *detestatus -a -um*
denunciar con solemnidad *indico -as*
denunciacion en esta f o r m a *indictio -onis*
denunciar como quiera *nuncio -as. Re-De-*
denunciacion assi *denunciatio -onis*
deñar tener por digno *dignor -aris*
deñarse siendo digno *dignor -aris*
de otro lugar venir *venio aliunde*
deposito lo que se confia *depositum -i*
depositar aquello mesmo *depono -is*
deposicion el mesmo confiar *depositio -onis*
depositario de quien se confia *deposi-tarius*
deprender de nuevo *disco -is. Addisco -is*
deprender de coro *edisco -is*
de raiz *radicitus. Extirpitus. Funditus*
derecha cosa no tuerta *rectus -a -um*
derecha cosa justa *aequus -a -um*
derechura en esta manera *aequitas -atis*
derecho civil *jus civile* vel *romanum*
derecho canonico *jus pontificium*
derecha mano *dextera -ae. Dextra -ae*
derecho de entrambas manos *ambidex-ter*
derechura destreza *dexteritas -atis*
derrabar *cauda mutilo, trunco, curto*
derrabado *cauda mutilis, truncus, curtus*

derrabadura *caudae mutilatio, truncatio*
derramar trastornando *fundo -is -di*
derramar assi en diversas partes *dif-fundo -is -di*
derramar otra vez *refundo -is -di*
derramar assi de arriba *defundo -is -di*
derramar de uno en otro *transfundo -is -di*
derramar a fuera *effundo -is -di*
derramar en otra cosa *infundo -is -di*
derramar sobre otra cosa *superfundo -is -di*
derramar hazia otra cosa *affundo -is -di*
derramadero desta manera *infusorium*
derramar esparziendo *spargo -is -si*
derramar assi en partes diversas *dis-pergo -is -si*
derramar assi otra vez *respergo -is -si*
derramar assi juntamente *conspergo -is -si*
derramar assi hazia otra cosa *asper-go -is -si*
derramar assi en otra cosa *inspergo -is -si*
derramadamente a s s i *sparsim. Disper-sim*
derredor preposicion *circum. Circa*
derrengar deslomar *delumbo -as*
derrengado *delumbis -e. Elumbis -e*
derrengadura *delumbatio -onis*
derretir lo elado *regelo -as -avi*
derretir el metal *conflo -as* unde *con-flatio*
derretir como quiera *liquefacio -is*
derretirse en esta manera *liquor -eris*
derretirse corrompiendose *tabeo. Ta-besco*
derretida cosa assi *liquidus -a -um*
derretimiento assi *deliquium -ii*
derribar edificio *demolior -iris. Diruo -is*
derribar como quiera *deturbo -as. Deji-cio -is*
derribar despeñando *praecipito -as*
derrocar lo mesmo que *derribar*
desabezar lo enseñado *dedoceo -es*
desabituar lo acostumbrado *desuefacio -is*
desabituarse dello *desuesco -is*
desabituacion dello *desuetudo -inis*
desabollar *lacunas emendere*
desabotonar *condylos solvere*
desabotonadura *condylorum solutio*
desabrigar *frigori expono*

desacompañar *dissocio -as. Disjungo -is*
desacompañamiento *dissociatio -onis*
desacompañado de los suyos *incomitatus -a -um*
desacordar lo sabido *dedisco -is*
desacordar olvidar *obliviscor -eris*
desacuerdo olvido *oblivium -ii. Oblivio -onis*
desacordar en sones *dissono -as. Absono -as*
desacordada cosa assi *dissonus. Absonus*
desacuerdo assi *dissonantia -ae. Absonantia -ae*
desacordar en amor *discordo -as*
desacorde cosa en amor *discors -dis*
desacordadamente *discorditer*
desacuerdo en amor *discordia -ae*
desacordar en sentencia *dissentio -is. Dissideo -es*
desacuerdo a s s i *dissensio -onis. Dissidium -ii*
desafiar *provoco -as. Lacesso -is. Incesso -is*
desafio *provocatio -onis. Incessio -onis*
desafiar *provoco ad certamen*
desafio en esta manera *singulare certamen*
desafuziar de si *despero -as*
desafuziar a otro *spem tollo*
desagradecer *non referre gratiam*
desagradecido *ingratus -a -um*
desagradecimiento *ingratitudo -inis* novum
desalabar *vitupero -as. Detraho -is*
desalabado *illaudabilis -e*
desalbardar *clitellis exonero*
desalforjar *manticulor -aris*
desaliñar *resupino -as. Perverto -is*
desaliñado *resupinus -a -um. Ineptus -a -um*
desaliño *perturbatio -onis. Ineptitudo -inis*
desalmado *inanimis -e. Excors -dis*
desamar *odi odisti. Odio habeo*
desañudar *enodio -as. Nodos solvo*
desañudadura *enodatio -onis*
desañudado cosa sin ñudo *enodis -e*
desarmar *exarmo -as -avi*
desarmadura *exarmatura -ae*
desarmado *inermis -e. Inermus -a -um*
desarmar trabuco *exballisto -as*
desarmadura assi *exballistatio -onis*
desarraigar *erradico -as. Extirpo -as*

desarraigamiento *erradicatio -onis. Extirpatio -onis*
desarrugar *erugo -as -avi*
desarrugadura *erugatio -onis*
desastre *infelicitas -atis. Infortunium -ii*
desastrado *infelix -icis. Infortunatus -a -um*
desatacar *destringo -is -xi*
desatapar *deoperculo -as*
desatapadura *deoperculatio -onis*
desatar *solvo -is. Exolvo -is. Dissolvo -is*
desatadura *solutio -onis. Dissolutio -onis*
desataviado *ineptus -a -um*
desatavio *ineptiae -arum. Ineptitudo -inis*
desatinar *titubo -as. Vacillo -as*
desatinado *titubatus -i. Qui titubat*
desatino *titubatio -onis. Vacillatio -onis*
desatinando adverbio *titubanter*
desatravessar *transversa tollo*
desballestar *exballisto -as -avi*
desbaratar batalla *profligo -as. Fundo -is*
desbarato de batalla *profligatio -onis*
desbaratado en ella *palans -ntis*
desbaratado, ser assi *palor -aris*
desbarvado *imberbis -e. Impubes -is*
desbarvado moço en griego *ephebos*
desbastar *dedolo -as -avi*
desbastadura *dedolatio -onis*
desbocado cavallo *infrenis -e. Effrenis -e*
descabeçar *obtrunco -as* vel *caput trunco*
descabeçado *obtruncatus. Capite truncus*
descabeçamiento *capitis obtruncatio*
descabestrar *excapistro -as -avi*
descabullirse *elabor -eris. Delabor -eris*
descaecer de la memoria *excido -is. Obliviscor -eris*
descaecimiento assi *oblivio -onis*
descalabrar o descelebrar *excerebro -as*
descalabrado *excerebratus -a -um*
descalabradura *excerebratio -onis*
descalabrado por loco *cerebrosus -a -um*
descalçar *discalceo. Discalcio. Decalceo. Decalcio. Excalceo. Excalcio*
descaminado *invius -a -um. Devius -a -um. Avius -a -um*
descampar la lluvia *sereno -as -avi*
descansar *quiesco -is. Requiesco -is. Conquiesco -is*
descanso *quies -etis. Requies -etis. Cessatio -onis*
descansado *quietus -a -um*

descargar *exonero -as. Levo onus*
descargo *exoneratio -onis. Oneris levatio*
descarrillar *malas dissuere* vel *solvere*
descarrilladura *malarum dissolutio*
descasarse *divortium facere. Repudium dare*
descasamiento *divortium -ii. Repudium -ii*
descasar a otro *matrimonium solvo*
descasamiento *matrimonii diremptio*
descavalgar de cavallo *ex equo descendo*
descavalgadura *assi ex equo descensus*
descaxcar quitar el caxco *enucleo -as*
descobrir o descubrir requiere **descubrir**
descolorado *decolor -oris*
descolorar *decoloro -as -avi*
descoloramiento *decoloratio -onis*
descompadrar *affinitatem solvere*
descomulgar *excommunico -as* novum
descomunion *excommunio -onis* novum
descomunal *immodicus -a -um*
desconcertar *confundo -is. Perturbo -as*
desconcierto *confusio -onis. Perturbatio -onis*
desconfiar *diffido -is*
desconfiança *diffidentia -ae*
desconocer a otro *ignoro -as*
desconocimiento *ignorantia -ae*
desconocido *ingratus -a -um*
desconocimiento *ingratitudo -inis*
desconocidamente *ingrate*
descontar *subduco rationem*
descuento *subductio -onis*
descuento en la paga *reconventio -onis*
desconvenir desconcertarse *disconvenio -is*
desconveniencia desconcierto *disconvenientia -ae*
descoraznarse *desideo -es. Exanimor -aris*
descoraznado *deses. Exors. Socors*
descoraznamiento *desidia -ae. Socordia -ae*
descorchar o descortezar *decortico -as*
descortes *inurbanus. Incivilis. Infestivus*
descortesia *inurbanitas -atis. Incivilitas -atis*
descortesmente *inurbane. Inciviliter*
descortezar arboles *cinco -is. Deglabro -as*

descortezadura *assi deglabratio -onis*
descoser *dissuo -is -ui -utum*
descubrir *revelo -as. Retego -is*
decubrimiento *revelatio -onis. Retectatio -onis*
descuidado *negligens -ntis. Incuriosus -a -um*
descuido *negligentia -ae. Incuria -ae*
descuidadamente *negligenter*
desceñir *discingo -is. Recingo -is*
descercar al cercado *ab obsidione liberare*
descercador *assi ab obsidione liberator*
descerco en esta manera *ab obsidione liberatio*
descerrajar quitar cerraja *resero -as*
descervigado *excervicatus -a -um*
desden *dedignatio -onis*
desdeñarse *dedignor -aris*
desdeñoso *dedignabundus -a -um*
desdentado *edentulus -a -um*
desdezirse *palinodiam recantare*
desdezir el color *evanescit color*
desdicha *infelicitas -atis. Infortunium -ii*
desdichado *infelix. Infortunatus*
desdichadamente *infeliciter. Infortunate*
desdon *insulsitas -atis. Indecentia -ae*
desdonado *insulsus. Infacetus. Indecens*
desdonadamente *insulse. Infacete*
desembaraçar *expedio -is*
desembaraço *expeditio -onis*
desembarcar *ex cymba descendo*
desembarrar *relino -is relevi*
desembolver *evolvo -is*
desembuelto no empachado *dexter -a -um. Strenuus -a -um*
desemboltura *assi strenuitas -atis. Dexteritas -atis*
desembravecerse *mansuesco -is*
desembravecimiento *mansuetudo -inis*
desembravecer lo fiero *cicuro -as*
desembriagar *ebrietatem tollo*
desemboscarse *silvas relinquo -is*
desempachar *expedio -is*
desempacho *expeditio -onis*
desempalagar *palatum abstergo*
desemparejar *separo -as. Disjungo -is*
desempegar *relino -is relevi*
desempeñar *repignero -as*
desemperezar *desidiam* vel *segnitiem excutio*
desempolvorar *pulverem decutio*

desempulgar ballesta o arco *retendo -is*
desempulgadura assi *retentio -onis*
desencabestrar *excapistro -as -avi*
desencadenar *a catenis solvo*
desencantar lo encantado *recanto -as*
desencapotar las orejas *arrigo aures*
desencapotadura assi *aurium arrectio*
desencapotar los ojos *contuor -eris. Intuor -eris*
desencapotadura dellos *obtutus -us*
desencapotar la bavera *attollo bucculam*
desencapotadura della *bucculae sublatio*
desencasar los uessos *luxo -as. Convello -is*
desencasada cosa assi *luxus -a -um*
desencasadura assi *luxatio. Convulsio*
desenconar *venenum subtraho*
desenfamar *infamo -as. Diffamo -as*
desenfamado *infamis -e. Ingloriosus -a -um*
desenfrenar *effreno -as*
desenfrenado *infrenis -e. Effrenis -e*
desenfrenamiento *effrenatio -onis*
desenfrenadamente *effrenate*
desengañar *dolus* vel *fraudes retego*
desengrudar *reglutino -as -avi*
desengrudamiento *reglutinatio -onis*
desenhadar o desenhastiar *Fastidium tollo*
desenhado *fastidii sublatio*
desenhetrar *extrico -as. Explico -as*
desensañar *placo -as. Mitigo -as*
desenseñar lo enseñado *dedoceo -es*
desenterrar *effodio -is. Refodio -is*
desenterramiento *effosio -onis. Refossio -onis*
desenterramiento de muerto *cinerum revulsio*
desenterrar muerto *cineres revello*
desentonarse en canto *dissono -as. Absono -as*
desentonado en canto *dissonus -a -um. Absonus -a -um*
deseredar por muerte *exheredo -as*
deserencia por testamento *exheredatio -onis*
deseredado assi *exheres -edis*
deseredar al hijo en vida *abdico -as*
deseredado en vida *abdicatus -a -um*
deserencia en vida *abdicatio -onis*

desfallecer *deficio -is -feci*
desfallecimiento *defectio -onis. Defectus -us*
desfamar a otro *diffamo -as -avi*
desfavorecer *explodo -is. Displodo -is*
desfavorecedor *explosor -oris. Displosor -oris*
desfavor *explosio -onis. Displosio -onis*
desfavorecer con voto contrario *refragor -aris*
desfavor en esta manera *refragatio -onis*
desfavorecedor assi *refragator -oris*
desfavorecedora cosa assi *refragatorius -a -um*
desfigurar lo figurado *diffingo -is*
desfigurar *deformo -as -avi*
desformar lo formado *deformo -as*
desgobernar algun miembro *luxo -as*
desgracia en hablar *illepiditas -atis*
desgraciado assi *illepidus -a -um*
desgraciadamente *illepide*
desgraciado como quiera *insulsus. Indecens*
desgracia assi *indecentia -ae. Insulsitas -atis*
desgraciadamente *indecenter. Insulse*
deshazer *factum infectum reddere*
deshecho en esta manera *infectus -a -um*
desherrar bestia *refigo soleam*
desherrada assi *exoleatus -a -um*
deshilar lo texido *retexo -is*
deshiladura de lo texido *retextus -us*
deshincar lo hincado *refigo -is*
deshincadura assi *refixio -onis*
deshincharse *deturgeo -es*
deshojar quitar las hojas *frondo -as*
deshojador de arboles *frondator -oris*
deshojadura dellos *frondatio -onis*
deshollejar *glubo -is. Deglubo -is. Deglumo -as*
deshollinar *exfulligino -as -avi*
desierto o soledad *solitudo -inis. Eremus -i*
desierta cosa *desertus -a -um*
desigual cosa *dispar. Impar. Separ. Inaequalis. Inaequabilis*
desigualdad *disparilitas. Imparilitas. Inaequalitas*
desigualarse *disconvenio -is*
desigualdad assi *disconvenientia -ae*
deslatar o desparar *exballisto -as*

deslate en esta manera *exballistatio -onis*

deslavar *eluo -is -ui. Diluo -is -ui*

deslavadura *elutio -onis. Dilutio -onis*

deslechugar las vides *frondo vites*

deslechugador de vides *frondator vitium*

desleirse *tabeo -es. Tabesco -is*

desleidura *tabes -is. Tabitudo -inis*

desleir otra cosa *diluo -is. Eluo -is*

desleirse hasta el cabo *extabeo -es. Extabesco -is*

deslenguado que no habla *elinguis -e*

deslenguado que habla mucho *linguax -cis. Lingulatus -a -um. Linguosus -a -um*

deslindar eredades *limito -as*

deslindadura *limitatio -onis*

deslindador *limitator -oris*

deslizarse caer por lo liso *labor -eris*

deslizadero vide **deleznadero**

desloar *vitupero -as -avi*

deslomar *delumbo -as. Elumbo -as*

deslomado *delumbis -e. Elumbis -e*

deslomadura *lumbifragium -ii*

desluzir *obscuro -as -avi*

desluzido *obscurus -a -um*

desmayar *exanimor -aris. Animo linquor*

desmayo *exanimatio -onis*

desmayar a otro *exanimo -as*

desmallar la malla *dilorico -as*

desmalladura assi *diloricatio -onis*

desmanarse de la manada *aberro -as*

desmanar de la manada *segrego -as*

desmandarse es lo mesmo que **desmanarse**

desmandado sin mando *injussus -a -um*

desmando *injussus -us*

desmedrar *decresco -is. Deficio -is*

desmedrar otra cosa *diminuo -is*

desmejorar de bueno en no tal *detero -is*

desmejorarse *deterius facio*

desmejorado *deterior -ius*

desmelenado *incomptus -a -um*

desmembrar *deartuo -as. Exentero -as*

desmembradura *deartuatio -onis. Exenteratio -onis*

desmemoriado *immemor -oris Obliviosus -a -um*

desmentir *refuto -as. Confuto -as*

desmenuzar *diminuo -is. Imminuo -is*

desmenuzar en polvo *frio -as. Infrio -as*

desmeollar sacar meollo de fruta *enucleo -as*

desmeollamiento assi *enucleatio -onis*

desmeollar sacar los sesos *excerebro -as*

desmeollamiento assi *excerebratio -onis*

desmerecer *male mereor de aliquo*

desmerecimiento *male meritum*

desmesura *immodestia -ae*

desmesurado *immodestus -a -um*

desmesuradamente *immodeste*

desmesurarse *immodestus sum*

desmochar *mutilo -as. Trunco -as*

desmochado *mutilus -a -um. Truncus -a -um*

desmochadura *mutilatio -onis. Truncatio -onis*

desmolerse o deshazerse *tabesco -is. Distabesco -is*

desmoler la vianda *concoquo cibum*

desmoledura de vianda *concoctio -onis*

desmontar roçar monte *obstirpo -as. Runco -as*

desmontadura assi *obstirpatio -onis. Runcatio -onis*

desnarigar *trunco nares. Mutilo nares*

desnarigado *truncus* [vel] *mutulus naribus*

desnatar *pingue lactis depleo*

desnaturar de la tierra *proscribo -is*

desnaturado de la tierra *proscriptus -a -um*

desnegarse de lo dicho *palinodiam recanto*

desnegamiento assi *palinodiae recantatio*

desnegar a otro *confuto -as. Refuto -as*

desnegamiento assi *confutatio -onis. Refutatio -onis*

desnudar *nudo -as. Denudo -as. Exuo -is*

desnudo lo que no se suele vestir *nudus -a -um*

desnudo lo que se suele vestir *nudatus -a -um*

desnudez de vestidos mengua *nuditas -atis*

desnudar hasta las tetas *expapillo -as*

desnudo hasta las tetas *expapillatus -a -um*

desnudez hasta las tetas *expapillatio -onis*

desobedecer *non pareo. Non obedio*

desobediente cosa *inobediens -tis*

desobedientemente *inobedienter*

desonesta cosa *inhonestus -a -um. Turpis -e*

desonestamente *inhoneste. Turpiter*

desonestad o desonestidad *turpitudo -inis*

desonestarse *inhoneste ago*

desonrrar *inhonoro -as. Inhonesto -as*

desonrra *dedecus -oris. Ignominia -ae*

desonrrado *inglorius -a -um. Indecor -oris*

desordenar *confundo ordinem*

desorden *inordinatio -onis. Confusio -onis*

desordenado *inordinatus -a -um*

desordenadamente *inordinate*

desospedado *inhospitalis -e. Axenus -a -um*

desospedamiento *inhospitalitas -atis*

desossar quitar los uessos *exosso -as -avi*

desossado cosa sin ellos *exos exossis*

desovada cosa por parir mucho *effetus -a -um*

despagarse de algo *displicet mihi aliquid*

despagamiento de algo *displicentia -ae*

despajar el trigo *exacero -as -avi*

despajadura del grano *exaceratio -onis*

despalmar *expalmo -as. Depalmo -as*

despampanar las vides *pampino -as*

despampanadura *pampinatio -onis*

despampanador de vides *pampinator -oris*

desparar tiro *exballisto -as -avi*

desparejar *separo -as. Sejungo -is*

despartir roido *paco seditionem*

despartidor de roido *seditionis pacator*

despavesar o despavilar *exfungo -as*

despavesadura assi *exfungatio -onis*

despearse el que anda *subtero pedes*

despeado en esta forma *subtritus pedibus*

despeadura assi *pedum subtritio*

despeçonar quitar el peçon *expetiolo -as*

despechar los vassallos *exactionibus inanio*

despechado *exactionibus inanitas*

despechugar *expapillo -as -avi*

despechugado *expapillatus -a -um*

despechugadura *expapillatio -onis*

despedaçar *lacero -as. Discerpo -is*

despedaçado *lacerus -a -um. Discerptus -a -um*

despedaçadura *laceratio -onis. Discerptio -onis*

despedir al que sirve *dimitto -is*

despedida de aqueste *dimissio -onis*

despedir el capitan la gente *commeatum do*

despedida desta manera *commeatus -us*

despedirse como quiera *digredior -eris*

despedida en esta manera *digressus -us*

despedrar o despedregar *elapido -as*

despeynar lo peynado *respecto -is -xui*

despender o espender *expendo -is. Dispendo -is*

despender a menudo *dispenso -as -avi*

despensa de dinero *impensa -ae. Impendium -ii*

despensa para el camino *viaticum -i*

despensa pequeña assi *viaticulum -i*

despensa lugar a la mano *promptuarium -ii*

despensero de aqueste despensa *promus -i*

despensa de guarda *penarium -ii*

despensero desta despensa *penarius -ii*

despensero que reparte *dispensator -oris*

despensera que reparte *dispensatrix -icis*

despensero que reparte por peso *librarius -ii*

despensera que assi reparte *libraria -ae*

despensero que compra *obsonator -oris*

despender en comprar vianda *obsonor -aris*

despeñar o despepitar *praecipito -as*

despeñado o despepitado *praeceps -itis*

despeñadura assi *praecipitium -ii*

desperar o desesperar *despero -as*

desperacion o desesperacion *desperatio -onis*

desperado o desesperado *expes*

desperdiciar *disperdo -is -di*

desperdiciado *disperditus -a -um*

desperdiciadura *disperditio -onis*

despertar al que duerme *excito -as. Suscito -as. Expergefacio -is*

despertar el que duerme *expergiscor -eris. Expergisco -is*

despierto *expergefactus -a -um. Expergitus -a -um*

despesar o desplazer *displicentia -ae*

despiojar quitar piojos *expediculo -as*

desplazer no agradar *displiceo -es*

desplazer no grado *displicentia -ae*

desplazible cosa *displicens -tis*

desplegar quitar pliegos *explico -as. Displico -as*

desplegadura *explicatio -onis. Explicatus -us*

desplumar *deplumo -as. Explumo -as*

desplumado *implumis -e. Deplumatus -a -um*

desplumadura *deplumatio -onis*

despoblar lo poblado *desolo -as -avi*

despoblado *solitudo -inis. Desertum -i*

despoblada cosa *desolatus -a -um. Desertus -a -um*

despoblacion *desolatio -onis*

despojar *expolio -as. Dispolio -as. Exuo -is*

despojos *exuviae -arum. Spolia -orum*

despojos de los enemigos *manubiae -arum*

desposar al hijo o hija *despondeo -es*

desposado assi *sponsus -i. Sponsa -ae*

desposorios *sponsalia -ium* vel *-liorum*

despues preposicion *post. Secundum*

despues adverbio *postea. Exinde. Deinde*

despues que conjuncion *posteaquam. Postquam*

despuntar la punta o [lo] agudo *obtundo -is*

despuntado sin punta *obtusus -a -um*

dessabrida cosa sin saber *insulsus -a -um. Fatuus -a -um. Insipidus -a -um*

dessabrimiento assi *insulsitas -atis. Fatuitas -atis*

dessabrido en costumbres *morosus -a -um*

dessabrimiento assi *morositas -atis*

dessainar lo gruesso *exagino -as*

dessear lo onesto *expeto -is -ivi*

desseo en esta manera *expetitio -onis*

dessear lo onesto o desonesto *appeto -is*

desseo en esta manera *appetitio -onis*

dessear como quiera *opto -as. Desidero -as*

desseo en esta manera *desiderium -ii. Optio -onis*

desseable cosa *optabilis -e. Desiderabilis -e*

desseablemente *optabiliter. Desiderabiliter*

dessemejar *dissimulo -as. Absimulo -as*

dessemejante cosa *dissimilis -e. Absimilis -e*

dessemejantemente *dissimiliter. Absimiliter*

dessollar *exdorsuo. Exentero. Eviscero*

dessolladura assi *exenteratio. Evisceratio*

destajo en la obra *redemptio -onis*

destechar la casa *detego -is -xi*

destechadura de casa *detectio -onis*

destellar caer gotas *distillo -as*

destelladura assi *distillatio -onis*

destemplado *intemperans -tis*

destempladamente *intemperanter*

destemplança *intemperantia -ae. Intemperies -ei*

destemplar hierro *regelo -as*

desterrar consinando lugar *deporto -as*

destierro en esta manera *deportatio -onis*

desterrar encartando *proscribo -is*

destierro en esta manera *proscriptio -onis*

desterrar como quiera *relego -as -avi*

destierro assi *relegatio -onis*

desterrado como quiera *exul. Extorris -e*

destierro general *exilium -ii*

desterrado, ser *exulo -as -avi*

destetar *ablacto -as. A lacte depello*

destiñar las colmenas *detineo -as -avi*

destral o segur de hierro *securis -is*

destraleja o segureja *securicula -ae*

destroçar gente de guerra *profligo -as*

destreza *dexteritas -atis. Strenuitas -atis*

destroço de gente *profligatio -onis*

destruir patrimonio *expatro -as*

destrucion desta manera *expatratio -onis*

destruir cortando *excindo -is*

destrucion desta manera *excidium -ii*

destruir ermando *vasto -as. Evasto -as*

destrucion en esta manera *vastitas -atis. Vastitudo -inis*

destruir como quiera *destruo -is -xi*

destrucion en esta manera *destructio -onis*

desuñir *disjungo -is. Sejungo -is. Abjungo -is*

desuñido *sejugis -e. Abjugis -e*

desusarse *obsoleo -es* vel *obsolesco -is*

desusado assi *obsoletus -a -um*

desusar *desuefacio -is -feci*

desusado *desuefactus -a - um. Desuetus -a -um*

desuso *desuetudo -inis. Insuetudo -inis*

desvaynar *evagino -as. Stringo -is -xi*

desvaynadura *evaginatio -onis*
desvaynada arma *strictus -a -um. Evaginatus -a -um*
desvan de casa *inane domus*
desvanecerse *evaneo -es* vel *evanesco -is*
desvanecimiento *evanescentia -ae*
desvanecimiento de cabeça *vertigo -inis*
desvariar *deliro -as -avi. Desipio -is*
desvariado *delirus -a -um*
desvariadamente *delire* adverbium
desvario *delirium. Deliratio. Deliramentum*
desvelarse *pervigilo -as -avi*
desvelada cosa *pervigil -is*
desvergonçado *impudens -tis. Petulans -tis*
desvergonçarse *depudet depuduit* impersonale
desverguença *impudentia -ae. Petulantia -ae*
desvergonçadamente *impudenter. Petulanter*
desviarse *devio -as. Deverto -is. Averto -is*
desvio *aversio -onis. Deversio -onis*
desviar a otro *averto -is. Deverto -is*
desvirgar *devirgino -as. Defloro -as. Stupro -as*
desvirgamiento *devirginatio -onis. Stuprum -i*
detener *detineo -es. Retineo -es*
detenimiento *detentio -onis. Retentio -onis*
determinar *determino -as. Definio -is*
determinacion *determinatio. Definitio*
detras adverbio *retro. Post. Pone*
detras preposicion *post. Pone*
de traves *extransverso*
deuda de dinero *aes alienum*
deuda como quiera *debitum -i*
deudor como quiera *debitor -oris*
deudor de dineros *obaeratus -a -um*
de una & de otra parte *utrinque. Alterutrimque*
devanar *glomero -as -avi*
devanaderas *glomeratorium -ii* novum
devedar *veto -as. Prohibeo -es*
deviedo *vetatio -onis. Prohibitio -onis*
devengar *vendico -as -avi*
dexar a otra cosa *dimitto -is. Linquo -is*
dexar por cessar *desino -is. Desisto -is*

dexo fin de cada cosa *exitus -us*
dezeno en orden *decimus -a -um*
dezena uno de diez *decima -ae*
deziembre mes *December -bris*
dezir *dico -is. Aio -is. Inquio -is*
dezir bien *benedico -is -xi*
dezir mal *maledico -is -xi*
dezir bien en dicha *bene succedere*
dezir mal en dicha *male succedere*
dezir verdad *vero -as -avi. Verum dico*
dezir a menudo *dicito -as -avi*
dezir al que escrive *dicto -as -avi*
dezidor que mucho dize *dicax -acis*
dezmar *decimo -as. Decumo -as*
dezmero *decumanus -a -um. Decumator -oris*
dia natural de xxiiii oras *dies -ei*
dia artificial de xii oras *dies -ei*
dia & victo *in diem vivere*
dia pequeño *diecula -ae*
dia & noche adverbio *diu noctuque*
dia & medio *sesquidies -ei*
dia de fiesta *dies festus,* non *festibus*
dia de hazer algo *dies profestus*
dia del nacimiento *natalis dies*
dia del bautismo *dies lustricus*
dia de la muerte *emortualis dies*
dias, dos *biduum;* [tres] *triduum*
dias de elecion *comitia -orum*
dias para esto pregonados *calata comitis*
dias a adverbio *diu. Jamdiu. Pridem*
diablo en latin *calumniator -oris*
diablo en griego *diabolos*
diabolico cosa de aqueste *diabolicus -a -um*
diacono o ministro *diaconus -i*
diaconado ministerio *diaconatus -us*
diamante piedra preciosa *adamas -antis*
diaquilon medicina *diachylon. Tetrapharmacum*
dicipulo o diciplo *discipulus -i*
diciplina o dotrina *disciplina -ae*
dicipulo con otro *condiscipulus -i*
diciplina con otro *condisciplinatus -us*
dicipulo mientras oye *acusticus -i*
diciplinar o enseñar *doceo -es. Instituo -is*
diciplinado o enseñado *disciplinosus -a -um*
dicha buena *felicitas. Faustitas. Prosperitas*

dichoso *felix. Faustus. Fortunatus. Prosperitas*

dichosamente *feliciter. Fortunate. Fauste*

dicho *dictum -i. Dictus -a -um*

dicho agudamente *dicterium -ii. Apophthegma -atos* [graece]

dicho con malicia *scomma -atis. Loedorium*

diente de ajos *spicum alii*

diente colmillo *dens columellaris. Cynodon*

dientes delanteros *dentes primores*

diente como quiera *dens -tis. Odous -ontos* graece

diestra cosa a la mano derecha *dexter -a -um*

diestra la mano derecha *dextera. Dextra*

diestra cosa que tiene destreza *strenuus -a -um*

dieta de comer *diarium -ii. Diaeta -ae. Victus -us*

dieta jornada *iter unius diei*

diez numero *numerus denarius*

diez & seys numero *sedenarius numerus*

diez & siete numero *septendenarius numerus*

diez & ocho numero *decemoctonarius numerus*

diez & nueve numero *decemnovenarius numerus*

diez en numero *decem* indeclinabile

diez & seys en numero *sedecim* indeclinabile

diez & siete en numero *septemdecim* indeclinabile

diez & ocho en numero *decem et octo. Duodeviginti*

diez & nueve en numero *decem et novem. Undeviginti*

diez mill en numero *decem mille*

diez millares en numero *decem millia*

diez & seys mill *sedecim mille. Decem et sex mille*

diez & seys millares *sedecim millia. Decem et sex millia*

diez & siete mill *septemdecim mille. Decem et septem mille*

diez & siete millares *decem et septem millia. Septemdecim millia*

diez & ocho mill *decem et octo mille. Duodeviginti mille*

diez & ocho millares *decem et octo millia. Duodeviginti millia*

diez & nueve mill *decem et novem mille. Undeviginti mille*

diez & nueve millares *decem et novem millia. Undeviginti millia*

diez cuentos *centies centum mille*

diez & seys cuentos *centies sexagies centum mille*

diez & siete cuentos *centies septuagies centum mille*

diez & ocho cuentos *centies octogies centum mille*

diez & nueve cuentos *centies nonagies centum mille*

diez mill cuentos *centies millies centum mille*

diez en orden *decimus -a -um*

diez & seys en orden *sedecimus -a -um. Sextus decimus*

diez & siete en orden *septemdecimus -a -um. Septimus decimus*

diez & ocho en orden *octavus decimus. Duodevicesimus*

diez & nueve en orden *nonus decimus. Undevicesimus*

diez mill en orden *decies millesimus*

diez & seys mill en orden *decies et sexies millesimus. Sedecies millesimus*

diez & siete mill en orden *decies et septies millesimus. Septemdecies millesimus*

diez & ocho mill en orden *decies et octies millesimus. Duodevicies millesimus*

diez & nueve mill en orden *decies et novies millesimus. Undevicies millesimus*

diez cada uno o de diez en diez *deni -ae -a*

diez & seys cada uno *seni deni -ae -a. Deni et seni -ae -a*

diez & siete cada uno *septeni deni -ae -a. Deni et septeni -ae -a*

diez & ocho cada uno *deni et octoni -ae -a. Duodeviceni -ae -a*

diez & nueve cada uno *deni et noveni -ae -a. Undeviceni -ae -a*

diez mill cada uno *deni milleni -ae -a*

diez & seys mill cada uno *seni deni milleni -ae -a*

diez & siete mill cada uno *septeni deni milleni -ae -a*

diez & ocho mill cada uno *duodeviceni milleni. Deni et octoni milleni*

diez & nueve mill cada uno *undeviceni milleni. Deni et noni milleni*

diez cuentos cada uno *centies centeni milleni*

diez vezes adverbio *decies*

diez & seys vezes *sedecies. Decies et sexies*

diez & siete vezes *septem decies. Decies et septies*

diez & ocho vezes *decies et octies. Duodevicies*

diez & nueve vezes *decies et novies. Undevicies*

diez mill vezes *decies millies*

diez & seys mill vezes *sedecies millies*

diez & siete mill vezes *septem decies millies*

diez & ocho mill vezes *duodevicies millies*

diez & nueve mill vezes *undevicies millies*

diez mill cuentos de vezes *centies millies centum millies*

diez años *decennium -ii*

diez añal cosa de diez años *decennis -e. Decennalis -e*

diez dias *tempus decemdiale*

diez meses *tempus decimestre*

diez mesino cosa deste tiempo *decimestris -e*

diez tanto *decuplus -a -um*

diez varones principales *decem viri*

diez varones en griego *decaprotoi*

diez varonadgo dignidad *decemviratus -us*

diez varonadgo en griego *decaprotia*

diez mandamientos de la ley *decalogus -i*

diez cuerdas instrumento musico *decachordum*

diezma una parte de diez *decima -ae*

diezmos que se pagan de los frutos *decimae -arum*

difamar *defamo -as. Diffamo -as. Infamo -as*

diferir uno de otro *differo -fers. Disto -as*

diferencia assi *differentia -ae. Distantia -ae*

diferentemente *differenter. Distanter*

diferencia, ser *differt. Refert* impersonalia

diferir o dilatar *protelo. Prolato. Differo*

diferir de dia en dia *procrastino -as*

diferir de tercero en tercero dia *perendino -as*

diferencia de macho & hembra *sexus -us*

diferencia, hazer entre diversos *discrimino -as*

diferencia en esta manera *discrimen -inis*

dificile cosa dificultosa *difficilis -e*

dificile o **dificultosamente** *vix. Aegre. Difficulter. Difficile*

dificultad *difficultas -atis*

dificultar hazer dificile *difficultatem induco*

difinir o determinar *finio. Definio. Diffinio*

difinicion assi *finitio. Definitio. Diffinitio*

diforme cosa fea *deformis -e. Informis -e*

diformidad assi *difformitas -atis. Turpitudo -inis*

digna cosa *dignus -a -um. Condignus -a -um*

dignamente *digne. Condigne*

dignidad *dignitas -atis. Dignatio -onis*

digno, reputar *dignor -aris*

digerir la vianda *concoquo -is -xi*

digestion de vianda *concoctio -onis*

digestion mala en griego *dyspepsia*

digestos del derecho *digestorum libri*

dilatar o diferir *differo -fers. Protelo -as*

dilacion *dilatio -onis. Protelatio -onis*

dilatar de dia en dia *procrastino -as*

dilacion de dia en dia *procrastinatio -onis*

dilatar de tres en tres dias *perendino -as*

dilacion en esta manera *perendinatio -onis*

diligente cosa *diligens. Gnavus. Navus. Sedulus. Sollers*

diligentemente *diligenter. Gnaviter. Sedulo. Sollerter*

diligencia *diligentia. Gnavitas. Sedulitas. Sollertia*

diluvio *diluvium -ii. Diluvies -ei. Cataclysmos -i*

dinero moneda de plata *denarius -ii*

dinero cualquiera moneda *nummus -i*
dineros o lo que los vale *pecunia -ae*
dineroso en dinero contado *nummatus -a -um. Nummosus -a -um*
dineroso en valor *pecuniosus -a -um*
dinero cogido del botin *manubiae -arum*
Dios bivo & verdadero *Deus immortalis*
dioses de los gentiles *dii gentium falsi*
dioses del cielo *superi -orum. Caelites -um*
dioses del infierno *manes -ium. Inferi -orum*
dioses por consentimiento de todos *dii consentes*
diosa cosa de muchos dias *annosus -a -um*
discorde & discordar vide *desacordado*
dispensar con alguno *solvo legibus*
dispensacion *solutio a legibus*
disponer poner en partes *dispono -is*
disposicion en partes *dispositio -onis*
disponer deliberar *decerno -is. Destino -as. Delibero -as*
disposicion assi *decretum -i. Deliberatio -onis*
disputar *disputo -as. Dissero -as. Discepto -as*
disputacion *disputatio. Dissertio -onis. Disceptatio -onis*
disputador *disputator -oris. Disceptator -oris*
dispuesto o abile *aptus -a -um. Habilis -e*
disposicion o abilidad *aptitudo -inis. Habilitas -atis*
dissension *dissensio -onis. Dissidium -ii*
dissimular encubrir lo que es *dissimulo -as*
dissimulacion assi *dissimulatio -onis. Ironia* graece
dissimulador assi *dissimulator -oris. Ironicos* graece
dissimulando adverbio *dissimulanter. Ironice*
dissipar bienes *dissipo -as. Dilapido -as*
dissipacion assi *dissipatio -onis. Dilapidatio -onis*
dissipador assi *dissipator -oris. Dilapidator -oris*
dissoluto en vicios *dissolutus -a -um*
dissolucion en vicios *dissolutio -onis. Luxus -us*

distancia [requiere] **alongamiento** o **diferencia**
distilar o destellar *distillo -as. Destillo -as*
distilacion *distillatio -onis. Destillatio -onis*
distilada cosa *stillaticius -a -um*
distinguir apartar uno de otro *distinguo -is*
distincion assi *distinctio -onis*
distintamente *distincte. Sigillatim*
ditado o titulo de onrras *titulus -i*
diversa cosa *diversus -a -um. Varius -a -um*
diversidad *diversitas -atis. Varietas -atis*
diversamente *variatim. Diverse*
divina cosa divinal *divinus -a -um*
divinidad *divinitas -atis*
divinamente *divinitus* adverbium
divinar lo venidero *divino -as -avi*
divinador o adivino *divinus -i*
divinacion en esta manera *divinatio -onis*
divino por estrellas *mathematicus -i*
divinacion por estrellas *mathesis -is*
divino por la tierra *geomanticus -i*
divinacion por la tierra *geomantia -ae*
divino por agua *hydromanticus -i*
divinacion assi *hydromantia -ae*
divinacion por el ayre *aeromantia -ae*
divino por el ayre *aeromanticus -i*
divino por el huego *pyromanticus -i*
divinacion en esta manera *pyromantia -ae*
divino por las aves *augur. Auspex*
divinacion en esta manera *auspicina. Augurium*
divino por sacrificios *haruspex -icis*
divinacion en esta manera *haruspicina -ae*
divino por cuerpo muerto *necromanticus -i*
divinacion assi *necromantia -ae*
divino por las assaduras *extispex -icis*
divinacion en esta manera *extispicium -ii*
divino por la cara *metoposcopus -i*
divinacion assi *metoposcopice -es* [graece]
divino por las manos *chiromanticus -i*
divinacion en esta manera *chiromantia -ae*

divino por los sueños *conjector -oris*
divinar por los sueños *conjecto -as*
divinación en esta manera *conjectus -us*
divino por instinto *vates -is*
divinar por instinto *vaticinor -aris*
divinacion assi *vaticinium -ii. Vaticinatio -onis*
divino por supersticion *hariolus -i. Sortilegus -i*
divinar en esta manera *hariolor -aris*
divinacion en esta manera *hariolatio -onis. Sortilegium -ii*
divino por arte magica *magus -i*
divinacion por esta arte *magia -ae. Magica -ae*
dobla de cabeça *aureus petrinus*
dobla de la vanda *aureus joanninus*
doblada o doble cosa *duplex -icis*
dobladura o doblez *duplicitas -atis*
doblar *duplico -as. Gemino -as*
dobladura assi *duplicatio -onis. Geminatio -onis*
dobladamente *dupliciter. Geminate*
doblar tres vezes *triplico -as*
dobladura assi *triplicatio -onis*
dobladamente assi *tripliciter* adverbium
doblada cosa tres vezes *triplex -icis*
doblada cosa cuatro vezes *quadruplex -icis*
dobladura cuatro vezes *quadruplicitas -atis*
doblar cuatro vezes *quadruplico -as*
dobladamente assi *quadrupliciter*
doblegar *lento -as. Flecto -is. Inflecto -is*
doblegar atras o otra vez *reflecto -is*
dobladura *flexus -us. Flexio -onis. Inflexus -us Inflexio -onis*
doblegable cosa *flexibilis -e. Flexilis -e. Flexuosus -a -um*
doblo pena *dupla -ae. Poena dupli*
doctor que enseña *doctor -oris*
doctrina que se enseña *doctrina -ae. Disciplina -ae*
doctrinado assi *disciplinatus -a -um. Doctus -a -um*
doctrinar en costumbres *erudio -is. Educo -is*
doctrina assi *eruditio -onis. Educatio -onis*
dogal o cordel *funis -is. Chorda -ae*
dolar *dolo -as. Dedolo -as*

dolerse *doleo. Indoleo. Indolesco. Condoleo*
dolencia *valetudo. Invaletudo. Invalentia. Languor. Infirmitas. Morbus. Aegritudo*
doliente *languidus. Infirmus. Aegrotus*
doliente de la cabeça *cephalalgicus -a -um*
dolencia de la cabeça *cephalalgia -ae*
doliente de los riñones *nephriticus -a -um*
dolencia dellos *nephritis -is*
doliente de la ijada *iliacus -a -um*
dolencia de la ijada *iliaca passio*
doliente del baço *spleneticus -a -um. Splenicus -a -um*
doliente del estomago *stomachicus -i*
dolencia del estomago *stomachice -es*
doliente del coraçon *cardiacus -i*
dolencia del coraçon *cardia -ae*
doliente de los ojos *ophthalmicus -i*
dolencia de los ojos *ophthalmia -ae*
doliente de las orejas *paroticus -i*
dolencia de las orejas *parotis -idis*
doliente de camaras *coeliacus -i*
dolencia de camaras *coeliaca -ae*
doliente de tripas *torminosus -a -um*
dolencia de tripas *tormina -um*
doliente del costado *pleuriticus -a -um*
dolencia o dolor de costado *pleuritis -is*
domar cosa fiera *domo -as -avi*
domadura *domitura -ae. Domatio -onis*
domador *domitor -oris. Domator -oris*
domingo dia *dominicus dies*
don prenombre castellano *dominus -i*
don por dadiva *donum -i. Munus -eris*
don que se promete en la guerra *donativum -i*
donar dar gracioso *dono -as -avi*
donacion en esta manera *donatio -onis*
donador el que da assi *donator -oris*
donayre *facetiae -arum. Sales -ium. Comitas -atis*
donoso *facetus -a -um. Salsus -a -um. Comis -e*
donosamente *festive. Festiviter. Comiter*
donde a lugar, adverbio *quo*
donde en lugar, adverbio *ubi*
dondequiera adverbio *ubique. Ubicumque*
donzella *virgo -inis. Virguncula -ae. Domicella -ae*
doña prenombre castellano *domina -ae*

dorada pescado *aurata -ae*
doradilla yerva *asplenum -i*
dorada cosa *aureus -a -um. Aureatus -a -um*
dorada cosa pequeña *aureolus -a -um*
dorar *auro -as -avi. Inauro -as -avi*
doradura *inauratio -onis. Auramentum -i*
dorador *aurarius -ii. Aurator -oris*
dormidera *papaver -eris. Mecon* graece
dormir *dormio -is -ivi*
dormir a menudo *dormito -as -avi*
dormidor *dormitor -oris. Dormiator -oris*
dormir mucho *edormio -is -ivi*
dormitorio lugar *dormitorium -ii. Coemeterium -ii*
dos numero *numerus binarius*
dos en numero *duo duae duo*
dos mill en numero *duo mille*
dos millares *duo millia*
dos cuentos *vicies centum mille*
dos mill cuentos *vicies millies centum mille*
dos en orden o segundo *secundus -a -um*
dos mill en orden *bis millesimus -a -um*
dos cada uno o de dos en dos *bini -ae -a*
dos mill cada uno *bis milleni -ae -a*
dos cuentos cada uno *vicies centeni milleni*
dos mill cuentos cada uno *vicies millies centeni milleni*
dos vezes adverbio *bis. Dis* graece
dos mill vezes adverbio *bis millies*
dos mill cuentos de vezes *vicies millies centies millies*
dos tanto o el doblo *duplus -a -um*
dos años *biennium -ii. Bimatus -us*
dos añal cosa *biennis -e. Binus -a -um*
dos meses tiempo *bimestre tempus*
dos dias tiempo *biduum -i*
dos caminos do se parten *bivium -ii*
dos varones dignidad *duumvir -i*
dos noches tiempo *binoctium -ii*
dotar hija o otra cosa *doto -as*
dote o casamiento de hija *dos -tis*
dote que da el padre *dos profecticia*
dotal cosa de dote *dotalis -e*
dote por gracia en el ombre *dos -tis*
dotado de gracias *praeditus -a -um*
doze numero *numerus duodenarius*
doze en numero *duodecim* indeclinabile

doze mill en numero *duodecim mille*
doze millares *duodecim millia*
doze mill cuentos *centies vicies millies centum mille*
doze en orden *duodecimus -a -um*
doze mill en orden *duodecies millesimus*
doze cada uno *duodeni -ae -a*
doze mill cada uno *duodecies milleni*
doze cuentos cada uno *centies vicies centeni milleni*
doze vezes adverbio *duodecies*
doze mill vezes *duodecies millies*
doze tanto *duodecuplus -a -um*
dozeñal cosa de doze años *duodennis -e*
dozena de cosas *duodenarium -ii*
dozientos numero *ducenarius numerus*
dozientos en numero *ducenti -ae -a. Bis centum. Ducentenarius*
dozientos mill *ducenti mille*
dozientos millares *ducenta millia*
dozientos en orden *ducentesimus -a -um*
dozientos cada uno *duceni -ae -a*
dozientos mill cada uno *ducenties milleni*
dozientas vezes *ducenties* adverbium
dozientas mill vezes *ducenties millies*
drago serpiente *draco -onis. Serpens -tis*
dragontia yerva conocida *dracontea -ae*
dragontia menor *arus* vel *arum*
drama o adareme peso *hemidrachma*
drasgo de casa *incubus -i. Dusius -ii*
dromedario de una corcoba *camelus arabicus*
dromedario de dos [corcobas] *camelus bactrianus*
dua en griego *dulia. Servitus* [latine]
ducado de oro *ducalis aureus*
ducado tierra de duque *ducatus -us*
duce cosa requiere en **dulce** cosa
ducho *suetus -a -um. Assuetus -a -um. Consuetus -a -um*
dudar *dubito -as. Ambigo -is*
duda *dubitatio -onis. Ambiguitas -atis*
dudosa cosa *dubius -a -um. Ambiguus -a -um*
dudosamente *dubie. Ambigue. Dubitanter*
dudar embaraçandose *haereo -es*
duda assi *haesitatio -onis. Haesitantia -ae*
dudosamente assi *adhaese. Haesitanter*
duendo cosa mansa *domesticus -a -um*
duen de casa *incubus -i. Succubus -i. Dusius -ii*
dueño por señor *dominus -i*

dueña por señora *domina -ae*
dulce cosa *dulcis -e. Mellitus -a -um*
dulce cosa un poco *dulciculus -a -um*
dulcemente *dulciter. Dulcicule*
dulçor o dulçura *dulcedo -inis. Dulcor -oris*
dulce hablador *dulcioriloquus -a -um*
duque dignidad *dux -cis*
duquesa muger deste *dux -cis*
dura cosa *durus -a -um. Edurus -a -um*
dura cosa un poco *duriusculus -a -um*
duramente *dure. Duriter. Edure*
durable cosa *durabilis -e*
dureza *duritia -ae. Duritas -atis. Duritudo -inis*
durable sin comienço & fin *aeternus -a -um. Perennis -e*
duracion assi *aeternitas -atis. Perennitas -atis*
durar para siempre *aeterno -as. Peren-no -as*
durar por un año *peranno -as*
durar por una noche *pernocto -as*
durante la noche *pernox -noctis*
durante todo el dia *perdius -a -um*
durar mucho tiempo *diurno -as*
durar hasta el cabo *eduro -as*
duracion *eduratio -onis. Duratio -onis*
durazno fruto *persicum duracinum*

E

e o i conjuncion *et. Que. Atque*
ea para despertar a uno *age. Eia*
ea para despertar a muchos *agite*
ea para despertar c o m o quiera *eia. Agedum*
ea pues *agemodo. Agedum. Agevero*
eclipsi del sol o luna *deliquium -ii. Eclipsis* graece
eclipsarse el sol o luna *pati eclipsim*
echarse como en cama *cubo -as -bui*
echado estar tendido o muerto *jaceo -es*
echar lance como quiera *jacio -is jeci*
echar juntamente assi *conjicio -is -jeci*
echar atras o otra vez *rejicio -is -jeci*
echar en diversas partes *disjicio -is -jeci*
echar sobre otra cosa *adjicio -is -jeci*
echar de fuera *ejicio -is -jeci*
echar a menudo *ejecto -as -avi*

echar en algo o sobre algo *injicio -is -jeci*
echar de si *abjicio -is -jeci*
echar de arriba *dejicio -is -jeci. Deturbo -as -avi*
echar lexos *projicio -is -jeci*
echar encima *superjicio -is -jeci. Super-injicio -is -jeci*
echar de baxo *subjicio -is -jeci*
echar en la mar por tempestad *jacto -as -avi*
echar naves al agua *deduco -is*
echar por fuerça *extrudo -is -si*
echar del termino *extermino -as*
echar de casa *elimino -as*
echar del coraçon *expectoro -as*
echar de la corte *excurio -as*
echado de su naturaleza *extorris -is*
echar fuera *excludo -is. Expello -is*
echar tiro *jaculor -aris. Ejaculor -aris. Torqueo -es. Contorqueo -es*
echadizo hacia tras *rejecticius -a -um*
echarse las aves sobre uevos *incubo -as*
echar las plantas *germino -as*
echar otra vez las plantas *regermino -as*
echacuervo nombre nuevo *quaestor turpis*
echacorveria de aqueste *quaestus turpis*
echar el cuervo *turpiter quaero*
edad *aetas -atis. Aevum -i*
edad grande *aevitas -atis*
edad pequeña *aetatula -ae*
edificar cualquier cosa *aedificio -as. Molior -iris. Construo -is. Extruo -is*
edificar hasta el cabo *exaedifico -as*
edificar por debaxo *substruo -is -xi*
edificar de boveda *concamero -as*
edificar el maestro de la obra *architector -aris*
edificador principal *architectus -i*
edificacion principal *architectura -ae*
edificacion la mesma arte *architectonice -es*
edificacion como quiera *aedificatio -onis. Molitio -onis. Structura -ae. Constructio -onis*
edificador assi *structor -oris. Molitor -oris*
edificio la mesma obra *aedificium -ii*
edito de juez o principe *edictum -i*
edito, publicar estos *edico -is -xi*
el articulo es del masculino nombre *hic*

ella articulo es del nombre feminino
haec

el pronombre es *ille illa illud. Is ea id*

el mesmo pronombre es *ipse ipsa ipsum*

elada o yelo *pruina -ae. Uredo -inis*

elada el mesmo yelo *gelu* indeclinabile

elarse *congelo -as. Congelasco -is. Gelasco
-is. Rigeo -es. Rigesco -is. Obrigeo -es*

elada cosa *gelidus -a -um. Rigidus -a
-um*

elar a otra cosa *gelo -as. Congelo -as.
Glacio -as*

elche o tornadizo *perfuga -ae. Transfuga
-ae*

electo para dignidad *designatus -a -um*

elecion desta manera *designatio -onis*

elecion o escogimiento *optio -onis. Electio -onis*

elecion para colegio *cooptatio -onis*

elefante animal grande *elephantus -i.
Elephas -antis*

elefante este mesmo en latin *barrus -i*

elefantina cosa de elefante *elephantinus
-a -um*

elefancia dolencia *elephantiasis -is*

elegante o galana cosa *elegans -antis*

elegante en dezir *facundus -a -um. Di-
sertus -a -um*

elegancia como gala *elegantia -ae*

elegancia en dezir *facundia -ae. Disertio
-onis*

elegantemente *eleganter. Diserte. Facun-
de*

elegir el mas idoneo *deligo -is -legi*

elegir para colegio *coopto -as*

elegir para dignidades *designo -as*

elegir como quiera *eligo -is -gi*

elemento o principio *elementum -i*

elemental cosa *elementalis -e*

elocuente *eloquens -ntis. Elegans -ntis*

elocuencia *eloquentia -ae. Elegantia -ae*

elocuentemente *eloquenter. Eleganter*

embaçarse *stupeo -es. Stupesco -is*

embaçado maravillado *stupidus -a -um*

embaçadura *stupor -oris. Torpor -oris*

embaçar hazer baço *fusco -as -avi*

embaçador el que embaça *fuscator -oris*

embaçadura desta manera *fuscatio -onis*

embaraçar *impedio -is. Implico -as*

embaraçado *impeditus -a -um. Implicitus
-a -um*

embaraço *implicatio -onis. Impedimentum -i*

embarcar *conscendo navem*

embarcadura *navis conscensus*

embargar estorvar *obsto -as. Obsisto -is*

embargo estorvo *obstaculum -i*

embargar hazienda *sequestro -as*

embargo de hazienda *sequestratio -onis*

embarnizar *vernice illino -is*

embarnizadura *vernicis illicitus -us*

embarrar *argilla incrusto*

embarradura *argillae incrustatio*

embarvascar *verbasco inficere*

embaucar *praestigior -aris*

embaucamiento *praestigiae -arum*

embaxador *legatus -i. Orator -oris*

embaxada *legatio -onis*

embaxador de pazes *caduceator -oris*

embaxador faraute *interpres -etis*

embeodar *inebrio -as -avi*

embeodarse *crapulor -aris*

embermejar *rutilo -as*

embermejecerse *rubeo -es. Rubesco -is*

embever *imbuo -is. Imbibo -is*

embevecerse *stupeo -es. Stupesco -is*

embevecida cosa *stupidus -a -um*

embiar como quiera *mitto -is -si*

embiar de arriba *demitto -is -si*

embiada de arriba *demissio -onis*

embiar en diversas partes *dimitto -is
-si*

embiada desta manera *dimissio -onis*

embiar otra vez o en retorno *remitto
-is -si*

embiada desta manera *remissio -onis*

embiar delante *praemitto -is -si*

embiada delante *praemissio -onis*

embiar allende *transmitto -is -si*

embiada assi *transmissio -onis*

embiar de si *ablego -as -avi*

embiada en esta manera *ablegatio -onis*

embiar embaxador *lego -as -avi*

embiada en esta manera *legatio -onis*

embiar assi a lugar *allego -as -avi*

embiada en esta manera *allegatio -onis*

embidar *duplico -as -avi. Itero -as*

embite *duplicatio -onis. Iteratio -onis*

embidia *invidia -ae. Invidentia -ae. Livor
-oris*

embidiosa cosa *invidus -a -um. Lividus
-a -um*

embidia, aver *invideo -es. Liveo -es*

embidioso *invidus -a -um. Lividus -a -um*

embidioso en buena parte *aemulus -a -um*

embidia, aver assi *aemulor -aris*

embidia en esta manera *aemulatio -onis*

emblanquecer otra cosa *dealbo -as -avi. Candifico -as -avi*

emblanquecerse *albeo -es. Albesco -is. Candeo -es*

emblanquecerse de miedo *exalbesco -is*

emblanquecimiento assi *exalbescentia -ae*

embolver *volvo -is. Involvo -is*

embolver uno sobre otro *glomero -as*

embolvedero *involucrum -i. Involumentum -i*

embolvimiento *involutio -onis. Glomeratio -onis*

emboltorio como de letras *fasciculus -i*

emboscarse *in silvas me recipio*

emboscarse hazerse bosque *silvesco -is*

embotar a otra cosa *obtundo -is. Retundo -is. Hebeto -as*

embotador assi *hebetator -oris. Obtusor -oris*

embotamiento assi *hebetatio -onis. Retusio -onis*

embotarse *hebeo -es. Hebesco -is*

embovecerse *moror -aris. Stupeo -es*

embovecido *morio -onis. Stupidus -a -um*

embovecimiento *stupor -oris. Torpor -oris*

embraçar paves *apto sinistrae. Inserto brachiis*

embraçadura assi *aptatio sinistrae*

embravecerse *efferor -aris. Saevio -is. Ferocio -is*

embravecer otra cosa *effero -as. Exaspero -as*

embravecimiento *feritas -atis. Saevicia -ae*

embriagarse *crapulor -aris. Ebrior -aris*

embriago *ebrius -a -um. Ebriosus -a -um. Vinolentus -a -um. Vinosus -a -um*

embriaguez *crapula -ae. Ebrietas -atis. Ebriositas -atis. Vinolentia -ae. Vinositas -atis*

embriagar a otro *ebrio -as. Inebrio -as*

embrocar como vaso *invergo -is*

embrocadura assi *invergentia -ae*

embrutecerse *obbruteo -es. Obbrutesco -is*

embudar *imbuo utrem. Infusorium indo*

embudo *imbumentum -i* novum. *Infundibulum -i*

embutir o recalcar *farcio -is -si*

embutir otra vez *refercio -is -si*

embutido *fartus -a -um. Refertus -a -um*

emendar *emendo -as. Castigo -as. Corrigo -is*

emendador *emendator -oris. Castigator -oris. Corrector -oris*

emendadura *emendatio. Castigatio. Correctio*

emendado con diligencia *accuratus -a -um*

emendadamente assi *accurate*

emienda en esta manera *accuratio -onis*

emienda escusacion *excusatio -onis*

emienda satisfacion *satisfactio -onis*

emina medida *hemina -ae*

emmaderar cosa *contigno -as -avi*

emmaderamiento assi *contignatio -onis*

emmagrecerse *macreo -es. Macresco -is. Maceo -es. Macesco -is*

emmagrecerse mucho *emacreo -es. Emaceo -es*

emmagrecer otra cosa *emacio -as*

emmarchitarse *marceo -es. Marcesco -is*

emmocecer pararse moço *puerasco -is*

emmotada cosa alta *acclivis -e*

emmotadura en esta manera *acclivitas -atis*

emmudecerse *obmuteo -es. Obmutesco -is*

empachar *impedio -is. Praepedio -is. Com-*

empachado *impeditus -a -um. Praepeditus -a -um*

empacho en esta manera *impedimentum -i*

empachadamente *impedite. Praepedite*

empachado por criança *rusticus -a -um*

empacho por criança *rusticitas -atis*

empachadamente assi *rustice*

empadronado *ascripticius -a -um*

empadronar *in matriculam redigo*

empadronado por hazienda *opitecensus -a -um*

empadronado por cabeças *capitecensus -a -um*

empadronamiento assi *census -us*

empadronar en esta manera *censeo -es*

empalagar *palatum incrasso -as*

empalagamiento *incrassatio palati*

empanada de carne *artocrea -ae*
empanada de pescado *artichthia -ae*
novum
emparejar *comparo -as. Aequo -as. Exaequo -as*
emparejadura *comparatio -onis. Exae-
quatio -onis*
empeçar por començar requiere alli
empecer *noceo -es. Officio -is. Laedo -is*
empeciente *nocens -ntis. Sons -tis. Noxius -a -um*
empecimiento *noxa -ae. Laesio -onis*
empedernecerse *lapidesco -is*
empedernido *lapidescens -ntis*
empegar con pez *pico -as. Piceo -as*
empegado con pez *picatus -a -um. Piceatus -a -um*
empegadura *picatura -ae. Piceatio -onis*
empeyne *impetigo -inis. Impetix -icis. Lichen -enis*
empeyne en la barba *mentagra -ae* novum
empeynoso lleno dellos *impetiginosus -a
-um*
empellar o empuxar *impello -is. Compingo -is*
empellon o empuxon *impulsus -us*
empellejar cobrir con pelleja *pelliculo
-as*
empellejado *pellitus. Pellicatus. Pellicula-
tus*
empeñar *pigneror -aris. Obpignero -as*
empeño *pignus -oris. Hypotheca -ae*
empeñada cosa *pigneraticius -a -um*
empeorar en linage *degenero -as*
empeoramiento en linage *degeneratio
-onis*
empeorada cosa assi *degener -eris*
empeorar de mal en peor *pejor fio*
empeorar de bien en menos mal *deterior fio*
empeorar la dolencia *morbus ingravescit*
emperador antiguamente *dictator augustus*
emperador nuevamente *imperator -oris*
emperatriz muger deste *augusta -ae*
emperial cosa de emperador *imperialis
-e. Imperatorius -a -um*
emperezar *desideo -es. Pigreo -es. Pigres-
co -is*
empero conjuncion *tamen. Sed. Vero.
Autem*

empicotar poner en picota *palo affigo
-is*
empicotado en esta manera *palo affixus*
empicotadura assi *ad palum affixio*
empinar o enhestar *atollo -is. Educo -is*
empinadura *eductio -onis. Sublatio -onis*
emplastrar *fomento -as. Emplastro -as*
emplastradura *fomentatio -onis*
emplastro *fomentum -i. Emplastrum -i*
emplastro para sacar materia *epispasti-
con* [graece]
emplastro para cerrar llaga *paracolleti-
con* [graece]
emplastro para la cabeça *cephalicum*
emplastro para arrancar pelos *psilotrum -i*
emplastro para criar pelos *dropax -cis*
emplastro para ablandar *malagma -atis*
emplazar a tercero dia *comperendinor
-aris*
emplazamiento en esta manera *comperendinatio -onis*
emplazar como quiera *cito -as. Convenio -is*
emplazamiento assi *citatio -onis. Conventus -us*
emplear *consumo -is. Insumo -is*
emplumar *plumis contego*
emplumado *pennatus -a -um. Plumatus -a
-um*
emplumecer *plumesco -is. Plumo -as*
empobrecer a otro *paupero -as*
empobrecer el mesmo *in pauperitatem
devenio*
empolvorar *pulvero -as -avi*
empolvorado *pulverulentus -a -um*
empolvoramiento *pulveratio -onis*
empollarse el uevo *pullesco -is*
empollado uevo *pullescens -tis*
emponçoñar *veneno -as. Veneno inficio*
emponçoñado *venenatus -a -um*
emprentar o imprimir *imprimo -is*
emprenta o impression *impressio -onis*
empreñarse *concipio -is. Foeto -as*
empreñarse sobre preñez *superfoeto -as*
empreñar a hembra *fecundo -as*
emprestar lo que se buelve *accommodo
-as*
emprestido lo mesmo *accommodatum -i*
emprestar lo que no se buelve *mutuo
-as*

emprestido desta manera *mutuus -a -um*

emprestado tomar *mutuor -aris*

empulgar arco o ballesta *tendo -is*

empulgadura assi *tensio -onis*

empuñadura o cabo *capulus -i*

empuñar en el puño *pugno premere*

emputecerse *prosto -as -stiti*

emputecer a otro *prostituo -is -ui*

empuxar *impello -is. Impingo -is. Trudo -is*

empuxar a lexos *propello -is propuli*

empuxar de si *expello -is. Extrudo -is*

empuxar atras *repello -is*

empuxar a menudo *truso -as -avi*

empuxando adverbio *pulsim. Expulsim*

empuxon *impulsus -us. Repulsus -us*

enaguaçar *adaquo -as -avi*

enagenar *alieno -as. Abalieno -as*

enagenamiento *alienatio -onis. Abalienatio -onis*

enalbardar *clitellam sterno*

en algun tiempo *aliquando. Olim*

en algun lugar *usquam. Uspiam. Alicubi*

en alguna manera *aliquatenus. Quodammodo*

enamorado *amator -oris. Amasius -ii*

enamorada *amica -ae. Amasia -ae*

enamorar a otro *concilio in amorem*

enamorarse de otro *amo -as. Adamo -as*

enano *nanus -i. Pomilio -onis. Pumilio -onis*

enana cosa *pomilius -a -um. Pumilius -a -um*

enastar lança *ferrum praefigo -is*

enastada cosa *ferro praefixus -a -um*

enastadura assi *ferri praefixio -onis*

enaziado o tornadizo *perfuga -ae. Transfuga -ae*

encabellado *comatus -a -um. Capillatus -a -um. Crinitus -a -um. Cirratus -a -um. Comosus -a -um. Cincinnatus -a -um*

encabellado un poco *comatulus -a -um*

encabellecerse *como -as -avi*

encabestrar *capistro -as -avi*

encabestrada cosa *capistratus -a -um*

encadenar *cateno -as. Concateno -as*

encadenadura *concatenatio -onis*

encalar con cal *calce incrusto -as*

encaladura *calcis tectorium*

encalvar a otra cosa *decalvo -as -avi*

encalvecerse *calveo -es. Calvesco -is*

encallarse la nave *navis illiditur*

encallar la nave *illido navem*

encalladura de nave *navis illisus -us*

encallecer hazer callos *calleo -es. Obcalleo -es*

encallecerse assi mucho *percalleo -es*

encallecido con callos *callosus -a -um*

encallecido en astucias *callidus -a -um*

encaminar *in viam reducere*

encaminadura *in viam reductio -onis*

encanecerse *caneo -es. Canesco -is*

encanecerse mucho *incaneo -es. Incanesco -is*

encantar con encantamientos *canto -as. Incanto -as*

encantamiento assi *carmen -inis. Encantatio -onis*

encañonarse las aves *caulesco -is. Plumesco -is*

encapacetado *galeatus -a -um*

encapado con capa *chlamydatus -a -um*

encapotado de orejas *flaccus -a -um. Flaccidus -a -um*

encapotar los ojos *conniveo -es*

encapotado en los ojos *torvus -a -um*

encapotadura de ojos *torvitas -atis*

encaramar *fastigo -as. Fastigio -as*

encaramadura *fastigium -ii. Fastigatio -onis*

encarcaxado *pharetratus -a -um*

encarcelar *incarcero -as* novum

encarcelado *in carcerem compactus*

encarecer *cariorem rem facio*

encarecerse *res carior fit*

encarniçarse *carnificor -aris*

encarniçamiento *carnificatio -onis*

encarniçado *carnifex -icis*

encartar *proscribo -is. Interdico igni et aqua*

encartado *proscriptus -a -um*

encartacion *proscriptio -onis*

encastellar *munio in modum arcis*

encaxar *pyxido -as. Incastro -as*

encaxadura *pyxidatio -onis. Incastratura -ae*

encobado *curvus -a -um. Incurvus -a -um*

encobar casi encorvar *incurvo -as -avi*

encobadura o encorvadura *incurvatio -onis*

encoger *contraho -is -xi*

encogimiento *contractio -onis*
encogimiento pequeño *contractiuncula -ae*
encogimiento de nervios *tetanus -i*
encogido de nervios *tetanicus -a -um*
encolar *glutino -as. Conglutino -as*
encoladura *glutinatio -onis. Conglutinatio -onis*
encomendar de palabra *mando -as*
encomienda de palabra *mandatum -i*
encomendar como quiera *commendo -as*
encomienda *commendatio -onis*
encomendada cosa *commendaticius -a -um*
encomendar cometer *committo -is*
encomienda assi *commissio -onis*
encomienda de orden *commendatum -i*
enconar *contagio inficere*
enconamiento *contagiosa infectio*
enconado en esta manera *contagiosus -a -um*
enconar la llaga *ulcero -as. Exulcero -as*
enconamiento assi *exulceratio -onis*
encontrar con otro peleando *incurro -is*
encontrarse los enemigos *concurro -is. Confligo -is. Congredior -eris*
encontrar a caso con otro *obvio -as*
encontrar ir al encuentro *obviam eo*
encoraçado con coraças *thoracatus -a -um*
encorar *tergoro -as. Cutem obduco*
encordio *panus* latine. *Phygethlon* graece
encoroçado con coroça *mitratus -a -um*
encorporar hazer cuerpo *corporo -as*
encorporar en colegio *coopto -as*
encorporadura en colegio *cooptatio -onis*
encorvarse *incurvesco -is*
encorvar otra cosa *curvo -as. Incurvo -as*
encorvadura *curvitas -atis. Incurvatio -onis*
encostrar poner costra *incrusto -as*
encostradura de costra *incrustatio -onis*
encrespar hazer crespo *crispo -as*
encrespadura assi *crispatio -onis*
encrespar los cabellos con huego *ustulo -as. Calamistro -as*
encrespador hierro para esto *calamistrum -i*

encrestado con gran cresta *cristatus -a -um*
encrucijada *compitum -i. Compes -itis*
encrudecerse hazerse crudo *crudesco -is*
encruelecerse *saevio -is*
encruelecerse otra vez *resaevio -is*
encruelecer & cessar dello *desaevio -is*
encuadernar libros *malleo -es. Umbilico -as*
encuadernador de libros *malleator -oris*
encuadernacion *malleatio -onis. Umbilicatio -onis*
encubrir *celo -as. Concelo -as. Tego -is*
encubierta *latebra -ae. Tectio -onis*
encubrirse algo a otro *lateo -es -ui*
encubrediza cosa *latebrosus -a -um*
encubrir huertos o los ladrones *recepto -as*
encubridor destas cosas *receptator -oris*
encuentro de batalla *conflictus -us. Congressus -us*
encuentro de vanderas *signorum collatio*
encuentro como quiera *occursus -us. Concursus -us*
encumbrar poner cumbre *cacumino -as*
encumbrar llegar a la cumbre *supero juga*
encella *fiscina -ae. Fiscella -ae*
encenagar *oblimo -as -avi*
encenagamiento *oblimatio -onis*
encender *accendo -is. Incendo -is. Succendo -is. Inflammo -as*
encendimiento *incendium -ii. Inflammatio -onis*
encenderse *flagro -as. Ardeo -es*
encendimiento assi *flagrantia -ae. Ardor -oris*
encenderse en ira *succenseo -es*
encendimiento en ira *excandescentia -ae*
encenderse en huego *ignesco -is*
encendido en huego *ignitus -a -um*
encendidamente *inflammanter*
encensar dar en censo *incensum do*
encenso en esta manera *census -us*
encensio macho *thus masculum*
encensio pequeño *thusculum -i*
encensario para encensar *thuribulum -i*
encensar quemar encensio *thurifico -as*
encensar tierra para plantar *emphyteosim do*
encenso en esta manera *emphyteusis -is*

encerar con cera *incero -as -avi*
encerrar pan o vino *condo -is*
encetar lo entero *libo -as. Delibo -as. Degusto -as*
encetadura *libamen -inis. Degustatio -onis*
encima preposicion con medio *supra*
encima preposicion sin medio *super*
encima adverbio *super. Insuper*
encimar *culmen impono*
endemoniado o endiablado *energumenos -i*
endemoniado *daemoniacus -a -um. Arrepticius -a -um*
endereçar *dirigo -is. Tendo -is*
enderredor preposicion *circum. Circa*
enderredor adverbio *circum. Circa*
endibia yerva conocida *intibus -i*
endulçarse *dulceo -es. Dulcesco -is*
endulçar otra cosa *dulcoro -as*
endulçadura *dulcoratio -onis*
endulgencias dia santo *indulgentiarum dies*
endurecerse *dureo -es. Duresco -is. Obduro -as*
endurecer otra cosa *duro -as. Induro -as*
endurecimiento *durities -ei. Duratio -onis*
endurecimiento en porfia *obduratio -onis*
enea yerva ensordadera *panicula -ae*
enebro mata espinosa *juniperus -i*
enechar como a la iglesia *expono -is*
enechado *expositus -a -um. Supposticius -a -um*
eneldo yerva conocida *anethum -i*
enemigo publico *hostis -is. Perduellis -is*
enemigable cosa assi *hostilis -e*
enemigablemente assi *hostiliter*
enemistad publica *hostilitas -atis. Simultas -atis*
enemigo privado *inimicus -i*
enemiga cosa assi *inimicus -a -um*
enemigablemente *inimiciter. Insectanter*
enemistad privada *inimicitiae -arum*
enemigar hazer enemigos *inimico -as*
enerizarse por frio *horreo -es. Horresco -is*
enerizado por frio *horridus -a -um*
enerizamiento assi *horripilatio -onis. Horror -oris*
enerizado como erizo *echinatus -a -um*

enerizado como castaña *calycatus -a -um*
enero mes *Januarius -ii*
enertarse *rigeo -es. Rigesgo -is. Ob- Dienessar** cobrir de yesso *gypso -as*
enessar como encalando *gypso incrusto*
enfermar *aegroto -as. Laboro -as. Langueo -es*
enfermo *infirmus -a -um. Aegrotus -a -um. Languidus -a -um. Valetudinarius -a -um*
enfermedad *infirmitas -atis. Valetudo -inis. Morbus -i. Languor -oris. Aegrotatio -onis*
enfermeria lugar de enfermos *valetudinarium -ii*
enfermo apassionado de animo *aeger -a -um*
enfermedad assi *aegritudo -inis*
enflaquecer por dolencia *langueo -es*
enflaquecer como quiera *macreo -es*
enflaquecer marchitandose *flacceo -es*
enforrar vestidura *duplico -as*
enforrada vestidura *duplex vestis. Abolla -ae*
enfrascarse *impedior -iris. Haereo -es*
enfrenar *freno -as. Infreno -as* proprie
enfrenar *contineo -es. Prohibeo -es* improprie
enfrenar *coerceo -es. Compesco -is* improprie
enfriarse *frigeo -es. Frigesco -is. Algeo -es*
enfriar a otra cosa *frigefacio -is*
enfriadero lugar *frigidarium -ii*
enfundar *fascio -as*
engañar *decipio -is. Fallo -is. Fraudo -as. Capio -is. Decollo -as*
engañador *deceptor -oris. Fraudator -oris. Falsus -i. Captor -oris*
engañador *captiosus -a -um*
engaño *fraus -dis. Deceptio -onis. Captio -onis*
engañoso *fraudulentus -a -um. Fallax -cis. Fraudulosus -a -um. Fallaciosus -a -um*
engañar apartando *seduco -is*
engañador apartando *seductor -oris*
engaño en esta manera *seductio -onis*
engañador con palabras *logodaedalus -i*
engañar con aparencias *impono -is*
engañador assi *impostor -oris*

engaño en esta manera *impostura -ae*
engañosamente *fallaciter. Fraudulenter*
engastar como en oro *caelo -as*
engastador en esta manera *caelator -oris*
engaste desta manera *caelatura -ae*
engolfarse *insinuo -as. In altum navigo*
engordarse *pingueo -es. Pinguesco -is. Crassesco -is. Glisco -is. Perglisco -is*
engordar a otra cosa *sagino -as. Obesco -as. Pinguefacio -is*
engorra o tardança *mora -ae. Cunctatio -onis*
engorrar o tardarse *moror -aris. Immoror -aris*
engorrar a otro *cunctor -aris. Moror -aris*
engorrando adverbio *cunctanter*
engrandecerse *grandeo -es. Grandesco -is*
engrandecer otra cosa *magnifacio -is*
engrandecimiento a s s i *magnificatio -onis*
engrandecer lo grande *grandio -is*
engrandecimiento assi *granditas -atis*
engrudo *gluten -inis. Glutinum -i. Colla -ae*
engrudo de caçon *ichthyocolla -ae*
engrudo de harina *glutinum vulgare*
engrudosa cosa *glutinosus -a -um*
engrudar *glutino -as. Conglutino -as. Agglutino -as*
engrudamiento *conglutinatio -onis. Glutinamentum -i*
engurria o arruga *ruga -ae*
engurriado o arrugado *rugosus -a -um*
engurriamiento *rugositas -atis*
engendrar *gigno -is. Genero -as*
engendrar otra cosa *regenero -as*
engendrar adentro *ingenero -as*
engendrador *genitor -oris. Generator -oris*
engendramiento *genitura -ae. Generatio -onis*
engendrado dentro *ingenitus -a -um*
engendrar de lexos *progigno -is*
engendrador assi *progenitor -oris*
engendramiento assi *progenitura -ae*
engendrado de la tierra *terrigena -ae*
engendrado del cielo *caeligena -ae*
engeño para combatir *machina -ae*
engeñar para esto *machinor -aris*
engeñero *machinarius -ii. Machinator -oris*
engeño para edificar *machina -ae*
engeñoso para esto *mechanicus -a -um*

engeño naturaleza *ingenium -ii*
engeñoso deste *ingeniosus -a -um*
enhastiar *enhadar satio -as. Fastidium affero*
enhastio *saties -ei. Satietas -atis. Fastidium -ii*
enhechizar *veneficiis devoveo*
enhechizado *veneficiis devotus*
enhestar *subrigo -is. Arrigo -is. Erigo -is*
enhestamiento *subrectio. Arrectio. Erectio*
enhetrar como cabellos *intrico -as. Implico -as*
enhetrado *intricatus -a -um. Perplexus -a -um*
enhetramiento *intricatio -onis. Perplexitas -atis*
enhiesto *elatus -a -um. Supinus -a -um*
enhilar *ad filum dirigo*
enhorcado *cruci affixus. Cruce suspensus*
enhorcar *e patibulo vel cruce suspendo*
enlazar con lazos *illaqueo -as*
enlazamiento assi *illaqueatio -onis*
enlazar como quiera *necto -is. Innecto -is. Connecto -is. Nexo -as. Nexo -is*
enlazadura a s s i *nexus -us. Connexio -onis*
enlevar *elevo -as. Attollo -is*
enlizar tela *licia addo telae*
enlodar *luto -as. Luto illinere*
enloquecerse de cuerdo *desipio -is*
enloquecerse *insanio -is. Furio -is*
enloquecer a otro *furio -as. Demento -as*
enlosar como quiera *pavimento -as*
enlutado *pullatus -a -um. Lugubris -e. Atratus -a -um*
enlutado con xerga *sagatus -a -um*
enluzir lo escuro *illustro -as*
ennegrecerse *nigreo -es. Nigresco -is*
ennegrecer otra cosa *nigro -as. Denigro -as*
en ninguna manera *neutiquam. Nullatenus*
en ningun lugar *nusquam* adverbium
en ningun tiempo *nunquam* adverbium
ennoblecer *nobilito -as. Insignio -is*
enñudecer la yerva *geniculo -as*
enodio hijo de ciervo *hinnulus -i*
enojarse con ira *irascor -eris*
enojo ira subita *ira -ae. Furor -oris*
enojado en esta manera *iratus -a -um*

enojo ira que dura *iracundia -ae*
enojado en esta manera *iracundus -a -um*
enojar a otro *molesto -as. Exacerbo -as*
enojoso a otro *molestus -a -um. Odiosus -a -um*
enojo en esta m a n e r a *molestia -ae. Odium -ii*
en otra manera *secus. Secius. Aliter*
en otro lugar *alibi. Alias*
en otro tiempo *alias. Olim*
enramar *ramos obduco*
enranciarse *ranceo -es. Rancesco -is*
enredar en redes *irretio -is -ivi*
enredado en redes *irretitus -a -um*
enredamiento assi *irretitio -onis*
enredado hecho como red *reticulatus -a -um*
enrexar cerrar con rexas *clatro -as*
enrexado cerrado assi *clatratus -a -um*
enrexada ventana *fenestra clatrata*
enrique moneda de oro *aureus enriquus*
enriquecerse *diteo -es. Ditesco -is. Locupleto -as*
enriquecer a otro *dito -as. Locupleto -as*
enriscarse *ardua montis peto*
enriscada cosa *arduus -a -um. Praeceps -cipitis*
enriscamiento *arduitas -atis. Praecipitium -ii*
enronquecerse *raucio -is. Irraucio -is*
enronquecimiento *raucedo -inis. Raucitas -atis*
enroscar hazer roscas *sinuo -as*
enroscadura assi *sinuatio -onis. Spira -ae*
enroscarse *in spiras se colligere*
enroxar o enruviarse *rutilesco -is. Rufesco -is*
enroxar otra cosa *rutilo -as. Rufo -as*
enruviarse *flaveo -es. Flavesco -is*
enruviar otra cosa *flavefacio -is*
ensayalar con sayal *sago contegere*
ensayalado cubierto de sayal *sagatus -a -um*
ensayarse para pelear *meditor proelium*
ensayo en esta manera *meditatio -onis*
ensayarse para la guerra *simulo pugnam*
ensayo en esta manera *simulacrum pugnae*
ensalada de yervas *acetarium -ii*

ensalçar alabando *extollo -is. Effero laudibus*
ensalçamiento assi *exaltatio -onis*
ensalçar poner en alto *exalto -as. Inalto -as*
ensalmar o enxalmar *incanto -as. Excanto -as*
ensalmo o enxalmo *carmen -inis. Incantatio -onis*
ensalmar assi en griego *exorcizo*
ensalmador en griego *exorcistes*
ensalmo en griego *exorcismos*
ensalmo de bestia *sagma -ae*
ensanchar *amplio -as. Amplifico -as*
ensanchamiento *ampliatio -onis. Amplificatio -onis*
ensangrentar *cruento -as*
ensangrentado *cruentus -a -um*
ensangrentamiento *cruentatio -onis*
ensañarse *irascor -eris. Indignor -aris*
ensartar como cuentas *in lineam cogo*
ensenar poner en el seno *insinuo -as*
enseñar *doceo -es. Instituo -is. Erudio -is*
enseñança *doctrina -ae. Institutio -onis. Eruditio -onis*
enseñado *doctus. Eruditus. Litteratus*
enseñorearse *dominor -aris*
ensevar untar con sevo *sebo -as -avi*
ensilar guardar en silo *in siros condo*
ensillar cavallo o mula *sterno -is. Insterno -is*
ensobervecerse *superbio -is -ivi*
ensordarse *surdeo -es. Surdesco -is*
ensordar a otro *obsurdo -as. Exurdo -as*
ensordamiento *surditas -atis. Exurdatio -onis*
ensordadera yerva *panicula -ae*
ensuziarse *sordeo -es. Sordesco -is. Ex-*
ensuziar a otro *sordido -as. Spurco -as. Foedo -as. Contamino -as. Attamino -as*
ensuziamiento *contaminatio -onis. Sordidatio -onis*
ensuziar con muerte *funesto -as*
ensuziamiento assi *funestatio -onis*
entablar con tablas *contabulo -as*
entablamiento assi *contabulatio -onis*
entallar *exculpo -is. Excudo -is -si*
entallador *exculptor -oris. Excusor -oris*
entalladura *excuptura -ae. Excusio -onis*
entallada cosa *exculptilis -e*
entallar arte *ars excusoria*

entallecer las yervas *caulesco -is. De-caulesco -is*
en tanto ... en cuanto *eatenus ... quatenus*
en tanto grado *adeo. Usqueadeo*
en tanto que *dum. Intereadum*
entender *intelligo -is -lexi*
entendimiento *intellectus -us. Mens -tis. Intelligentia -ae. Sensus -us*
entera cosa *integer -gra -grum. Solidus -a -um*
enteriza cosa *integer -gra -grum. Solidus -a -um*
enteramente *integre. Solide. Penitus*
enterar restituir por entero *integro -as*
enterar otra vez assi *redintegro -as*
enteramiento assi *redintegratio -onis*
enterarse lo menguado *integrasco -is*
entereza *integritas -atis. Soliditas -atis*
entero por sanidad *incolumis -e*
entereza por sanidad *incolumitas -atis*
enternecerse *teneresco -is*
enterrar muerto *humo -as. Funero -as. Sepelio -is. Tumulo -as*
enterramiento *humatio -onis. Funus -eris*
enterrar otra cosa *infodio -is. Defodio -is*
enterramiento assi *infossio -onis. Defossio -onis*
enterramiento lugar *sepultura -ae. Tumulus -i*
enterramiento de muchos *conditorium -ii*
enterrador de muertos *vespillo -onis. Planctor -oris*
entesar o estender *tendo -is. Intendo -is*
entibiarse *tepeo -es. Tepesco -is*
entibiar otra cosa *tepefacio -is. Teporo -as*
entibiadero lugar *tepidarium -ii*
entonar *intono -as. In tonum redigo*
entonces adverbio *tunc. Tum*
entormecer requiere **atormecer**
entorpecerse *torpeo -es. Torpesco -is*
entorpecimiento *torpor -oris. Torpedo -inis*
entortar de un ojo *elusco -as*
entortadura de un ojo *eluscatio -onis*
entortar otra cosa *obliquo -as. Obvaro -as*
entortadura assi *obliquitas -atis. Obvaratio -onis*

entrambos a dos *ambo ambae ambo*
entrambas aguas *interamnis -e*
entrañas *praecordia. Viscera. Intestina*
entrañas, sacar *eviscero -as -avi*
entrañable cosa *penitus -a -um. Internus -a -um*
entrañablemente *penitus. Medullitus*
entrar *ingredior -eris. Introgredior -eris. Intro -as. Introeo -is. Adeo -is*
entrada *ingressio -onis. Aditus -us. Introitus -us*
entrar hondo la herida *sedet vulnus*
entrar escondidamente *obrepo -is. Sub-*
entre *inter* accusativo serviens
entrecoger *interlego -is -legi*
entrecortar *intercido -is -cidi. Interseco -as*
entre cuero & carne *intercus -cutis*
entredezir *interdico -is -dixi*
entredicho *interdictum -i*
entredia adverbio *interdiu*
entregar *in integrum restituo*
entrega *in integrum restitutio*
entre huelgo & huelgo *interspiratio -onis*
entre luna & luna *interlunium -ii*
entremeter *interpono -is. Interjacio -is*
entremetimiento *interpositio -onis. Interjectio -onis*
entremeterse *insinuo -as -avi*
entremetimiento assi *insinuatio -onis*
entre mundo & mundo *intermundium -ii*
entrepunçar *interpungo -is -xi*
entrepunçadura *interpunctio -onis*
entre papa & papa *interpontifex -icis*
entre papado & papado *interpontificatus -us*
entreponer dia *intercalo diem*
entrepostura de dia *intercalatio [diei]*
entrepuesto dia *dies intercalaris*
entre rey & rey *interrex -regis*
entre reyno & reyno *interregnum -i*
entresacar *intercipio -is -cepi*
entresacadura *interceptio -onis*
entretanto *interea. Interim. Obiter. Interibi*
entretexer *intertexo -is. Intexo -is*
entretexedura *intertextus -us. Intextus -us*
entreuntar *interlino -is -levi*
entrevalo *intervallum -i. Intercapedo -inis*
entrevenir *intervenio -is. Intercedo -is*

entrevenimiento *interventio -onis. Intercessio -onis*

entreverado *intervirgatus -a -um*

entricar o enhetrar *intrico -as -avi*

entricada o enhetrada cosa *perplexus -a -um*

entricadamente *perplexe. Perplexim*

entricamiento *perplexitas -atis. Perplexio -onis*

entristecerse *contristor -aris -atus*

entristecer a otro *contristo -as -avi*

entristecimiento *contristatio -onis*

enturviar *perturbo -as. Conturbo -as. Ob-*

en uno adverbio *una. Simul. Pariter*

en una & en otra parte *utrobique*

en vano *in cassum. In vanum. Frustra*

envararse *rigeo* vel *rigesco -is rigui*

envarado de nervios *tetanicus -a -um*

envaramiento de nervios *tetanus -i*

envaramiento assi atras *opisthotonos*

envarado assi *opisthotonicus -a -um*

envarado assi hazia delante *emprosthotonicus -a -um*

envaramiento assi *emprosthotonos*

envegecerse el ombre *senesco -is. Consenesco -is*

envegecerse otras cosas *vetustesco -is. Veterasco -is. Inveterasco -is*

envegecido en mal *veterator -oris. Veteratorius -a -um*

envergonçarse *pudet. Verecundor -aris*

envergonçarse un poco *suppudet*

envergonçado *pudefactus -a -um*

envergonçamiento *verecundia -ae*

envernar tener invierno *hiemo -as. Hiberno -as*

envernadero *hibernaculum -i. Hiberna -orum*

enverniego *hiemalis -e. Hibernus -a -um*

envesar *inverto -is inverti*

enviciarse *luxurior -aris -atus*

envilecerse *vileo -es. Vilesco -is*

enxabonar *sapone polio* vel *tero*

enxalmar vide **ensalmar**

enxalvegar *creta incrusto -as*

enxambre de abejas *examen -ins. Uva -ae*

enxergado por luto *sagatus -a -um*

enxerir de escudete *inoculo -as -avi*

enxerto de escudete *inoculatio -onis*

enxeridor de escudete *inoculator -oris*

enxerir como quiera *insero -is insevi*

enxeridor como quiera *insertor -oris*

enxerida cosa *insiticius -a -um. Insitivus -a -um*

enxerto como quiera *insitio -onis*

enxugar *sicco -as. Exicco -as -avi*

enxugarse *sicceo -es. Siccesco -is. Areo -es. Aresco -is*

enxullo de telar *jugum -i*

enxundia *adeps -ipis* non *axungia*

enxuto de umor *siccus -a -um*

enzina de grana o coscoja *ilex -icis*

enzinal destas enzinas *ilicetum -i*

enzina grande *aesculus -i*

enzinal destas enzinas *aesculetum -i*

enzina de bellotas gruesas *quercus -i*

enzinal destas bellotas *quercetum -i*

era donde trillan los panes *area -ae*

era de ajos o cebollas *area -ae*

era de Cesar *monarchia Augusti*

eral de un año *vitulus bimus*

erbolario conocedor de yervas *herbarius -ii*

erbolecer crecer en yerva *herbesco -is*

eredad *fundus -i. Possessio -onis, Praedium -ii*

eredad cerca de la ciudad *suburbanum -i*

eredarse *constituo patrimonium*

eredar por testamento *heredito -as*

erencia por testamento *hereditas -atis*

eredero o eredera *heres -edis*

eredero o eredera con otro *coheres -edis*

erencia toda entera *as assis*

eredero universal *heres ex asse*

erencia de la meytad *semis -issis*

eredero de la meytad *heres semissarius*

erencia de la cuarta parte *quadrans -tis*

eredero de la cuarta parte *quadrantarius -ii*

erencia de la tercera parte *triens -tis*

eredero de la tercera parte *trientarius -ii*

erencia de tres cuartos *dodrans -tis*

eredero de tres cuartos *dodrantarius -ii*

erencia de dos tercios *bessis -is*

eredero de dos tercios *bessarius -ii*

erencia de una parte de doze *uncia -ae*

eredero de una parte de doze *unciarius -ii*

erencia de dos partes de doze *sextans -tis*

eredero de dos partes de doze *sextantarius -ii*

erencia de cinco partes de doze *quincunx -cis*

eredero de cinco partes de doze *quincunciarius -ii*

erencia de siete partes de doze *septunx -cis*

eredero de siete partes de doze *septunciarius -ii*

erencia de diez partes de doze *dextans -tis*

eredero de diez partes de doze *dextantarius -ii*

erencia de once partes de doze *decunx -cis*

eredero de once partes de doze *decunciarius -ii*

erege o eretico *impius -a -um. Haereticus -a -um*

erege o eretico principal *haeresiarcha -ae*

eregia *impietas -atis. Haeresis -is*

ereticar *impio -as. Impie ago*

erguirse por levantarse *surgo -is surrexi*

erguir a otro *excito -as. Expergefacio -is*

erizo pescado de la mar *echinus -i*

erizo animal de la tierra *ericius -ii. Herinaceus -i*

erizo de castaña o bellota *calyx -icis. Echinus -i*

erizada cosa assi *echinatus -a -um. Calycatus -a -um*

ermano de padre & madre *frater -tris*

ermana de padre & madre *soror -oris*

ermano de parte de la madre *germanus -i*

ermana de parte de la madre *germana -ae*

ermandad *fraternitas -atis. Germanitas -atis*

ermano con otro *confrater -tris*

ermandad con otros *confraternitas -atis*

ermano de leche *collacteus -i. Collactaneus -i*

ermana de leche *collactea -ae. Collactanea -ae*

ermano de tu padre *patruus -i*

ermana de tu padre *amita -ae*

ermano de tu madre *avunculus -i*

ermana de tu madre *matertera -ae*

ermano de tu abuelo *patruus magnus*

ermana de tu abuelo *amita magna*

ermano de tu abuela *avunculus magnus*

ermana de tu abuela *matertera magna*

ermano de tu bisabuelo *propatruus -i*

ermana de tu bisabuelo *proamita -ae*

ermano de tu bisabuela *proavunculus -i*

ermana de tu bisabuela *promatertera -ae*

ermano de tu tercer abuelo *abpatruus -i*

ermana de tu tercer abuelo *abamita -ae*

ermano de tu tercera abuela *abavunculus -i*

ermana de tu tercera abuela *abmatertera -ae*

ermar *desolo -as. Vasto -as. Populor -aris*

ermadura *desolatio -onis. Vastatio -onis. Populatio -onis. Vastitas -atis. Vastitudo -inis*

ermador *desolator -oris. Vastator -oris. Populator -oris*

ermita *aedicula in solitudine aut deserto*

ermitaño desta ermita *eremita -ae*

ermitaña cosa *eremiticus -a -um*

errada o error *erratum -i. Error -oris*

errado o perdido *erro -onis*

erradizo que anda assi *errabundus -a -um*

errar andar perdido *erro -as -avi*

errar de camino o lugar *deerro -as*

ervaçal lugar de yerva *herbidus locus*

ervaje *pabulum -i. Pabulatio -onis*

ervaje, buscar o hazer *pabulor -aris*

ervero que va por ervaje *pabulator -oris*

ervatu o rabo de puerco yerva *peucedanum -i*

ervera por donde tragamos *ingluvies -ei*

escabullirse *elabor -oris. Evado -is*

escabullimiento *elapsus -us. Evasio -onis*

escala o **escalera** *scalae -arum* in plurali

escalar fortaleza *scalas conscendo*

escalador *primus scalarum conscensor*

escalentarse *caleo -es. Calesco -is*

escalentar otra cosa *calfacio -is* sive *calefacio*

escalentador instrumento *calfactorium -ii*

escalentamiento *calfactio -onis*

escalon de escalera *gradus scalarum*

escalona cebolla *ascalonia -ae*

escama de pescado o otra tal *squama -ae*

escama pequeña assi *squamula -ae*

escamoso lleno de escamas *squamosus -a -um*

escamoso hecho de escamas *squameus -a -um*

escama a escama adverbio *squamatim*

escamar pescado *desquamo -as*

escamadura assi *desquamatio -onis*

escama de cobre *lepidochalcos* [graece]

escamonea medicina *scammoneum -i*

escanciar *misceo vinum*

escanciano *minister -tri. Pincerna -ae*

escandia especie de trigo *far. Ador -oris*

escaño de assentar *scamnum -i*

escaño pequeño *scabellum -i. Scabillum -i*

escapar *evado -is. Elabor -eris*

escaque o trebejo *abaculus -i. Calculus -i*

escaramuça *pugnae simulacrum*

escaramuçar *pugnae praeludo*

escaramujo o gavança *cynosbatos -i*

escaravajo *scarabaeus -i. Cantharos* graece

escaravajo pelotero *pilularius -ii*

escardar los panes *sarrio -is -ivi*

escardadura dellos *sarritio -onis*

escardador de panes *sarritor -oris*

escardillo para escardar *sarculum -i*

escarnecer *subsanno -as. Derideo -es*

escarnecimiento *subsannatio -onis. Derisio -onis*

escarnecedor *subsannator -oris. Derisor -oris*

escarnio lo mesmo que **escarnecimiento**

escarnidor de agua *clepsydra -ae*

escarpin *udo -onis. Pedulis -is*

escarvar *scalpo -is. Scalpto -is. Scalpurio -is*

escarvadura *scalptura -ae. Scalpuritio -onis*

escarvador *scalptor -oris. Scalpuritor -oris*

escarvadientes *denticalpium -ii*

escarvaorejas *auriscalpium -ii*

escasso cerca de avariento *parcus -a -um*

escasseza en esta manera *parsimonia -ae*

escassamente assi *parce* adverbium

escassa cosa en peso o medida *curtus -a -um*

escatimar o çaherir *imputo -as -avi*

escavar arboles *ablaqueo -as -avi*

escava de arboles *ablaqueatio -onis*

esclarecerse *clareo -es. Claresco -is*

esclarecer otra cosa *clarifico -as. Claro -as*

esclarecida cosa *clarus -a -um. Illustris -e*

esclarecimiento *claritas -atis. Claritudo -inis*

esclarecer el dia *lucesco -is. Dilucesco -is*

esclavina *folliculus -i. Pera cortea*

escoba para barrer *scopae -arum* in plurali

escoba pequeña o escobajo *scopula -ae*

escobajo de uvas *scopus -i. Scipio -onis*

escobilla las limaduras *scobs -is*

escoda para dolar piedras *excussorium -ii*

escodar dolar piedras *excudo -is -si*

escofina para limar madera *scobina -ae*

escoger el mejor *deligo -is -egi*

escogimiento assi *delectus -us*

escogido entre muchos *eximius -a -um. Egregius -a -um*

escoger como quiera *elego -is -egi*

escogimiento assi *electio -onis*

escolar que deprende *scholaris -is*

escolar cosa de escuela *scholasticus -a -um*

escolastico o maestre escuela *praefectus scholarum*

escolarse *elabor -eris elapsus*

escomearse *urinae non impero*

esconderse *lateo -es. Delitesco -is*

escondedijo de ombres *latebra -ae*

escondedijo de fieras *latibulum -i*

escondidamente *clanculum. Latenter*

escondida cosa *clandestinus -a -um*

escondidas de algo preposicion *clam*

esconder *condo -is. Abscondo -is. Recondo -is. Abdo -is. Occulo -is. Occulto -as*

esconder en escondedijo *illatebro -as*

escopir *spuo -is. Despuo -is. Conspuo -is. Expuo -is*

escopir gargajos *excreo -as -avi*

esopetina que se escupe *sputum -i*

escopetina que se sale *saliva -ae*

escoplear *scalpo -is. Exculpo -is*

escoplo *scalprum ferreum*

escorche en la pintura *cataglyphon*

escoria generalmente *scoria -ae*

escoria de plata *helcysma -atis*
escorpion *scorpius -ii. Scorpio -onis. Nepa -ae*
escotadura *qua via est proxima morti*
escotar en el comer *symbolam do*
escote en el comer *symbola -ae*
escriño como arca *scrinium -ii*
escriño pequeño *scriniolum -i*
escrivano publico *tabellio -onis*
escrivano principal *scriba -ae*
escrivano de lo que otro dice *notarius -ii*
escrivano de libros *librarius -ii*
escrivano de contratos *cautor formularum*
escrivania publica *tabellionatus -us*
escrivanias *atramentarium -ii*
escrivir como quiera *scribo -is scripsi*
escrivir respondiendo *rescribo -is*
escrivir contra otro *invehor -eris*
escrivir matriculando *ascribo -is*
escrivir firmando *subscribo -is*
escrivir por minuta *comminiscor -eris*
escriptor que compone *scriptor -oris. Auctor -oris*
escriptura contra otro *invectiva -ae*
escriptura como quiera *scriptio -onis. Scriptura -ae*
escriptura en las espaldas *opisthographum -i*
escriptura de propia mano *chirographum -i. Autographum -i*
escriptor de propia mano *idiographus -i*
escriptura de propia mano *idiographum -i*
escriptor falso *pseudographus -i*
escriptura falsa *pseudographia -ae*
escriptor verdadero *orthographus -i*
escriptura verdadera *orthographia -ae*
escuadra batalla *cohors -tis*
escuadra cartabon *gnomon -onis, immo norma*
escuchar como quiera *ausculto -as -avi*
escuchar de secreto *subausculto -as -avi*
escuchar de noche *excubo -as -ui*
escuchas del campo *excubiae -arum*
escudo *scutum -i. Clipeus -i*
escudado assi *scutatus -a -um. Clipeatus -a -um*
escudilla *scutula -ae. Scutella -ae*
escudo redondo *pelta -ae. Ancile -is*

escudero que haze escudos *scutarius -ii*
escudero que los lleva *scutarius -ii*
escudar *protego -is. Clepo -is -si*
escudete o nenufar yerva *nymphaea -ae*
escudruñar *scrutor -aris. Rimor -aris*
escudruñador *scrutator -oris. Rimator -oris*
escuela donde deprenden *ludus -i. Schola -ae*
escuerço o sapo *bufo -onis*
esculpir cavar en duro *scalpo -is -si. In- Ex-*
esculpidor *exculptor. Insculptor. Scalptor*
esculpidura *sculptura -ae. Exculptura -ae*
esculpida cosa *sculptilis -e*
escura cosa *caliginosus -a -um*
escuridad *obscuritas -atis. Caligo -inis*
escuro un poco *subobscurus -a -um*
escurecerse *obscureo -es. Obscuresco -is. Caligno -as*
escurecer otra cosa *obscuro -as. Obfusco -as. Obumbro -as. Adumbro -as*
escurecimiento *obfuscatio -onis. Obscuratio -onis*
escurecer otra cosa con mayor luz *perstringo -is*
escurecerse la tarde *adversperasco -is*
escusarse *rationem reddo. Excuso -as*
escusacion *excusatio -onis. Apologia -ae*
escusado por privilegio *immunis -e*
escusacion por privilegio *immunitas -atis*
escusadora cosa *excusatorius -a -um. Apologeticus -a -um*
esecutar *exequor -eris executus*
esequias *exequiae -arum. Inferiae -arum. Justa -orum*
esento *immunis -e. Exemptus -a -um*
esencion *immunitas -atis. Exemptio -onis*
esfuerço *fortitudo -inis. Robur animi*
esforçar a otro *vim addo. Animum addo*
esforçarse para algo *conor -aris. Nitor -eris*
esfuerço en esta manera *conatus -us. Conamen -inis*
esgremir el esgremidor *digladior -aris*
esgremidor *gladiator -oris. Ludius -ii*
esgremir blandeando *crispo -as. Vibro -as*
esgrima de espadas *gladiatura -ae*
esgimidura blandeando *vibratio -onis. Crispatio -onis*

eslabon de cadena *anulus catenae*
eslabon de pedernal *excussorium ferra-mentum*
esmalte o sinzel *emblema -atis*
esmaralda piedra *smaragdus -i*
esmerejon ave *haliaeetos -i. Nisus -i*
espacio de tiempo o lugar *spatium -ii. Intervallum -i. Intercapedo -inis*
espaciosa cosa assi *spatiosus -a -um. La-tus -a -um*
espaciosa cosa tardia *tardus -a -um. Ces-sator -oris*
espacio en esta manera *cessatio -onis. Tarditas -atis*
espaciarse *spatior -aris. Deambulo -as*
espada *ensis. Gladius. Rhomphaea. Fra-mea*
espada pequeña *ensicula -ae. Gladiolus -i*
espada en griego *spathe. Machaira*
espadero que las haze *spatharius -ii*
espadado con espada *ensifer -era -erum. Machaerophorus -i*
espadaña yerva *acorus -i. Gladiolus -i*
espadar lino *carmino linum*
espadarte pescado *gladius -ii. Gladiolus -i*
espalda *scapula -ae. Armus -i*
espantar *terreo -es. Absterreo -es. De- Ex- Con-*
espantar *consterno -as. Externo -as*
espanto *terror. Horror. Consternatio*
espantable cosa *terribilis -e. Terrificus -a -um*
espantajo *formido avium et ferarum*
espantarse la bestia *consternor -aris*
espantarse lo medroso *paveo -es*
espantadiza cosa assi *pavidus -a -um*
espanzirse el papel *suffundor -eris*
espanzimiento *suffusio -onis*
esparrago *asparagus -i. Corruda -ae*
esparto yerva propia de España *spartum i-*
espartero que lo labra *spartarius -ii*
esparteña calçado desto *solea spartea*
esparzir *spargo -is. Fundo -is*
especular *speculor -aris. Contemplor -aris*
especulacion *speculatio -onis. Contempla-tio -onis*
especulacion en griego *theorice*

especulativo *speculativus -a -um. Con-templativus -a -um*
especulativo en griego *theoricos*
especulativa arte *speculativa -ae. Theo-rice* [graece]
especia de especiero *aroma -atis. Species -ei*
especiero de especias *aromatopola -ae*
especie de cosas *genus -eris. Species -ei*
especial cosa de especie *specialis -e*
especial por señalado *insignis -e. Egre-gius -a -um*
espedir lo impedido *expedio -is -ivi*
espedimiento assi *expeditio -onis*
espejo para se mirar *speculum -i*
espejo pequeño *specillum -i*
espejuelos antojos *conspicilia -orum*
espelta especie de trigo *semen -inis. Spelta -ae*
espelta en griego *zeia. Alicastrum -i* [latine]
espeluzarse *horreo -es. Horresco -is. Ad- Ex-*
espeluzado *horridus -a -um. Horrens -tis*
espeluzos *horripilium -ii. Horripilatio -onis*
espender & **espensa** vide **despender**
espera de astrologia *sphera -ae. Globus -i*
esperica cosa redonda *sphericus -a -um. Globosus -a -um*
esperar algun bien *spero -as -avi*
esperança de algun bien *spes spei*
esperar como quiera *expecto -as. Maneo -es*
esperança en esta manera *expectatio -onis*
esperar lo que a de venir *operior -iris. Praestolor -aris*
esperança desta forma *praestolatio -onis*
esperezarse *exporgere membra*
esperezo *exporrectio membrorum*
esperimentar *experior -iris*
esperimento *experimentum -i. Peritia -ae*
esperimentado *expertus -a -um. Peritus -a -um*
espessar hazer espesso *spisso -as. Denso -as*
espessar en uno *conspisso -as. Condenso -as*
espessa cosa *spissus -a -um. Densus -a -um*

espessa cosa en uno *condensus -a -um*
espessura *spissitudo -inis. Spissitas -atis.
Densitas -atis*
espessas vezes *crebro. Frequenter. Saepe*
espessa cosa assi *frequens -tis. Creber
-bra -brum*
espessamente hazer *frequento -as -avi*
espessarse *crebreo -es. Crebresco -is. In-
Per-*
espessura desta manera *frequentia -ae*
espiar *exploro -as. Speculor -aris*
espia el mesmo que espia *explorator -oris*
espiga de pan *spica -ae. Spicus -i. Spicum -i*
espiga mocha *spica mutica*
espigar coger espigas *lego spicas*
espigar el mesmo cogerlas *spicilegium
-ii*
espigar hazer algo como espiga *inspico
-as*
espigon de cabeça de ajos *spicum -i*
espina *spina -ae. Sentes -ium* in plurali
espina de pece o espinazo *spina -ae*
espinal *spinetum -i. Senticetum -i*
espinosa cosa *spinosus -a -um. Spinifer
-a -um*
espinaca yerva conocida *spinanca -ae*
novum
espinar o punçar *pungo -is -xi*
espinilla de la pierna *tibia -ae*
espino arbol conocido *spinus -i*
espirar echar el huelgo *anhelo -as. Halo
-as*
espirar soplando *spiro -as. Expiro -as*
espiradero *spiraculum -i. Spiramentum -i*
espiritu o soplo *spiritus -us*
espiritual cosa *spiritualis -e. Spiritalis -e*
espiritualmente *spiritualiter. Spiritaliter*
espital de pobres mendigos *proseucha
-ae*
espital de uerfanos *orphanotrophium -ii*
espital de enechados *brephotrophium -ii*
espital de leprosos *nosocomium -ii*
espolon de ave macho *calcar -aris*
esponja de mar *spongia -ae*
espongiosa cosa *spongiosus -a -um*
esponja piedra *pumex -icis*
espongiosa cosa *pumicosus -a -um*
esponjar con esta esponja *pumico -as*
esponjadura desta manera *p u m i c a t i o
-onis*

esposo de alguna hembra *sponsus -i*
esposa de algun varon *sponsa -ae*
esposas prision de manos *manica -ae*
espuela de hierro *calcar -aris*
espolear herir con ella *calcari fodio*
espolada herida con ella *calcaris ictus*
espuerta propia de esparto *sporta -ae*
esportilla *sportula -ae. Sportella -ae*
espuma cualquiera *spuma -ae*
espumosa cosa llena della *spumosus -a
-um*
espumosa cosa de espuma *spumeus -a
-um*
espumar quitar la espuma *despumo -as*
espumar hazer espuma *spumesco -is.
Spumo -as*
espuma de oro *chrysitis -idis*
espuma de plata *argyritis -idis. Lithargi-
rum -i*
espuma de plomo *molybditis -idis*
espuma de salitre alatron *aphronitrum
-i*
esquero de yesca *escarium -ii*
esquero de dinero requiere **bolsa**
esquife de nave *scapha -ae. Cymba -ae*
esquileta o **esquilon** *tintinnabulum -i*
esquilmo *foetura -ae. Foetus -us*
esquilmada cosa *effoetus -a -um*
esquina de casa *angulus exterior*
esquinada cosa *angulosus -a -um*
esquinancia *angina -ae. Synanche -es*
esquiva cosa *vitabundus -a -um. Refu-
gus -a -um*
esquividad o **esquiveza** *vitatio -onis.
Evitatio -onis*
esquivar *vito -as. Evito -as. Refugio -is*
esse essa esso *iste ista istud* pronomen
esse mesmo essa mesma esso mesmo
iste ipse ista ipsa istud ipsum
esso mesmo conjuncion *praeterea. Item*
estable cosa que esta *stabilis -e. Firmus
-a -um*
establemente *stabiliter. Firmiter*
establecer *statuo -is. Constituo -is. Instituo -is*
establecimiento *statutum -i. Constitutio
-onis. Stablimentum -i. Institutum -i*
establo de bestias o ganados *stabulum -i*
establerizo *stabularius. Stabularia*
establos, hazer o poner *stabulor -aris*
estaca para atar bestia *vacerra -ae*

estaca para plantar *talea -ae*
estacada de plantas o de olivas *novella-
tio -onis*
estacada de plantas, poner *novello -as*
estadal medida de la estatura *statura -ae*
estadal medida de cierto trecho *stadium
ii-*
estado el altura de cada uno *statura -ae*
estado grado en que esta cada cosa *status -us*
estado grande *summus status. Conditio
-onis*
estado mediano *mediocris status. Conditio -onis*
estado baxo *infimus status. Conditio -onis*
estado de la causa *litis contestatio. Status causae. Constitutio causae*
estallar rebentando *crepo -as. Strideo
-es*
estallido desta manera *crepitus -us. Stridor -oris*
estambre de lana o lino *stamen -inis*
estameña *textum stamineum*
estancar pararse *sto stas. Cesso -as*
estancar a lo que anda *sisto -is*
estancarse el agua *stagno -as. Restagno
-as*
estanque de agua assi *stagnum -i. Piscina -ae*
estança de veladores *statio -onis*
estança donde alguno esta *mansio -onis*
estandarte *signum -i. Vexillum -i*
estaño metal *stannum -i. Cassiteros*
[graece]
estañar con estaño *stanno -as*
estar ser *sum es fui esse*
estar cerca *adsum ades adfui*
estar debaxo *subsum subes subfui*
estar encima sin movimiento *exto -as*
estar encima con movimiento *existo -is*
estar encima *emineo -es. Immineo -es*
estar encima para caer *impendeo -es*
estar lo que suele andar *sto stas steti*
estar en pie *sto stas steti. Sisto -is steti*
estar delante del grande *appareo -es.
Asto -as*
estar en el campo *rusticor -aris*
estar al partido *prosto -as*
estar en derredor *circumsisto -is*
estatua de bulto imagen *statua -ae. Signum -i*

estatuario que las haze *statuarius -ii*
este esta esto *hic haec hoc* pronomen
estender en luengo *protendo -is. Porrigo
-is. Produco -is*
estendimiento assi *protensio -onis. Pro-
ductio onis*
estender *tendo -is. Extendo -is. Intendo
-is*
estendimiento *tensio -onis. Extensio -onis.
Intensio -onis*
estender el tiempo *prorogo -as*
estendimiento de tiempo *prorogatio -onis*
estera *storea -ae. Sparteum stragulum*
estercolar el campo *stercoro -as*
estercolamiento *stercoratio -onis*
esterquero muladar *sterquilinum -i. Fi-
metum -i*
esterile *sterilis -e. Infecundus -a -um*
esterilidad *sterilitas -atis. Infecunditas
-atis*
esterile, hazerse *sterilesco -is*
estero de mar *aestuarium -ii*
esteva de arado *stiva -ae*
estevado de piernas *varus -a -um*
estiercol *stercus -oris. Fimus -i*
estiercol de ombre *oletum -i*
estilo de dezir *character dicendi*
estimar tassar, apreciar *aestimo -as*
estima precio o tassa *aestimatio -onis.
Aestimia -ae*
estima por estado *existimatio -onis*
estimador tassador *aestimator -oris*
estimable cosa de precio *aestimabilis -e*
estimar en mucho *magnifacio -is. Magnipendo -is*
estimar en poco *parvifacio -is. Vilifacio
-is*
estimar en nada *nihilifacio -is. Nihilipen-
do -is*
estio parte del año *aestas -atis*
estio, tener en lugar *aestivo -as*
estival cosa de estio *aestivus -a -um.
Aestivalis -e*
estocada *punctum -i. Puncta -ae*
estocadas, dar *punctim caedo*
estomago, la boca del *stomachus -i*
estomago el mesmo vientre *venter -tris*
estomagarse *stomachor -aris*
estomagado *stomachosus -a -um. Stoma-
chabundus -a -um*
estopa mondadura de lino *stuppa -ae*

estopeña cosa de estopa *stuppeus -a -um*

estoque *sica -ae. Gladius -ii*

estoraque olor *styrax -cis. Styrace -es. Storax -cis*

estornija de carro *sufflamen -inis*

estornino especie de tordo *sturnus -i*

estornudar *sternuo -is. Sternuto -as*

estornudo *sternutamentum -i. Sternutatio -onis*

estorvar *obsto -as. Obstrigillo -as. Impedio -is*

estorvo *obstaculum -i. Obex -icis. Impedimentum -i*

estorvar al que habla *interpello -as*

estorvo en esta manera *interpellatio -onis*

estraçar *lacero -as. Trucido -as*

estraço *laceratio -onis. Trucidatio -onis*

estrado *stratum -i. Instratum -i*

estrado de almohadas *pulvinar -aris*

estrado, hazer *insterno -is instravi*

estragar *corrumpo -is. Laedo -is. Vitio -as*

estragamiento *corruptio -onis. Vitium -ii*

estrago de muertos *strages -is*

estranguria de urina *substillum -i. Stranguria -ae*

estraño o **estrangero** *advena -ae*

estraña cosa *exter -era -erum. Externus -a -um. Extrarius -a -um. Extraneus -a -um*

estraño en griego *proselytos. Allophylos*

estrañar *alieno -as. Abalieno -as*

estrecha cosa *angustus -a -um. Artus -a -um*

estrechamente *anguste. Strictim*

estrechura *angustia -ae. Coartatio -onis*

estrechar *angusto -as. Coangusto -as. Arto -as. Stringo -is. Constringo -is*

estrecha mar entre dos tierras *fretum -i*

estrecha mar assi en griego *porthmos*

estregar *stringo -is -xi. Stringo -as -avi*

estregadero para estregar *strigilis -is*

estrella *stella -ae. Astrum -i. Aster -tris*

estrellada cosa *stellatus -a -um. Stellifer -era -erum*

estrella pequeña *stellula -ae. Asteriscus -i*

estrellero o astrologo *astrologus -i*

estremada cosa *supremus -a -um*

estrenas o aguinaldo *strenae -arum*

estrenar *delibo -as. Degusto -as*

estreñir o apretar *stringo -is*

estribar *nitor -aris. Adnitor -aris. Innitor -aris*

estribar en contrario *obnitor -aris*

estribar por debaxo *subnitor -aris*

estribadura *nixus -us. Nisus -us*

estribadora cosa *nitibundus -a -um*

estribo de silla *stapeda -ae* dixo Filelfo

estribo de edificio *profultura -ae*

estrompeçar *caespito -as. Offendo -is*

estrompieço *caespitatio -onis. Offendiculum -i*

estruendo de pies *strepitus -us*

estruendo, hazer assi *strepo -is. Strepito -as*

estruendo de cosas quebradas *fragor -oris*

estuche de cirugianos *theca instructa*

estuche de punçones *graphiarium -ii*

estudio en cada cosa *diligentia -ae. Studium -ii*

estudiosa cosa assi *studiosus -a -um*

estudiosamente assi *studiose*

estudiar dar obra *studeo -es*

estufa baño seco *calidarium -ii*

estufa como baño *thermae -arum*

exe de carro *axis -is*

exe como lo dezimos al perro *exi*

exea *explorator -oris. Speculator -oris*

exemplo que tomamos de otro *exemplum -i*

exemplo que damos a otro *exemplum -i*

exemplar de donde sacamos *exemplar -aris*

exemplificar poner exemplo *exemplifico -as*

exercicio *exercitium -ii. Exercitatio -onis. Exercitamentum -i*

exercicio de luxuria *clinopale -es*

exercitar *exerceo -es. Exercito -as*

exercitador de negocios *exercitor -oris*

exercitadora cosa assi *exercitorius -a -um*

F

fabricar hazer por artificio *fabrico -as*

fabricador assi *fabricator -oris*

fabrica la mesma hechura *fabrica -ae*

fabrica el mesmo hazer *fabricatio -onis*

fabricada cosa por arte *faber -bra -brum. Fabrifactus -a -um*

fabricadamente *fabre. Adfabre*

facultad por la hazienda *facultas -atis. Bona -orum*

facultad possibilidad *facultas -atis. Vires -ium*

facile cosa hazedera *facilis -e*

facilidad ligereza de hazer *facilitas -atis*

facilmente assi *facile. Faciliter*

faysa por la faxa *fascia -ae. Strophium -ii*

faysa pequeña *fasciola -ae. Strophiolum -i*

faysar por faxar *fascio -as*

faysan ave preciosa *phasianus -i*

falsa cosa que engaña *falsus -a -um. Fallax -cis*

falsedad este engaño *falsitas -atis. Fallacia -ae*

falsar contrahazer *falso -as. Adultero -as*

falsada cosa assi *adulterinus -a -um*

falsario el que assi falsa *falsarius -a -um*

falsamente *falso. Perperam*

falso decidor *falsidicus -a -um*

falso profeta *pseudopropheta -ae*

falsa profecia *pseudoprophecia -ae*

falsa abeja *pseudosphex -ecis*

falso nardo *pseudonardus -i*

falta por culpa *culpa -ae*

falta por mengua *defectus -us*

faltar *desum dees. Deficio -is*

faltosa cosa que falta *defectus -a -um*

fallar por faltar *desum dees. Deficio -is*

falla por falta *defectus -us*

fama de nuevas *rumor -oris. Fama -ae*

fama pequeña de nuevas *rumusculus -i*

fama con mucha onrra *gloria -ae. Celebritas -atis*

famoso en esta manera *gloriosus -a -um. Celeber -bris -bre*

famosamente assi *gloriose. Celebriter*

fama mala *infamia -ae. Ignominia -ae*

famoso en mala parte *famosus -a -um. Infamis -e. Ignominiosus -a -um*

famosamente assi *famose. Ignominiose*

fama mala, tener *audio male*

familia *familia -ae. Domus -us*

familiar cosa *familiaris -e. Domesticus -a -um*

familiaridad *familiaritas -atis. Consuetudo -inis*

familiarmente *familiariter*

faraute de lenguas *interpres -etis*

faraute este mesmo en griego *hermes*

faron para las naves *pharus -i*

farro o escandia *far. Ador. Adoreum*

fasolo legumbre *phasellus -i. Dolichos -i. Siliqua -ae*

fatiga del anima *angor -oris. Anxietas -atis*

fatiga del cuerpo *lassitudo -inis. Defatigatio -onis*

fatigado o cansado *lassus -a -um. Defatigatus -a -um*

fatigar *fatigo -as. Delasso -as. Vexo -as*

favorecer como quiera *faveo -es. Studeo -es*

favor en esta manera *favor -oris. Studium -ii*

favorecedor assi *fautor -oris. Studiosus -a -um*

favorable cosa *favorabilis -e*

favorablemente *favorabiliter*

favorecer con grita *plaudo -is. Applaudo -is*

favor en esta manera *plausus -us*

favorecer con gestos & manos *plaudo -is*

favorecedor assi *plausor -oris*

favorable cosa *plausibilis -e*

favorecer con voto *suffragor -aris*

favor en esta manera *suffragatio -onis*

favorecedor en esta manera *suffragator -oris*

favor del pueblo *aura popularis*

favorecedor del pueblo *aurarius -ii*

faxa o **faysa** como en Toledo *fascia -ae*

faxar o **faysar** como alli *fascio -as*

faxa de pechos *fascia pectoralis*

faxar de muger *mamillare -is*

fe o creencia *fides -ei. Religio -onis*

fea cosa *turpis -e. Deformis -e. Informis -e*

fea cosa desonesta *inhonestus -a -um. Indecorus -a -um*

fealdad *turpitudo. Deformitas. Foeditas*

fealdad desonestidad *dedecus -oris. Inhonestas -atis*

feble cosa flaca *debilis -e. Exilis -e*

febledad flaqueza *debilitas -atis. Exilitas -atis*
feblemente *debiliter. Exiliter*
fenecer acabarse *desino -is. Deficio -is*
fenecer a otra cosa *finio -is. Termino -as*
fenecimiento *finis -is. Terminus -i*
feria o fiesta *feriae -arum*
feria mercado como Medina *emporium -ii*
feria lugar de mercado *mercatus -i*
feriar una cosa con otra *commercor -aris*
ferias en esta manera *commercium -ii*
ferias de nueve en nueve dias *nundinae -arum*
feriar assi *nundinor -aris*
fiar como quiera *spondeo -es. Fidejubeo -es*
fiadora cosa assi *fidejussorius -a -um*
fiador desta manera *sponsor -oris. Fidejussor -oris*
fiança desta manera *sponsio -onis. Fidejussio -onis*
fiar la haz o persona *vador -aris*
fiador de la persona *vas vadis*
fiança de la persona *vadimonium -ii*
fiar en la hazienda *do praedes. Fide jubeo*
fiança desta manera *praedium exhibitio*
fiador desta manera *praedium exhibitor*
fiar confiando de otro *fido -is. Confido -is*
fiar prestando a otro *credo -is -didi*
ficion fingimiento *fictio -onis. Figmentum -i*
fiebre o calentura requiere **calentura**
fiel de la balança *examen -inis*
fiel cosa de quien confiamos *fidelis -e*
fielmente en esta manera *fideliter*
fieldad en esta manera *fidelitas -atis*
fiel que cree en la fe *religiosus -a -um. Pius -a -um*
fielmente assi *pie. Religiose*
fiel de los pesos & medidas *aedilis -e*
fieldad oficio deste *aedilitas -atis*
fiel de las medidas del pan *abatis*
fiera cosa *ferus -a -um. Agrestis -e. Ferox -ocis*
fiera cosa un poco *subagrestis -e*
fiereza *feritas -atis. Ferocitas -atis*
fiera bestia *fera -ae. Bestia -ae*

fiesta de guardar *festum -i. Feriae -arum*
figura de traços *figura -ae. Schema -atis*
figura de tres angulos *trigonum -i*
figurada cosa assi *trigonus -a -um. Trigonalis -e*
figura de cuatro angulos *tetragonum -i*
figura de cinco angulos *pentagonum -i*
figura de seys angulos *hexagonum -i*
figura de siete angulos *heptagonum -i*
figura de ocho angulos *octogonum -i*
figura de nueve angulos *enneagonum -i*
figura de diez angulos *decagonum -i*
figura sin angulos o redonda *agonos* [graece]
figura ahusada *pyramis -idis*
figurar *figuro -as. Configuro -as*
figurada cosa *figuratus -a -um. Typicus -a -um*
figuradamente *figurate. Typice*
filo de cuchillo *acies ferri. Acumen -inis*
filosofia amor de saber *philosophia -ae*
filosofar dar obra a esta *philosophor -aris*
filosofo el que da obra a ella *philosophus -i*
filosofo fingido *sophistes -ae. Sophista -ae*
filosofia fingida *sophistice -es*
filosofo desnudo *gymnosophista -ae*
fin de cada cosa *finis -is. Terminus -i*
final cosa *finalis -e. Terminalis -e*
finalmente *tandem. Demum. Denique*
finar fallecer, morir *defungor -eris*
finado assi *defunctus* vel *vita functus*
finamiento de aqueste *defunctio -onis*
fina cosa *exactus -a -um. Perfectus -a -um*
fingir *fingo -is. Comminiscor -eris*
fingir a menudo *commentor -aris*
fingida cosa *commenticius -a -um. Ficticius -a -um*
fingimiento *fictio -onis. Figmentum -i*
firme cosa *firmus -a -um. Stabilis -e*
firmemente *firmiter. Stabiliter*
firmeza *firmitas. Firmitudo. Stabilitas. Firmamen. Firmamentum*
firmar *firmo -as. Fundo -as. Stabilio -is*
firmar escriptura *subscribo -is. Signo -as*
firma de escriptura *subscriptio -onis. Signatio -onis*
fiscal del patrimonio del rey *fiscalis -is*
fiscal de esparto *fiscus -i*
fisco hazienda del rey *fiscus -i*

flaca cosa magra *macer -era -erum. Exilis -e*

flaca cosa doliente *debilis -e. Languidus -a -um. Infirmus -a -um*

flaca cosa quebradera *fragilis -e. Friabilis -e*

flaca cosa sin fuerças *enervis. Enervatus. Effeminatus. Eviratus*

flaco por no poder pelear *imbellis -e*

flaco que no se puede tener *imbecillis -e*

flaqueza para quebrantarse *fragilitas -atis*

flaqueza para no pelear *imbellia -ae*

flaqueza o magreza *macies -ei. Exilitas -atis*

flaqueza dolencia *debilitas -atis. Infirmitas -atis*

flaqueza del que no se tiene *imbecillitas -atis*

flauta *fistula -ae. Tibia -ae. Calamus -i. Aulos graece*

flautador *fistulator -oris. Tibiicen -inis. Auloedus -i*

flocadura *vilorum flocci*

flor de arbol o yerva *flos -oris*

flor de granada *balaustium -ii*

flor en la color *flos -oris*

flor de la muger *menstruum -i*

flor la lapa del vino *flos vini*

floresta *viretum -i. Nemus -oris*

floretada *talitrum in frontem*

florida cosa *floridus -a -um. Floreus -a -um*

florin de Florencia *aureus florentinus*

florin de Aragon *aureus tarraconensis*

florin de Ren *aureus rhenanus*

flota de naves juntas *classis -is*

floxa cosa en el cuerpo *laxus -a -um. Fluxus -a -um*

floxedad en el cuerpo *laxitudo -inis*

floxo en el animo *laetus -a -um. Deses -idis. Iners -tis*

floxedad assi *desidia -ae. Inertia -ae*

floxo por negligencia *negligens -tis. Ignavus -a -um*

floxedad assi *negligentia -ae. Ignavia -ae*

flueco de la lana *floccus -i*

fofo cosa hueca *turgidus -a -um. Mollis -e*

fontanal lugar de fuentes *fontinalis -is*

foraña cosa casi fiera o çahareña *ferus -a -um*

forastero o estrangero vide **estrangero**

forçado es *necessarium est. Necesse est*

forçar *vim infero. Cogo -is. Impello -is*

forçar virgen o muger *stupro -as*

forçador de aquestas *stuprator -oris*

forcejar *tento aut experior vires*

forçosa c o s a que fuerça *violentus -a -um. Violens -tis*

forçosamente assi *violenter*

forera cosa de fuero *forensis -e*

forjar *fabrico -as. Fabricor -aris*

forja *fabrica -ae. Fabricatio -onis*

forma o manera *forma -ae. Modus -i*

forma de materia *forma -ae. Species -ei*

forma esta mesma en griego *entelecheia*

formado en dos maneras *biformis -e*

formado en tres maneras *triformis -e*

formado en cuatro maneras *quadriformis -e*

formado en cinco maneras *quinqueformis -e*

formado en seys maneras *sexiformis -e*

formado en siete maneras *septiformis -e*

formado en ocho maneras *octiformis -e*

formar reduzir a cierta forma *formo -as*

formal cosa de forma *formalis -e*

formalmente assi *formaliter*

formage o queso *formago -inis. Caseus -i*

formulario de notas *formularium -ii*

fornecer *munio -is. Instruo -is*

fornecimiento *instrumentum -i. Munitio -onis*

fortalecer *munio -is. Solido -as. Firmo -as*

fortalecerse *irroboro -as. Vigeo -es*

fortalecimiento *munitio -onis. Firmatio -onis*

fortaleza de varon *fortitudo -inis. Virtus -utis*

fortaleza edificio *arx arcis*

frayle religioso *frater -tris*

frayla o **freyla** *soror -oris*

fraylezillo ave *atricapilla -ae*

franco liberal *liberalis -e. Munificus -a -um*

franco privilegiado *immunis -e*

francamente *liberaliter. Munifice*

franqueza liberalidad *liberalitas -atis. Munificentia -ae*

franqueza por privilegio *immunitas -atis*

francolin ave *attagen -inis. Attagena -ae*

frecha *sagitta -ae. Spiculum -i*

frechar el arco *flecto -is. Adduco -is*

frechero *sagittator. Sagittarius. Arcitenens. Arquites*

fregar *frico -as -ui. Infrico -as -ui*

fregadura *frictus -us. Frictio -onis. Fricatio -onis*

fregar mucho *defrico -as -ui. Perfrico -as -ui*

fregadura *perfrictio -onis. Affrictus -us*

fregar uno con otro *confrico -as -ui*

fregar una cosa a otra *affrico -is -ui*

fregar por debaxo *suffrico -as -ui*

fregar lavar vasos *tergeo -es*

fregadura desta manera *tersio -onis*

fregar estregando *distringo -is -xi*

fregadero desta manera *strigilis -is*

fregadientes *dentifricium -ii* latine. *Odontotrimma* [graece]

freyle o **frayle** *frater in Christo*

freyla o **frayla** *soror in Christo*

freir en sarten *frigo -is -xi*

freidura de lo frito *frixura -ae*

freno para cavallo o mula *frenum -i*

freno este mesmo antiguamente *orea -ae*

freno rezio *lupatum -i. Lupus -i*

frente parte de la cabeça *frons -tis*

frente de cualquier cosa *facies -ei. Frons -tis*

fresar una cosa con otra *infrico -as -ui*

fresar como havas *frendeo -es*

fresada cosa *fresus -a -um a frendeo*

fresadas de cevada *ptisanum ordeaceum*

fresco o reziente *recens -tis. Musteus -a -um*

frescamente *recens. Recenter*

fresco por frio *algidus -a -um. Gelidus -a -um*

fresco o **frescura** *algor -oris. Frigus -oris*

fretar nave *conduco navem*

frete que paga el passagero *naulum -i*

fria cosa *frigidus -a - um. Gelidus -a -um. Algidus -a -um*

friamente *frigide. Algide. Gelide*

friera de pies *pernio -onis*

frio *frigus -oris. Algor -oris*

frisar como paño *refrico -as -ui*

frito cosa freida *frictus -a -um. Frixus -a -um*

frontal de frente *frontale -is*

fructificar *fructifico -as*

fruta como quiera *pomum -i*

fruta de cualquier arbol *foetus -us*

frutal arbol de fruta *arbor pomifera*

fruta de sarten *bellaria -orum. Tragemata -um*

fruta de corteza dura *nux nucis*

fruto de cada cosa *fructus -us*

fruto de la tierra *fruges -is. Frux -gis*

frutuoso lo que da fruto *fructifer -era -erum. Fructuosus -a -um*

fuelle para soplar *follis -is*

fuelle pequeña para soplar *folliculus -i*

fuente manantial *fons -tis*

fuente pequeña *fonticulus -i*

fuente de la palma de la mano *hir*

fuentes para lavar manos *malluviae -arum*

fuera a lugar, adverbio *foras*

fuera en lugar, adverbio *foris*

fuerça hecha a otro *violentia -ae*

fuerça reziura *vis vis. Robur -oris*

fuerça biva *vigor -oris. Vivacitas -atis*

fuerça hecha a muger *stuprum -i*

fuero por juzgado *forum -i*

fuerte cosa *fortis -e. Acer acris acre*

fuertemente *acriter. Fortiter*

funda de almohada o colchon *fascia -ae*

fundar poner fundamento *fundo -as*

fundamento *fundamentum -i. Fundamen -inis*

fundador *fundator -oris*

fundir metales *conflo -as*

furia o furor *furia -ae. Furor -oris*

furia del infierno *erinys -yos*

furias del infierno *eumenides -um*

furioso *furiosus -a -um. Furibundus -a -um*

furioso por espiritu divino *entheatus -a -um*

fuslera *aes fusile* vel *coronarium aes*

fusorio en que funden *fusorium -ii*

fusta genero de nave *navis fusa. Epibatum -i*

fustan *pannus gossipinus*

fuzia o confiança *fiducia -ae*

G

gaçapo de conejo *laurex -icis*
gafeti yerva *eupatorium -ii*
gafo, gafoso, gafedad *lepra -ae*
gayta instrumento musico *utriculus -i. Ascos* [graece]
gaytero el que la tañe *utricularius -ii. Ascaules -is*
gala *elegantia* vel *lautitia vestium*
galan *elegans -tis. Lautus -a -um*
galanamente *eleganter. Laute*
galapago de la tierra *testudo -inis*
galapago de la mar *testudo marina*
galardon *remuneratio -onis. Retributio -onis*
galardon del servicio *merces -edis. Praemium -ii*
galardonar *retribuo -is. Remuneror -aris*
galardonador *retributor -oris. Remunerator -oris*
galbano *galbanum -i. Chalbane -es*
galbanado deste color *galbaneus -a -um*
galea de dos ordenes *biremis -is*
galea de tres ordenes *triremis -is*
galeaça *quadriremis -is. Quinqueremis -is*
galeota pequeña galea *biremis -is*
galeote *remex -igis. Classarius -ii*
galgana legumbre *cicera -ae*
galgo especie de can *canis gallicus*
galocha *calopodion* [graece]. *Soccus -i*
gallego viento *caurus -i. Corus -i. Argestes -is*
galleta vaso para vino *galeola -ae*
gallillo o campanilla *epiglottis -idos* [graece]
gallina ave domestica *gallina -ae*
gallina ponedera *gallina hadriana*
gallina ciega ave *gallinago -inis*
gallina morisca *meleagris -idis. Avis numidica*
gallinaza estiercol dellas *fimus gallinaceus*
gallo marido de gallinas *gallus -i*
gallinero que las cura *gallinarius -ii*
gallinero donde duermen *gallinarium -ii*
gallinero donde se crian *ornithoboscion* [graece]
gamon yerva conocida *asphodelus -i*

gamonital *locus asphodelis plenus*
gana o antojo *libido -inis. Libentia -ae*
ganado menudo *pecus -oris. Pecu* indeclinabile
ganado mayor *armentum -i*
ganadero de ganado menudo *pecuarius -ii*
ganadero de ganado mayor *armentarius -ii*
ganancia *lucrum -i. Quaestus -us*
ganancioso *lucrosus -a -um. Quaestuosus -a -um*
ganapan *bajulus -i. Gerulus -i. Corbulo -onis*
ganar *lucror -aris. Lucrifacio -is*
ganar en juego *vinco -is vici*
ganar conquistando *debello -as*
ganar sueldo *stipendium facio. Mereor -eris*
ganar amor de otro *demereor -eris*
gancho de pastor *pedum -i*
ganso o ansar o pato *anser masculus*
ganzua *adulterina clavis*
gañan que ara *arator -oris*
gañir el perro o raposo *gannio -is -ivi*
gañido en esta manera *gannitus -us*
gañir contra otro *oggannio -is -ivi*
gañir el perro tras el rastro *nicto -as*
garañon cavallo *admissarius -ii*
garañon, echar *admitto -is -si*
garavato *uncus -i. Harpago -inis*
garavato para sacar carne *creagra -ae*
garça ave conocida *ardea -ae*
garça blanca *albardeola -ae*
garçota garça pequeña *ardeola -ae*
garcetas cuernos de ciervos *amynteres*
garço de ojos *glaucus -a -um. Caesius -a -um*
garços ojos *glauci oculi* vel *caesii*
garça muger de ojos *glaucopis -is*
garçon que se quiere casar *procus -i*
garçonear aqueste tal *procor -aris*
garçonia de aqueste *procacitas -atis*
garfio *uncus -i. Uncinus -i*
garfio para sacar carne *creagra -ae*
gargagear o **gargarizar** *excreo -as -avi*
gargagear en griego *gargarizo*
gargajo *excreatum -i. Gargarizatum -i*
garganta de monte *faux -cis. Pyla -ae*
garganta de animal *guttur -uris. Faux -cis*

garganto *gluto -onis. Barathro -onis*
gargantez *ingluvies -ei. Edacitas -atis*
gargavero *gurgulio -onis. Guttur -uris. Trachia -ae. Arteria* graece
gargola simiente de lino *lini semen*
garguero lo que **garganta** o **gargavero**
garlito para peces *nassa -ae. Fiscina -ae*
garrapata *ricinus -i. Redivus -i*
garrido *elegans -tis. Lautus -a -um*
garridamente *eleganter. Laute*
garrideza *elegantia -ae. Lautitia -ae*
garrocha *faustis -is. Sudis -is. Hasta -ae*
garrocha sacaliña *aclis -idis*
garrovo arbol *siliqua -ae. Ceratium -ii*
garrova fruta deste arbol *siliqua -ae*
gastar en bien *consumo -as*
gastar en mal *consumo -is. Contero -is*
gastar usando *tero -is. Con- De-*
gastar lo que perece *insumo -is. Perdo -is*
gastar espendiendo *impendo -is*
gastar demasiado *prodigo -is prodegi*
gastar en comer *ligurio -is -ivi. Ab-*
gastador en mal *consumptor -oris*
gastador en lo demasiado *prodigus -a -um*
gastador en golosinas *liguritor -oris. Ab-*
gasto en mal *consumptio -onis*
gasto en lo demasiado *prodigalitas -atis*
gasto en golosinas *liguritio -onis. Ab-*
gasto como quiera *sumptus -us*
gasto por uso *detrimentum -i*
gato *musio -onis. Catus -i* novum *Feles -is*
gato paus *cercopithecus -i. Cebus -i*
gato cerval *lupus cervarius*
gatear ir sobre pechos *repo -is. Serpo -is*
gatear assi a menudo *repto -as*
gavanço rosal silvestre *cynorrhodon -i. Cynosbatos -i*
gavia de la nave *carchesium -ii*
gavilan *accipiter humipeta*
gaviota ave conocida *gavia -ae*
guedeja de cabellos *cincinnus -i. Cirrus -i*
guedejudo *cincinnatus -a -um. Cirratus -a -um*
guedeja enhetrada *trica -ae*
guerra *bellum -i. Militia -ae. Duellum -i*
guerra, hazer *bellum gero*

guerrear *belligero -as. Belligeror -aris*
guerreador *bellator -oris. Belligerator -oris*
guerreadora cosa *bellicus -a -um. Belliger -era -erum*
guerrero lo mesmo es que **guerreador**
guia por guiador o guiadora *dux ducis*
guia por el mesmo guiar *ductus -us. Ductio -onis. Ducatus -us*
guiar *duco -is -xi. Perduco -is -xi*
guiar a menudo *ducto -as*
guiador o **guiadora** *ductor -oris. Ductrix -icis*
guinda fruta *cerasum acre*
guindal arbol *cerasus acris. Chamaecerasus -i*
guiñar del ojo *nuo -is nui*
guisa *modus -i. Moderatio -onis*
guisar *apto -as. Moderor -aris*
guisar manjares *condio -is*
gleba armadura de piernas *tibiale -is*
gloria *gloria -ae. Fama -ae. Laus -dis*
gloria vana en griego *cenodoxia*
gloria verdadera en griego *eudoxia*
gloriarse o glorificarse *glorior -aris*
glorificacion assi *gloriatio -onis*
glorificar dar gloria a otro *glorifico -as*
glorificacion assi *glorificatio -onis*
glorioso *gloriosus -a -um. Inclitus -a -um*
gloriosamente *gloriose. Inclite*
glosa de obra *expositio -onis. Commentum -i*
glosa en griego *glossema -atos. Scholion*
glosar *expono -is. Commentor -aris*
glosador *expositor -oris. Commentator -oris*
gloton *gluto -onis. Vorator -oris*
glotonear *glutio -is. Voro -as*
goja en que cogen las espigas *corbis -is*
goldre *corytus* sive *gorytus -i*
golfin lo mesmo es que **delfin**
golfo de mar *sinus -us*
golondrina *hirundo -inis*
golondrino *pullus hirundus*
goloso *ganeo -onis. Gulosus -a -um. Helluo -onis*
golosear *ligurio -is. Helluor -aris*
golosina *liguritio -onis. Cupedia -ae. Gula -ae*
golpear o herir *ico -is ici. Percutio -is*
golpe *ictus -us. Percussus -us*

goma sudor de arbol *gummi* indeclinabile

goma de oliva *enhaemon -i*

gomoso lleno de g o m a *gummosus -a -um*

gomitar *vomo -is. Evomo -is. Convomo -is*

gomitar otra vez *revomo -is*

gomitar, querer *nausco -as*

gomito *vomitus -us. Vomitio -onis. Nautea -ae. Nausea -ae*

gomitadora cosa *nauseabundus -a -um*

gorda cosa *crassus -a -um. Pinguis -e*

gordura *crassitudo -inis. Pinguitudo -inis*

gordolobo yerva *verbascum -i*

gorgojo que come el trigo *gurgulio -onis*

gorgojo pequeño *gurguliunculus -i*

gorgear las aves *garrio -is -ivi*

gorgear las aves a menudo *garrulo -as*

gorgeamiento de aves *garritus -us*

gorgeadora cosa *garrulus -a -um*

gorgeamiento assi *garrulitas -atis*

gorrion ave conocida *passer -eris*

gorrion pequeño *passerculus -i*

gorrioncillo *pullus passerinus*

gota cuando cae *gutta -ae*

gota pequeña cuando cae *guttula -ae*

gota cuando esta queda *stiria -ae*

gota pequeña en esta manera *stilla -ae*

gota a gota adverbio *guttatim*

gota de pies *podagra -ae*

gotoso desta gota *podagricus -a -um*

gota de manos *morbus articularis. Chiragra -ae*

gotoso desta gota *chiragricus -a -um. Arthriticus -a -um*

gotacoral o morbo caduco *morbus comitialis*

gotacoral en griego *epilepsia*

gotear *stillo -as. Distillo -as*

gotera *stillicidium -ii*

governar *guberno -as. Moderor -aris*

governacion *gubernatio -onis. Moderatio -onis*

governador *gubernator -oris. Moderator -oris*

governadora *gubernatrix- -icis. Moderatrix -icis*

governador de la proa *proreta -ae*

governallo de nave *gubernaculum -i*

gozarse de algo *gaudeo -es gavisus*

gozar de algo como de fin *fruor -eris*

gozarse en esta manera *fruiscor -eris*

gozar de lo desseado *potior -eris*

gozo en este deleyte *gaudium -ii. Gaudimonium -ii*

gozoso en esta manera *gaudens -tis*

gozo como quiera *hilaritas -atis. Laetitia -ae*

gozoso como quiera *hilaris -e. Laetus -a -um*

gozque *catulus -i. Catellus -i*

gracia como quiera *gratia -ae*

gracioso como quiera *gratus -a -um*

graciosamente assi *grate*

gracia en hermosura *decor -oris*

gracioso en esta manera *decorosus -a -um*

graciosamente assi *decore. Decenter*

gracia, tener assi *deceo -es -ui*

gracia en hablar *lepos -oris. Lepiditas -atis*

gracioso en esta manera *lepidus -a -um*

graciosamente assi *lepide*

gracioso por debalde *gratuitus -a -um*

graciosamente assi *gratuito. Gratis*

gracias, dar *gratias ago. Grates ago*

gracias, dar en obra *refero gratiam*

gracias, tener en el animo *habeo gratiam*

grada para subir *gradus -us*

grada a grada adverbio *gradatim*

graduar *proveho ad dignitatem*

graduado *provectus ad dignitatem*

grajo o graja *gracculus -i. Monedula -ae*

grama yerva *gramen -inis. Verbena -ae. Sagmen -inis*

gramoso lleno de grama *gramineus -a -um*

grama en griego *agrostis*

grammatica arte *ars litteraria*

grammatico enseñado en ella *litteratus -a -um*

grana color *coccum -i*

grana de las yervas *semen -inis*

granado arbol conocido *malus punica*

granada fruta deste arbol *malum punicum. Malum granatum*

granada pequeñita *cytinus -i*

granças de trigo *acus -eris*

granças, echar *acero -as -avi*

grançones aquello mesmo que **granças**

grançoso lleno de granças *acerosus -a -um*

grande cosa *magnus -a -um. Grandis -e. Immodicus -a -um. Immanis -e*

grandeza *magnitudo -inis. Magnitas -atis. Immanitas -atis. Granditas -atis*

grande cosa en su genero *procerus -a -um*

grandeza en esta manera *proceritas -atis*

grande de edad *grandaevus -a -um. Annosus -a -um*

grandeza assi *grandaevitas -atis. Annositas -atis*

grande en palabras *grandiloquus -a -um. Magniloquus -a -um*

grandeza en palabras *grandiloquentia -ae. Magniloquentia -ae*

grande de coraçon *magnanimus -a -um*

grandeza de coraçon *magnanimitas -atis*

grande de hechos *magnificus -a -um*

grandeza en esta manera *magnificentia -ae*

granillo de uva *vinaceus -i. Vinaceum -i*

granizo *grando -inis*

granizar *grandino -as*

grano como de sal *mica -ae. Grumus -i*

grano pequeño assi *grumulus -i*

grano de algun razimo *acinus -i. Acina -ae. Acinum -i*

grano de arrayhan *myrtum -i*

grano en el peso de oro *spelta -ae. Siliqua -ae*

grano como quiera *granum -i*

grassa p o r grossura *pinguitudo -inis. Pingue -is*

grassa de lo cevado *sagina -ae*

grassa para escrivir *vernix -icis*

grassiento lleno de grassa *incrassatus -a -um*

gratificar al mayor *gratum facio*

gratificar al menor *gratificor -aris*

gratificacion assi *gratificatio -onis*

gratificacion de personas *acceptio personarum*

grave cosa *gravis -e. Molestus -a -um*

gravemente *graviter. Moleste*

gravedad *gravedo -inis. Molestia -ae. Gravitas -atis*

gravedad autoridad *gravitas -atis*

graznar el ansar *clango -is*

graznar algunas aves vide **cantar**

greda para adobar paños *creta cimolia*

greda tierra blanca *creta -ae*

gredoso de greda *cretosus -a -um*

grifo animal no conocido *gryps -is*

grillo especie de cigarra *gryllus -i*

grillar cantar el grillo *grillo -as*

grillos prision de pies *pedica -ae. Compes -pedis*

gritar *quiritor -aris. Vociferor -aris*

grito *quiritatus -us. Vociferatio -onis*

gritar con gemido *ejulor -aris*

grito en esta manera *ejulatio -onis*

grossura *pinguitudo -inis. Pingue -is. Arvina -ae. Crassitudo -inis. Obesitas -atis*

grossura en hondo *profunditas -atis*

grossedad lo mesmo es que **grossura**

gruessa cosa *crassus -a -um. Pinguis -e. Opimus -a -um. Habitus -a -um. Obesus -a -um*

gruesso en hondura *crassus -a -um. Duplex -icis. Profundus -a -um*

gruesso de ingenio *tardus -a -um*

grulla ave conocida *grus gruis*

gruñir el puerco *grunnio -is*

gruñido del puerco *grunnitus -us*

gruñidor *grunnitor -oris*

guadaña *falx lumaria. Falx foenaria*

guadafiones *manicae ligneae*

guadapero *pirus silvester. Achras* [graece]. *Pyraster -tri. Pyrastrum -i*

guay interjecion de dolor *hei. Heu. Eheu. Vae*

guayas canto de dolor *ejulatus -us*

guayar dezir guayas *ejulor -aris*

guante *manica -ae. Cheirotheca* [graece]

guarda la persona que guarda *custos -odis*

guarda el mesmo guardar *custodia -ae*

guarda lugar donde guardamos *repositorium -ii*

guardar en lugar *repono -is*

guardar hazienda *parco -is*

guardador o escasso *parcus -a -um*

guarda desta manera *parsimonia -ae*

guardar templo *aedituor -eris. Aeditimor -aris*

guardar como quiera *custodio -is. Servo -as*

guardarse *caveo -es cavi. Vito -as*

guardoso de lo suyo *parcus -a -um*

guarir o guarecer *recipio me*

guarida *profugium -ii. Refugium -ii. Confugium -ii. Receptaculum -i*
guarnecer *munio -is. Instruo -is*
guarnicion *munitio -onis. Instructio -onis*
guarnecer fortaleza *munire arcem*
guarnecer de gente *munire praesidio*
guarnicion de gente *praesidium -ii*
guarnicion de cavallo *phalerae -arum*
guero uevo *ovum urinum*
gula *gula -ae. Cupedia -ae. Edacitas -atis*
gurujon medicina *euphorbeum -i*
gusano de madera *teredo -inis*
gusano de la seda *bombyx -icis*
gusano con cuernos *taurus -i*
gusano que bive un dia *ephemeris -idis. Hemerobion -ii*
gusano que roe los pampanos *volucra -ae*
gusano rebolton *involvolus -i. Convolvolus -i*
gusano de la piña *pityocampe -es*
gusano que roe las yervas *eruca -ae*
gusano de rosas *cantharis -idis*
gusano como quiera *vermis -is*
gusanos, tener *vermiculor -aris*
gusanear con comezon *vermino -as*
gusanienta cosa *verminosus -a -um*
gustar *gusto -as. Degusto -as*
gusto *gustatio -onis. Gustatus -us*
gusto como de salva *degustatio -onis*
gemir con dolor *gemo -is -ui*
gemir al gemido de otro *aggemo -is -ui*
gemidor el que mucho gime *gemebundus -a -um*
gemido con dolor *gemitus -us*
genciana yerva *gentiana -ae*
generacion *generatio -onis. Genesis -is*
generacion otra vez *regeneratio -onis*
generacion otra vez en griego *palingenesia*
generacion venidera *posteritas -atis*
generacion como linage *genus -eris. Genimen -inis. Stirps -pis. Soboles -is. Propago -inis. Prosapia -ae*
general cosa de genero *generalis -e*
generalidad assi *generalitas -atis*
generalmente assi *generaliter*
genero por linage noble *genus -eris*
generoso por cosa de tal linage *generosus -a -um*

generosidad desta manera *generositas -atis*
generosamente assi *generose*
genero de cualquier cosa *genus -eris*
gengibre maqui *machir -iris*
gengibre baladi *gingiber -eris. Singiveris -is*
gente o **gentio** *gens -tis. Ethnos* [graece]
gentil cosa de gente *gentilis -e*
gentilidad en esta manera *gentilitas -atis*
gentil ombre o muger *elegans -tis*
gentileza de aquestos *elegantia -ae*
gentilmente assi *eleganter*
gerapliega medicina *hiera picra*
gesto la cara que se muda *vultus -us*
gesto con visage *gesticulatio -onis*
gestos, hazer assi *gesticulor -aris*
gigante hijo de la tierra *gigas -antis*
gigantia obra de gigante *gigantomachia -ae*
ginete *levis armaturae eques*
ginete de Salamanca vaso *urceolus fictilis*
girafa animal *camelo pardalis*
girifalte *accipiter -tris. Gyrifalco -onis*
girofe especia *garyophyllon -i*
giron de vestidura *segmentum -i*

H

hablar naturalmente *loquor -eris*
hablar *for faris. Sermocinor -aris*
habla *locutio -onis. Loquella -ae. Sermo -onis. Sermocinatio -onis*
hablar con otro *colloquor -eris. Affor -aris*
habla con otro *collocutio -onis. Colloquium -ii*
hablar a otro *alloquor -eris. Affor -aris*
habla a otro *allocutio -onis. Alloquium -ii*
hablar elegantemente *eloquor -eris*
habla assi *eloquium -ii. Elegantia -ae*
habla ante otra habla *proloquium -ii*
hablador vano *vaniloquus -a -um*
habla en esta manera *vaniloquentia -ae*
hablador de cosas altas *altiloquus -a -um*
habla desta manera *altiloquentia -ae*

hablador de cosas grandes *grandiloquus -a -um. Magniloquus -a -um*

habla desta manera *grandiloquentia -ae. Magniloquentia -ae*

hablador de cosas grandes *magniloquus -a -um*

hablador de sobervias *superbiloquus -a -um*

habla desta manera *superbiloquentia -ae*

hablador *loquax -acis. Locutuleus -a -um*

hablar consejas o novelas *fabulor -aris*

hablador de novelas *fabulator -oris*

habla desta manera *fabula -ae*

hablilla desta manera *fabella -ae*

hablilla assi en griego *apologos. Apologatio -onis* [latine]

hablar entre dientes *musso -as. Mutio -is*

hablar assi a menudo *mussito -as*

hablar contra otro *obloquor -eris*

habla en esta manera *oblocutio -onis*

haca pequeño cavallo *mannus -i*

hacanea *equus britannicus*

hace de cosas menudas atado *fascis -is*

hacecillo pequeño hace *fasciculus -i*

hacina ayuntamiento de haces *archonium -ii*

hacina de leña *strues lignorum*

hacha de armas *securis amazonia*

hacha que corta de dos partes *bipennis -is*

hacha o seguron para cortar leña *securis -is*

hacha pequeña *securicula -ae*

hacha antorcha de cera *cereus -i. Funale -is*

hacha de la frontera *pharus -i*

hada diosa del hado *parca -ae*

hado lo que se hada *fatum -i*

hadar lo venidero *fata cano*

hadador *fatidicus -a -um. Fatiloquus -a -um. Faticanus -a -um. Fatifer -a -um*

haya arbol conocido *fagus -i*

hayal lugar de hayas *fagutal -is*

halagar *blandior -iris. Eblandior -iris. Lenio -is. Mulceo -es. De- Per-*

halagueño *blandus -a -um. Blandiloquus -a -um*

halago *blanditiae -arum. Mulcedo -inis. Delinimentum -i. Illecebrae -arum*

halagando atraer *illicio -is. Allicio -is. Pellicio -is*

halagadora cosa assi *pellax -acis*

halcon generalmente *accipiter sublimipeta*

halconero que los cria *accipitarius -ii*

haldas de vestidura *sinus -us. Lacinia -ae*

halduda cosa con h a l d a s *sinuosus -a -um*

haldas, poner en cinta *accingo -is*

hamapola *rhoea -ae. Papaver erraticum*

hambre *fames -is. Inedia -ae. E s u r i t i o -onis. Esurigo -onis*

hambrear aver hambre *esurio -is*

hambriento *famelicus -a -um. Esuritor -oris*

haragan *ignavus -a -um. Iners -tis*

haragania *ignavia -ae. Inertia -ae. Socordia -ae*

harda animal como liron *sciurus -i*

hardalear *raresco -is rarui*

harija de molino o aceña *pollen -inis*

harina *farina -ae. Alphiton* graece

harina de havas *lomentum -i*

harnero *vannus -i. Cribrum -i*

harona bestia *ignavus -a -um. Iners -tis*

harpa instrumento musico *cithara -ae*

harpador que la tañe *citharoedus -i*

harre para aguijar asnos *age. Eia*

harrear asnos *ago -is. Agito -as*

harriero que los aguija *agaso -onis*

hartar *saturo -as. Farcio -is -si*

harto *saturus -a -um. Fartus -a -um*

hartura o hartadga *saturitas -atis*

hartar con hastio *satio -as*

harto & enhastiado *satiatus -a -um*

hartura con hastio *satietas -atis*

hasta preposicion *usque. Tenus*

hasta aqui *hactenus. Hucusque. Antehac. Adhuc. Usque*

hasta cuando *quousque. Usquequo*

hasta ai do tu estas *istucusque*

hasta alli do esta alguno *illucusque*

hata aqui do esto yo *hucusque*

hasta alli adverbio *illatenus. Eousque*

hasta el cuello *collotenus*

hasta el pendejo *pubetenus*

hasta las piernas *crurumtenus*

hasta la empuñadura *capulotenus*

hastio *fastidium -ii. Satietas -atis. Saties -ei*

hastioso cosa que a hastio *fastidiosus -a -um*

hastio, aver *fastidio -is -ivi*

hataca para mecer *rudicula -ae*

hato de ganado *pecuaria -ae. Pecuare -is. Caula -ae*

hato en griego *aipolion*

hato de vacas *armentaria -ae*

hato de ovejas *oviaria -ae*

hato de cabras *capraria -ae*

hato de yeguas *equaria -ae*

hato de puercos *porcaria -ae*

hava legumbre *faba -ae. Cyamos -i*

havar *fabarium -ii. Fabale -is*

hava de bestias en la boca *rana -ae*

haz por batalla ordenada *acies -ei*

haz por la cara del ombre *facies -ei*

haz de otra cualquier cosa *superficies -ei*

hazalejas *mantile -is*

hazaña *facinus -oris*

hazaña en mal *pessimum facinus*

hazaña en bien *praeclarum facinus*

hazañoso en mal *facinorosus -a -um*

hazer obra de fuera de si *facio -is*

hazer assi a menudo *factito -as*

hazer hasta el cabo *perficio -is. Efficio -is*

hazedor o hazedora *auctor -oris*

hazedor hasta el cabo *effector -oris*

hazedora hasta el cabo *effectrix -icis*

hazer algo dentro de si *ago -is egi*

hazer del ojo *nuo -is. Annuo -is. Innuo -is*

hazer en mala parte *perpetro -as*

hazer en vano *actum ago. Nihil ago*

hazerte plazer *afficio te voluptate*

hazerte pesar *afficio te molestia*

hazerte bien *afficio te beneficio*

hazerte mal *afficio te incommodo*

hazer frio *hibernat -abat. Hiemat -abat*

hazer calor *aestuat -abat. Calet -ebat*

hazer claro o sereno *serenat -abat*

hazer niebla o neblina *nebulo -as*

hazer nieve *ninguo -is ninxi*

hazer granizo *grandino -as*

hazer agua *pluo -is pluvi*

hazerlo el ombre a la muger *futuo -is*

hazerlo el hombre a otro *paedico -as*

hazerlo a la muger con la lengua *cunnum lingo*

hazerlo en las mesmas manos *masturbor -aris*

hazer de barro *plasmo -as. Fingo -is*

hazedor assi *plastes -ae. Figulus -i*

hazia *versus* praepositio accusativi

hazia dentro adverbio *introrsum*

hazia fuera adverbio *extrorsum*

hazia abaxo adverbio *deorsum*

hazia arriba adverbio *sursum. Versum*

hazia la mano derecha *dextrorsum*

hazia la mano izquierda *sinistrorum*

hazia do *quorsum* adverbium loci

hazia do quiera *quoquo versus*

hazia tras adverbio *retrorsum*

hazia algun lugar *orsum*

hazienda o riqueza *facultas -atis*

hazimiento *operatio -onis. Actio -onis*

hazino o mezquino *misellus -a -um*

he adverbio para demostrar *en. Ecce*

he aqui adverbio *en. Ecce. Eccum*

helo alli, hela alli *ellum. Ellam*

helo aqui, hela aqui *eccum. Eccam*

helos alli, helas alli *ellos. Ellas*

helos aqui, helas aqui *eccos. Eccas*

hebra raiz delgada *fibra -ae*

hebrero mes *Februarius -ii*

hechizar como quiera *devoveo -es devovi*

hechizero *veneficus -i. Pharmacos* graece

hechizera *venefica -ae. Pharmaceutria* graece

hechizos *veneficium -ii. Devotio -onis*

hechizos en griego *pharmacia*

hechizos para amores *amatorium -ii. Philtrum -i*

hecho nombre sustantivo *factum -i*

hechiza cosa hecha *facticius -a -um*

hechos publicos *gesta -orum*

hechos privados *acta -orum. Actus -uum*

hecho, ser *fio fis factus sum*

hecho de barro *fictilis -e. Ficticius -a -um*

hechura de barro *plasma -atis*

hechura de obra *factio -onis. Factura -ae*

hechura hasta el cabo *effectio -onis. Perfectio -onis*

heder *feteo -es. Puteo -es putui. Oleo -es*

hedionda cosa *putidus. Olidus. Fetudi-*
nus. Virosus. Putulentus. Oblenticus
hedor *fetor -oris. Putor -oris. Virus -i*
hedor de narizes *ozaena -ae. Polypus -i*
hedor de la boca *oze -es* [graece]. *Fe-*
tor animae
hedor de cabron o sobaquina *tragus -i*
hedor de piedra sufre *mephitis -is*
helecho yerva conocida *filix -icis*
helgadura de dientes *discrimina dentium*
helgado *discrimina dentium habens*
hembra en cualquier genero *femina -ae*
hembra pequeña *femella -ae*
hemencia *vehemencia -ae. Efficatia -ae*
hemencioso *vehemens -tis. Efficax -acis*
hemenciar *efficio -is. Laboro -as*
hemencia en el pan *artocopus -i*
henchir o hinchir *impleo -es -evi*
henchimiento requiere hinchimiento
hender como quiera *findo -is fidi*
hendedura assi *fissura -ae. Rima -ae*
hender con cuñas *discuneo -as -avi*
hendimiento con cuñas *discuneatio -onis*
hender en diversas partes *diffindo -is*
hendedura assi *diffissio -onis*
hendiendo, buscar *rimor -aris*
henderse por si mesmo *hisco -is. Hiasco*
-is. Fatisco -is. Dehisco -is
hendido *hiulcus -a -um. Rimosus -a -um*
hendible que se puede hender *Fissilis*
-e
hendido en dos partes *bifidus -a -um.*
Bisulcus -a -um
hendido en tres partes *trifidus -a -um.*
Trisulcus -a -um
hendido en cuatro partes *quadrifidus -a*
-um
hendido en muchas partes *multifidus -a*
-um
herir *ico -is. Ferio -is. Percutio -is*
herida *ictus -us. Percussio -onis. Percussus*
-us
herir con la mano *pulso -as*
herida en esta manera *pulsatio -onis*
herir con vara *verbero -as. Fustigo -as*
herida en esta manera *verbera* in plurali
herir una cosa con otra *collido -is*
herida assi *collisio -onis. Collisus -us*
herir una cosa en otra *illido -is. Allido*
-is

herida assi *illisus -us. Allisus -us*
herir con hierro *vulnero -as. Caedo -is*
herida con hierro *vulnus -eris. Plaga -ae*
herir de estocada *confodio -is -di*
herida assi *confossio -onis. Puncta -ae*
herida de cuchillada *caesa -ae*
herida con el dedo *talitrum -i*
herir en la yunque *cudo -is cussi*
herido, ser de otro *vapulo -as*
herir livianamente *perstringo -is -xi*
herir con raya *diffulmino -as*
hermoso *pulcher -chra -chrum. Formosus*
-a -um. Speciosus -a -um. Decorus -a -um
hermosamente *pulchre. Decenter. Belle*
hermosura *pulchritudo -inis. Forma -ae.*
Species -ei. Decor -oris
hermosear *decoro -as. Orno -as*
herrada para sacar agua *situla -ae*
herrada para ordeñar *mulctra -ae*
herrar bestias *calceo veterinas*
herradura de bestia *solea ferrea*
herrador de bestias *calceator veterina-*
rius
herrar ganado con fuego *inuro -is*
herrar otra cosa *ferro munio*
herrada cosa assi *ferratus -a -um*
herramienta *ferramentum -i*
herramental *ferramentarium -ii*
herren *farrago -inis. Ocymum -i*
herrero *faber ferrarius* unde *ferraria*
herrumbre *rubigo -inis. Ferrugo -inis*
herver *ferveo -es. Fervo -is fervi. Effer-*
veo -es. Ferbeo -es. Conferbeo -es
herviente cosa *fervidus -a -um*
herver la mar *aestuo -as. Exaestuo -as*
hervor de la mar *aestus -us*
hervor como quiera *fervor -oris. Ferven-*
tia -ae
hevilla o hevilleta *fibula -ae*
hevillar cosa con hevillas *fibulo -as*
hevilla, quitar *refibulo -as. Diffibulo -as*
hez o borras de vino *flocces -um*
hez o borras de azeyte *fraces -um*
hez de unguento *magma -atis*
hez como quiera *faex -cis*
hezes pequeñas *faecula -ae*
hezes, quitar *defaeco -as*
hezienta cosa con hezes *faeculentus -a*
-um
hidalgo *generosus -a -um. Ingenuus -a*
-um

hidalguia *generositas -atis. Ingenuitas -atis. Genus -eris*
hidalgo hijo de senador *patricius -ii*
hidalguia deste tal *patriciatus -us*
hidalgo en griego *eugenes*
hidalguia en griego *eugeneia*
hidiondo lo mesmo que **hediondo**
hiel assiento de la melancolia *fel fellis*
hiel en griego *chole -es*
hieltro *cilicium -ii. Textum cilicium*
hienda o estiercol *fimus -i. Stercus -oris*
hierro el metal *ferrum -i. Sideros* graece
hierro instrumento de cirugiano *ferramentum -i*
hierro para herrar *cauterium -ii. Cauter -eris*
higa *medius digitus. Infamis digitus. Medius unguis. Verpus -i*
higas, dar *ostendo medium digitum. Porrigo* vel *ostendo verpum. Ostendo medium unguem*
higado parte de la assadura *jecur -oris. Jocinus -oris*
higado en griego *hepat -atos*
higuera arbol conocido *ficus -i*
higuera breval *ficus bifera*
higueral lugar de higueras *ficetum -i*
higuera del infierno *lathyris -idis. Helioscopion -ii*
higuera loca arbol *sycomorus -i Sycaminos -i*
higo fruta de higuera *ficus -i* vel *ficus -us*
higo temprano *ficus praecox*
higo passado *carica -ae. Ficus passa. Ischas -adis*
higo antes que madure *grossus -i*
higo dolencia del rabo *ficus -i*
higo dolencia de la cabeça *sycosis* [graece]
higo que nace a los putos *marisca -ae*
higo de comer menudo *coctonum -i*
higos enserados *ficus palata*
hijo generalmente *filius -ii. Natus -i*
hija *filia -ae. Nata -ae*
hijos, hijas, & nietos *liberi -orum*
hijo de animal manso *pullus -i*
hijo de animal fiero *catulus -i*
hijo de senador *patricius -a -um*
hijo, uno solo *unicus -i. Unigenitus -i*

hijastro casi hijo *filiaster -tri*
hijastra casi hija *filiastra -ae*
hilada de piedras o ladrillos en la pared *corium -ii*
hilar *neo nes nevi netus*
hilazas que parecen en la urina *thrombos* [graece]
hilazas para herida *linamentum -i*
hilo *filum -i. Fili -orum. Fila -orum*
hincar *figo -is fixi fixus. Con- Suf-*
hincar una cosa a otra *affigo -is*
hincar traspassando *transfigo -is*
hinchar soplando *inflo -as. Sufflo -as*
hinchamiento assi *inflatio -onis. Sufflatio -onis*
hincharse *turgeo -es. Turgesco -is. Tumeo -es. Tumesco -is*
hinchar a otra cosa *tumefacio -is*
hinchado *turgidus -a -um. Tumidus -a -um*
hinchado un poco *turgidulus -a -um*
hinchazon *tumor -oris. Tumiditas -atis*
hinchazon de podre *struma -ae*
hinchado en esta manera *strumosus -a -um*
hinchado a torondones *tuber -eris*
hinchado en esta manera *tuberosus -a -um*
hincharse en esta manera *extubero -as*
hinchazon desta manera *extuberatio -onis*
hinchir *impleo -es. Compleo -es. Expleo -es. Repleo -es. Oppleo -es*
hinchimiento *complementum -i. Repletio -onis*
hinchir lo que falta *suppleo -es -evi*
hinchimiento assi *supplementum -i*
hinchir de vianda *ingurgito -as*
hinchimiento assi *ingurgitatio -onis*
hinchir recalcando *farcio -is. Infercio -is*
hinchimiento assi *farcimen -inis*
hiniestra o ventana *fenestra -ae*
hiniestra pequeña *fenestella -ae*
hinojo yerva conocida *feniculum -i. Marathrum -i*
hinojo silvestre *hippomarathrum -i*
hipar el estomago *stomachus redundat*
hipo del estomago *stomachi redundantia*
hobacho en griego *cacochylos*
hoce podadera *falx putatoria*
hoce para segar *falx messoria*

hoce para heno *falx foenaria*
hocino para segar *falcula -ae*
hocico como de puerco *rostrum -i*
hocico pequeño *rostellum -i*
hogar lugar del huego *focus -i*
hogar pequeño *foculus -i*
hoguera llamas de huego *incendium -ii. Pyra -ae*
hoguera para quemar muerto *rogus -i*
hoyo o hoya *scrobs -bis. Fossa -ae*
hoyuelo hoyo pequeño *scrobiculus -i*
hoja de libro *pagina -ae. Charta -ae*
hoja de pergamino *charta pergamena*
hoja de papel *charta papyracea. Charta pannucea*
hoja pequeña assi *pagella -ae. Chartula -ae*
hoja de metal delgada *bractea -ae*
hoja de Milan *bractea mediolanensis*
hoja de coraças o espada *lamina -ae*
hoja de arbol *frons -dis. Frondis -is*
hoja de arbol o yerva *folium -ii*
hojosa cosa con hojas *frondosus -a -um*
hojosa cosa *foliaceus -a -um. Foliosus -a -um*
hogecer los arboles *frondeo -es. Frondesco -is*
hojalde *placenta -ae*
hojuela de massa tendida *laganum -i*
holgar *quiesco -is. Requiesco -is*
holgança *quies -etis. Requies -etis*
holgura *quietudo -inis. Quies -etis*
hollar *calco -as. Exculco -as. Proculco -as. Tero -is. Obtero -is. Protero -is*
holladura *proculcatio -onis. Obtritio -onis*
hollejo de legumbre *siliqua -ae. Valvula -ae*
hollejo de culebra *senectus anguis* vel *exuviae. Vernatio anguis*
hollejo de cualquier cosa *folliculus -i*
hollin de huego *fuligo -inis. Zophos* graece
holliniento de hollin *fuliginosus -a -um*
hollin de hornaza de metal *cadmia -ae*
hollin de la boca deste horno *capnitis -idis*
hollin de la campana deste horno *botrysontes*
hollin de los lados deste horno *placitis -idis*
homarrache *personatus -a -um*

honda para tirar *funda -ae. Fundibulum -i*
hondero *funditor -oris. Fundibularius -ii*
honda cosa *profundus -a -um. Altus -a -um*
hondon *fundus -i*
hondura *profunditas -atis. Altitudo -inis*
hongo de prado *fungus pratensis*
hongo sospechoso *fungus suillus*
hongo de arbol *boletus -i*
hongo sin raiz o bexino *pezica -ae*
hongo para yesca *fungus aridus*
hongosa cosa *fungosus -a -um*
honsario lo mesmo es que honssario
hontanales *fontanalia -ium. Fontinalia -ium*
horadar *foro -as. Perforo -as*
horadar & passar a la otra parte *transfero -fers*
horadado en dos partes *biforis -e*
horadado en muchas partes *multiformis -e*
horca para ahorcar *patibulum -i. Palus -i*
horca de los gajos *furca -ae*
horca para rebolver las miesses *furcilla -ae*
horcajo palo de dos braços *furca -ae*
horma de çapatero *forma -ae*
hormiga animal ceñido *formica -ae. Myrmex* [graece]
hormiguero *formicarum cavus*
hormiguear bullir *formico -as*
hormigon de pared *crusta calcaria*
hornaguera tierra *carbunculus -i*
hornaguear la tierra *carbunculor -aris*
horno de cozer pan *furnus -i. Fornax -acis*
horno de pan en griego *clibanos. Caminos*
hornaza *fornax -acis. Caminus -i*
hornaza pequeña *fornacula -ae*
hornada una cozedura *fornacula -ae*
hornazo de uevos *artooum -i* novum
hornero *fornicarius -ii. Furnarius -ii*
hornera *fornicaria -ae. Furnaria -ae. Artopta -ae*
horneria oficio de hornero *furnaria -ae*
hornear usar deste oficio *furnariam exerceo*
hornezino hijo de puta *fornicarius -ii*

hornija para horno *furnaria ligna*
horro o horra de esclavo *libertinus -a*
-um
horro libre como quiera *liber -era -erum*
hosco baço en color *fuscus -a -um*
hossario enterramiento *fossarium -ii*
hostigar *fustigo -as. Instigo -as*
hostigamiento *fustigatio -onis. Instigatio*
-onis
huego el elemento *ignis -is*
huego pequeño *igniculus -i*
huego como hoguera *incendium -ii. Pyra*
-ae
huego de alquitran *naphtha -ae*
huego de Sant Anton *ignis sacer. Hiera*
nosos [graece]
huelgo por aliento *spiritus -us. Anima*
-ae. Halitus -us. Anhelitus -us
huir como quiera *fugio -is fugi*
huida en esta manera *fuga -ae*
huir a menudo assi *fugito -as*
huidosa cosa *fugax -acis*
huidizo lo que huyo *fugitivus -a -um*
huir, hazer a otro *fugo -as*
huir de lugar *effugio -is. Aufugio -is. De-*
fugio -is
huida desta manera *effugium -ii*
huir a lexos *profugio -is*
huida a lexos *profugium -ii*
huir atras *refugio -is*
huida assi para se salvar *refugium -ii*
huir a los contrarios *transfugio -is. Per-*
fugio -is
huida en esta manera *transfugium -ii.*
Perfugium -ii
huidor desta manera *perfuga -ae. Trans-*
fuga -ae
huir para salvarse *confugio -is. Profugio*
-is
huida para salvarse *confugium -ii. Pro-*
fugium -ii
huidizo con animo de tornar *erro -onis*
huidizo con animo de no tornar *fugiti-*
vus -a -um
huir por deuda *verto solum. Versuram*
facio
humo *fumus -i. Capnos* graece
humosa cosa de humo llena *fumosus -a*
-um
humoso cosa de humo *fumeus -a -um*

humoso lo que trae humo *fumifer -era*
-erum
humoso lo que haze humo *fumificus -a*
-um
humear *fumo -as. Effumo -as. Fumigo -as*
humero *fumarium -ii. Tubus fumarius*
hundir metal *fundo -is. Conflo -as*
hundicion assi *fusio -onis. Fusura -ae.*
Conflatio -onis
hundible lo que se hundir puede *fusilis*
-e
hundirse la tierra *subsido -is. Insido -is*
hundimiento assi *subsessio -onis. Chas-*
ma -atis
hundir echar a lo hondo *dejicio -is*
hura de cabeça *furunculus -i*
hurgar *vello -is. Vellico -as*
hurgonero de horno *rutabulum -i*
huron para caçar conejos *viverra -ae.*
Ictis -idis
hurta agua o escarnidor vaso *clepsydra*
-ae
hurtar *furor -aris. Surripio -is. Clepo -is.*
Lego -is. Sublego -is
hurtible cosa *furtivus -a -um. Surrepti-*
cius -a -um
hurtiblemente *furtim* adverbium
hurtar ganado *abigo pecus*
hurtador de ganado *abactor -oris. Abi-*
geus -i
hurto de ganado *abigeatus -us*
hurtar lo publico o real *peculor -aris*
hurtador de aquesto *peculator -oris*
hurto desta manera *peculatus -us*
hurtar lo sagrado *sublego sacrum*
hurto de lo sagrado *sacrilegium -ii*
husillo de lagar *torcular -aris. Torcula-*
rium -ii
huso para hilar *fusus -i. Atractos* graece
husada o maçorca *pensum -i*

I

i conjuncion *et. Que. Atque. Ac*
ia adverbio de tiempo *jam*
iazer *jaceo -es jacui. Cubo -as cubui*
iazija *cubitus -us. Cubatio -onis*
ida *itus -us. Profectio -onis*
idolo *statua -ae. Simulacrum -i. Spectrum*
-i

idolo en griego *idolon. Phantasma*
idolatria *idolorum cultus. Idololatria -ae*
idolatrar *idola colere. Idolis servire*
idolatra servidor de idolos *idololatres -ae*
idropesia *veternus -i. Agua intercus*
idropesia en griego *hydrops*
idropico *veternosus -a -um. Hydropicus -a -um*
iedra arbol conocido *hedera -ae. Cissos* graece
iegua *equa -ae.* **iegua pequeña** *Equula -ae*
ieguada de yeguas *equaria -ae*
ieguarizo que las guarda *equarius -ii*
ieguarizo que echa garañon *peroriga -ae*
ielo o elada *gelu. Glacies -ei. Pruna -ae*
iema de uevo *vitellus -i. Luteum ovi*
iema de vid *gemma -ae. Oculus -i*
iema de vino *vinum meracum*
iermo o desierto *desertum -i. Solitudo -inis. Eremus -i*
ierma cosa *desertus -a -um. Desolatus -a -um*
ierno marido de tu hija *gener -eri*
ierno marido de tu nieta *progener -eri*
ierro *error -oris. Erratum -i. Erratio -onis*
ierva de ballestero *veratrum -i. Hellebo-rus -i*
ierva de Santa Maria *athanasia* [grae-ce]
ierva de Sant Juan *hypericon -i*
ierva xabonera *borith. Saponaria -ae*
ierva puntera *sedum -i. Aizoon -i*
ierva de la golondrina *chelidonia -ae*
ierva buena *mentha -ae. Minthe* graece
ierva mora *solatrum -i. Strychnos -i*
ierva cualquiera *herba -ae. Botane -es* graece
iesca de huego *fomes -itis. Esca -ae*
iesca de hongo *fungus aridus*
iesso especie de piedra *gypsum -i*
iezgo yerva conocida *ebulus -i*
iglesia *templum -i. Aedes sacra. Ecclesia -ae*
igual cosa *aequus -a -um. Aequalis -e. Par paris. Parilis -e*
igualmente *aeque. Aequaliter. Pariliter*
igual de edad *aequaevus -a -um*
igual peso *aequilibrium -ii. Aequimentum -i*

iguala en el pleyto *transactio -onis. Decisio -onis*
igualarse en esta manera *decido -is. Transigo -is*
igualar *aequo -as. Exaequo -as. Aequipe-ro -as*
igualar con otro *coaequo -as. Adaequo -as*
igualar lo aspero *sterno -is stravi*
igualdad *aequalitas -atis. Aequamentum -i. Aequabilitas -atis. Parilitas -atis*
igualdad de dia & noche *aequinoctium -ii. Aequidium -ii*
ijada de pescado *abdomen -inis. Sumen -inis*
ilicita cosa no licita *illicitus -a -um*
ilicita cosa por religion *nefandus -a -um. Nefarius -a -um*
ilicito en esta manera *nefas* indeclinable
imagen de alguna cosa *imago -inis. Si-mulacrum -i. Effigies -ei. Icon -onis*
imaginar por imagenes *imaginor -aris*
imagen, representar *imagino -as*
imaginacion *imaginatio -onis*
imaginaria cosa *imaginarius -a -um*
imagen, sacar de otra cosa *effigio -is. Effiguro -as*
impaciente no sufrido *impatiens -tis*
impacientemente *impatienter. Intoleran-ter*
impaciencia no sufrimiento *impatientia -ae. Intolerantia -ae*
impedir *impedio -is. Compedio -is. Prae-pedio -is*
impedimiento *impedimentum -i. Obsta-culum -i*
imperio *imperium -ii. Dominatus -us*
imperial cosa *imperialis -e. Imperatorius -a -um*
impetrar alcançar *impetro -as*
impetrar rogando *exoro -as*
impetración en esta manera *exoratio -onis*
impetrar sacrificando *lito -as*
impetracion en esta manera *litatio -onis*
imponer por encima poner *impono -is*
imposicion en esta manera *impositio -onis*
importuno sin tiempo *importunus -a -um*
importunidad *importunitas -atis*

importunamente *importune*
impossible lo que no puede ser *impossibilis -e*
impossibilidad assi *impossibilitas -atis*
impotente cosa no poderosa *impotens -tis*
impotencia en esta manera *impotentia -ae*
impremir como libros *imprimo -is*
impression assi *impressio -onis*
impressor assi *impressor -oris*
impressor en griego *chalcographos*
inabile cosa no abile *inhabilis -e. Ineptus -a -um*
inabilidad assi *inhabilitas -atis. Ineptia -ae*
inabilmente assi *inhabiliter. Inepte*
inabilitar assi *inhabilem facio*
inclinar *inclino -as. Proclino -as*
inclinacion *inclinatio -onis. Inclinatus -us*
inconstante cosa *inconstans -tis. Levis -e*
inconstantemente *inconstanter. Leviter*
inconstancia *inconstantia -ae. Levitas -atis*
incitar *incito -as. Concito -as. Excito -as*
incitamiento *incitatio -onis. Incitamentum -i*
indigesto no digerido *indigestus -a -um*
indigesto crudo *crudus -a -um*
indigestion *cruditas -atis. Indigestio -onis*
indulgencia perdon *venia -ae*
indulgencia de pecado *condonatio peccati*
indulgencia del Papa *indultum -i*
industria *industria -ae. Sollertia -ae*
industrioso *industrius -a -um. Sollers -tis*
induzir por razones *suadeo -es. Hortor -aris. Exhortor -aris. Ad- Co-*
induzimiento assi *Suasus -us. Suasio -onis. Hortatus -us. Exhortatio -onis. Ad- Co-*
induzidor *Exhortator -oris. Cohortator -oris. Adhortator -oris*
induzidora cosa *suadus -a -um*
infamar *infamo -as. Defamo -as*
infame cosa *infamis -e. Ignominiosus -a -um*
infamia *infamia -ae. Ignominia -ae*
infamado, ser *male audio*

infernal cosa *infernus -a -um. Inferus -a -um*
infiel de quien no se fia *infidus -a -um. Infidelis -e*
infieldad en esta manera *infidelitas -atis*
infiel no cristiano *impius -a -um*
infieldad en esta manera *impietas -atis*
infierno lugar de dañados *inferi -orum*
infinidad *infinitas -atis. Inmensitas -atis*
infinitamente *infinite. Inmense*
infinito en numero *innumerus -a -um. Innumerabilis -e*
informar *informo -as*
informacion *informatio -onis*
ingenio fuerça natural *ingenium -ii*
ingenioso cosa de ingenio *ingeniosus -a -um*
ingeniosamente assi *ingeniose*
iniesta como retama *genista -ae*
injuria *injuria -ae. Contumelia -ae*
injuriar *injuriam facio. Injurior -aris*
injuriadora cosa *injurius -a -um*
injuriar de palabras *convicior -aris*
injuriadora cosa assi *contumeliosus -a -um*
injuria en esta manera *convicium -ii*
injusto cosa no justa *injustus -a -um. Iniquus -a -um*
injustamente *injuste. Inique*
injusticia *injustitia -ae. Iniquitas -atis*
inmortal cosa *immortalis -e. Aeternus -a -um*
inmortalidad *immortalitas -atis. Aeternitas -atis*
inmortalmente *immortaliter. Aeterne*
inocente cosa *innocens -tis. Insons -tis. Innocuus -a -um. Innoxius -a -um*
inocentemente *innocenter. Innoxie*
inocencia *innocentia -ae. Acacia* graece
inojos o rodillas *genu* indeclinabile
inogil atadura por alli *genuale -is*
inquieto cosa sin holgança *inquietus -a -um*
inquietar molestar *molesto -as. Inquieto -as*
inquietadora cosa *molestus -a -um*
insignias de onrra *insignia -orum*
insignias de vencimiento *niceterium -ii*
instancia priessa *instantia -ae*
instinto natural *naturae instinctus -us*
instrumento con que *instrumentum -i*

instrumentos de cualquier arte *arma -orum*

instrumento assi *organum -i*

instrumento musico *instrumentum musicum*

instrumentum de cuatro cuerdas *tetrachordum -i*

instrumento de cinco c u e r d a s *pentachordon* [graece]

instrumento de siete c u e r d a s *heptachordon* [graece]

instrumento de ocho cuerdas *octachordon* [graece]

instrumento de nueve cuerdas *enneachordon* [graece]

instrumento de diez cuerdas *decachordon* [graece]

instrumento de onze cuerdas *endecachordon* [graece]

interprete o faraute *interpres -etis. Hermes* graece

interpretar en otra lengua *interpretor -aris*

interpretacion *interpretatio -onis. Interpretamentum -i*

interpretacion en griego *hermenia*

intricar o enhetrar *intrico -as*

introducion de algun arte *institutio -onis*

introducion en griego *isagoga*

inumano cosa sin caridad *inhumanus -a -um*

inumanidad desta manera *inhumanitas -atis*

inventar *invenio -is. Reperio -is*

inventario *inventarium -ii*

invencion *inventio -onis. Repertio -onis*

inventor de algo *inventor -oris. Repertor -oris*

inventora de algo *inventrix -icis. Repertrix -icis*

invernar o envernar *hiemo -as. Hiberno -as*

invernal cosa de invierno *hiemalis -e. Hibernus -a -um. Brumalis -e*

invierno *hiems -is. Bruma -ae*

io primera persona *ego* pronomen

ipocresia simulacion *hypocrisis -is*

ipocrita simulador *hypocrita -ae*

ir *eo is. Vado -is. Pergo -is. Tendo -is*

ir a lugar *adeo -is. Ineo -is. Proficiscor -eris*

ir por agua *aquor -aris*

ir por leña *lignor -aris*

ir por madera *materior -aris*

ir por yerva o pasto *pabulor -aris*

ir por trigo o cevada *frumentor -aris*

ir a llamar *accerso -is. Arcesso -is*

ir a ver *viso -is visi*

ir a ver a menudo *visito -as*

ir a ver otra vez *reviso -is -visi*

ir por sus pies *eo is ivi itum*

ir assi a menudo *ito -as*

ir por debaxo *subeo -is -ivi*

ir allende de monte o mar *transeo -is -ivi*

ir presto & con tiento *maturo -as*

ira arrebatada *ira -ae. Furor -oris*

ira envegecida *iracundia -ae. Odium -ii*

ira de dios *dira -ae* unde *dirus -a -um*

irado subitamente *iratus -a -um*

irado por luengo tiempo *iracundus -a -um*

irregular cosa sin regla *irregularis -e*

irregularidad *irregularitas -atis*

irregularmente *irregulariter*

isla tierra cercada de agua *insula -ae*

isla casi *peninsula -ae. C h e r r o n e s o s* graece

isopo yerva *hysopus -i*

isopo umido afeyte de mugeres *oesypum -i*

isopo para rociar *hysopum -i*

istoria de lo presente *historia -ae*

istoria de año en año *annalis -e*

istoria de dia en dia *ephemeris* [graece]

istoria esta mesma en latin *diarium -ii*

istoria de los tiempos *chronicum -i*

istoriador *historicus -i. Historiographus -i*

istorial cosa *historicus -a -um*

item conjuncion *item. Itidem. I t e r u m. Praeterea. Quoque*

itericia efermedad *aurugo -inis. Morbus regius*

itericia en griego *ictericia. Icteros*

iterico o doliente della *auriginosus -i. Ictericus -i*

iterico este mesmo en griego *ictericos*

iugo para uñir *jugum -i*

iugada de tierra *centuria -ae*
iunque de herrero o herrador *incus -udis*
iunta de bueyes o mulas *jugum -i*
izquierdo *scaeva -ae. Laevus -a -um. Sinister -tra -trum*
izquierda mano *sinistra -ae. Laeva -ae*

J

jacinto piedra preciosa *hyacinthus -i*
jacinto flor *hyacinthus -i*
jalde color lo mesmo que **oropimente**
jaola o jaula para aves *cavea -ae*
jardin *horti -orum. Xystus -i*
jardinero el que lo cura *topiarius -ii*
jardineria arte de aqueste *topiaria -ae*
jarrillo daragontia menor, yerva *arus -i*
jarro de vino *oenophorum -i*
jarro cualquiera *urceus -i. Urceolus -i*
jaspe piedra preciosa *hiaspis -idis*
jassar sangrar jassando *scarifico -as*
jassadura en esta manera *scarificatio -onis*
jassador desta manera *scarificator -oris*
javali puerco silvestre *aper apri*
joya generalmente *supellex -lectilis*
joyas de muger propias *mundus muliebris*
joyero que vende joyas *nugivendus -i*
joyel firmalle *emblema -atis*
jornada camino de un dia *iter diei*
jornal precio del trabajo de un dia *merces -edis*
jornal pequeño desta manera *mercedula -ae*
jornalero el que lo gana *mercenarius -ii*
jubileo año de remission *jubilaeus -i*
jubilado suelto de trabajo *emeritus -a -um*
jubilar suelto ser assi *emereor -eris*
jubon vestido nuevo *thorax -acis*
jubetero sastre que los haze *thoracarius sartor*
juderia ayuntamiento de judios *judaismus -i*
judicial cosa *judicalis -e. Criticos graece*
judio o judia *judaeus -i. Judaea -ae. Hebraeus -i. Hebraea -ae*
judio retajado *verpus -i. Apella -ae*

judiega cosa *hebraicus -a -um. Judaeus -a -um*
juego de palabras *jocus -i. Joca -orum*
juego de veras & no burlas *ludus -i*
juego de plazer *lusus -us. Lusio -onis*
juego de fortuna *alea -ae* unde *aleator*
jugar juego de fortuna *ludo -is ludi*
juego de axedrez *calculorum ludus. Latronum ludus*
juego de passa *praestigiae -arum*
juegos de mirar *spectacula -orum*
juegos a cavallo *equiria -orum*
juegos de cañas *troja -ae. Trojanum agmen. Pugnae simulacrum*
juego para desenojarse *diludium -ii*
jueves *dies Jovis. Feria quinta* novum
juez ordinario *judex -icis. Praetor -oris*
juez de los edificios *aedilis -is*
juez de costumbres extraordinario *censor -oris*
juez de los ladrones *latrunculator -oris*
juez de las alçadas *recuperator -oris*
juez que la una parte elige *editicius judex*
juez de compromisso *compromissarius -ii*
juez de cosas baxas *judex pedaneus*
juez de los libros *criticus -i*
juez arbitro *arbiter -tri*
jugar con otro *colludo -is -lusi*
jugador en esta manera *collusor -oris*
juglar *joculator -oris. Ludio -onis*
juizio *judicium -ii. Judicatus -us*
juizio del censor *censura -ae*
juizio de la apelacion *recuperatio -onis*
julepe o xarope *potio -onis*
julio mes *quintilis -is. Julius -ii*
junco *juncus -i. Papyrus -i. Scirpus -i. Biblus -i*
junco marino *juncus marinus*
junco marino en griego *oxyschoenos*
juncoso lleno de juncos *juncosus -a -um*
juncia *juncus odoratus. Cyperos -i*
junio mes *Junius -ii*
juntar o ajuntar *jungo -is -xi*
juntar uno con otro *conjungo -is -xi*
juntar uno a otro *adjungo -is -xi*
juntar apretando *committo -is. Coagmento -as*
juntura assi *coagmentum -i. Coagmentatio -onis*

junta de dos rios *confluens -tis*
juntamente *junctim. Conjunctim*
juntamente en tiempo *una. Simul. Pa-*
riter
juntera de carpintero *amussis -is*
junto con otra cosa tocandola *contiguus*
-a -um
juntura assi *contiguitas -atis*
jurado en la ciudad *tribunus p l e b i s .*
Ephorus -i
juraderia *tribunatus -us. Ephoria* [grae-
ce]
jurado el que juro *juratus -a -um*
juramentar *objuro -as. Conjuro -as*
juramento *juramentum -i. Jusjuramentum*
-i. Dejurium -ii. Sacramentum -i
jurar *juro -as. Deum testor* vel *testem*
voco
jurar mucho *ejuro -as. Dejuro -as. Exju-*
ro -as
jurar falso *pejero -as*
juridicion *dicio -onis. Jurisdicio -onis*
justa *aequatis hastis certamen*
justar *justis et aequatis certo hastis*
justa cosa *justus -a -um. Aequus -a -um*
justamente *juste. Aeque* adverbia
justicia *justitia -ae. Aequitas -atis*
justiciar *judicium facio* vel *fero*
justiciero juez *severus -i*
juzgar *judico -as. Censeo -es -ui*
juzgado *judicatio -onis. Judicatus -us*
juzgar entre diversas cosas *dijudico -as*

L

labor *labor -oris. Opus -eris*
labor de pan *agricultura -ae. Agricolatio*
-onis
labrar tierra *colo -is. Exerceo -es*
labrador assi *agri colonus -i. Agricultor*
-oris. Rusticus -i. Ruricola -ae
labrador o labradora *agricola -ae*
labrança de tierra arte *res rustica. Agri-*
cultura -ae
labrança de tierra en griego *georgicon*
labrar broslar Vide *boslar & bordar*
lacio *flaccidus -a -um. Languidus -a -um*
ladera de cuesta *clivus -i. Transversus -i*
ladilla *palpebrum pediculus* vel *lens*
ladina cosa *latinus -a -um. Clarus -a -um*
lado diestro o siniestro *latus -eris*

ladrar los perros *latro -as*
ladrar los cachorros *glaucito -as*
ladrar contra otro *illatro -as. Oblatro*
-as
ladrar hazia otro *adlatro -as*
ladrar por diversas partes *dilatro -as*
ladrido de perros *latratus -us*
ladrillo de barro cozido *later -eris. Plin-*
thos -i
ladrillo pequeño *laterculus -i*
ladrillo mazari *lydion -i*
ladrillar donde se hazen *lateraria -ae*
ladrillado suelo *gerusium -ii. Latericium*
-ii
ladrillar el suelo *latere pavimento -as*
ladron escondido *fur furis. Trifur -furis*
ladron publico *latro -onis*
ladronia assi *latrocinium -ii*
ladron de las rentas publicas *peculator*
-oris. Depeculator -oris
ladronia en esta manera *peculatus -us*
ladron de ganados *abigeus -i. Abactor*
-oris
ladron escalador de casas *diaetarius -ii*
ladron de trigo o cevada *dardanarius -ii*
lagar do pisan uvas *lacus -us*
lagar de viga *torcular -aris. Praelum -i*
lagareta en que pisan uvas *lacusculum*
-i
lagarto animal reptile *lacertus -i Sauros*
[graece]
lagartija animal desta especie *lacerta -ae*
lago de agua biva *lacus -us*
lagosta de la tierra o mar *locusta -ae*
lagrima que cae de los ojos *lacrima -ae*
lagrima pequeña *lacrimula -ae*
lagrimosa cosa *lacrimosus -a -um*
lagrimar llorar *lacrimor -aris -atus*
lagrimal del ojo *angulus oculi. Hirquus*
-i. Canthos [graece]
laguna o lagunajo *lacus -us. Lacuna -ae.*
Palus -udis
lama de hierro *lamina -ae. Lamna -ae*
lamedal lama de lodo *lama -ae*
lamedor que lame el doliente *ecligma*
-atis
lamer *lambo -is. Linguo -is linxi*
lamedura obra de lamer *linctus -us*
lampara de metal *lampas aenea*
lamparones *scrofulae -arum. C h o e r a s*
-adis
lampazo yerva conocida *verbascum -i*

lampiño *depilis -e. Glaber -bra -brum*
lamprea pescado *murena -ae. Lampetra -ae*
lana de ovejas *lana -ae*
lana de cabras *lana caprina*
lana gruessa *solox -ocis*
lana merina *lana mollis*
lana suzia *lana succida*
lana para hinchir colchon *tomentum -i*
lança *lancea -ae. Spiculum -i. Jaculum -i*
lança romana *pilum -i*
lança saguntina *phalarica -ae*
lança francesa *gessum -i*
lança macedonica *sarissa -ae*
lançada herida de lança *lanceae ictus*
lançar lo mesmo es que echar
lançar en la mar *jaceo -is. Jacto -as*
lance en esta manera *jactus -us. Jactura -ae*
lance como quiera *jactus -us*
lançadera de texedor *radius -ii*
lancear con lança *lancino -as*
lanceta de sangrador *scalpellus -i*
lança macedonica *sarissa -ae*
lande por la bellota *glans -dis*
landre que mata en pestilencia *glandula -ae*
landres del cuello *glandula -ae. Aden -enis*
lanterna *lanterna -ae* a latendo dicta
lanudo de luengas lanas *lanatus -a -um*
lapa o flor de vino *flos vini*
lardo de puerco *lardum -i. Laridum -i*
largo liberal *largus -a -um. Liberalis -e*
largamente liberalmente *largiter*
largueza liberalidad *largitas -atis*
largo en luengo *prolixus -a -um*
largura en esta manera *prolixitas -atis*
largamente assi *prolixe* adverbium
lasaña o orejas de abad *laganum -i*
lastar pagar pena *luo -is -lui*
lastre de la nave *saburra -ae*
lastrar la nave *saburro -as*
latin lengua latina *sermo latinus*
latinidad desta lengua *latinitas -atis*
laud instrumento musico *testudo -inis*
laudano olor conocido *ladanum -i*
laurel arbol *laurus -i. Laurea -ae. Daphne -es*
lauredal lugar de laureles *lauretum -i*
lauredal en griego *daphnon*

lavar *lavo -as. Lavo -is lavi*
lavador de baño *lotor -oris*
lavador de paños *fullo -onis*
lavandera de paños *fullona -ae*
lavadero lugar de lavar *lavacrum -i*
lavajo o lavajal como de puercos *volutabrum -i*
lavazas *proluvium -ii. Proluvies -ei*
lazada *griphus -i. Offendix -icis*
lazeria por mezquindad *miseria -ae. Calamitas -atis*
lazerado *calamitosus -a -um. Miser -era -erum*
lazo *nodus -i. Laqueus -i*
lazo para tomar fieras *pedica -ae*
leal cosa legitima *legalis -e. Fidus -a -um*
lealmente *legaliter. Fideliter*
lealtad *legalitas -atis. Fidelitas -atis*
lebrada *pulmentum leporinum*
lebrastilla *catulus leporinus. Lepusculus -i*
lebrel *canis leporarius* dici potest
lebrillo grande de barro *labrum -i*
lebrillo pequeño *labellum -i. Catinus -i*
lebruno cosa de liebre *leporinus -a -um*
lector el que lee *lector -oris*
lector dulce & suave *anagnostes -ae*
lecion del que lee *lectio -onis*
lecion que da el discipulo *dictatum -i*
lechal cosa de leche *lacteus -a -um*
leche como quiera *lac lactis. Lacte -is*
leche, mamar *suggo -is. Lallo -as*
leche, dar *lacto -as. Immulgeo lac*
lechetrezna *tithymallus -i. Lactucula -ae*
lechiga de muertos *sandapila -ae. Feretrum -i*
lechin azeytuna *radius -ii. Radiolus -i*
lecho o cama *lectus -i. Torus -i*
lecho rico en el templo *lectisternium -ii*
lecho pobre o de pobres *grabatum -i*
lecho, hazer *sterno lectum*
lechon *porcellus lacteus* vel *lactens*
lechon este mesmo un poco mayor *nefrens -dis*
lechuga *lactuca -ae. Astytis -idis*
lechuga pequeña o lechuguino *lactucula -ae*
lechuza ave de la noche *noctua -ae. Nycticorax -acis*
leer ayuntando letras *lego -is legi*
leer assi a menudo *lectito -as*

leer hasta el cabo *perlego -is -legi*
leer otra vez *relego -is -legi*
legado del Papa *legatus pontificius*
legado de latere *propontifex -icis*
legacia de aquestos *legatio -onis*
legista letrado *jurisconsultus -i*
legista mal letrado *leguleus -i*
legitimo cosa por ley *legitimus -a -um*
lego no sagrado *profanus -a -um*
lego no letrado *popularis -e. Plebeius -a
-um. Laicus -a -um*
legua *quattuor millia passuum. Parasanga
-ae*
legua comun *triginta duo stadia*
legumbre *legumen -inis. Legumentum -i*
ley generalmente *lex legis. Scitum -i*
ley en griego *nomos. Dogma*
ley de pueblo romano *plebiscitum -i*
ley del senado r o m a n o *senatusconsul-
tum -i*
ley del pontifice *lex pontificia*
ley que se haze preguntando *rogatio
-onis*
ley, quitar preguntando *abrogo legem*
ley, dar a los suyos *legem fero*
ley, dar a los vencidos *legem dico*
ley, consultar al pueblo *legem rogo*
ley, quitar en parte *Exrogo legem*
ley primera en griego *protonomion*
ley segunda en griego *deuteronomion*
ley para repartir los campos *lex agra-
ria*
ley de los gastos privados *lex sumptua-
ria*
ley de engendrar hijos *lex proletaria*
ley para redimirse el que se v e n d i o
seisachthea [graece]
ley contra los putos *lex scatinia*
ley que pena los adulterios *lex julia*
ley que desvia los engaños *lex aquilia*
ley para repartir el pan *lex frumentaria*
ley de la manda del cuarto *lex falcidia*
ley del que hurto o escondio s i e r v o
lex plagiaria
ley de la orden de los assientos *lex
Othonis*
ley de la simonia *lex de ambitu*
ley hecha para uno solo *privilegium -ii*
leible lo que se puede leer *legibilis -e*
leido ombre que lee mucho *litteratus -i*
leyenda *litterae -arum. Scriptura -ae*

lençal cosa de lienço *linteus -a -um*
lencero que vende lienços *lintearius -ii*
lencera que vende lienços *lintearia -ae*
lendroso lleno de liendres *lendinosus -a
-um*
lendrero lugar de liendres *lendigo -inis*
lengua generalmente *lingua -ae*
lengua de buey yerva *buglossa -ae*
lengua de ciervo y e r v a *scolopendrion
-ii*
lengua de cordero yerva *arnoglossa -ae*
lengua de perro yerva *cynoglossos -i*
lenguage propio *sermo vernaculus. Idioma -atis*
lentecerse hazerse liento *lentesco -is*
lenteja legumbre *lens -tis. Lenticula -ae*
lentisco arbol de almaciga *lentiscus -i*
leña para quemar *ligna -orum*
leña seca para quemar *ligna acapna*
leña hacinada *lignorum strues*
leñador que va por ella *lignator -oris*
leño uno solo *lignum -i. Tignum -i*
leon animal conocido *leo -onis*
leona hembra *leaena -ae. Lea -ae*
leoncillo *catulus leoninus*
leon signo del cielo *Leo -onis*
leon pardo *leo pardus*
leon coronado *leo jubatus*
leonado color *fulvus -a -um*
lepra generalmente *vitiligo -inis. Lepra
-ae*
lepra que gasta la carne *phagedaena
-ae*
leproso desta lepra *phagedaenicus -a -um*
leproso assi en griego *lepros*
lerdo *ignavus -a -um. Iners -tis*
letania *rogatio -onis. Prex -cis. Litania -ae*
letra cuando se pronuncia *elementum -i*
letra cuando se escrive *littera -ae. Nota
-ae*
letra en griego *gramma*
letrado ombre sabido *litteratus -a -um*
letrado tal en griego *grammaticos*
letrado malo *litterator -oris. Grammatis-
tes [graece]*
letrado bueno en derechos *jurisconsultus -i*
letrado malo en derechos *leguleus -i*
letra carta mensagera *litterae - a r u m .
Epistola -ae*

letras para encomendar *litterae commendaticiae*
letras para despedir *litterae dimissoriae*
letras tales en griego *apostoli*
letrero de letras *literatura -ae. Litterarum series*
letrina privada *latrina -ae*
letrina publica *forica -ae*
letrina como albañar *cloaca -ae*
leudar el pan *fermento -as*
leudo pan *panis fermentatus*
levadura para lo leudar *fermentum -i*
levadura en griego *zume*
levada en algun juego *proludium -ii. Praeludium -ii. Prolusio -onis*
levada, hazer *praeludo -is -lusi*
levantar a otra cosa *attollo -is. Sustollo -is. Effero -fers. Extollo -is. Educo -is*
levantadura assi *sublatio -onis. Eductio -onis*
levantarse *surgo -is surrexi. Exurgo -is exurrexi*
levantamiento assi *surrectio -onis*
levantarse otra vez *resurgo -is -surrexi*
levantamiento assi *resurrectio -onis*
levantarse a otro *assurgo -is -surrexi*
levantamiento assi *assurrectio -onis*
levantarse con otro *insurgo -is -surrexi*
levantamiento assi *insurrectio -onis*
levantarse en uno *consurgo -is -surrexi*
levantamiento assi *consurrectio -onis*
levantar endereçando otra cosa *arrigo -is*
levantamiento assi *arrectio -onis*
levantar assi *erigo -is. Surrigo -is*
levantamiento assi *erectio -onis. Surrectio -onis*
levante parte oriental *oriens -tis. Ortus -us*
levante v i e n t o oriental *subsolanus -i. Apeliotes -ae*
levante del invierno *vulturnus -i. Eurus -i*
levante del estio no tiene nombre latino
levante este mesmo en griego *caicias*
lexia *lexivium -ii* vel *lixivium -ii*
lexos *procul* praepositio accusativi
lexos adverbio *procul. Longe. Peregre*
lexos de la verdad *procul vero*
lexos de duda *procul dubio*
libelo en el pleyto *libellus -i*

libelo difamatorio *carmen famosum*
liberal largo, franco *liberalis -e*
liberalidad desta manera *liberalitas -atis*
liberalmente assi *liberaliter*
libertad *libertas -atis. Vindicta -ae*
libra peso de doze onças *libra -ae*
libra moneda *as assis. Assipondium -ii. Libra -ae*
libras, dos moneda *dipondius -ii. Dipondium -ii*
libras, dos & media *sestertium -ii. Sestertius -ii*
libra & media *sesquilibra -ae*
libras, tres *tressis -is*
libras, diez *decussis -is*
libras, veynte *vigessis -is*
libras, ciento *centussis -is*
libreta *libra pequeña* *libella -ae*
libra signo del cielo *Libra -ae*
librar dineros *decerno pecunias*
libramiento de dineros *decretae pecuniae*
librança lo mesmo es que **libramiento**
librar de servidumbre *assero -is. Vendico -as*
librador de servidumbre *assertor -oris. Vindex -icis*
libramiento assi *assertio -onis. Vendicatio -onis*
librar de peligro *libero -as -avi*
librador del peligro *liberator -oris*
libre hecho de siervo *libertinus -a -um*
libre nacido en libertad *ingenuus -a -um*
libre como quiera *liber -era -erum*
librea de vestir *vestes decretae*
libreria *bibliotheca -ae. Libraria -ae*
libreria de originales *archivum -i*
libro como quiera *liber -bri*
libro pequeño *libellus -i. Codicillus -i*
libro de cuentas *rationarium -ii. Rationale -is*
libro de los renuevos *calendarium -ii*
libro acabado *liber explicitus*
liça trance de armas *certamen -inis*
licencia en mala parte *licentia -ae*
licencia como quiera *copia -ae. Facultas -atis*
licenciar *do copiam. Facio copiam. Facio facultatem*
licenciado *cui data est copiam*
lid en trance de armas *certamen -inis*

lidiar en esta manera *certo -as*

lid en el pleyto *lis litis. Litigatio -onis*

liebre animal conocido *lepus -oris. Lagoos* [graece]

liendre de cabellos *lens -dis*

lienço paño de lino *linteum -i*

liento por umidad *lentus -a -um*

liga en el oro *auri mistura*

liga para tomar aves *viscum -i*

liga en las amistades *foedus -eris*

ligar con hechizos *devoveo -es -ui*

ligadura assi *devotio -onis. Veneficium -ii*

ligera cosa *levis -e. Agilis -e. Velox -ocis. Pernix -icis. Celer -eris -ere*

ligeramente *leviter. Agiliter. Velociter. Perniciter. Celeriter*

ligereza *levitas. Agilitas. Velocitas. Pernicitas. Celeritas*

ligero de pies *acupedius -ii. Velox pedibus*

ligera cosa de hazer *facilis -e*

ligereza assi *facilitas -atis*

ligeramente assi *facile. Faciliter*

ligeramente traer *celero -as. Accelero -as*

ligeramente ir *propero -as. Festino -as*

lima para limar hierro *lima -ae*

limar hierro *limo -as. Elimo -as. Collimo -as*

limaduras de hierro *scobs -bis*

lima arbol *malus citrea*

lima fruta deste arbol *malum citreum*

limaga o bavaza o bavosas *limax -acis*

limando gastar *oblimo -as*

limo por el cieno *limus -i. Caenum -i*

limoso lleno de limo *limosus -a -um. Caenosus -a -um*

limosna *misericordia -ae. Miseratio -onis. Eleemosyna -ae*

limosnero el que la da *misericors -dis. Eleemon* [graece]

limosnero por otro *eleemosynarius -ii*

limpia cosa *mundus -a -um. Sincerus -a -um*

limpiamente *munde. Sincere*

limpiar *mundo -as. Emundo -as. Purgo -as*

limpieza *munditia -ae. Sinceritas -atis*

limpiaduras *purgamentum -i. Purgamen -inis*

limpiar como narizes *emungo -is -xi*

limpiadero por do se limpian *emunctorium -ii*

linage *genus -eris. Genealogia -ae. Series generis. Stemma -atis*

linaza simiente de lino *lini semen*

linda cosa *nitidus -a -um. Elegans -tis*

lindamente *nitide. Eleganter* adverbia

lindeza *nitor -oris. Elegantia -ae*

linde entre eredades *limes -itis. Terminus -i. Finis -is. Confinium -ii*

linderos *finitimus -a -um. Confinis -e. Conterminus -a -um*

lino generalmente *linum -i*

lino de Egipto propio *xylus -i*

lino que no se quema *asbestos -i*

lino mui delicado & precioso *byssus -i*

lino mui blanco *carbasus -i*

lirio blanco o açucena *lilium -ii*

lirio cardeno *iris -idis. Hyacinthus -i*

liron animal del comer *glis -iris*

lironcillo especie de raton *nitela -ae*

lisiar o dañar *laedo -is laesi. Elido -is -si*

lisiado en esta manera *laesus -a -um. Elisus -a -um*

lision desta manera *laesio -onis. Elisio -onis*

lisongear *adulor -aris. Blandior -iris. Palpo -as. Palpor -aris. Assentor -aris*

lisongero *adulator -oris. Blandus -a -um. Palpo -onis. Assentator -oris*

lisonja *adulatio -onis. Assentatio -onis*

lisongeando alcançar *expalpo -as*

liso por cosa llana & rasa *levis -e*

lisura en esta manera *levor -oris*

liviana cosa *levis -e*

livianeza o liviandad *levitas -atis*

livianamente *leviter* adverbium

livianos o bofes de assadura *pulmo -onis*

lixa pescado de cuero aspero *squatina -ae*

lixa medio raya, pescado *squatiraia -ae*

lixo lo mesmo que **cieno** o **limo**

lizo para ordir & texer *licium -ii*

loar o alabar *laudo -as. Probo -as*

loable cosa de loar *laudabilis -e. Probus -a -um*

loablemente *laudabiliter. Probe*

loba entre sulco & sulco *scamnum -i*

lobado en los puercos *angina -ae. Synanche -es*

lobado en los otros animales *struma -ae*

lobado *strumosus -a -um*
lobanillo en el cuerpo *tuberculum -i*
lobanillo en la cabeça *ganglion -ii*
lobezno o lobillo *catulus lupinus*
lobo o loba *lupus -i. Lupa -ae*
lobo marino pescado *vitulus marinus. Phoca -ae*
lobo cerval animal terrestre *lupus cervarius*
lobuno cosa de lobo *lupinus -a -um*
lobrego *lugubris -e. Miser -era -erum*
loco de atar *furiosus -a -um. Insanus -a -um*
locura desta manera *furor -oris. Insania -ae*
loco como bovo *stultus -a -um. Fatuus -a -um*
loco desta manera en griego *moros*
locura desta manera *stultitia -ae. Fatuitas -atis*
loco como quiera *insanus -a -um. Vesanus -a -um. Amens -tis. Demens -tis. Vecors -dis. Excors -dis*
locura assi *insania -ae. Vesania -ae. Amentia -ae. Dementia -ae. Vecordia -ae*
loça vasos de barro *fictilia vasa. Frivola -ae*
loçano o gallardo *lascivus -a -um. Elegans -tis*
loçania assi *lascivia -ae. Elegantia -ae*
lodo tierra mojada & sovajada *lutum -i*
lodoso *lutosus -a -um. Lutulentus -a -um*
lograr de alguna cosa *potior -iris. Fruor -eris*
lograr de la vida *fungor vita*
logro en la usura *lucrum -i. Faenus -oris*
logrero *faenerator -oris. Usurarius -ii*
logrero en griego *danistes. Danista -ae* [latine]
lombarda *machina nitraria*
lombriz de estomago *ascaris* [graece]
lombriz cualquiera *lumbricus -i*
lomo del animal *lumbus -i*
lomo del libro encuadernado *umbilicus -i*
lomo entre sulco & sulco *porca -ae*
longaniza *farcimen -inis. Lucanica -ae*
longura *longitudo -inis. Prolixitas -atis*
lonja de tocino *frustum suillum*
lonja de mercadores *emporium -ii*
loor alabança *laus -dis. Laudatio -onis*

loriga armadura de malla *lorica -ae*
lorigado armado della *loricatus -a -um*
loro entre blanco & negro *fuscus -a -um*
loro que tira a negro *luridus -a -um*
losa para tomar aves *decipula -ae*
losa para losar *crusta marmorea*
losado de piedras *lithostrotum -i*
losado de azulejos *asarotum -i*
losado de ladrillos *pavimentum latericium*
losado de arte musayca *museacum -i*
losado de maçarote *pavimentum signinum*
lucha de desnudos *gymnasium -ii*
lucha como quiera *palaestra -ae*
luchador en esta manera *palaestrita -ae*
luchar *luctor -aris*
luchar en contrario *obluctor -aris. Reluctor -aris*
luchador assi *obluctator -oris. Reluctator -oris*
lucha en esta manera *obluctatio -onis. Reluctatio -onis*
luego adverbio *statim. Ilico. Ilicet*
luego *ex continenti. Continuo. E vestigio*
luego que conjuncion *cum. Primum*
luenga cosa *longus -a -um. Prolixus -a -um*
luengo un poco *longiusculus -a -um. Oblongus -a -um*
lueñes *longe* adverbium temporis
lugar en que esta alguna cosa *locus -i*
lugar en que algo se recibe *conceptaculum -i*
lugar donde algo se guarda *repositorium -ii*
lugar a donde huimos *refugium -ii. Profugium -ii. Confugium -ii*
lugar donde juzgan *forum -i*
lumbral de la puerta *limen -inis*
lumbre *lumen -inis. Lux -cis*
lumbrosa cosa *luminosus -a -um*
lumbrera *luminare -is*
luminar libros *minio -as -avi*
luminador de libros *miniator -oris*
luminacion de libros *miniatio -onis*
luna planeta del cielo *luna -ae*
lunes dia *dies lunae. Feria secunda*
luna demediada *dichotomos [luna]. Dichomenos [luna]*

luna llena *panselenos* [graece]. *Luna plena*

luna nueva *novilunium -ii. Lunae coitus. Luna silens. Lunae silentium*

luna nueva en griego *neomenia*

lunar luz de la luna *lux lunaris*

lunar señal del cuerpo *naevus -i*

lunar pequeño *naevulus -i*

lustre en la pintura *splendor -oris*

luto por el muerto *luctus -us*

lutado cubierto de luto *luctuosus -a -um. Pullatus -a -um*

luto vestidura *vestes pullatae* vel *pullae*

luto, traer por duelo *lugeo -es -xi*

luto, quitar *elugeo -es -xi*

luxuria *salacitas -atis. Mulierositas -atis. Mollicia -ae. Mollicies -ei*

luxuria generalmente *libido -inis*

luxuriosa cosa *salax -cis. Mulierosus -a -um. Mollis -e. Libidinosus -a -um*

luxuriosamente *salaciter. Libidinose*

luxuriar *libidinor -aris. Luxurior -aris*

luz *lux -cis. Splendor -oris*

luzero estrella de la mañana *lucifer -eri*

luzero este mesmo en griego *phosphoros*

Luzia nombre de muger *Lucia -ae*

luziernaga *nitedula -ae. Noctiluca -ae. Cicindela -ae. Lampyris -idis*

luzillo sepultura de piedra *cippus -i. Tumba -ae. Tymba* [graece]

luzio o luziente *lucidus -a -um. Illustris -e. Splendidus -a -um*

luzio un poco *sublustris -e. Sublucidus -a -um*

luzir *luceo -es. Diluceo -es. Colluceo -es. Reluceo -es*

luzir hacia otra cosa *alluceo -es*

luzir hazer luzir *illustro -as*

luzimiento en esta manera *illustratio -onis*

luzir con piedras preciosas *gemmo -as*

luzir un poco *subluceo -es*

LL

llaga reziente con sangre *vulnus -eris*

llaga con materia *ulcus -eris*

llaga pequeña assi *ulcusculum -i*

llagar hiriendo *vulnero -as. Convulnero -as. Saucio -as. Consaucio -as*

llaga como quiera *plaga -ae*

llagoso lleno de tales llagas *plagosus -a -um*

llamar *voco -as. Nuncupo -as. Appello -as*

llamar a menudo *vocito -as. Appellito -as*

llamador por nombre *nomenclator -oris*

llamamiento por nombre *nomenclatura -ae. Nomenclatio -onis*

llamar por nombre *nomino -as*

llamar a bozes *clamo -as*

llamar al que a de venir *accio -is*

llamado o llamamiento *accitus -us*

llamar para la guerra *evoco -as*

llamamiento assi *evocatio -onis*

llamar para alguna cosa *advoco -as*

llamamiento assi *advocatio -onis*

llama de huego *flamma -ae*

llamas, echar *flammigo -as*

llana cosa *planus -a -um*

llanta de berça o col *coliculus -i. Cauliculus -i*

llanten yerva *plantago -inis. Quinquenervia -ae. Coturnix -cis*

llanten en griego *arnoglosson. Heptapleuros. Ortyx*

llanto *planctus -us. Lessum -i. Lamentum -i. Lamentatio -onis*

llanto en griego *threnos*

llantear *plango -is. Lamentor -aris*

llanura o llano *planities -ei*

llanura de campo *campus -i*

llanura de agua *aequor -oris*

llave para abrir *clavis -is*

llave pequeña para abrir *clavicula -ae*

lleno cosa llena *plenus -a -um*

llenero antiguamente *plenarius -a -um*

llevar en tantas maneras como **traer**

llorar con lagrimas *fleo -es -evi. Lacrimo -as*

lloroso assi *flebilis -e. Lacrimabilis -e*

lloro assi *fletus -us. Lacrimae -arum*

llorosamente assi *flebiliter. Lacrimose*

llorar con bozes *lamentor -aris*

llorar con golpes *plango -is -xi*

llorar el niño *vagio -is -ivi*

lloro de niños propio *vagitus -us*

llover *pluo -is. Depluo -is. Compluo -is*

lloviznar *pluito -as*

lluvia *pluvia -ae. Imber -bris. Nimbus -i*

lluvioso *pluviosus -a -um. Imbrifer -era -erum*
lluvia sangre *profluvium sanguinis*

M

maça para majar lino *malleus stupparius*
maça de portero *clava -ae. Fasces -ium*
macero el que la lleva *claviger -eri. Lictor -oris*
maça de carreta *tympanum -i. Modiolus -i*
maçacote para solar *maltha -ae*
maciçar hazer maciço *solido -as*
maciço *solidus -a -um*
macicez *soliditas -atis*
maço para majar *malleus -i*
maço pequeño *malleolus -i*
maço grande machon *fistuca -ae*
maçonar *fistuco -as* [unde] *fistucatio -onis*
maçorca de hilo *pensum -i*
macho en cada especie *mas maris. Masculus -i*
machorra *sterilis -e. Mascula -ae*
machucar *macero -as*
machucadura *maceratio -onis*
madera *materia -ae. Tignus -i*
madero *lignum -i. Tignum -i. Asser -eris*
madero pequeño *tigillum -i. Asserculus -i*
maderar con madera *contigno -as*
maderamiento *contignatio -onis*
madexa *metaxa -ae* dixit Mafaeus
madrastra muger del padre *noverca -ae*
madre *mater -tris. Genetrix -cis*
madre pequeña *matercula -ae*
madre de mis suegros *socrus magna*
madre do concibe la muger *uterus -i. Loci -orum*
madre en los otros animales *vulva -ae*
madre de rio *alveus -i. Alveum -i*
madreselva yerva *periclymenos -i*
madriguera de conejo *cuniculum -i*
madrina de bautismo *mater spiritualis*
madrina de boda *pronuba -ae*
madriz generalmente *matrix -cis*
madriz de las codornizes *ortygometra -ae*

madriz de los erizos de mar *echinometra -ae*
madriz de las ciudades *metropolis -is*
madroño a r b o l *arbutus -i. Comaros* [graece]
madroño fruta *arbutum -i. Unedo -onis. Mimecylos* [graece]
madrugar *antelucor -aris. Manico -as. Ante lucem surgo*
madrugada *antelucanum tempus. Matutina lucubratio*
madura cosa *maturus -a -um. Mitis -is*
maduramente *mature. Maturiter*
madureza *maturitas -atis*
madurar otra cosa *maturo -as*
madurarse *maturesco -is maturui. Ematuresco -is ematurui*
maestre de orden *magister equitum*
maestradgo dignidad deste *magistratus -us*
maestresala *structor -oris*
maestre escuela *praefectus scholarum*
maestro de alguna arte *magister -tri*
maestra de alguna arte *magistra -ae*
maestro pequeño *magistellus -i*
maestro de arte servil *opifex -icis*
maestra cosa de maestro *magistralis -e*
maestria *magisterium -ii*
magnifico en los gastos *magnificus -a -um*
magnificamente assi *magnifice*
magnificencia assi *magnificentia -ae*
magnanimo en las onrras *magnanimus -a -um*
magnanimamente assi *magnanimiter*
magnanimidad assi *magnitudo animi*
magra cosa *macer -cra -crum*
magreza *macies -ei. Macor -oris. Macredo -inis*
magrecer otra cosa *emacio -as*
magrecerse *maceo -es. Macesco -is*
maguera *etsi. Tametsi. Quanquam. Licet. Licebit. Quamvis*
magullar carne *sugillo -as*
magulladura de carne *sugillatio -onis*
maherir para la guerra *deligo -is*
maherimiento de guerra *delectus -us*
mayo mes quinto mes *Majus -i*
mayor cosa mas grande *major majus*
mayor un poco *majusculus -a -um*
mayor de todos *maximus -a -um*

mayormente *praecipue. Praesertim. Maxime*

mayoral *primor -oris. Princeps -cipis*

mayorana lo mesmo que [**oregano?**]

mayordomo de otro *villicus -i*

mayordomia oficio *oeconomia -ae. Villicatio -onis*

mayor hijo *primogenitus -a -um*

mayoradgo de aqueste *primogenitura -ae*

maytines *horae matutinae*

majar con maço o maça *malleo -as*

majador en esta manera *malleator -oris*

majadura en esta manera *malleatio -onis*

majar con majadero *tero -is. Contero -is*

majadero para majar *pistillum -i*

majada o posada *mansio -onis*

majada de ganado *magalia -ium. Mapalia -ium*

majestad *majestas -atis*

majuelo *novellae vites. Masculetum -i*

majuelo, plantar *novello -as*

mal nombre sustantivo *malum -i*

mala cosa *malus -a -um. Improbus -a -um*

mal o malamente *male. Improbe*

mal punto interjecion *malum*

mal estar *male habeo. Aegroto -as*

maldad *malignitas -atis. Improbitas -atis*

maldadoso *malignus -a -um. Improbus -a -um*

maldadosamente *maligne. Improbe*

maldezir algo *abominor -aris. Execror -aris. Detestor -aris. Aversor -aris*

maldezidor assi *abominator. Execrator. Detestator*

maldicion assi *abominatio. E x e c r a t i o . Detestatio*

maldicha cosa assi *abominabilis -e. Detestabilis -e. Execrabilis -e. Sacer -c r a -crum*

maldezir con conjuros *devoveo -es*

maldicion assi *devotio -onis*

maldicha cosa assi *devotus -a -um*

maldezir de otro *maledico -is. Carpo -is*

maldicion assi *maledictio -onis*

maldiziente assi *maledicus -a -um*

maldezimiento deste *maledicentia -ae*

maleficio el mal hecho *maleficium -ii*

malefico hazedor de mal *maleficus -a -um*

malenconia *melancholia -ae*

malenconico *melancholicus -a -um*

maleza o breña *frutetum -i. Fruticetum -i*

malhecho *maleficium -ii. Malefactum -i*

malicia *malitia -ae. Versutia -ae*

malicioso *malitiosus -a -um. Versutus -a -um*

maliciosamente *malitiose. Versute*

maligno *malignus -a -um. Maleficus -a -um*

malquerer *male volo. Odi odisti*

malqueriente *malevolus -a -um. Malivolus -a -um*

malquerencia *malevolentia -ae. Malivolentia -ae*

malquisto *malevolus -a -um. Malivolus -a -um*

malsin *delator -oris. Sycophanta -ae*

malva yerva conocida *malva -ae. Malvaceum -i*

malva loca yerva esta mesma *malope -es*

malvavisco yerva desta especie *hibiscus -i. Althaea -ae*

malvar lugar de malvas *malvarium -ii*

malvado *corruptus -a -um. Vitiatus -a -um*

malla o arma de malla *lorica -ae*

mallar con malla *lorico -as*

mallero que haze malla *loricarius -ii*

mama madre de niños *mamma -ae*

mamar *lallo -as. Suggo -is* unde *suctus -us*

mamanton o **mamon** *lactens -tis*

manada de ganado mayor *armentum -i*

manada de ganado menudo *grex -gis*

manada a manada adverbio *gregatim*

manada de cualquier cosa *agmen -inis*

manar agua o otra cosa *mano -as*

manar de algo *emano -as*

manar por algo *permano -as*

manar por diversas partes *dimano -as*

manadero o **manantial** *manale -is*

manantial cosa *manalis -e. Jugis -is. Perennis -e*

manco de manos *mancus -a -um*

mancar de manos *trunco manus*

mançano arbol *malus -i*

mançana fruta deste arbol *malum -i*

mançana dulce *melimelum -i*

mançanal lugar *pomarium -ii*

mancebo cuando crece *adolescens -tis*

mancebia de aqueste *adolescentia -ae*
manceba moça que crece *adolescens -tis*
mancebo o manceba crecidos *juvenis -is*
mancebo pequeño assi *juvenculus -i*
manceba pequeña assi *juvencula -ae*
mancebia destos *juventa -ae. Juventus -utis. Pubes -is*
manceba de casado *pellex uxoris*
manceba de soltero *concubina -ae*
mancebo, hazerse *juvenesco -is*
mancebo, tornarse otra vez *rejuvenesco -is*
mancebia puteria *lustrum. Lupanar. Prostibulum*
mancha o manzilla *macula -ae*
manchado o manzillado *maculosus -a -um*
manchar o manzillar *maculo -as*
manda de testamento *legatum -i*
mandatario a quien se manda *legatarius -ii*
mandar hazer assi manda *lego -as -avi*
manda con condicion assi *caducum [legatum]*
mandar de palabra *mando -as*
mandado de palabra *mandatum -i*
mandadero a quien se dize *mandatarius -ii*
mandado en retorno *remandatum -i*
mandar assi en retorno *remando -as*
mandar el principe *edico -is -xi*
mandamiento de principe *edictum -i*
mandar como señor *praecipio -is. Impero -as*
mandamiento deste *praeceptum -i. Imperium -ii*
mandar como quiera *jubeo -es jussi*
mandado en esta manera *jussio -onis. Jussus -us*
mando *imperium -ii. Jussus -us. Jussio -onis*
mandon que mucho manda *imperiosus -a -um*
mandragula yerva *mandragora -ae*
manear bestias *compedes addo*
manera de vestidura *manuarium vestis*
manera modo o forma *modus -i*
manga de vestidura *manica -ae*
mangado de luengas mangas *manicatus -a -um*

mango de cuchillo *manubrium -ii. Capulus -i*
mangorrero cuchillo *culter manubriatus*
mangonada *elusio -onis. Ludibrium -ii*
manida de jornada *mansio -onis*
manifestar *manifesto -as. Patefacio -is*
manifestacion *manifestatio -onis. Patefactio -onis*
manifiesto *manifestus -a- um. Manifestarius -a -um. Evidens -tis*
manifiestamente *manifeste. Evidenter*
manifiesto, ser *patet. Liquet. Apparet*
manilla *armilla -ae. Dextrale -is. Dextrocherium -ii*
manjar *cibus -i. Esca -ae. Epulae -arum*
manjar como carne o pescado *ferculum -i*
manjar de los dioses *ambrosia -ae*
manjar de havas *fabacium -ii. Conchis -is*
manjar de luchadores *coliphium -ii*
manjar de pulpa *pulpamentum -i*
manjar desmenuzado *minutal -is*
manjar esquisito *dapes -is*
manjar que no es pan *obsonium -ii*
mano del ombre *manus -us*
mano pequeña *manciola -ae*
mano diestra *dextera -ae* sive *dextra -ae*
mano siniestra *laeva -ae. Sinistra -ae*
manojo o manada *manipulus -i. Merges -itis*
manojo a manojo adverbio *manipulatim*
manopla armadura *manus ferrea*
mansa cosa *mansuetus -a -um. Mansues -etis. Placidus -a -um. Mitis -e*
mansedumbre *mansuetudo -inis. Placiditas -atis*
manso de bravo *cicur -uris. Domesticus -a -um*
manta de cama *lodix -cis. Stragulum -i*
manta pequeña de cama *lodicula -ae*
manta de pared *aulaeum -i. Peristroma -atis*
manta para combatir *testudo -inis*
manteca de vacas *butyrum -i*
manteca derretida *liquamen -inis*
manteles *mappa -ae. Mappum -i. Toral -alis*
manteles pequeños *mappula -ae. Mantile -is*

mantener *cibo -as. Alo -is. Nutrio -is*

mantenerse *alesco -is. Victito -as. Vescor -aris*

mantenimiento *cibus -i. Victus -us. Ciba-tus -us. Alimonia -ae. Cibaria -orum*

manual cosa *manualis -e. Enchiridion -ii*

manzera o esteva *stiva -ae*

manzilla o mancha *macula -ae*

manzillado o manchado *maculosus -a -um*

manzillar o manchar *maculo -as*

manzilla, quitar *emaculo -as*

manzilla, aver *misereor -eris. Miseror -aris*

manzilla por misericordia *miseratio -onis*

maña *modus -i. Dolus -i. Techna -ae*

mañear *quaerere modum* vel *dolum*

mañero o mañoso *subdolus -a -um*

mañana del dia *mane. Diluculum -i*

mañana despues de oy *cras*

mañanear levantar la mañana *manico -as*

mañera muger que no pare *effetus -a -um*

maqui especie de gengibre *machir*

mar generalmente *mare -is. Pontus -i*

mar estrecho entre dos tierras *fretum -i*

mar este mesmo en griego *porthmos*

mar honda *altum -i. Profundum -i*

mar somera *vadum -i. Mare summum*

maravedi *dipondius -ii. Dipondium -ii*

maravilla *miraculum -i. Miratio -onis. Stupor -oris. Mirabile -is*

maravillarse *miror -aris. Admiror -aris*

maravillarse mucho *demiror -aris. Stu-peo -es*

maravilloso *admirabilis -e. Mirus -a -um*

maravillosamente *mirabiliter. Mire*

marcar plata *pustulo -as*

marco de plata *selibra argenti*

março mes tercero *Martius -ii*

marçal cosa deste mes *martialis -e*

marchito *marcidus -a -um. Marcens -tis*

marchitable *marcessibilis -e*

marchitarse *marceo -es. Marcesco -is. Flaccesco -is. Flacceo -es*

marchitura *marcor -oris*

marea viento occidental vide **poniente**

marfil dientes de elefante *ebur -oris*

margomar antiguo verbo *plumo -as*

margen de libro *margo -inis*

marido de muger casada *maritus -i*

marido o muger casados *conjunx -jugis*

maridar o casar *marito -as*

maridable cosa *maritalis -e. Conjugalis -e*

marino cosa de la mar *marinus -a -um. Aequoreus -a -um Pelagius -a -um*

marinero *nauta -ae. Navita -ae*

mariposa *papilio -onis*

mariscal *metator -oris. Metatus -i*

marisco cosa de mar *marinus -a -um*

marisma *ora maritima. Ora litorea*

marmol piedra marmoleña *marmor -oris*

marmol coluna *columna -ae*

marmolejo coluna pequeña *columnella -ae*

marmoleña cosa de marmol *marmoreus -a -um*

marques *marchio -onis* novum

marquesa *marchiona -ae* novum

marquesado *marchionatus -us*

marra o almadana *marrae -arum*

marra por falta *defectus -us*

marrar faltar *desum -es. Deficio -is*

marrano cochino de un año *majalis -is*

marrar desviar de lo derecho *erro -as*

marruvio yerva conocida *marrubium -ii*

marta animal conocido *martes -is*

martes dia *dies Martis. Feria tertia*

martillar *malleo -as -avi*

martillo *malleolus ferreus*

martir en griego testigo *martyr -yris*

martirio en griego testimonio *martyrium -ii*

martirologio *martyrologium -ii*

mas nombre comparativo *plus pluris*

mas adverbio comparativo *magis*

mas conjuncion *at. Sed. Tamen. Caeterum*

mas para continuar *amplius. Item*

mas querer *malo mavis malui*

mas si conjuncion *sin. Quod. Si*

mas valer *praesto -as -stiti. Antisto -as -stiti*

mascar *mundo -is. Manduco -as. Con-*

mascada o mascadura *commanduca-tus -us*

mascara o caratula *persona -ae*

mascarado con caratula *personatus -a -um*

massa nombre general *massa -ae*

massa de harina   *farina concreta*
mastel de nave   *malus -i. Arbor -oris*
mastin de ganado   *canis pecuarius*
mastranto   yerva conocida   *mentastrum -i*
mastuerço   yerva conocida   *nasturtium -ii*
mata   o breña   *frutex -icis. Virgultum -i*
matalahuga   o anis   *anisum -i*
matar   *neco -as. Caedo -is. Occido -is. Conficio -is. Interficio -is. Perimo -is. Macto -as -avi*
matador   *occisor. Confector. Interfector*
matar   como el çapato   *uro -is ussi*
matar lo que alguno ama   *orbo -as -avi*
matador   en esta manera   *orbator -oris*
matar despedaçando   *trucido -as -avi*
matador   en esta manera   *trucidator -oris*
matar fieras   *conficio sive sterno feras*
matador de fieras   *confector ferarum*
matar sacrificando   *macto -as -avi*
matador de padre o madre   *parricida -ae*
matador de tirano   *tyrannicida -ae*
matador   assi en griego   *tyrannoctonos*
matarse a si mesmo   *conscisco mihi mortem*
matança   *occisio -onis. Occidio -onis. Caedes caedis. Strages stragis*
materia   *materia -ae. Materies -ei. Hyle* [graece]
material   cosa de materia   *materialis -e*
materia de donde sacamos   *exemplum -i*
materia   assi en griego   *apographon*
materia podre   *pus puris. Sanies -ei*
matiz en la pintura   *umbra -ae. Tonus -i*
matizar en la pintura   *illustro -as*
matricula de nombres propios   *matricula -ae*
matricula   esta mesma en griego   *catalogos*
matricular   *in matriculam redigo*
matrimonio   *matrimonium -ii. Conjugium -ii*
matrimonial   cosa   *matrimonialis -e*
matrona   muger onrrada   *matrona -ae*
matronal   cosa   *matronalis -e*
mazmorra   prision   *ergastulum -i*
meaja   moneda   *mna -ae. Mina -ae*
mear   *meio -is -xi*
mear en otra cosa   *immeio -is -xi*
mear con otros   *commeio -is -xi*

meada de meados   *mictus -us*
meados   las urinas   *urina -ae. Lotium -ii*
mecer   *misceo -es -cui mistum*
mecer uno con otro   *commisceo -es -cui*
mecedura   *mistio -onis. Mistura -ae*
mecedero   para mecer   *rutrum -i. Rutabulum -i*
mecha de candil   *lychnus -i. Myxus -i*
mechero de candil   *nasus -i. Myxa -ae*
media libra   *selibra -ae*
media parte de doze   *semis -issis*
media blanca   moneda   *semis -issis*
media erencia   *semis -issis*
media onça   *semuncia -ae*
media mitra   o cofia   *semimitra -ae*
media lunacion   *semilunium -ii*
media espera   en griego   *hemisphaerion*
mediano entre grande & chico   *mediocris -e*
mediania   assi   *mediocritas -atis*
medianamente   assi   *mediocriter*
medianero entre dos   *mediator -oris*
medianero   por tercero   *sequester -tra -trum*
medianera   por terceria   *sequestratio -onis*
medianero   como quiera   *medius -a -um*
medico fisico   *medicus -i*
medicinal   cosa   *medicus -a -um. Medicinalis -e*
medicina   *medicina -ae. Medela -ae. Medicamen -inis*
medico de ojos   *medicus ocularius*
medicina de ojos   *collyrium -ii*
medico de orejas   *medicus auricularius*
medico de alvaraços   *alphicus -i*
medico esperimentador   *empiricus -i*
medicina por esperiencia   *empirice -es*
medico de aldeas   *medicus circumforaneus*
medico que sabe poco   *parabolanus -i*
medicina para preservar   *antidotum*
medicina que cura por dieta   *diaetetice -es*
medida   *mensura -ae. Mensio -onis*
medida   en griego   *metron. Metretes*
medida de diez pies   *decempeda -ae*
medidor   por esta medida   *decempedator -oris*
medido   por esta medida   *decempedalis -e*
medidor derecho   *orthometres* [graece]

medidor tuerto *cacometres* [graece]
medida derecha *orthometria* [graece]
medida tuerta *cacometria* [graece]
medidor de la tierra *geometres -ae*
medida de la tierra *geometria -ae*
medidor del mundo *cosmometres* graece
medida del mundo *cosmometria* graece
medida cosa *demensus -a -um*
medio la meytad del entero *dimidium -ii*
medio o medianero *medius -a -um*
medio dios & ombre *semideus -i*
medio dios & medio ombre *heros -ois*
medio diosa & medio muger *herois -idis*
medio dios en griego *hemitheios*
medio verso *hemistichium -ii*
medio dia parte meridional *meridies -ei*
medio celemin *semodius -ii*
medio armado *semiermis -e. Semiermus -a -um*
medio assado *semiassus -a -um*
medio comido *semesus -a -um*
medio muerto *semianimis -e. Seminecis -e. Semimortuus -a -um*
medio quemado *semicremus -a -um. Semiustus -a -um*
medio crudo *semicrudus -a -um*
medio enseñado *semidoctus -a -um*
medio despedaçado *semilacer -a -um*
medio hendido *semihiulcus -a -um*
medio lleno *semiplenus -a -um*
medio macho *semimas -aris*
medio varon *semivir -iri*
medio fiera *semifer -a -um*
medio escudero *semipaganus -i*
medio soñoliento *semisomnis -e*
medio rompido *semiruptus -a -um*
medio caido *semirutus -a -um*
medio buey *semibos -bovis*
medio cabron *semicaper -pri*
medio pie *semipes -pedis*
medio vocal *semivocalis -is*
medio tono *semitonium -ii. Hemitonium -ii*
medir *metior -iris. Mensuro -as -avi*
medir en retorno *remetior -iris*
medir en diversas partes *dimetior -iris*
medir tierra *grumo -as. Degrumo -as*
medrar por mejorar *proficio -is*
medra por mejoria *profectus -us*

medroso por natura *formidolosus -a -um. Meticulosus -a -um*
medroso assi *timidus -a -um. Pavidus -a -um*
meytad de lo entero *dimidium -ii*
mejor nombre comparativo *melior melius*
mejor adverbio de comparativo *melius*
mejor un poco *meliusculus -a -um*
mejorar cada dia *melioresco -is*
mejoria de dolencia *valetudinis accessio*
mejorar en la dolencia *meliuscule habeo [me]*
mejoria en cada especie *specimen -inis*
melcocha *mel coctile. Mel costivum*
melcochero que la vende *pistor dulciarius*
melena de buey *pulvillus -i. Tomix -icis*
melon animal como texon *meles -is*
melon fruta conocida *pepo -onis. Melopepo -onis*
melonar lugar dellos *cucumerarium -ii*
meloxa lavaduras de miel *parameli*
mellar algun vaso *curto -as -avi*
mellado cosa con mella *curtus -a -um*
mella o melladura *curtatio -onis*
mellado en los dientes *edentulus -i*
mellizo *geminus -a -um. Gemellus -a -um*
mellizo en griego *didymos -e -on*
mellizo, uno de tres *trigeminus -a -um*
mellon de paja *stramenti merges*
membrana pergamino *pergamena charta*
membrar a otro *memoro -as -avi*
membrarse *memini -isti. Recordor -aris*
membrillo arbol conocido *malus cydonea*
membrillo fruta del *malum cydoneum. Malum cotoneum*
membrudo de grandes miembros *membrosus -a -um*
memoria *memoria -ae. Mens -tis*
memoria en obra *recordatio -onis*
memorial *memoriale -is. Monumentum -i*
mencion *mentio -onis. Memoria -ae*
mendigar el pobre *mendico -as -avi*
mendigo que demanda *mendicus -a -um*
mendiguez de este *mendicitas -atis*
mendrugo *panis mendicatus*
menester *penuria -ae. Egestas -atis. Indigentia -ae*
menester, aver *egeo -es. Indigeo -es*
menester es *opus est opus erat opus fuit*

menesteroso *egenus -a -um. Indigus -a -um*

mengua *inopia -ae. Egestas -atis. Penuria -ae*

menguado *inops -opis. Expers -tis*

menguante de luna *luna decrescens*

menguante de la mar *recessus maris*

menguar *minuo -is. Curto -as. Defraudo -as*

menor nombre comparativo *minor minus*

menor de edad so tutor *pupillus -i*

menor de edad so curador *pubes -is*

menoria de edad assi *pubertas -atis*

menorar hazer menor *minoro -as -avi*

menos adverbio de comparativo *minus*

menospreciar *contemno -is. Despicio -is. Sperno -is. Despicor -aris. Respuo -is. Parvifacio -is*

menosprecio *despectio -onis. Contemptus -us. Contemptio -onis. Aspernatio -onis*

menospreciando adverbio *contemptim*

menoscabo o merma *detrimentum -i. Intertrimentum -i*

mensage *nuntius -ii. Nuntium -ii*

mensage o nuevas, dezir *nuntio -as*

mensagero *nuntius -ii. Angelos* [graece]

mensagero de vanedad *nugigerulus -i*

mensagero entre dos *internuntius -ii*

mentar *memoro -as -avi. Conmonefacio -is*

mentir a sabiendas *mentior -iris*

mentir no sabiendo *mendacium dicere*

mentir mucho *ementior -iris*

mentira *menda -ae. Mendum -i. Mendacium -ii*

mentira pequeña *mendaculum -i. Mendaciunculum -i*

mentiroso *mendax -acis. Mendosus -a -um*

mentirosamente *mendose. Mendaciter*

menuda cosa *minutus -a -um*

menudencias *minutiae -arum*

meollo de fruta seca *nucleus -i*

meollo o tutano de uessos *medula -ae*

meollos de la cabeça *cerebrum*

mercar *emo -is emi. Mercor -aris*

mercar en uno *coemo -is. Comparo -as*

mercada cosa para vender *promercalis -e*

mercadura *mercatio -onis. Mercatura -ae*

mercader *mercator -oris*

mercader que vende *institor -oris*

mercaderia *merx -cis. Mercimonium -ii*

mercado lugar *mercatus -i. Forum -i. Emporium -ii*

merced por misericordia *misericordia -ae*

merced por beneficio *beneficium -ii*

merced, aver *misereor -eris. Miseror -aris*

merceria *merx mercis. Mercimonium -ii*

merchan lo mesmo es que **mercader**

merda *merda -ae. Fimus -i. Stercus -oris*

merdoso *merda inquinatus -a -um*

merecer *mereor -eris. Pro- Com-*

merecedera cosa *meritus -a -um. Pro- Com-*

merecimiento *meritum -i*

merecer el amor de otro *demereor -eris*

merecimiento grande *demeritum -i*

merendar *meridior -aris. Prandeo -es*

merienda *merenda -ae. Prandium -ii*

merma en el peso o medida *intertritura -ae. Intertrimentum. Retrimentum -i. Recrementum -i*

mes dozena parte del año *mensis -is*

mes & medio *sesquimensis -is*

mesa donde comemos *mensa -ae. Torus -i*

mesa de metal o marmol *delphica [mensa]*

mesa portatile *trapezophoron -i*

mesa en los sacrificios *assidela -ae*

mesa de un pie *monopodium -ii*

mesa de tres pies *tripus -podis*

mesa en que ponen lo vendible *pergula -ae*

mesa de cambiador o vanco *mensa -ae. Trapezion* [graece]

mesa de tres ordenes *triclinium -ii*

mesa de las frutas *mensa secunda*

mesillo por mezquino *misellus -a -um*

mesmo *ipsemet ipsamet ipsummet*

mesnada *exercitus -us. Expeditio -onis*

meson *taberna meritoria. Meritorium -ii. Taberna diversoria. Caupona -ae. Stabulum -i*

mesonero *stabularius -ii. Caupo -onis*

mesonera *stabularia -ae. Caupona -ae*

messar *depilo -as -avi. Calvo -as*

messadura *depilatio -onis. Decalvatio -onis*

messana vela *velum medium*

messoria en que cogen espigas *mergus -i*

mesta *nundinae pastoriciae* v e l *menstruae*

mestengo o mostrenco *ad hoc pertinens* [mesta]

mesto arbol de bellotas *cerrus -i*

mestruo de muger *menstruum -i*

mesturar *misceo -es. Committo -is*

mesura *modestia -ae. Frugalitas -atis*

mesurado *modestus -a -um. Frugi* [indeclinabile]

mesuradamente *modeste. Frugaliter*

mesurarse *contineo -es. Tempero -as*

metal o minero *metallum -i. Vena -ae*

metalado cosa de metal *metallicus -a -um*

meter *immitto -is. Intromitto -is. Introduco -is. Ingero -is*

meter so tierra o agua *obruo -is obrui*

meter en el seno *insinuo -as -avi*

mexias en ebrayco es **ungido**

mexias en griego *christos*

mexilla de la cara *mala -ae. Maxilla -ae*

mexilla antiguamente *gena -ae*

mezclar *misceo -es. Commisceo -es*

mezclar *permisceo -es. Admisceo -es*

mezclada cosa *permiscus -a -um. Miscellus -a -um*

mezcladamente *mixtim. Permixtim*

mezcladura *mixtio -onis. Mixtura -ae*

mezcla lo mesmo es que **mezcladura**

mezquino *miser -a -um. Infelix -icis*

mezquinamente *misere. Infeliciter*

mezquindad *miseria -ae. Infelicitas -atis*

mezquita *aedicula mahumetae*

mi cosa pronombre *meus -a -um*

miedo *metus -us. Timor -oris. Formido -inis. Terror -oris*

miel obra de las abejas *mel mellis*

miel que nace en las flores *melligo -inis*

miel rosada *rhodomeli. Mel rosaceum*

miel, hazer las avejas *mellifico -as*

miembro parte del cuerpo *membrum -i. Artus -us*

miembro a miembro *membratim. Artuatim*

mientras o mientras que *dum. Quandiu*

miercoles dia *Mercurii dies. Feria quarta*

mierda *fimus -i. Merda -ae. Oletum -i*

mierla ave *merulus -i. Merula -ae*

mierra azeyte de enebro *oleum juniperinum*

mierra lo mesmo que **rastra** *traha -ae*

miesse *messis -is. Seges -etis*

migas de pan cozido *micae -arum*

migaja de cualquier cosa *mica -ae*

mijo simiente conocida *milium -ii. Cenchros -i*

milagro *miraculum -i. Mirabile -is*

milagroso *mirabilis -e. Mirificus -a -um*

milagrosamente *mirabiliter. Mirafice*

milagroso, hazer algo *mirifico -as -avi*

milagro que significa algo *portentum -i. Ostentum -i. Prodigium -ii. Monstrum -i*

milagroso assi *portentosus -a -um. Ostentosus -a -um. Prodigiosus -a -um. Monstruosus -a -um*

milagrosamente assi *prodigialiter*

milano ave *milvus -i. Milvius -ii*

milhoja yerva *millefolium -ii. Achillea -ae*

mill numero *millenarius numerus*

mill en numero *mille* in plurali, indeclinabile

mill cuentos *decem millies centum mille*

mill en orden *millesimus -a -um*

mill en una parte *millesima pars*

mill cada uno *milleni -ae -a*

mill vezes *millies* adverbium

milla *mille passus. Milliarium -ii. Lapis -idis*

millar nombre sustantivo *mille. Millia*

millon *millies mille millies*

millones, dos *bis millies mille millies*

mimar *blandior -iris. Adulor -aris*

mina soterraña cueva *cuniculus -i*

minar *cuniculos ago* vel *fodio*

minando adverbio *cuniculatim*

minador *cuniculorum fossor*

minero de algun metal *vena -ae. Metallum -i*

mineral cosa de minero *metallicus -a -um*

minero de oro *aurifodina -ae*

minero de plata *argentifodina -ae*

minero de cobre *aeraria -ae*

minero de salitre *nitraria -ae*

minero de greda *cretifodina -ae*

minero de piedra sufre *sulphuraria -ae*

minero de aguzaderas *cotoria -ae*

mio cosa mia, pronombre *meus -a -um*

mirar *aspicio -is. Intueor -eris. Intuor -iris*
mirada nombre *aspectus -us. Intuitus -us*
miradero lugar de donde miramos *specula -ae. Conspectus -us. Spectaculum -i*
mirar a menudo *aspecto -as -avi*
mirar atras *respicio -is. Respecto -as*
mirar a lexos *prospicio -is prospexi*
mirada en esta manera *prospectus -us*
mirar por diversas partes *dispicio -is*
mirada en esta manera *dispectio -onis*
mirar de arriba abaxo *despicio -is*
mirada en esta manera *despectio -onis*
mirar adentro *inspicio -is. Introspicio -is*
mirada en esta manera *inspectio -onis*
mirar por medio de otra cosa *perspicio -is*
mirada en esta manera *perspectus -us*
mirar en derredor *circumspicio -is*
mirada en esta manera *circumspectio -onis*
mirado el que mira assi *circumspectus -a -um*
mirar arriba *suspicio -is suspexi*
mirada en esta manera *suspectus -us*
miseria contraria de dicha *miseria -ae*
misericordia *miseratio. Misericordia*
misericordioso *misericors -cordis. Clemens -tis*
misericordiosamente *misericorditer. Miseranter*
misericordia, aver *misereor -eris. Miseror -aris*
misericordia, aver *miseresco -is. Miseret*
miseria de pobreza *egestas -atis. Inopia -ae*
miserable digno de misericordia *miserandus -a -um*
miserable no digno della *miserabilis -e*
miserablemente assi *miserabiliter*
missa *res divina. Sacrificium christianum*
missa en griego *liturgia* sive *liturgion*
missa, dezir *rem divinam facio*
missal *rerum divinarum codex*
mitra de obispo *tiaras -ae. Tiara -ae*
mitridatico *mithridaticum. Antidotum*
mocos de narizes *mucus -i*
mocoso lleno de mocos *mucosus -a -um*
moço de edad pequeño *puer -eri*
moça pequeña de edad *puella -ae*
moço aun mas pequeño *puellus -i. Pusio -onis*

moçuela de pequeña edad *puellula -ae*
mocedad de aquestos *pueritia -ae*
mocedad como niñeria *puerilitas -atis*
moço crecido *adolescens -tis. Adolescentulus -i*
moça crecida *adolescens -tis. Adolescentula -ae*
mocedad de aquestos *adolescentia -ae*
moço de servicio *famulus -i*
moça de servicio *famula -ae*
moço de espuelas o para descalçar *a pedibus*
moço desta manera *circumpedes*
moço para mandados *amanuensis -is*
moço que muda la boz *draucus -i. Hirquitallus -i*
moço que comiença a barvar *pubes -is*
moço este mesmo en griego *ephebos*
mocedad de aqueste *pubertas -atis*
mocedad deste en griego *ephebia*
mochar o desmochar *trunco -as. Mutilo -as*
mocha cosa sin cuernos *mutilus -a -um*
mochila como talega *mantica -ae*
mochuelo ave conocida *asio -onis*
modesta cosa *modestus -a -um. Frugalis -e*
modestia *modestia ae. Frugalitas -atis*
modestamente *modeste. Frugaliter*
modorra la segunda vela *vigilia secunda*
modorrilla la tercera vela *vigilia tertia*
modorro o bovo *morio -onis*
modorrear bovear *moror -aris*
modorria o boveria *stupor mentis*
mofar escarneciendo *subsanno -as -avi*
mofador escarnecedor *subsannator -oris*
mofadura escarnio *subsannatio. Rhonchus -i*
moharrache o homarrache *personatus -a -um*
mohatrar *versuram facio*
moheda lugar de arboles *nemus -oris*
mohino animal *hinnus -i. Burdo -onis*
moho de pan o vino *mucor -oris*
mohoso desta manera *mucidus -a -um. Mucosus -a -um*
moho de arbol o fuente *muscus -i*
mohoso desta manera *muscosus -a -um*
mojarse *madeo -es. Madesco -is. Madefio -is*
mojarse por de dentro *immadeo -es -ui*

mojarse mucho   demadeo -es -ui
mojadura   mador madoris
mojar otra cosa   madefacio -is
mojar   en esta manera   tingo -is tinxi
mojar assi en otra cosa   intingo -is in-
tinxi
mojado   madidus -a -um
mojon   piedra   lapis limitaris
mojonar camino   quaternis lapidibus sig-
nare
mojon o linde de eredad   limes -itis
mojonar   o lindar   limito -as -avi
molde   vaziadizo de imagenes   proplastice
moler harina   molo -is. Emolo -is
moler colores   tero colores
moledor de colores   colorum tritor
moledura de colores   colorum tritura
molestar   molesto. Inquieto. Negotium fa-
cesso
molestia   molestia -ae. Inquietatio -onis
molesta   cosa   molestus -a -um. Importunus -a -um
molestamente   moleste. Importune
molestar enojando   exacerbo -as -avi
molestador   en esta manera   exacerbator
-oris
molestia   en esta manera   exacerbatio
-onis
molino de agua para pan   mola aquaria
molinero   el que lo cura   molendinarius -ii
molinera   cosa para moler   molendinarius
-a -um
molinero de azeyte   olearius -ii. Olitor
-oris
molino de azeyte   o alfarge   trapetum -i
mollentar   hazer muelle   mollio -is -ivi
mollentarse   hazerse muelle   emollesco -is
mollentarse otra vez   remollesco -is
mollera de la cabeça   vertex -icis. Brech-
ma [graece]
molletas para despavesar   fuscinula -ae
mollete   pan muelle   panis mollis
molleja en las aves   ventriculus avium
mollir   lo mesmo que   mollentar   mollio
-is
mollido   mollis -e. Mollitus -a -um
mollidura   mollitudo -inis. Mollicia -ae
mollir la cama   sterno -is. Substerno -is
mollidura de cama   substratio -onis
momento de tiempo o peso   momentum -i

momo   moneda antigua   numisma -atis
momo   contrahazedor   mimus -i
momo principal   archimimus -i. Pantomi-
mus -i
momo pequeño   mimulus -i
moma   contrahazedora   mima -ae
moma pequeña   en esta manera   mimula
-ae
mona   animal conocido   simia -ae. Pithe-
cus -i
mona con cola   cercopithecus -i. Cebus -i
monacordio   monachordum instrumentum
monazillo de monges   monachellus -i
monazillo de clerigos   sacrificulus -i
mondar   purgo -as. Mundo -as -avi
mondaduras   purgamenta -orum. Putami-
na -um
mondar   como pozo   erudero -as -avi
mondaduras   desta manera   rudus -eris
monda orejas   auriscalpium -ii
monda dientes   dentiscalpium -ii
moneda   mummus -i. Moneta -ae. Pecunia
-ae
moneda de oro   aureus -i. Aureus nummus
moneda pequeña de oro   aureolus -i
monedero   nummarius faber. Marculus -i
monesterio de monges   monasterium -ii
monesterio   de otra manera   coenobium
-ii
monge solitario   monachus -i. Monastes
-ae
mongia   monachatus -us. Monachus -i
mongil   vestidura de monge   vestis mona-
chalis
monipodio de los que venden   monopo-
lium -ii
monipodio   en otra manera   conspiratio
-onis
monja solitaria   monacha -ae. Monialis -is
monja   en otra manera   soror -oris
mono   animal conocido   simius -ii
mono con cola   cercopithecus -i. Cebus -i
montar   in summam excrescere
montaña   montes -ium. Nemus -oris
montañes   cosa de montaña   montanus -a
-um
montanero que la guarda   saluarius -ii
montaña deleytable   nemus -oris
montañesa   cosa assi   nemorosus -a -um
monte   mons -tis. Collis -is
montesa   cosa de monte   montanus -a -um

montesa cosa de bosque *silvestris -e*
montear caçar fieras *venor -aris*
montero caçador de fieras *venator -oris*
montera caçadora de fieras *venatrix -icis*
monteria caça de fieras *venatio -onis*
monton de cosas menudas *acervus -i*
monton de muertos *strages -is*
monton de tierra *agger -eris*
montoso cosa alta *montuosus -a -um*
moral arbol conocido *morus -i*
mora fruta deste arbol *morum -i*
mora de çarça *morum rubeum*
morar *habeo -es. Habito -as. Colo -is*
morada *habitatio -onis. Domus -us. Mansio -onis*
morador *habitator -oris. Colonus -i*
morar en algun lugar *incolo -is. Inhabito -as*
morador en esta manera *incola -ae*
morada en esta manera *incolatus -us*
morar cerca de algun lugar *accolo -is*
morador en esta manera *accola -ae*
morada en esta manera *accolatus -us*
morar con otro *cohabito -as -avi*
morador con otro *cohabitator -oris*
morada con otro *cohabitatio -onis*
morador de casa agena *inquilinus -i*
morador de rio *amnicola -ae*
morador de bosque *silvicola -ae*
morador de monte *monticola -ae*
morador de campo *ruricola -ae. Agricola -ae*
morador del cielo *caelicola -ae*
morada cosa *purpureus -a -um. Puniceus -a -um*
morado color escuro *ferrugo -inis*
morada cosa deste color *ferrugineus -a -um*
morcella centella muerta *favilla -ae*
morcielago ave de la noche *vespertilio -onis*
morcilla *botulus -i. Botellus -i*
mordaza *linguae incastratura*
morder o mordiscar *mordeo -es -di*
mordedura *morsus -us. Morsum -i*
morena cosa baça *fuscus -a -um*
morena pescado conocido *murena -ae*
morena pequeña *murenula -ae*
morena, macho desta especie *myrinus -i*
morezillos en que esta la fuerça *musculus -i*

morir *obeo -is. Diem obeo. Mortem obeo. Oppeto -is. Oppeto mortem. Excedo vita. Concedo naturae. Ago animam. Efflo animam. Exhallo animam. Morior -eris*
morir de corage *despondeo animum*
morir cayendo *occido -is. Occumbo -is*
mortaja *libitina -ae. Funus -eris*
mortajar al muerto *funero -as -avi*
mortajador de muerto *libitinarius -ii*
mortal cosa que muere *mortalis -e*
mortandad assi *mortalitas -atis*
mortal cosa que mata *letalis -e. Letifer -a -um*
mortal cosa que mata *mortifer -a -um*
mortero *mortarium -ii*
morteruelo especie de salsa *moretum -i*
mortezino nombre substantivo *morticinium -ii*
mortezino cosa *morticinus -a -um*
mortuorio *funus -eris. Exequiae -arum. Pompa -ae*
mosca volatile conocido *musca -ae*
mosca de perro *musca canina. Cynomyia -ae*
moscarda que ahuyenta las vacas *asilus -i. Oestrus -i*
moscadero para moscas *muscarium -ii*
moscadero para hazer ayre *flabellum -i*
moscada nuez *myristica nux*
moscatel uva *uva muschata*
mosquear *muscas abigo -is*
mosqueador *muscarum abactor*
mosquito de vino *culex vinarius*
mosquito de otra especie *culex -icis*
mosquito de mulas *culex -icis. Mulio -onis*
mostajo arbol para madera *mustax -acis*
mostaza simiente & yerva *sinapis -is*
mosto *mustum -i. Gleucos [graece]*
mosto siempre *aigleucos [graece]*
mosto del pie del lagar *mustum tortivum*
mosto del pie cortado *mustum circumcidaneum. Mustum circumcisicium*
mosto de uva no pisada *protropum -i*
mostrar con el dedo *indico -as. Ostendo -is*
mostrar *monstro -as. Commonstro -as. Demonstro -as*
mostrar letras o doctrina *doceo -es*

mostrar a vanagloria *ostento -as. Jacto -as*

mota cerro enmontado o muela *moles -is*

mote o motete *epigramma -atis*

mote lastimero *docterium -ii. Scomma -atis*

motejar *dicterio* aut *scommate noto*

motejador *subsannator -oris. Dicax -acis*

motivo *causa movens. Propositum -i*

mover *moveo -es. Muto -as. Cieo -es. Commoveo -es. Concio -es. Permoveo -es. Accio -is -ivi*

movedor *motor -oris. Commotor -oris*

movimiento *motio -onis. Motus -us*

mover de lugar *amoveo -es. Emoveo -es*

mover hazia otra cosa *admoveo -es*

mover a menudo *moto -as -avi. Concito -as*

mover a parte *semoveo -es semovi*

mover en diversas partes *dimoveo -es*

mover la muger *abortio -is*

movedura de muger *abortus -us*

movediza cosa mal parida *abortivus -a -um. Exterricineus -a -um*

movible cosa *mobilis -e. Mutabilis -e*

movedura de lo movible *mutabilitas -atis. Mobilitas -atis*

muchas vezes *saepe. Pluries. Compluries*

muchas vezes mas *saepius. Saepissime*

muchedumbre *multitudo -inis. Agmen -inis*

muchedumbre de ombres *turba -ae. Coetus -us*

muchos en numero *plures. Complures*

muchos algun tanto *plusculi -ae -a. Complusculi -ae -a*

mucho en cuantidad *multus -a -um*

mucho adverbio *multum. Nimis. Valde*

mudar *muto -as. Commuto -as. Immuto -as*

mudable cosa que se muda *mutabilis -e*

mudablemente assi *mutabiliter*

mudança assi *mutabilitas -atis*

mudar casa *migro -as. Migrasso -as*

mudar casa de lugar *emigro -as -avi*

mudança assi *migratio -onis. Emigratio -onis*

mudar casa en uno *commigro -as -avi*

mudança de casa en esta manera *commigratio -onis*

mudar casa de con otro *semigro -as -avi*

mudança de casa assi *semigratio -onis*

mudar casa allende *transmigro -as*

mudança de casa assi *transmigratio -onis*

mudar casa de donde se mudo *remigro -as*

mudança de casa assi *remigratio -onis*

mudar casa a otro lugar *immigro -as*

mudança de casa assi *immigratio -onis*

mudecer *mutesco -is. Obmutesco -is*

mudo o muda cosa *mutus -a -um*

mueble cosa que se mueve *mobilis -e*

muela de la boca *dens molaris*

muela cordal *dens genuinus. Sophronister* graece

muela para moler *mola molae*

muela de arriba para moler *catillus -i*

muela de abaxo para moler *meta -ae*

muela para amolar *mola cotoria*

muela de mano para moler *mola trusatilis. Mola manuaria. Mola manualis*

muela cerro *tumulus -i. Collis -is*

muela cerro hecho a mano *moles -is*

muelle cosa blanda *mollis -e. Supinus -a -um*

muelle cosa un poco *molliculus -a -um*

muellemente *molliter. Supine*

muermo de bestia *morbus veterinae*

muermoso lleno de muermo *morbosus -a -um*

muerte *mors mortis. Nex necis. Funus -eris. Letum -i. Interitus -us. Pernicies -ei. Obitus -us*

muerte cruel *exitium -ii. Internecio -onis*

muerto *mortuus -a -um. Extinctus -a -um*

muerto como finado *defunctus -a -um*

muerto del todo *demortuus -a -um. Immortuus -a -um. Exanimis -e. Exanimus -a -um*

muerto que del todo se muere *moribundus -a -um*

muerto *exanimatus -a -um. Seminecis -e*

muerto de hambre *enectus fame*

muerto de sed *enectus siti* et similia

muestra de vanagloria *jactantia -ae. Ostentatio -onis*

muestra de cosa de comer *degustatio -onis*

muestra de mercaderia *degustatio -onis*

muestra en otra manera *indicium -ii. Ostensio -onis*

muger casta & onrrada *matrona -ae*

muger casada & parida *materfamilias*
muger varonil *virago viraginis*
muger de marido *uxor -oris. Conjunx -gis. Marita -ae*
muger machorra *mulier mascula*
muger pequeña *muliercula -ae*
muger que lo haze a otra *tribas -dis*
mugeril cosa de muger *muliebris -e*
mugerilmente *muliebriter*
mugeril ombre dado a mugeres *mulierosus*
mugron o provena de vid *mergus -i. Propago -inis*
mui mucho, adverbio *nimis. Valde. Admodum*
mui mucho *per. Perquam. Impense. Impendio*
mula hija de asno & yegua *mula -ae*
mulo hijo de asno & yegua *mulus -i*
muleta roma de asna & cavallo *hinna -ae*
muleto romo desta manera *hinnus -i*
muleto este mesmo *ginnus -i. Hinnulus -i*
multar penar en dinero *mulcto -as*
multa pena de dinero *mulcta -ae*
multiplicar *multiplico -as -avi*
multiplicacion *multiplicatio -onis*
mundo propiamente el cielo *mundus -i*
mundo este mesmo en griego *cosmos -i*
mundano o mundanal *mundanus -a -um*
muñeca de niñas *pupa -ae. Pupula -ae*
muñeco de niños *pupus -i. Pupulus -i*
muñeca parte del braço *agilis -is*
Muñoz nombre de varon *Mummius -i*
murgaño ratoncillo *sorex -icis*
murmullo de gente *murmurillum -i*
murmurar *murmuro -as. Musso -as*
murmurar contra otro *immurmuro -as*
murmurar con otro *commurmuro -as*
murmurar al que murmura *admurmuro -as*
murmuracion *murmur -uris. Murmuratio -onis*
muro o raton *mus muris. Mys -yos* graece
muro de ciudad o villa *murus -i*
musayca obra antigua *museum -i. Museacum -i*
musica arte de cantar *musica -ae*
musico enseñado en esta arte *musicus -i*

muslo por parte de dentro *semen -inis*
muslo por dentro & fuera *femur -oris*
mustia cosa *marcidus -a -um. Marcens -tis*

N

nabo luengo & delgado *napus -i. Bunias -adis*
nabo redondo & grande *rapum -i*
nabo redondo & pequeño *raspistrum -i*
nabo desta mesma manera *rapulum -i*
nacar de perla *margaritae callum*
nacer *nascor -eris. Orior -iris. Exorior -iris*
nacer sobre otro que nacio *agnascor -eris*
nacer de dentro *innascor -eris innatus*
nacer por fuerça *aborior -iris abortus*
nacer la planta *pullulo -as. Pullesco -is*
nacer con otra cosa *coorior -iris coortus*
nacer otra vez *renascor -eris renatus*
nacido participio *natus -a -um. Ortus -a -um*
nacido dentro por natura *innatus -a -um*
nacido en casa *vernaculus -a -um*
nacido al alva *lucius lucii. Lucia -ae*
nacido de pies *agrippa -ae*
nacida desta manera *agrippina -ae*
nacido peregrinando el padre *proculus -i*
nacido en esta manera *proculeius -ii*
nacido despues del padre muerto *posthumus -i*
nacido de madre abierta *caeso -onis. Caesar -aris*
nacida en esta manera *caesonia -ae*
nacido en verano *earinus -a -um*
nacido en estio *therinos -e -on* [graece]
nacido en otoño *oporinos -e -on* [graece]
nacido en invierno *chimerinus -a -um*
nacido con otro *geminus -a -um. Gemellus -a -um*
nacido assi en griego *didymos*
nacido con otro que murio *vopiscus -i*
nacido de materia *abscessus -us. Apostema -atis*

nacimiento como quiera *ortus -us. Exortus -us*

nacimiento en esta manera *origo -inis*

nacimiento de ombre *natalis dies. Natalis -is*

nacimiento en griego *genesis. Eos*

nacion de gentes *natio -onis. Gens -tis*

naçora de leche lo mesmo es que **nata**

nada ninguna cosa *nil. Nihil. Nihilum -i*

nadar *no nas navi. Nato -as -avi*

nadar con otro *conno -as. Connato -as*

nadar por encima *superno -as -avi. Supernato -as*

nadar passando al otro cabo *trano -as. Transnato -as*

nadar atras *renato -as. Reno -as*

nadando salir *eno -as. Enato -as -avi*

nadador que nada *natator -oris*

nadadero *natatorium -ii*

nadar a somorgujo *urinor -aris*

nadador a somorgujo *urinator -oris*

nadadura en esta forma *urinatio -onis*

nadie por ninguno o ninguna *nemo*

naypes juego *chartarum ludus*

nalga *clunis -is. Nates -is. Pyga. Glutos* [graece]

nalgada herida alli *ictus clunium* aut *natium*

nalguear *pulso nates* aut *clunes*

nalgada de tocino *perna porci*

nao para mercaderia *navis oneraria*

naranjo arbol nuevo *malus citrea* vel *medica*

naranja fruta deste arbol *malum citreum*

naranjal *locus citreis consitus*

nardo arbol oloroso & peregrino *nardus -i*

nardo rustico o assarabacar *baccar -aris*

nardo hediondo *ozaenitis -idis*

nariz del ombre *nasus -i. Naris -is*

narigudo *nasutus -a -um. Naso -onis*

nariz aguileño *silo -onis*

nariz romo *simus -a -um*

narria o rastra *traha -ae*

nassa para pescar *nassa -ae. Fiscina -ae*

nassa para trigo *fiscina frumentaria*

nata que nada sobre la leche *pingue lactis*

natura o naturaleza *natura -ae. Physis* graece

natural cosa *naturalis -e. N a t i v u s -a -um*

natural cosa en griego *physicos -e -on*

naturalmente *natura* in septimo casu

natural condicion de ombre *ingenium -ii*

naturaleza tierra de cada uno *patria -ae*

natura de macho o hembra *sexus -us*

natura en esta manera *naturalia -um*

natural de alli *indigena -ae* unde *genitus*

nauchel de nave *nauclerus -i. Gubernator -oris*

nava campo llano *campus -i. Campi planities*

navaja de barvero *novacula -ae*

navaja de javali *fulmen -inis*

navajas, aguzar el javali *frendeo -es*

naval cosa de naves *navalis -e. Nauticus -a -um*

nave generalmente *navis -is. Navigium -ii*

nave pequeña *navicula -ae. Navicella -ae*

nave pequeña de un madero *monoxylum -i*

nave esta mesma en latin *linter -tris*

nave de passage *navis actuaria*

nave tafurea *hippago -inis. Hippagium -ii*

nave de piloto *navis remulcaria*

nave o naveta de encensio *acerra -ae*

navegable cosa *navigabilis -e*

navegar a jorro *remulco -as -avi*

navegar hasta el cabo *enavigo -as -avi*

navegar con velas tendidas *velifico -as*

navegar con remos *remigo -as -avi*

navegar como quiera *navigo -as. Lego -is*

navegar para plazer *naviculor -aris -atus*

navegar allende *transfreto -as -avi*

naves, echar al agua *deduco naves*

naves, sacar del agua *subduco naves*

navidad *natalis christianus,* non *nativitas*

navigacion *navigatio -onis*

navigacion allende *transfretatio -onis*

navio lo mesmo que **nave** *navigium -ii*

nebeda yerva conocida *nepeta -ae*

nebli especie de halcon *accipiter columbarius*

neblina o niebla *nebula -ae*

neblina o niebla, hazer *nebulo -as*

necedad *inscitia -ae. Insipientia -ae. Ignorantia -ae*

necessaria cosa *necessarius -a -um*

necessario en genero neutro *necessum*

necessariamente *necessario. Necesse*

necessidad *necessitas -atis. Necessitudo -inis*

necessaria o privada *latrina -ae. Forica -ae*

necio *inscius -a -um. Ignarus -a -um*

neciamente *inscienter. Ignoranter*

negar *nego -as -avi. Inficias eo*

negacion en esta manera *negatio -onis*

negar que no lo hizo *inficior -aris. Inficias eo*

negador en esta manera *inficiator -oris*

negacion en esta manera *inficiatio -onis*

negar con juramento *abnego -as -avi*

negacion en esta manera *abnegatio -onis*

negar sacudiendo la cabeça *renuo -is. Abnuo -is*

negacion assi *abnutus -us. Renutus -us*

negar lo pedido *abnego -as -avi*

negar hasta el cabo *pernego -as -avi*

neguijon de dientes *scabritia dentium*

negligente cosa descuidada *negligens -tis*

negligencia este descuido *negligentia -ae*

negligentemente assi *negligenter* adverbium

negocio contrario de ocio *negotium -ii*

negociado lleno de negocios *negotiosus -a -um*

negocial cosa de negocio *negotialis -e*

negociar *negotior -aris. Res ago*

negociador *negotiator -oris. Rerum actor*

negociacion *negotiatio -onis. Rerum actio*

negociador en mercaderia *institor -oris*

negra cosa *niger -a -um. Ater -a -um*

negro *pullus -a -um. Furvus -a -um. Aquilus -a -um*

negro un poco *subniger -a -um. Nigellus -a -um*

negro de Guinea *aethiops -pis*

negra de Guinea *aethiopissa -ae*

negreguear *nigreo -es. Nigresco -is*

negreguear por de fuera *nigrico -as -avi*

negro, hazer *nigrefacio -is. Denigro -is*

negro, hazer de blanco *decoloro -as -avi*

negror *nigredo -inis. Nigritia -ae. Nigror -oris. Atritas -atis. Ator -oris. Atredo -inis*

negromancia divinacion *necromantia -ae*

negromantico divino assi *necromanticus -a -um*

nenufar o escudete yerva *nymphaea -ae*

nervio de los animales *nervus -i. Neuros* graece

nervioso cosa rezia por ellos *nervosus -a -um*

nerviosa cosa de nervios *nervaceus -a -um*

nervio espeso & calloso *torus -i*

nervioso en esta manera *torosus -a -um*

nerviosidad assi *torositas -atis*

nerviar travar con nervios *nervo -as*

nervosidad de nervios *nervositas -atis*

nevar hazer nieve *ningo -is -xi*

ni conjuncion por i no *nec. Neque*

ni uno ni otro *neuter -tra -trum*

ni una parte ni otra *neutro* adverbium

ni en un lugar ni en otro *neutrubi* adverbium

nidal o nido de aves *nidus -i*

nidal uevo del nido *ovum nidale*

nido, hazer el ave *nidifico -as*

niebla o neblina *nebula -ae*

niervo lo mesmo es que **nervio**

niespero arbol conocido *mespilus -i*

niespero fruta deste arbol *mespilum -i*

nieto *nepos ex filio vel filia*

nieta *neptis ex filio vel filia*

nieto dos vezes *pronepos -otis*

nieta en esta manera *proneptis -is*

nieto tercero *abnepos -otis*

nieta tercera *abneptis -is*

nietos decendientes abaxo *minores -um*

nieve *nix nivis. Chion* graece

ninguna cosa *nil. Nihil. Nihilum -i*

ningun ombre o muger *nemo -inis*

ninguno como quiera *nullus -a -um*

niño o niña que aun no habla *infans -tis*

niño o niña de teta *lactens -tis*

niño o niña pequeños *pupus pupa*

niñez edad de aquestos *infantia -ae*

niñerias de aquestos *neniae -arum*

niñero amador de niños *infantarius -a -um*

niñilla del ojo *pupula -ae. Pupilla -ae*

nioto o caçon pescado *ichthyocolla -ae*

nivel en el edificio *libella -ae*

no adverbio para negar *non. Haud. Nequaquam. Minime*

noble por fama conocido *nobilis -e*

noble assi luzido *illustris -e. Insignis -e*

noblecer *nobilito -as -avi. Illustro -as*

nobleza o noblecimiento *nobilitas -atis*

noche generalmente *nox -ctis. Nyx* graece

noche prima *sublumina prima. Crepusculum -i*

noche cuando todos se acuestan *nox concubia*

noche media *nox intempesta* sive *media. Silentium -ii. Conticinium -ii*

nocherniega cosa de noche *nocturnus -a -um*

noches, dos *binoctium -ii*

noches, tres *trinoctium -ii*

noches, cuatro *quadrinoctium -ii*

nogada salsa *moretum ex nucibus*

nogal arbol conocido *nux nucis*

nolit el frete por el passage *naulum -i*

nombrar *nomino -as. Noncupo -as. Appello -as. Voco -as. Dico -is*

nombre *nomen -inis. Appellatio -onis. Vocabulum -i*

nombre propio *nomen proprium*

nombre comun *nomen appellativum*

nombre tomado del padre *patrocinium -ii*

nombre, poner *nomen indo -is indidi*

nombre por fama *nomen -inis*

nombre bueno buena fama *bona fama*

nombre malo mala fama *ignominia -ae*

nombre que significa muchas c o s a s *homonymum -i*

nombres que significan una cosa *synonymum -i*

nones numero contrario de pares *impar -aris*

nono o noveno en orden *nonus -a -um*

no poder *nequeo -is -ivi*

no querer *nolo nonvis nolui*

no saber *ignoro -as. Nescio -is nescivi*

no sabio *ignarus -a -um. Insipiens -tis. Inscius -a -um. Nescius -a -um*

nota sobre sentencia *nota -ae. Annotatio -onis*

nota esta mesma en griego *semeiosis*

nota de formulario *formula -ae*

notable cosa *nobilis -e. Notabilis -e*

notablemente *notabiliter. Nobiliter*

notar algo en otra cosa *annoto -as -avi*

nota o notacion assi *annotamentum -i*

notar señalando *noto -as -avi*

notezilla nota pequeña *annotatiuncula -ae*

noticia conocimiento *notitia -ae. Notio -onis*

notificar *notifico -as. Certiorem facio*

notificacion *notificatio -onis*

notorio cosa conocida *evidens -tis*

novecientos numero *nongenarius numerus*

novecientos en numero *nongenti -ae -a*

novecientos en orden *nongentesimus -a -um*

novecientos mill *nongenti mille*

novecientos millares *nongenta millia*

novecientos cada uno *nongenteni -ae -a*

novecientos mill cada uno *nongenteni milleni*

novecientos cuentos *novies millies centum mille*

novecientas vezes adverbio *nongenties*

novecientos tanto *novies centuplum*

novedad *novitas novitatis*

novela o conseja para contar *fabula -ae. Acroama -atis*

novela, contar *fabulor -aris -atus*

novelero contador de novelas *fabulator -oris*

novelero este mesmo en griego *aretalogos*

novenas de nueve dias *novendialis -is*

noventa numero *nongenarius numerus*

noventa en numero *nonaginta*

noventa mill *nonaginta mille*

noventa millares *nonaginta millia*

noventa cuentos *nongenties centum mille*

noventa mill cientos *nongenties millies centum mille*

noventa en orden *nonagesimus -a -um*

noventa en parte *nonagesima -ae*

noventa cada uno *nonageni -ae -a*

noventa mill cada uno *nonageni milleni*

noventa vezes adverbio *nonagies*

noventa mill vezes *nonagies millies*
noventa tanto *novies decuplum*
noviembre mes *Novembris -is*
novicio nuevo en cada arte *novicius -a
-um*
novicio en la guerra *tiro -onis. Tiruncu-
lus -i*
novillo buey nuevo *juvencus -i*
novilla vaca nueva *juvenca -ae*
novio rezien casado *novus maritus. Neo-
gamos* [graece]
novia rezien casada *nova nupta. Neoga-
ma* [graece]
novio o novicio en cada arte *novicius
-a -um*
nuca de la cabeça *cerebellum -i*
nuera muger de tu hijo *nurus -us*
nueva cosa *novus nova novum*
nuevamente *nuper. Noviter*
nuevas *nuncius -ii. Rumor -oris*
nueve numero *numerus novenarius*
nueve en numero *novem* indeclinabile
nueve cuentos *nonagies centum mille*
nueve mill cuentos *nonagies millies centum mille*
nueve mill *novem mille*
nueve millares *novem millia*
nueve en orden *nonus -a -um*
nueve mill en orden *novies millesimus*
nueve cada uno *noveni -ae -a*
nueve mill cada uno *noveni milleni*
nueve vezes adverbio *novies*
nueve mill vezes *novies millies*
nueve tanto *nonuplus -a -um*
nuevo en la guerra *tiro -onis*
nuez fruta conocida *nux -cis. Juglans -dis*
nuez del cuello *epiglottis -idis*
nuez moscada *nux myristica*
nueza yerva conocida *vitis alba. Ampelos leuce* graece
nunca en ningun tiempo *nunquam*
nusco por con nos *nobiscum*
nutria animal conocido *lutra -ae. Lutris
-is*
nuvada de lluvia *nimbus -i*
nuve *nubs -is. Nubes -is*
nuve con torvelino *typhon -onis*
nuve de ojo *albugo -inis. Argema -atis*

Ñ

ñublado *nubilum -i*
ñublosa cosa *nubilus -a -um. Nubifer
-a -um*
ñublo del pan *rubigo -inis. Aurugo -inis*
ñudo como quiera *nodus -i. Griphus -i*
ñudosa cosa *nudosus -a -um*
ñudo de caña *geniculum -i*
ñudo, hazer en esta manera *geniculo -as*

O

o adverbio para llamar *o. Heus*
o con si para dessear *o. O si. Utinam*
obedecer *obedio -is. Audio -is. Pareo -es.
Ausculto -as. Obtempero -as. Obsequor
-eris. Obsecundo -as. Moro gero*
obediente *morigerus -a -um. Audiens -tis*
obedientemente *obedienter. Obsequenter*
obediencia *obedientia -ae. Obsequium -ii.
Obtemperantia -ae. Obsequella -ae*
obispo *praesul -is. Antistes. Episcopos*
[graece]
obispo electo *episcopus designatus*
obispalia casa de obispo *episcopium -ii*
obispal cosa de obispo *episcopalis -e*
obispillo del ave *orthopygium -ii*
obispillo bandujo de puerco *venter faliscus*
oblada *libum -i. Fertum -i. Oblatio -onis*
oblea de harina o lasaña *laganum -i*
obligar *obligo -as. Damno -as -avi*
obligado *obnoxius -a -um. Nexus -a -um*
obligacion *obligatio -onis. Damnatio -onis*
obligar con juramento *auctoro -as -avi*
obligado con juramento *auctoratus -a
-um*
obligacion en esta manera *auctoramen-
tum -i*
obligar a otro por deuda *obaero -as -avi*
obligado por deuda *obaeratus -a -um.
Nexus -a -um*
obligacion por deuda *obaeratio -onis*
obra la mesma cosa hecha *opus -eris*
obra pequeña desta manera *opusculum
-i*
obra el trabajo que alli se pone *opera
-ae*

obrada cosa por uebras   *operosus -a -um*
obrada de tierra   *jugerum -i*
obra, dar   *do operam. Indulgeo -es. Operor -aris*
obrar   *operor -aris operatus sum*
obrar en uno   *cooperor -aris*
obrero   *operarius -ii. Mercenarius -ii*
ocasion   o achaque   *occasio -onis*
ocupar   *occupo -as -avi*
ocupado   *occupatus -a -um. Occupaticius -a -um*
ocupacion   *occupatio -onis*
ocidente   *occidens -tis. Occasus solis*
ocidental   cosa de ocidente   *occiduus -a -um*
ocio   *otium -ii. Quies -etis. Tranquillitas -atis*
ocioso   *otiosus -a -um. Quietus -a -um*
ociosamente   *otiose. Quiete*   adverbia
ociosidad   *otium -ii. Otiositas -atis. Quies -etis*
ochavo en orden   *octavus -a -um*
ochava parte   uno de ocho   *octava -ae*
ochavas   o ochavario   *octavae -arum*
ochavario   en griego   *ogdoas*
ochenta   numero   *numerus octogenarius*
ochenta en numero   *octoginta*
ochenta mill   *octoginta mille*
ochenta millares   *octoginta millia*
ochenta cuentos   *octingenties centum mille*
ochenta mill cuentos   *octingenties millies centum mille*
ochenta en orden   *octogesimus -a -um*
ochenta mill en orden   *octogies millesimus*
ochenta en parte   *octogesima -ae*
ochenta mill en parte   *octogies millesima*
ochenta cada uno   *octogeni -ae -a*
ochenta mill cada uno   *octogeni milleni*
ochenta cuentos cada uno   *octingenties centeni milleni*
ochenta vezes   adverbio   *octogies*
ochenta mill vezes   *octogies millies*
ochenta tanto   *octies decuplus -a -um*
ocho   numero   *numerus octonarius*
ocho en numero   *octo*   indeclinabile
ochocientos   numero   *numerus octingenarius*
ochocientos en numero   *octingenti -ae -a*

ocho mill en numero   *octo mille*
ocho millares   *octo millia*
ochocientos mill   *octingenti mille*
ochocientos millares   *octingenta millia*
ocho cuentos   *octogies centum mille*
ochocientos cuentos   *octies millies centum mille*
ocho en orden   o ochavo   *octavus -a -um*
ochocientos en orden   *octingentesimus -a -um*
ocho mill en orden   *octies millesimus -a -um*
ocho cada uno   *octoni -ae -a*
ochocientos cada uno   *octingeni -ae -a*
ocho mill cada uno   *octoni milleni*
ochocientos mill cada uno   *octingeni milleni*
ocho cuentos cada uno   *octigies centeni milleni*
ochocientos cuentos   *octies millies centeni milleni*
ochocientas mill vezes   *octingenties millies*
ocho tanto   *octuplus -a -um*
ochocientos tanto   *octies centuplus -a -um*
ocho vezes   adverbio   *octies*
ochocientas vezes   *octingenties*
ocho mill vezes   *octies millies*
odio   enemistad   *odium -ii. Invidia -ae*
odioso   *odiosus -a -um. Invidiosus -a -um*
odio, tener   *odi odisti. Odio -is*
odre para vino   *uter -tris. Ascos* [graece]
odrezillo   odre pequeño   *utriculus -i*
odrina   odre de buey   *culleus -i*
ofender   *offendo -is -di. Laedo -is -si*
ofension   *offensio -onis. Offensus -us. Laesio -onis*
ofension pequeña   *offensiuncula -ae*
oficio   *officium -ii. Munus -eris. Munium -ii*
oficial publico   *magistratus -us*
oficio publico   *magistratus -us*
oficio propio del ombre   *officium -ii*
oficio   arte para bivir   *ars artis. Artificium -ii*
oficial   desta manera   *artifex -icis. Opifex -icis*
ofrecer   *offero offers obtuli*
ofrecimiento   *oblatio -onis*
ofrenda   *fertum -i. Offerumentum -i*
ogaño   adverbio de tiempo   *horno*

oy adverbio de tiempo *hodie*
oy a tres dias *nudius tertius*
oy a cuatro dias *nudius quartus*
oy a cinco dias *nudius quintus*
oido sentido para sentir *auditus -us*
oidor el que oye *auditor -oris. Auscultator -oris*
oir como quiera *audio -is -ivi. Ausculto -as*
oir consintiendo *exaudio -is -ivi*
ojear hazer señas con los ojos *innuo -is*
ojeras hundidas *oculorum recessus*
ojo con que vemos *oculus -i*
ojo pequeño desta manera *ocellus -i*
ojo con que aojamos *fascinum -i*
ojo de las redes o malla *macula -ae*
ola o onda de agua *unda -ae. Fluctus -us*
oler echar de si olor *oleo -es olui*
oler assi un poco *suboleo -es -olui*
oler a cabron *oleo hircum*
oler para sacar por rastro *odoror -aris*
oler recibiendo olor *olfato -as. Olfacio -is*
oler bien echando olor *redoleo -es*
oledor *olfactorium -ii. Olfactoriolum -i*
oledora cosa que uele *odorosus -a -um*
olio lo mesmo que **azeyte** *oleum -i. Olivum -i*
oliva o azeytuna *oliva -ae. Olea -ae*
olivas, plantar *olivo -as -avi*
olivar lugar de olivas *olivetum. Oletum -i*
olmo arbol conocido *ulmus -i*
olmo silvestre *atinia -ae*
olmedo lugar de olmos *ulmarium -ii*
olor bueno *odoramentum -i*
olores como perfumes *odores -um*
olor malo *oletum -i. Fetor. Putor -oris*
olor de cabron o sobaquina *hircus -i*
olores de cosas secas *diapasma -atis*
olor de la vianda caliente *nidor -oris*
olor como quiera *odor -oris. Odos -oris*
olor, hazer o dar *odoro -as -avi*
olorosa cosa que da buen olor *odorus -a -um. Odoratus -a -um. Odifer -a -um*
olvidar lo deprendido *dedisco -is -dici*
olvidar como quiera *obliviscor -eris*
olvidadizo *obliviosus -a -um. Immemor -oris*

olvidada cosa *oblivius -a -um. Oblitterus -a -um*
olvidança o olvido *oblivium -ii. Oblivio -onis*
ombligo del animal *umbilicus -i*
ombre o muger *homo -inis. Mortalis -is*
ombre varon *vir viri. Anthropos* [graece]
ombre pequeño *homuncio -onis. Homunculus -i*
ombre enano *pumilio -onis. Nanus -i*
ombre & muger *hermaphroditus -i. Androgynus -i*
ombre de gran cabeça *capito -onis*
ombre de gran nariz *naso -onis*
ombre de gran beço *labeo -onis*
ombre befo *valgius -ii*
ombre de grandes mexillas *macticus -i*
ombre de gran frente *fronto -onis*
ombre de grandes pantorillas *sura -ae*
ombre de grandes pies *pedo -onis*
ombre de seys dedos *sedigitus -i*
ombre armado de guerra *miles -tis*
ombre armado a pie *pedes -itis*
ombre armado en blanco *miles cataphractus*
ombre nuevo en las armas *tiro -onis*
ombre exercitado en armas *veteranus -i*
ombre anciano en armas *emeritus -i*
ombro de ombre *humerus -i*
omenage *fides publica*
omezillo de padres *parricidium -ii*
omezillo de cualquiera *homicidium -ii*
omiziano que mato padres *parricida -ae*
omiziano de cuaquiera *homicida -ae*
onça animal peregrina *panthera -ae*
onça duodecima parte de libra *uncia -ae*
onça pequeña *unciola -ae*
onça & media *sescuncia -ae*
onças, dos de libra *sextans -antis*
onças, tres de libra *quadrans -tis*
onças, cuatro de libra *triens -tis*
onças, cinco de libra *quincunx -cis*
onças, seys o media libra *semis -issis*
onças, siete de libra *septunx -cis*
onças, ocho de libra *bessis -is*
onças, nueve de libra *dodrans -tis*
onças, diez de libra *dextans -tis*
onças, diez de libra *decunx -cis*
onças, onze de libra *deunx -cis*

onda *unda -ae. Fluctus -us*
ondear hazer ondas *undo -as. Fluctuo -as*
ondoso lleno de ondas *undosus. Fluctuosus*
onesta cosa *honestus -a -um. Pulcher -a -um*
onestad o onestidad *honestas atis. Pulchritudo -inis*
onestar hazer onesto *honesto -as -avi*
onor o onrra *honor -oris. Honos -oris*
onorable cosa *honorabilis -e*
onrra verdadera *laus -dis. Gloria -ae*
onrra grande *amplitudo -inis*
onrra por los hechos notables *decus -oris*
onrrar *honoro -as. Honesto -as. Decoro -as. Amplifico -as. Veneror -aris. Colo -is*
onrrado *amplius -a -um. Honestus -a -um. Venerabilis -e. Observandus -a -um*
onrradamente *venerabiliter. Honeste*
onze numero *numerus undenarius*
onze en numero *undecim*
onze mill en numero *undecim mille*
onze millares *undecim millia*
onze o onzeno en orden *undecimus -a -um*
onzena parte *undecima -ae*
onze cuentos *centies decies centum mille*
onze mill cuentos *centies decies millies centum mille*
onze cada uno *undeci -ae -a*
onze mill cada uno *undeni milleni*
onze cuentos cada uno *centies decies centeni milleni*
onze mill cuentos cada uno *centies decies millies centeni milleni*
onze vezes adverbio *undecies*
onze mill vezes adverbio *undecies millies*
onze tanto *undecuplus -a -um*
opinion *opinio -onis. Opinatio -onis. Opinatus -us*
opinable cosa de opinion *opinabilis -e*
opinatico seguidor de opinion *opiniosus -a -um*
oportuno cosa con sazon *opportunus -a -um*
oportunamente *opportune* adverbium
oportunidad *opportunitas -atis. Caeros* graece
oquedad *concavitas -atis. Inanitas -atis*

ora parte del dia natural *hora -ae*
ora desastrada *sidus -eris. Sideratio -onis*
oracion razonamiento *oratio -onis*
orador que haze oracion *orator -oris*
orar como orador *oro -as -avi*
oracion assi pequeña *oratiuncula -ae*
oracion en causa fingida *declamatio -onis*
orador en causa fingida *declamator -oris*
orar en causa fingida *declamo -as -avi*
orador que enseña retorica *rhetor -oris*
orador que sabe poco *rhetoristes -ae*
oracion rogando a Dios *preces -um*
orar a Dios *precor -oris. Oro -as*
oratoria o retorica *oratoria -ae. Rhetorica -ae*
orça vaso de barro *orca -ae. Orcula -ae*
orçuelo que nace en el ojo *hordeolus. Crithe* [graece]
orçuelo para tomar fieras *decipula -ae*
orden *ordinatio -onis. Ordo -inis*
ordenar *ordino -as -avi*
ordenamiento *ordinatio -onis*
ordenadamente *ordinatim*
orden continuada *series -ei*
orden de generacion *stemma -atis*
orden de assentados *cuneus -i*
orden sacra *initia -orum*
ordenar de orden sacra *initio -as*
ordenado de orden sacra *initiatus -i*
ordenamiento assi *initiatio -onis*
ordenamiento de principe *constitutio -onis*
ordeñar *mulgeo -es. Immulgeo -es*
ordeñacabras *caprimulgus -i*
ordeñar como azeytuna *stringo -is -xi*
ordeñada azeytuna *olea strictiva*
ordiate para dolientes *ptisana ordeacea*
ordir tela *ordior -iris orsus*
ordiembre de tela *stamen -inis*
ordidura de tela *orsus -us*
orear poner al ayre *ad auras expono*
oregano yerva conocida *origanum -i*
oreja miembro para oir *auris -is*
oreja la ternilla de fuera *auricula -ae*
orejudo de luengas orejas *auritus -a -um*
oregear mover las orejas *aures excutio*
orejascaido encapotado *flaccus -i*
orejas de abad *laganum -i*
orfandad *orbitas -atis. Orbitudo -inis*
organo instrumento musico *organum -i*

organo en griego *psalterion*
organo en ebrayco *nablium*
organos de plomo *organa pneumatica*
organo cualquiera instrumento *organum -i*
oriente parte donde nace el sol *oriens -tis*
oriental cosa *orientalis -e. Ortivus -a -um*
origen por principio *origo -inis*
original cosa de origen *originalis -e*
original de donde sacamos *exemplum -i*
orilla del mar *ora maritima*
orilla de la vestidura *ora vestis*
orilla bordada *limbus -i*
orilla de paño *ora panni*
orina *urina -ae. Lotium -ii*
orinal *matula -ae. Matela -ae*
orinal pequeño *matellio -onis*
orin de hierro *aerugo -inis. Rubigo -inis*
oriniento *aeruginosus -a -um. Rubiginosus -a -um*
orla *ora -ae. Limbus -i*
orlar *oram plumo -as -avi*
orlador *limborarius -ii*
ornar o afeytar *orno -as -avi*
oro metal conocido *aurum -i. Chrysos -i*
oro en polvo *baluce -es. Baluca -ae*
oro de tibar *aurum obryzum*
oro de veynte quilates *electrum -i*
oron lleno de tierra *bero -onis*
oropel *aurata pellis* sive *bracteata*
oropendola ave *galbula -ae. Icterus -i*
oropimente o jalde *auripigmentum -i. Arsenicum -i*
orosuz o regaliza *glycyrrhiza -ae*
ortaliza generalmente *olus -eris*
ortelano de ortaliza *olitor -oris*
oruga yerva conocida *eruca -ae*
oruga gusano *eruca -ae*
oruga esta mesma en griego *campe -es*
osadia *audacia -ae. Audientia -ae*
osadia con confianza *confidentia -ae*
osadia con locura *temeritas -atis*
osadamente *audacter. Confidenter*
osado *audax -acis. Confidens -tis*
osado con locura *temerarius -a -um*
osadamente assi *temere* adverbium
osar *audeo -es. Confido -is*
o si para dessear, adverbio *O. S. Utinam*

ospedable de buen aposentamiento *hospitalis -e*
ospedablemente assi *hospitaliter*
ospedarse *diverto -is -ti*
ospedador por amistad *hospitalis -e*
ospedamiento o ospederia *hospitium -ii*
osso animal conocido *ursus -i. Arctos* graece
ossa hembra desta especie *ursa -ae. Arctos* graece
ossero para echar uessos *ossorium -ii*
ostia pescado de conchas *ostreum -i*
ostiero lugar de donde se sacan *ostrearium -ii*
ostia por sacrificio *hostio -ae. Victima -ae*
ostiario donde se guardan *pyxis hostiaria*
ostinar confirmar en mal *obstino -as*
ostinado confirmado en mal *obstinatus -a -um*
ostinadamente assi *obstinate* adverbium
otear dixo Juan de Mena por **mirar**
otero lugar para mirar *specula -ae*
otoño parte del año *auctumnus -i*
otoñada el mesmo tiempo *auctumnitas -atis*
otoñar tener otoño *auctumno -as -avi*
otorgar *concedo -is -si concessum*
otorgamiento *concessio. Concessus -us*
otorgar inclinar la cabeça *annuo -is*
otras cosas *reliqua. Caetera. Alia*
otra vez adverbio *iterum. Rursus. Item*
otro uno de los dos *alter -a .-um*
otro por el segundo *alter -a -um*
otro uno de los muchos *alius -a -ud*
otro tanto *tantundem. Tantidem*
otros tantos *totidem* indeclinabile
otubre mes *October -is*
ova que nace en el agua *ulva. Alga*
ovar las aves *foetifico -as -avi*
oveja animal conocido *ovis ovis*
oveja pequeña *ovicula -ae*
oveja merina *ovis mollior*
oveja grossera o burdalla *ovis hirta*
oveja lampiña *ovis apica*
ovegero que las guarda *opilio -onis*
ovejuno cosa de oveja *ovillus -a -um. Ovinus -a -um*
o verguença interjecion *propudor*

ovillo de hilado   *globus -i. Glomus -eris*
ovillo pequeño   *globulus -i*
oxala   palabra punica   *utinam. O si*
oxear aves o fieras   *abigo -is -egi*
oxeo de aves   assi   *abactio -onis*
oxear   como conejos   *exagito -as -avi*
oxeo   desta manera   *exagitatio -onis*
oxizacre de agro con açucar   *oxysaccharum -i*
oxizacre de agro con leche   *oxygala -ae*
oxizacre de agro & miel   *oxymeli -itis*

P

pacer   el ganado   *pascor -eris. Erro -as*
pacedura de ganado   *pastio -onis. Pastus -us*
paciencia   *patientia -ae. Tolerantia -ae*
paciente   *patiens -tis. Tolerans -tis*
pacientemente   *patienter. Toleranter*
pacificar la tierra por armas   *paco -as*
pacificador   en esta manera   *pacator -oris*
pacificacion   desta manera   *pactio -onis*
pacificar al sañudo   *placo -as -avi*
pacificador   assi   *placator -oris*
pacificacion   desta manera   *placatio -onis*
pacificar   hazer paz   *pacifico -as -avi*
pacifico   hazedor de paz   *pacificus -a -um*
pacifico   que esta en paz   *tranquillus -a -um*
padecer   *patior -eris. Fero fers. Tolero -as*
padecimiento   *passio -onis. Tolerantia -ae*
padecer hasta el cabo   *perpetior -eris*
padecimiento   en esta manera   *perpessio -onis*
padecer   el puto   *ceveo -es cevi*
padecer   la muger   *crisso -as -avi*
padecer por la boca   *fello -as -avi*
padrasto   *vitricus -i*
padre   *pater -tris. Genitor -oris*
padre pequeño   *paterculus -i*
padre que tiene padre   *patrimus -i*
padre que tiene madre   *matrimus -i*
padre & madre   *parens -tis*
padre sancto   *pontifex maximus*
padre con otro   *compater -tris*
padrino de boda   *paranymphus -i*
padrino de bautismo   *pater spiritalis*
padron o matricula   *matricula -ae*

padron de nombres   en griego   *catalogos*
pagar deuda   *solvo -is. Exolvo -is*
paga o pago de deuda   *solutio -onis. Exsolutio -onis*
pagar pena   *luo -is. Pendo -is. Dependo -is*
pagar lo recibido   *acceptum referre*
paga de lo recibido   *acceptilatio -onis*
pagar pension   *pendo -is -didi*
pagar una deuda con otra   *versuram facio*
pagar puedo   *sum solvendo*
pagar no puedo   *non sum solvendo*
pagano   *gentilis -e. Infidelis -e. Ethnicus -i*
pago de viñas o viñedo   *vinetum -i*
page   *exoletus -i. Minister -tri*
page del plato   *discophorus -i*
page de la copa   *pincerna -ae*
page de la lança   *armiger -eri*
page para mandados   *amanuensis -is*
paja trillada   *palea -ae*
paja   como quiera   *festuca -ae. Stipula -ae*
paja de Meca   o de camellos   *schinanthum -i*
paja para cama   *stramentum -i. Substramen -inis*
pala para traspalar   *pala -ae*
pala de grandes dientes   *brocchitas -atis*
pala de remo   *palmula -ae. Tonsa -ae*
palabra   *verbum -i. Sermo -onis*
palabrero   *verbosus -a -um. Loquax -acis*
palabra   en griego   *logos*
palacio real   *palatium -ii. Regia -ae*
palanciano   deste palacio   *palatinus -a -um*
palacio de gran señor   *aula -ae. Atrium -ii*
palanciano   deste palacio   *aulicus -a -um*
paladar de la boca   *palatum -i. Caelum -i*
paladear el niño cuando mama   *lallo -as*
palanca para sopalancar   *palanga -ae*
palanquero   el que esto haze   *palangarius -ii*
palma   arbol conocido   *palma -ae*
palma mata   desta especie   *palma agrestis*
palmar   lugar donde nacen   *palmetum -i*
palma de la mano   *palma -ae. Vola -ae*
palma de remo   *palma -ae. Tonsa -ae*

palma de remo pequeña *palmula -ae*
palmito raiz de palma *palmae cerebrum.*
Palmae radix -icis. Palmae stirps -pis
palmatoria o cañahexa *ferula -ae*
palmo de cuatro de dos *palmus -i*
palmo este mesmo en griego *palaeste*
palmo tendido *spithama -ae. Dodrans -tis*
palmar cosa de cuatro de dos *palmaris -e*
palmar cosa de palmo *spithameus -a -um*
palo *lignum -i. Palus -i. Vallus -i*
palo pequeño o palillo *paxillus -i*
palizada defension de palos *vallum -i*
palo para assaetar o picota *palus -i*
palo en que se arma la red *amis -itis*
paloma ave conocida *columba -ae*
paloma esta mesma en griego *peristera*
paloma macho desta especie *columbus -i*
palomar lugar d o n d e crian *columbar -aris*
palomar en griego *peristerotrophion*
palomino pollo desta especie *columbinus pullus*
paloma duenda o çorita *columba cicur*
paloma çurana *columba livia*
paloma palomariega *columba miscella*
paloma que cria en las piedras *columba saxatilis*
paloma torcaza *palumbes -is*
palomina yerva *fumus terrae*
pampana hoja de vid *pampinus -i*
pampano de vid *palmes novellus*
pampanoso lleno de pampanos *pampinosus -a -um*
pampano del cuerpo de la vid *pampinarium -ii. Pampinarius palmes*
pan pequeño o panezillo *pastillus-i*
pan de cevada *panis ordeaceus*
pan de trigo *panis triticeus*
pan cozido so la c e n i z a *subcinericius panis*
pan cozido en horno *artopticius panis*
pan de somas *panis secundarius*
pan de acemite *panis similagineus*
pan hemenciado *artopticius panis*
pan trigo, cevada, centeno *annona -ae. Frumentum -i*
panadero el que haze pan *panificus -i*
panadera la que haze pan *panifica -ae*
panaderia arte dello *panificium -ii*

panal de abejas *favus -i. Cerion* [graece]
panarizo de la uña *paronychium -ii*
pança de vientre *pantex -icis*
pançudo *panticosus -a -um*
pandero para tañer *tympanum -i*
panderetero que lo tañe *t y m p a n i s t e s* [graece]
panderetera que lo tañe *tympanistria -ae*
pando cosa tesa *pandus -a -um. Repandus -a -um*
panera para guardar pan *granarium -ii. Horreum -i*
panera para pan cozido *panarium -ii*
panizo simiente conocida *panicum -i*
panoja como de panizo *pannicula -ae*
pantorilla de la pierna *sura -ae*
pañales para criar niño *crepundia -ae*
pañezuelo de mesa *mantile -is*
paño de lino o lana *pannus -i*
pañoso vestido de remiendos *pannosus -a -um*
papa *pontifex maximus* vel *summus*
papado dignidad deste *pontificatus -us*
papa arriba *supinus -a -um. Resupinus -a -um*
papada de puerco *glandium -ii. Glandula -ae*
papagayo ave conocido *psittacus -i*
papahigo *cucullus -i*
papas para niños *bua -ae*
papel *charta papyracea* [vel] *pannucea*
papera en los animales *angina -ae*
paperote *talitrum digiti*
papo de papudo *guttur tumidum*
papon o melon *melopepo -onis*
par de dos cosas iguales *hoc par*
paraiso en griego *paradeisos. Hortus -i* [latine]
paramentos de cama *peristromata -um*
paramento delante *cortina -ae*
paramento del cielo *peripetasma -atis*
paramentos, todos seys *hexaclinum -i*
paramentos de cavallo *ephippium -ii*
paramentar sala *culta suspendere*
paramentar cama *peristromata suspendere*
paramentado cavallo *ephippiatus equus*
pararse lo que anda *sto stas steti. Resto -as -stiti*

parar o estancar a lo que anda *sisto -is*
parar a suerte o dado *sorti oppono*
pararse la perra cachonda *catulio -is*
pararse la yegua *equio -is equivi*
parcial que sigue partes *partialis -e*
parcionero que tiene parte *partiarius -a -um. Particeps -cipis*
pardal o gorrion *passer -eris. Struthos* [graece]
pardo color de paño *fuscus -a -um*
pardo animal tigre macho *pardus -i*
pardo leon animal *leo pardus -i*
pared de tapias de tierra *formaceus -i*
pared de ladrillo *paries latericius*
pared de dos ladrillos *diplinthos* [grae-ce]
pared de tres ladrillos *triplinthos* [grae-ce]
pareja cosa igual & par *parilis -e*
parejura esta igualdad *parilitas -atis*
parentesco por sangre *propinquitas -atis. Cognatio -onis. Consanguinitas -atis*
parentesco por casamiento *affinitas -atis*
parentela lo mesmo que **parentesco**
pares de muger que pare *secundae -arum*
pares *hysterae choria. Deuteria* [graece]
pargamino *charta pergamina. Membrana -ae*
parida de hijo o hija *puerpera -ae*
parida de dos mellizos *gemellipara -ae*
parida de tres mellizos *trigemellipara -ae*
pariente por sangre *propinquus -a -um. Cognatus -us. Consanguineus -a -um*
pariente por casamiento *affinis -e*
parir la hembra *pario -is. Enitor -eris. Edo -is*
parizion *foetura -ae. Paritura -ae. Partus -us*
parlar o hablar *loquor -eris locutus*
parla *loquentia -ae. Loquacitas -atis*
parlero *loquax -acis. Locutuleius -a -um*
parpado del ojo *gena -ae*
parpadear con los parpados *conniveo -es*
parpadear las aves *nictor -aris*
parra o vid o cepa *vitus vitis. Parilema -ae*
parra de patio de casa *vitis compluviata*
parrafo de escriptura *paragraphum -i*

parrillas para assar *craticula -ae*
parrochia *paroecia -ae*
parrochiano *paroecos* [graece]
parte del todo *pars -tis. Portio -onis*
parte pequeña *particula -ae. Portiuncula -ae*
parte, dar *partior -iris. Impartio -is*
partera que anda a parir *obstetrix -icis*
parteria oficio desta *obstetricatus -us*
partera, ser de alguna *obstetrico -as*
particular cosa *particularis -e*
particularmente *particulariter*
partida por tierra *regio -onis*
partida de lugar o persona *abscessus -us. Discessio -onis. Digressus -us*
partido por condicion *conditio -onis*
partido en dos partes *bipartitus -a -um*
partido en tres partes *tripartitus -a -um*
partido en cuatro partes *quadripartitus -a -um*
partidamente *divisim. Seorsum*
partimiento *divisio -onis. Divisura -ae. Partitio -onis. Partio -onis*
partir en partes *diviso -is. Seco -as. Partior -iris*
partir en dos partes *bipartior -iris*
partir en tres partes *tripartior -iris*
partir en cuatro partes *quadripartior -iris*
partirse de lugar o persona *discedo -is. Digredior -eris. Excedo -is*
parto *partus -us. Foetus -us*
parto de hijo o hija *puerperium -ii*
pascua de resurrecion *pascha -ae*
pascual cosa de pascua *paschalis -e*
pascua de cincuesma *pentecoste -es*
pascua de navidad *natalis christianus*
pasmo en latin *stupor -oris. Stupefactio -onis*
pasmo en griego *spasmos*
pasmado el que lo tiene *spasticus -a -um*
passa uva passada *uva passa*
passada tendida *passus -us*
passador tiro de vallesta *tragula -ae*
passadera cosa por do pasan *pervius -a -um*
passage de nave o barca *vectura -ae*
passagero desta manera *vector -oris*
passamiento de muerte *articulus mortis*
passar al sol o a solear *insolo -as -avi*
passar caminando *meo -as. Commeo -as*

passar assi allende   *transeo -is. Transmeo -as*

passar con tiro o herida   *trajicio -is*

passearse   *deambulo -as -avi*

passeadero   lugar   *deambulatorium -ii*

passion del cuerpo   *passio -onis. Morbus -i*

passion del anima   *aegritudo -inis. Affectio -onis*

passion trabajosa   *aerumna -ae*

passion congoxosa   *anxietas -atis. Angor -oris*

passion contraria   *antipathia -ae*

passo del que se passea   *gradus -us. Gressus -us*

passo ante passo   *pedetentim* adverbium

pastel   yerva para teñir   *glastum -i*

pastel   pequeño pan   *pastillus -i*

pastel de carne   *artocrea -ae*

pasto   *pastus -us. Pascua -ae. Pabulum -i*

pastor   *pastor -oris. Epolus -i*

pastoril   cosa   *pastorius -a -um. Pastoralis -e*

pata   anade domestica   *anas -atis*

pata o planta de pie   *planta -ae*

pata hendida en dos partes   *ungula -ae*

patihendido   assi   *bifidus -a -um*

pata hendida en muchas partes   *manus -us*

patihendido   assi   *multifidus -a -um*

pata maciça   *ungula -ae*

patimaciço   assi   *solidipes -edis*

patada   o huella   *vestigium -ii*

patear   hazer estruendo   *strepo -is*

patear en desfavor   *obstrepo -is*

patear   assi   *supplodo -is. Explodo -is*

patear   la bestia   *fodico. Calcitro. Pessundo*

patear capitulando   *paciscor -eris pactus*

pateada   cossa assi   *pacticius -a -um*

patena de calice   *patina -ae. Patella -ae*

patico   hijo del pato   *pullus anserinus*

patin de casa   *impluvium -ii. Compluvium -ii*

patin entre colunas   *peristylium -ii*

patino   el hijo de anade   *pullus anserinus*

patio   aquello mesmo es que   **patin**

pato   o ansar   *anser masculus*

pato partido   *pactum. Conventum. Condictum*

patriarca   perlado   *patriarcha -ae*

patrimonio   *patrimonium -ii. Census -us*

patrimonial   cosa   *patrimonialis -e*

patron   o defensor   *patronus -i*

patron de nao o carraca   *magister navis*

pavellon de cama   *papilio -onis*

pavellon de red para mosquitos   *conopeum -i*

paves   *clypeus -i. Scutum -i*

pavesa de candela   *fungus -i. Linamentum -i*

pavesada de armados   *phalanx -gis*

pavillo de candela   *lychnus -i*

pavo   o pava o pavon   *pavus -i. Pavo -onis*

pavor   miedo natural   *pavor -oris*

pavoroso   medroso assi   *pavidus -a -um*

pavor, aver   *paveo -es. Pavesco -is. Ex- Con-*

pavor, hazer   *pavefacio -is -feci*

paxaro   generalmente   *avis avis*

paxaro pequeño   *avicula -ae*

paxadero   caçador de aves   *auceps -pis*

paz   *pax pacis paci pacem pax pace*

peal   *udo -onis. Pedulis -is*

pebre   especia o pimienta   *piper -eris*

pebrada   salsa de pimienta   *piperatum -i*

peca   o manzilla de cara   *macula -ae*

pecado   *peccatum -i. Peccatio -onis. Peccatus -us*

pecado grande   *scelus -eris. Crimen -inis*

pecador   assi   *sceleratus -a -um. Scelestus -a -um*

pecador   assi   *scelerosus -a -um. Criminosus -a -um*

pecado digno de açotes   *flagitium -ii*

pecador   assi   *flagitiosus -a -um*

pecado por negligencia   *delictum -i*

pecado contra natura   *immanitas -atis*

pecador   en esta manera   *immanis -e*

pecado   como de ombre   *vitium -ii*

pecador   en esta manera   *vitiosus -a -um*

pecador que se purga por sacrificio   *piaculum -i*

pecar   *pecco -as. Committo -is. Admitto -is*

pecar por negligencia   *delinquo -is*

pecoso   lleno de pecas   *maculosus -a -um*

pece   pescado generalmente   *piscis -is*

pece de tierra para tapiar   *intritum -i*

pecilgo   *vellicatus -i. Vellicatus -us*

pecilgar   *vello -is. Vellico -as -avi*

pecina   estanque de peces   *piscina -ae*

peçon de teta *papilla -ae. Papillula -ae*
peçon de fruta *pediculus -i. Petiolum -i*
pecha o pecho o tributo *contributio -onis*
pechero *tributarius. Stipendiarius. Aerarius*
pechero por cuantia *opitecensus -a -um*
pechero por cabeça *capitecensus -a -um*
pecho que paga el pechero *tributum -i*
pecho parte del cuerpo *pectus -oris*
pechuga pecho de ave *pectusculum -i*
pechugar *pectore incumbo -is*
pechuguera dolencia *thoracis vitium*
pedaço *frustum -i. Portio -onis. Prosectum -i. Segmentum -i. Segmen -inis. Secamentum -i. Fragmentum -i. Fragmen -inis*
pedernal *silex -icis. Pyrites -ae*
pedigueño *petax -acis. Petulcus -a -um. Petulans -tis. Procax -cis. Protervus -i*
pedir lo mesmo es que **demandar**
pedimiento lo mesmo es que **demanda**
pedo *crepitus ventris. Peditum -i*
pedorro o **pedocio** *pedacius pedacia*
pedrada *lapidis* vel *saxi ictus*
pedregal lugar de piedras *saxetum -i*
pedregoso *lapidosus -a -um. Saxosus -a -um*
pedregoso de piedras menudas *calculosus -a -um. Scrupulosus -a -um*
pedregoso por dolencia *calculosus -a -um*
pedrera *lapidecina -ae. Cotoria -ae. Latumia -ae*
pedrero que las corta *lapicida -ae. Lapidarius -ii*
pedrero de piedras preciosas *gemmarius -ii*
peer *pedo -is pepedi. Crepitum edo*
peer en disfavor de otro *oppedo -is*
pega o picaça ave conocida *pica -ae*
pegar con pez *pico -as -avi*
pega de pez *picatio -onis*
pegajoso como con pez *piceatus -a -um*
pegar dos cosas *conglutino -as. Committo -is*
pegamiento a s s i *conglutinatio -onis. Commissio -onis*
pegar soldando *ferrumino -as -avi*
pegadura en esta manera *ferruminatio -onis*
pegar con liga *visco -as -avi*
pegajoso en e s t a manera *viscosus -a -um*

pegujal del siervo o hijo o moço *peculium -ii*
pegujal poco ganado o dinero *peculium -ii*
peynar la cabeça *pecto -is. Pexo -as*
peyne generalmente *pecten -inis*
peyne de cardador *carptorium -ii*
peynar cardando lana *carpo -is*
pelado cosa sin pelos *depilis -e*
pelar sacar los pelos *depilo -as. Pilo -as*
pelado lampiño *glaber -bra -brum*
pelar hazer lampiño *deglabro -as*
pelea *proelium -ii. Certamen -inis. Pugna -ae. Conflictus -us. Dimicatio -onis*
pelea de naves por mar *naumachia -ae*
pelea de gigantes *gigantomachia -ae*
pelear *proelior -aris. Certo -as. Pugna -as. Confligo -is. Certo -as. Dimico -as*
pelear contra el que pelea *repugno -as*
pelea en esta manera *repugnantia -ae*
peleador mucho *pugnax -acis*
pelechar el ave *deplumesco -is*
pelicano ave *pelecanus -i. Pelecan -nos* [graece]
peligro *periculum -i. Discrimen -inis*
peligroso *periculosus -a -um. Periclitans -tis*
peligrosamente *periculose. Periclitanter*
peligrar *periclitor -aris periclitatus*
pelitre raiz conocida *pyrethrum -i*
pelo propio de la cabeça *capillus -i*
pelo como quiera *pilus -i*
pelo como vello sotil *villus -i*
pelo arriba o pospelo *pilus adversus*
pelo abaxo *pilus secundus*
peloso *pilosus -a -um. Villosus -a -um*
pelota como quiera *globus -i. Globulus -i*
pelota de viento o bola *follis -is*
pelota genovisca *pila trigonalis*
pelota fofa de aldea *pila paganica*
pelota de espingarda que se tira *glans -dis*
pelleja de animal *pellis -is*
pellegero que las cura *coriarius -ii*
pellico vestido de pellejas *vestis pellicia*
pello cosa redonda *globus -i. Sphaera -ae*
pena generalmente *poena -ae*
pena de dinero *mulcta -ae*
pena en otra manera *animadversio -onis*
penar en esta forma *animadverto -is*
pena corporal *cruciatus -us*

pena del tanto por tanto *talio -onis*
penal cosa de pena *poenalis -e*
penar como quiera *punio -is*
penar en dinero *multo -as -avi*
penar por tormento *crucio -as -avi*
penar por el talion *retalio -as -avi*
penar recebir pena *pendo poenas*
penca de berça o lechuga *brachium -ii*
pendejo *pecten -inis. Pubes -is*
pendola o peñola *penna -ae*
pendon *signum -i. Vexillum -i*
penitencia *poenitudo -inis. Poenitentia -ae*
penitencial o penitente *poenitens -tis*
pensar *cogito -as. Meditor -aris. Puto -as*
pensamiento a s s i *cogitatio. Cogitatus. Meditatio*
pensar antes *praemeditor -aris -atus*
pensamiento assi *praemeditatio -onis*
pensar muchas vezes *reputo -as -avi*
pensamiento assi *reputatio -onis*
pensativo *cogitabundus -a -um. Meditabundus -a -um*
pensar bestias *pasco -is pavi*
pensar con opinion *opinor -aris*
pensamiento assi *opinatio -onis. Opinatus -us*
pensar estimando *existimo -as -avi*
pensamiento assi *existimatio -onis*
pension que se paga por alquiler *pensio -onis*
peña gran piedra *rupes -is*
peña enriscada *crepido -inis*
peñiscola casi isla *peninsula -ae*
peon ombre a pie *pedes -itis*
peon lancero en guerra *miles levis armaturae*
peon jornalero *operarius mercenarius*
peonada en cavar *opera fossoria*
peonada obra de un dia *opera diurna*
peonça juego de niños *turbo -inis. Trochus -i*
peonça pequeña *trochiscus -i*
peonia yerva *paeonia -ae*
peor comparativo de malo *pejor pejus*
peor menos bueno *deterior deterius*
peoria en esta manera *detrimentum -i*
pepino *cucumis citrinus*
pequeño *parvus -a -um. Exiguus -a -um*
peral arbol conocido *pirus -i*
pera fruta deste arbol *pirum -i*
peral silvestre [requiere] **guadapero**

pera grande como el puño *volaemum* [pirum]
perayle que haze paños *lanificus -i*
percha o pertiga *pertica -ae*
perder *ammitto -is. Perdo -is. Deperdo -is*
perdida o perdicion *amissio -onis. Perditio -onis*
perder derramando *disperdo -is -didi*
perdida assi *disperditio -onis*
perdido sin remedio *perditus -a -um*
perdidoso de lo que amava *orbus -a -um*
perdida desta manera *orbitas -atis*
perdida *jactura -ae. Detrimentum -i*
perdiz ave conocida *perdix -icis*
perdiz del todo pardilla *rusticula -ae*
perdigon *pullus perdicinus*
perdiguero perro *canis perdicarius*
perdigar la perdiz *perdicem amburo*
perdon en pecado liviano *venia -ae*
perdonar *parco -is. Remitto -is. Condono -as*
perdon *remissio -onis. Condonatio -onis*
perdonar por regalo *indulgeo -es*
perdonança assi *indulgentia -ae*
perdonar dissimulando *ignosco -is*
perdonança en esta manera *ignoscentia -ae*
perdurable *aeternus -a -um. Perennis -e*
perdurablemente *perenniter. Aeternum*
perecer *pereo -is. Depereo -is*
perecer sin remedio *intereo -is. Dispereo -is*
perecimiento assi *interitus -us*
peregrina cosa fuera de su tierra *peregrinus -a -um*
peregrinar assi *peregrinor -aris -atus*
peregrinacion *peregrinatio -onis*
peregrino mucho tiempo *peregrinabundus -a -um*
perenal cosa *perennis -e. Jugis -e*
perenalmente *perenniter. Jugiter*
perexil yerva c o n o c i d a *petroselinon* [graece]
perexil en latin *petrapium -ii*
pereza *pigritia. Desidia. Lentitudo. Segnitia*
perezosa cosa *piger -a -um. Desidiosus -a -um. Lentus -a -um. Segnis -e. Ignavus -a -um*

perezosamente *pigre. Lenter. Segniter*
perfil *liniamentum -i*
perfilar *linio -as. Delinio -as -avi*
perfumar *suffio -is -ivi. Aromatizo -as*
perfumes *suffimenta -orum. Aromata -um*
perla grande de aljofar *unio -onis*
perlado por prelado *praesul -is. Antistes -itis*
perlesia dolencia *paralysis -is*
perlatico doliente della *paralyticus -a -um*
perlesia de ojos *mydriasis -is*
permanecer *permaneo -es -si. Duro -as*
permitir consentir *permitto -is -si*
permission consentimiento *permissio -onis*
pernil de tocino *perna -ae*
perpiaño *lapis frontatus* [vel] *diatonus*
perrito de halda *catellus melitensis*
perrito can pequeño *catulus -i. Catellus -i*
perro o perra *canis -is*
perruno cosa de perro *caninus -a -um*
perseguir enemigos *persequor -eris -cutus*
perseguimiento o persecucion *persecutio -onis*
perseverar en bien *persevero -as -avi*
perseverancia assi *perseverantia -ae*
persona *persona -ae. Prosopon* [graece]
personal cosa de persona *personalis -e*
personalmente assi *personaliter*
pertenecer *pertineo -es. Attineo -es*
perteneciente *pertinens -tis. Attinens -tis*
pertenencia *pertinentia -ae. Attinentia -ae*
pertiga palo de cierta forma *pertica -ae*
pertigo de carreta *temo -onis*
pertiguero de iglesia *sceptrifer -a -um*
pesada cosa *gravis. Ponderosus. Onerosus*
pesadumbre assi *gravitas -atis. Ponderositas -atis*
peso en esta manera *onus -eris. Pondus -eris*
pesar por arrepentirse *poenitet poenitebat*
pesar nombre assi *poenitentia -ae*
pesar no plazer *displiceo -es. Doleo -es*
pesar nombre assi *displicentia -ae*
pesar en balança *penso -as. Appendo -is*
pesar assi *pensito -as. Pensiculo -as*

pesar con diligencia *perpendo -is -di*
pesadamente con seso *pensiculate* adverbium
pesado, hazerse *gravesco -is. Ingravesco -is*
pesador de moneda *libripens -dis*
pesar a Dios no plazerle *si placet Deo*
pescado generalmente *aquatilia -ium*
pescado propiamente *piscis -is*
pescar peces *piscor -aris -atus*
pescador de peces *piscator -oris*
pesca de peces *piscatio -onis*
pescaderia donde los venden *cetarium -ii*
pescadero que los vende *cetarius -ii*
pescudar o preguntar *percunctor -aris*
pescuda por pregunta *percunctatio -onis*
pescueço o cerviz *cervix -icis*
pescoçada herida alli *colaphus -i*
pesebre o pesebrera *praesepium -ii. Praesepe -is*
peso para balança *bilanx -cis. Librile -is. Trutina -ae. Statera -ae*
peso este mesmo en griego *stater*
pesquisar algun maleficio *quaestionem habeo*
pesquisidor en esta manera *quaestor -oris*
pesquisa en esta manera *quaestio -onis*
pestaña pelo del ojo *palpebra -ae*
pestilencia general nombre *pestis -is*
pestilencia propiamente *pestilentia -ae*
pestilencial cosa *pestifer -a -um. Pestilens -tis. Pestilentus -arum. Pestilentiosus -a -um*
pestillo cerradura de madera *patibulum -i*
pestorejo de puerco *sinciput -itis*
petafio de sepultura *epitaphium -ii*
pexcola cola de caçon *ichthyocolla -ae*
pez negra del pino *pix picis*
pez blanca desta especie *cedria -ae*
pez segunda & peor *palimpissa -ae*
pez de la nave para medicina *zopissa -ae*
pezpita o chirivia ave *motacilla -ae*
piadad *clementia -ae. Misericordia -ae*
piadosamente *clementer. Misericorditer*
piadoso *clemens -tis. Misericors -dis*
piar el pollo o halcon *pipio -is*

piara de ganado menudo *grex -gis. Grande armentum*

picaça o pega ave *pica -ae. Citta* [graece]

picada *rostri morsus* vel *ictus*

picar *rostro lacero* vel *mordeo*

picar pellizcando *vellico -as -avi*

picar muela para moler *incutio -is*

picaviento *vento adverso*

pico de nave *rostrum -i. Rostellum -i*

pico o pito ave *picus martius*

picota para empicotar *palus -i*

picote o sayal *sagum -i. Saccus -i*

pie con que anda el animal *pes pedis*

pie medida comun *pes pedis*

pie pequeño *pedusculus. Pediculus. Pedicinus*

pie de verso o copla *pes pedis*

pie de copa o vaso *fundus -i*

pie de pulpo o casi *flagellum -i*

pie de anade yerva *chenopus -odis*

pie de uvas pisadas *pes ex vinaceis*

pie ante pie adverbio *pedetentim*

pieça lo mesmo es que **pedaço**

pieça o moneda de oro *aureus -i. Aureolus -i*

piedra *lapis -idis. Saxum -i. Scrupus -i*

piedra pequeña *lapillus. Scrupulus -i*

piedra *silex -icis. Petra -ae. Cautes -is*

piedra de bexiga *calculus -i*

piedra iman *magnes -etis Siderites -ae*

piedra arenisca *tofus -i. Poros* [graece]

piedra para sepultura *sarcophagus -i*

piedra que se trasluze *specularis lapis. Spheugites*

piedra preciosa *gemma -ae*

piedra para moler colores *coticula -ae*

piedra del aguila *aetites -ae*

piedra de urina de lince *lyncurium -ii*

piedrasufre biva *apyron sulphur*

piedrasufre para adobar paños *egula -ae*

piel o pelleja *pellis -is*

pielago de rio o mar *gurges -itis*

pielago de odre *amicinum -i*

pienso de bestia *pabulum -i*

pierna de animal *crus cruris*

pierna de animal pequeña *crusculum -i*

pila de agua *crater -eris. Concha -ae*

pila de bautizar *baptisterium -ii*

pilar para sostener *pila -ae*

pildora para purgar *pilula -ae. Catapotium -ii*

piloto principal *archigubernius -i*

pimienta especia conocida *piper -eris*

pimpollo al pie del arbol *stolo -onis*

pimpollo para plantar *planta -ae*

pinillo yerva conocida *chamaepitys*

pino generalmente *pinus -i* vel *-us*

pino alvar *pinus hortensis*

pino negral *picea -ae*

pinsapo arbol desta especie *sapinus -i*

pinal lugar de pinos *pinetum -i*

pinariego cosa de pino *pineus -a -um*

pintar *pingo -is -xi. Depingo -is -xi*

pintor generalmente *pictor -oris*

pintor de ombres *anthropographus -i*

pintura de ombres *anthropographia -ae*

pintor con huego *encaustes -ae*

pintada cosa assi *encaustus -a -um*

pintura desta manera *encaustum -i*

pintura de un color *monochroma -atis*

pintura desta manera *homographia -ae*

pintura en escorche *cataglyphon -i*

pintura de lazos morisca *maeandrus -i*

piña de piñones *nucamentum -i*

piñon desta piña *nux pinea*

piña que se hiende por si *zamia -ae*

piojo *pediculus -i. Pedunculus -i*

piojento o piojoso *pediculosus -a -um*

pisada de pie *vestigium -ii*

pisar con pies *calco -as. Pessundo -as*

pisar con pison *pavio -is pavivi*

pison *paviculum -i. Vectis ligneus*

pito verde ave *iynx -gis*

piuela de açor o halcon *pedica -ae*

pixa *penis -is. Mentula -ae. Muto -onis*

pixa de judio retajado *verpa -ae*

plaça lugar donde venden *forum -i. Macellum -i*

plaça lugar donde no ay casas *platea -ae*

placera cosa *publicus -a -um. Divulgatus -a -um*

placeramente *palam. Publice. Vulgo*

plana de albañir *complanatorium -ii*

planeta del cielo *erro -onis. Erratica* [stella]

planta del pie *planta -ae. Vestigium -ii*

planta para plantar *planta -ae*

planta con su raiz & tierra *plantarium -ii*

plantar los arboles *planto -as -avi*

plata metal *argentum -i. Argyros* [grae-ce]

plata cendrada *argentum pustulatum*

plata marcada *argentum probum*

platear cubir de plata *deargento -as*

platero de sinzel *anaglyptarius -ii*

platero que labra oro *aurifex -icis*

platero que labra anillos *annularius -ii*

platero como quiera *caelator -oris*

platero que labra vasos *vascularius -ii*

platel plato pequeño *patella -ae. Catil-lus -i*

plato *platina -ae. Lanx -cis. Discus -i*

plato grande *gabata -ae. Paropsis -idis. Mazonomum -i. Catinus -i. Bascauda -ae* britannicum

plato para aguamanos *malluvium -ii. Trulleum -i*

plazer o deleyte *voluptas -atis. Hedone* graece

plazentera cosa *placidus -a -um. Placi-tus -a -um*

plazentero a otros *jucundus -a -um*

plazer o agradar a otro *placeo -es*

plazo de tercero dia *comperendinatio -onis*

plazo de nueve dias *nundinae -arum*

plazo de deliberacion *deliberandi tem-pus*

plazo de tres en tres dias *trinundinum -i*

plegar *plico -as. Implico -as. Complico -as*

plegable lo que se pliega *plicatilis -e*

plegadura *plicatura -ae. Plicatio -onis*

plegar otra vez *replico -as -avi*

plegadura assi *replicatio -onis*

plegado en dos pliegos *duplex -icis*

plegado en tres pliegos *triplex -icis*

plegado en cuatro pliegos *quadruplex -icis*

pleyto *lis litis. Litigium -ii*

pleytear *litigo -as. Lites exerceo*

pleyteador *litigator -oris*

pleytista *vitilitigator -oris*

pleyto omenage o pleytesia *fides publica*

pliego de vestidura *sinus -us*

pliego de papel *duplices -cum. Diploma -atis*

plomo metal conocido *plumbum -i. Mo-lybdus -i*

plomo de albañir *perpendiculum -i*

plomar con sello *applumbo -as -avi*

plomada para reglar *plumbata -ae*

pluma de ave *pluma -ae. Penna -ae*

pluma de colchon o cabeçal *tomentum -i*

poblacion *colonia -ae*

poblar de nuevo *coloniam duco*

pobre varon o muger *pauper -eris*

pobrezillo o pobrezilla *pauperculus -a -um*

pobreza *paupertas -atis. Pauperies -ei*

pobre con gran miseria *inops -opis. Ege-nus -a -um*

pobreza en esta manera *inopia. Egestas. Penuria*

poco nombre adjetivo *paucus -a -um*

poco substantivo *parum* [indeclinabile]. *paulum -i*

poco tiempo adverbio *parumper. Paulis-per*

poco antes *dudum. Jamdudum. Paulo ante*

poco despues *dudum. Jamdudum. Mox. Ilico*

poco mas o menos *circiter. Prope. Fere*

poco mas *paulo plus. Paulo amplius*

poco menos *paulo minus*

poco a poco *paulatim. Sensim* adverbia

pocilga o çahurda de puerco *hara -ae*

podar vides o arboles *puto -as -avi*

podador desta manera *putator -oris*

podadera hoce para esto *putatoria falx*

podazon tiempo de podar *putatio -onis*

podenco especie de can *vertagus -i*

poder nombre *potestas. Facultas. Poten-tia*

poder verbo *possum. Queo -is. Valeo -es*

poderoso *potens -tis. Dynastes -ae* [grae-ce]

poderoso en armas *armipotens -tis*

poderoso en la guerra *bellipotens -tis*

poderoso en el huego *ignipotens -tis*

poderoso en todo *omnipotens -tis. Cunc-tipotens -tis*

poder assi *omnipotentia -ae. Cunctipoten-tia -ae*

podre *pus puris. Tabes -is. Tabi tabo* [defectivum]

podre, hazer por debaxo *suppuro -as -avi*

podrecimiento assi *suppuratio -onis*
podrecerse *putreo -es. Putresco -is. Tabeo -es*
podrecerse del todo *pertabeo -es. Pertabesco -is*
podrecer a otra cosa *putrefacio -is. Tabefacio -is*
podrir & **podrimiento** & **podriquerio** *idem*
podrido *putris -e. Putridus -a -um. Purulentus -a -um*
poeta varon *poeta -ae. Vates -is*
poeta muger *poetris -idis. Vates -is*
poesia *poetria -ae. Poesis -is. Poetica -ae*
poyo para assentarse *podium -ii*
poyal para cubrirlo *stragulum podiale*
polea *vertibulum -i. Vertibra -ae*
poleatos aquello mesmo que **polea**
poleo yerva conocida *pulegium -ii*
polida cosa *politus -a -um. Expalitus -a -um*
polideza *politio. Politura. Expolitio*
polir *polio -is -ui. Expolio -is -ui*
polidero para polir *politorium -ii*
polilla *blatta -ae. Tinea -ae*
polipodio para polir *politorium -ii*
polvo *pulver* vel *pulvis -eris*
polvito polvo pequeño *pulvisculus -i*
polvoroso *pulvereus -a -um. Pulverulentus -a -um*
polvorar o empolvorar *pulvero -as*
polvoramiento *pulveratio -onis*
polvora *sulphureus pulvis*
pollo hijo de ave mansa *pullus -i*
pollo hijo de gallina *pullus gallinaceus*
polla ya grande, casi gallina *pullastra -ae*
pollazon criazon de pollos *pullatio -onis*
pollazon assi *pullities -ei. Pullicium -ii*
pollero que los cura *pullarius -ii*
pollero lugar do se crian *pullarium -ii*
pollino hijo de asna *pullus asinarius*
ponçoña *venenum -i. Virus -i*
ponçoña de çumo de texo *toxicum -i*
ponçoñoso *venenatus -a -um. Virosus -a -um*
ponçoñar *veneno -as. Veneno inficio*
poner como quiera *pono -is posui*
poner encima *impono -is. Superpono -is*
poner debaxo *suppono -is*
poner añadiendo a otra cosa *appono -is*

poner delante *antepono -is. Praepono -is*
poner en diversas partes *dispono -is*
poner en contrario *oppono -is*
poner allende o en otro lugar *transpono -is*
poner en guardia *repono -is*
poner aparte *sepono -is*
poner en uno *compono -is*
poner fuera o en publico *expono -is*
poner en lugar *colloco -as -avi*
poner debaxo de agua o tierra *obruo -is*
poner uevos las aves *pario ova*
ponerse el sol *occidit sol*
poner en precio en almoneda *liceor -eris*
poner assi a menudo *licitor -aris*
ponton puente de madera *ponto -onis*
popa de nave o navio *puppis -is*
poquedad de animo *pusillanimitas -atis*
poquedad de otra cosa *paucitas -atis*
poquito *paululus -a -um. Pauxillus -a -um*
por preposicion para dar causa *ob. Propter*
por preposicion para jurar *per*
por preposicion por quien se haze *per*
por preposicion por donde *per*
por preposicion en lugar de quien *pro*
por algun lugar adverbio *aliqua*
por aventura *forte. Forsan. Forsitan. Fortasse. Fortassis. Forsit*
por aventura preguntando *num. Nunquid. An. Ne. Nonne*
por aventura alguno *nunquis -quae -quod*
por aventura alguna cosa *nunquid*
por donde preguntando *qua*
por donde quiera respondiendo *quacumque*
por demas o demasiado *superfluus -a -um*
por el contrario *contra. E contrario. E diverso*
por ende concluyendo *ideo. Idcirco. Quare*
por ende assi *quamobrem. Quapropter*
por ende assi *ergo. Igitur*
por que preguntando *cur. Quare. Quamobrem. Quapropter*
porque no demostrando *quin*

porque respondiendo la causa *quia. Quippe. Quoniam. Quando. Quandoquidem*

porfia en mal *pertinacia -ae. Contumacia -ae*

porfiado en esta manera *pertinax -cis. Contumax -cis*

porfia en bien *perseverantia -ae*

porfiado en esta manera *perseverans -tis*

porfiar en esta manera *persevero -as*

porfia como quiera *contentio -onis. Certamen -inis*

porfiar en esta manera *contendo -is. Certo -as*

porfiando assi adverbio *certatim*

porfido piedra preciosa *porphyrites -ae*

porhijar o ahijar *adopto -as -avi*

poridad o secreto *secretum -i. Arcanum -i*

porquero *suarius -ii. Porcarius -ii. Subulcus -i. Porculator -oris*

porra para aporrear *clava -ae*

porrada herida de porra *clavae ictus*

porretas hojas de puerro *phylla porri*

portacartas *scrinium -ii. Chartophorum -i*

portada de casa *antepagmentum -i*

portadgo tributo de puerto *portorium -ii*

portadguero *portitor -oris. Publicanus -i*

portal de fuera de casa *vestibulum -i. Propylaeon -i*

portal dentro de casa *atrium -ii*

portal este mesmo en griego *aule*

portal para passear *porticus -i*

portal soterraño *cryptoporticus -i*

porte de cartas *merces pro vectura*

portero que guarda la casa *janitor -oris*

portera de casa *janitrix -icis*

portero del claustro *claustritumus -i*

portillo de muro *minae muri*

posada donde alvergamos *diversorium -ii*

posada de meson *taberna. Meritoria. Meritorium*

posada por amistad *hospitium -ii*

posada pequeña assi *hospitiolum -i*

posadero *sedes -is Sedile -is*

posar en posada *diverto -is diverti*

posar assentarse *sedeo -es -sedi*

pospelo *pilus adversus*

posponer *postpono -is. Posthabeo -es*

posseer *possideo -es possedi*

possession *possessio -onis*

posseer continuamente *usucapio -is*

possession en esta manera *usucapio -onis*

possession por eredad *praedium -ii. Possessio -onis*

posseedor *possessor -oris*

posseedora *possestrix -cis*

possible cosa que puede ser *possibilis -e*

possiblemente assi *possibiliter* adverbium

possibilidad *possibilitas -atis*

poste para sostener pared *tibiicen -inis*

poste de puente de palos *sublicium -ii*

postigo puerta tras casa *posticum -i*

postigo de puerta principal *posticulus -i*

postilla de sarna o botor *pustula -ae*

postilloso lleno de postillas *pustulosus -a -um*

postrero o postrimero *ultimus -a -um. Postremus -a -um*

postrero de dos *posterior posterius*

postrimeria *finis -is. Terminus -i*

postura *postura -ae. Positio -onis. Positus -us*

potencia *potentia. Potentatus. Dynastia* [graece]

potente o poderoso *potens -tis*

potra de vinças rompidas *hernia -ae*

potra tal en griego *enterocele -es. Epiplocele -es*

potra de umor congelado *hydrocela -ae*

potra tal en griego *hydrocele -es*

potra de venas torcidas *ramex -icis*

potra desta manera en griego *cirsocele -es*

potroso assi *herniosus -a -um. Ramicosus -a -um*

potrico menor que de año *pullus equinus*

potro de dos años *equus bimus*

potro de tres años *equus trimus*

potranca assi *equa bima. Equa trima*

potro para urinar *matella fictilis*

prado para yerva *pratum -i*

precio *pretium -ii. Merces -edis*

precioso cosa de precio *pretiosus -a -um*

preciar tener en mucho *multifacio -is. Magnifacio -is*

preciarse de si *magnifacio me*

preciar poco *parvifacio -is. Vilipendo -is*

predicar divulgar *praedico -as -avi*

predicar hazer sermon *contionor -aris*
predicador assi *contionator -oris*
predicacion *contio -onis. Homilia* [graece]
predicatorio *pergula -ae. Pulpitum -i*
pregarias por ruegos *prex -cis. Preces -um*
pregonero *praeco -onis*
pregon de aqueste *praeconium -ii*
pregonar *praeconio declarare*
pregonero de rey o consul *accensus -i*
preguntar *quaero -is. Interrogo -as*
pregunta *questio -onis. Interrogatio -onis*
preguntar para tentar *percunctor -aris*
pregunta desta manera *percunctatio -onis*
preguntar para saber *sciscitor -aris*
pregunta pequeña *quaestiuncula -ae. Rogatiuncula -ae. Interrogatiuncula -ae*
pregunta de ques cosa & cosa *aenigma -atis*
prelado *praesul -is. Antistes -itis*
prelada *praesul -is. Antista -ae*
premir *premo -is. Comprimo -is*
premia forçosa condicion *coactio -onis*
prenda como quiera *pignus -oris*
prenda de raizes *hypotheca -ae*
prendar por pena *pignus capio*
prender *prehendo -is. Comprehendo -is*
prendimiento *prehensio -onis. Comprehensio -onis*
prender la planta *comprehendo -is*
prensa *torcular -aris. Prelum -i*
preñada *foeta -ae. Gravida -ae. Praegnans -tis*
preñez *foetura -ae. Fecunditas -atis*
presa *praeda -ae. Rapina -ae*
presa para prender *retinaculum -i. Ansa -ae*
presente cosa *praesens -tis. Instans -tis*
presencia de cosa presente *praesentia -ae*
presente que se da *munus -eris. Donum -i*
presente pequeño *munusculum -i*
presente que se da al uesped *xenium -ii*
presentar *offero -fers obtuli. Dono -as*
preso *prensus -a -um. Prehensus -a -um. Con-*
prespectiva arte *perspectiva -ae*
prestar como quiera *credo -is -didi*
prestador en esta manera *creditor -oris*

prestido en esta manera *creditum -i*
prestar lo mesmo que se torna *accommodo -as*
prestador en esta manera *accommodator -oris*
prestido en esta manera *accommodatum -i*
prestar lo que se torna en especie *mutuo -as*
prestador en esta manera *mutuator -oris*
prestido en esta manera *mutuum -i*
prestada cosa assi *mutuus -a -um*
prestadiza cosa *mutuaticius -a -um*
prestado, tomar *mutuor -aris -atus*
presto aparejado *promptus -a -um*
preteza *promptitudo -inis*
presto adverbio *cito. Propere. Actutum*
presumir *arrogo -as. Insolesco -is*
presuncion *arrogantia -ae. Insolentia -ae*
presuntuoso *arrogans -tis. Insolens -tis*
presuntuosamente *arroganter. Insolenter*
prevenir anticiparse *praevenio -is -veni*
previlegio ley para uno *privilegium -ii*
previlegiado a quien se da *privilegiarius -ii*
previlegiado lugar *asylum -i*
previlegiar *privilegium concedo*
priessa *instantia -ae. Properantia -ae. Properatus -us*
priessa, dar *insto -as. Insisto -is institi*
prieto aquello mesmo es que **negro**
prima en la vihuela *nete -es*
prima en la vela *vigilia prima*
prima en las oras *hora prima*
prima en cada genero *primor -oris*
primeriza muger en parto *primipara -ae*
primero de muchos *primus -a -um*
primero de dos *prior prioris*
primero & principal *princeps -cipis. Primicius -a -um. Primarius -a -um*
primeros del pueblo *primores -um. Primates -um. Proceres -um*
primo hijo de ermano *frater patruelis*
prima hija de ermano *soror patruelis*
primo hijo de ermana *frater amitinus*
prima hijo de ermana *soror amitina*
primos en otra manera *consobrini -orum*
princesa *princeps -cipis,* non *principissa*
principe o cosa principal *princeps -cipis*

principal cosa *adprimus a um. Praecipuus -a -um*

principalmente *praecipue. Praesertim*

principe solo en el mundo *monarcha -ae*

principado de aqueste *monarchia -ae*

principe, uno de cuatro *tetrarcha -ae*

principado de aqueste *tetrarchia -ae*

principado de pocos buenos *aristocratia* [graece]

principe en tal principado *optimas -atis*

principe del combite *architriclinus -i*

principio de libro *prologus -i. Praefatio -onis*

principio de oracion *exordium -ii. Prooemium -ii*

principio en la doctrina *rudimentum -i*

principio principal *initium -ii*

principio como quiera *principium -ii*

principio en la composicion *elementum -i*

pringue de torrezno *cadula -ae*

prision de manos *manica -ae*

prision de pies *compes -edis. Pedica -ae*

prisionero *captus -a -um. Captivus -a -um*

privada *latrina -ae. Forica -ae*

privado de gran señor *privus amicus*

privada desta manera *priva amica*

privar de alguna cosa *privo -as -avi*

privar de cosa amada *orbo -as -avi*

privado de cosa amada *orbus -a -um*

proa de nave *prora -ae*

procurar *curo -as. Procuro -as*

procuracion *curatio -onis. Procuratio -onis*

procurador *curator -oris. Procurator -oris*

procuradora *curatrix -icis. Procuratrix -icis*

procuradora cosa *procuratorius -a -um*

proceder por ir adelante *procedo -is*

processo en el pleyto *processus -us*

procession *supplicatio -onis. Supplicium -ii. Litania -ae*

prodigo gastador *prodigus -a -um*

prodigalidad assi *prodigalitas -atis*

profacio en la missa *praefatio -onis*

profaçar lo sagrado *profano -as -avi*

profession en algun oficio *professio -onis*

professo en esta manera *professus -a -um*

profession, hazer assi *profiteor -eris*

profeta varon *prophetes -ae. Propheta -ae*

profeta muger *prophetis -idis*

profeta varon o muger *vates vatis*

prolixo cosa luenga *prolixus -a -um*

prolixidad esta longura *prolixitas -atis*

prolixamente assi *prolixe* adverbium

prologo de alguna obra *praefatio -onis*

prometer *promitto -is. Polliceor -eris*

promessa o prometimiento *promissio -onis*

prometimiento assi *pollicitatio -onis*

prometer a Dios *voveo -es vovi*

prometimiento assi *votum -i*

prometida cosa assi *votivus -a -um*

pronostico *prognosticum -i. Divinatio -onis*

pronosticar *divino -as. Vaticinor -aris*

pronunciar *pronuncio -as. Enuncio -as*

pronunciacion *pronunciatio -onis. Enunciatio -onis*

propia cosa *proprius -a -um. Privus -a -um*

propia cosa *peculiaris -e*

propiamente *proprie. Peculiariter*

propiedad *proprietas -atis*

propietario de la propiedad *proprietarius -ii*

proponer poner delante *propono -is*

proposito *propositum -i*

proponer en la voluntad *destino -as*

proposito assi *destinatio -onis*

prospera cosa *prosper -a -um. Felix -icis*

prospero *fecundus -a -um. Fortunatus -a -um*

prosperamente *feliciter. Fortunate*

prosperidad *prosperitas -atis. Felicitas -atis*

provable cosa que se prueva *probabilis -e*

provablemente *probabiliter* adverbium

provança *probatio -onis. Comprobatio -onis*

provar *probo -as. Comprobo -as*

provecho *utilitas -atis. Commoditas -atis*

provecho *commodum -i. Emolumentum -i*

provechoso *utilis -e. Conducibilis -e. Commodus -a -um*

provechosamente *utiliter. Commode*

provechosamente *conducenter. Conducibiliter*

provechar *proficio -is. Conduco -is. Expedio -is*

provecho & plazer *operae pretium -ii*
proveer *provideo -es. Prospicio -is*
proveido *providus -a -um. Providens -tis*
proveidamente *providenter. Provide*
proveimiento *providentia -ae*
provena o mugron de vid *propago -inis. Mergus -i. Tradux -ucis*
provincia de romanos *provincia -ae*
provincial cosa desta provincia *provincialis -e*
provincia como quiera *regio -onis*
provision de casa *penus -i, -oris, -us*
provisor de obispo *proepiscopus -i*
provision lo mesmo que **proveimiento**
provocar a ira *lacesso -is. Irrito -as*
provocacion a ira *irritatio -onis. Irritamen -inis. Irritamentum -i*
prudencia virtud *prudentia -ae*
prudente cosa *prudens -tis. Expertus -a -um*
prudentemente *prudenter* adverbium
prueva por provança *probatio -onis*
prueva esperiencia *periculum -i. Peritia -ae. Experimentum -i*
pua para enxerir *talea -ae. Turio -onis*
pua de hierro *aculens -i. Cuspis -idis*
publica cosa *publicus -a -um*
publicamente *publice. Publicitus*
publicamente *palam. Propalam* adverbia
publicar *publico -as. Vulgo -as*
publicacion *publicatio -onis. Vulgatio -onis*
publicar alguna cosa *edo -is edidi*
publicacion de obra *editio -onis*
publicar ley *promulgo -as -avi*
publicacion de ley *promulgatio -onis*
publicar bienes *confisco -as. Publico -as*
publicacion de bienes *confiscatio -onis*
puchas *puls -tis. Pulticula -ae*
puchero de barro *pultarius -ii. Pultarium -ii*
puebla de estrangeros *colonia -ae*
pueblo de menudos *plebs* [vel] *plebes -is. Vulgus -i*
pueblo de todos juntamente *populus -i*
puente generalmente *pons -tis*
puente pequeña assi *ponticulus -i*
puente de maderos *pons sublicius*
puerco o puerca *sus suis. Porcus -i. Porca -ae*

puerco pequeño *porcellus -i. Porcella -ae*
puerca grande & parida *scrofa -ae*
puerco montes o javali *aper apri*
puerco espin *histrix -icis*
puercas como lamparones *scrofulae -arum*
puerro con cabeça *porrum capitatum*
puerro de raiz luenga *porrum sectivum*
puerro tal *porrum sectile. Porrum sectum*
puerta por do entramos en casa *janua -ae*
puerta assi *ostium -ii. Foris -is*
puerta de madera *valva -ae. Postis -is*
puerta pequeña *ostiolum i. Foricula -ae*
puertas, ambas a dos *bifores -um*
puerta de ciudad o real *porta -ae*
puerto de mar *portus -us*
puerto de boca de rio *ostium -ii*
puerto de mar hecho a mano *cothon -onis*
puerto como baia *statio -onis*
puerto de monte *faux -cis. Pyla -ae*
Puerto de Baños *Thermopylae -arum*
puesta o pieça o pedaço *frustum -i*
puja en almoneda *licitatio -onis*
pujar en almoneda *liceor -eris. Licitor -aris*
pujar sobrepujando *supero -as. Exupero -as*
pujança assi *exuperantia -ae. Superatio -onis*
pujes higa *medius digitus* vel *unguis. Verpus -i. Digitus infamis. Digitus impudicus*
pulga *pullex pullicis. Psylla* graece
pulgoso lleno de pulgas *pullicosus -a -um*
pulgar de pie o mano *pollex -icis*
pulgada medida *pollex transversus*
pulgon que roe las viñas *bruchus -i*
pulmones o livianos *pulmo -onis. Pneumon* [graece]
pulpa carne sin uesso *pulpa -ae. Pulpamentum -i*
pulpejo del braço *torus -i*
pulpito *pulpitum -i. Pergula -ae*
pulpo pescado conocido *polypus -i*
pulso *arteriae pulsus* sive *tactus*
pulla *dicterium -ii. Scomma -atis*
punçar *pungo -is. Fodico -as -avi*

punçadura   *punctura. Punctum. Punctio*
punçadura   en griego   *stigma*
punçon   *stilus -i. Graphium -ii*
punir castigando   *punio -is. Animadverto -is*
punicion   *punitio -onis. Animadversio -onis*
punta de cosa aguda   *cuspis -idis. Aculeus -i. Mucro -onis*
puntado   cosa con punta   *cuspidatus -a -um. Aculeatus -a -um. Mucronatus -a -um*
puntar   *pungo -is -xi* vel *-gi*
puntada   o punto   *punctum -i*
puntero para señalar   *radius -ii*
punto de tiempo   *momentum -i. Instans -tis*
punto de la partida   *articulus profectionis*
punto de letra encima   *apex -icis*
puño de la mano cerrada   *pugnus -i*
puño o **puñado**   lo que alli cabe   *pugillus -i*
puñada   herida de puño   *pugni ictus*
puñal   arma usada   *pugio -onis*
puñal pequeño   assi   *pugiunculus -i*
puñalada   herida de puñal   *pugionis ictus*
pupilo   menor de edad so tutor   *pupillus -i*
pura   cosa   *purus -a -um. Merus -a -um. Sincerus -a -um*
puramente   *pure. Puriter. Mere. Sincere*
pureza   *puritas -atis. Sinceritas -atis*
purga para purgar   *potio -onis*
purga   tal en griego   *pharmacon*
purgar con purga   *purgo -as -avi*
purgar   alimpiar   *purgo -as. Mundo -as*
purgacion   assi   *purgatio -onis. Mundatio -onis*
purgativa   cosa que purga   *purgatorius -a -um*
purgativa   cosa en griego   *catharteros*
purgar pecado   *expio -as. Lustro -as*
purgacion de pecado   *piamentum -i. Expiatio -onis*
purgativa   cosa assi   *piacularis -e*
puta   ramera   *meretrix -icis*
puta del burdel   *scortum -i. Lupa -ae. Prostibulum -i. Nonaria -ae*
puta barvacanera   *summoeniana -ae*
puta carcavera   *bustuaria -ae*
puteria   *lupanar. Fornix. Sommoenium*
putañero   *scortator -oris*

putañear   *scortor -aris*
puto que padece   *cinaedus -i. Pathicus -i*
puto que haze   *paedico -onis. Paedicator -oris*
puxavante de albeytar   *scalprum ferrarium*
puxo de vientre   *tenesmos -i*

Q

que   cosa   *quid*   substantivum
que   conjuncion   *ut. Quod*
que   adverbio de comparativo   *quam*
que   para dar causa   *quia. Quoniam*
quebrar o **quebrantar**   *frango -is -egi. In- Con-*
quebrar desmenuzando   *frio -as. Tero -is*
quebradura   *fractura -ae. Fractio -onis*
quebrantar fe   *fidem frango* vel *violo*
quebrantamiento de fe   *perfidia -ae. Violatio fidei*
quebrantador de fe   *perfidus -a -um. Fidefragus -a -um*
quebrantador de confederacion   *foedifragus -a -um*
quebrantauessos   ave   *ossifraga -ae. Sanqualis -is*
quebrarse la pierna   *frango crus*
quebrarse la cabeça   *frango caput*
quebrarse la nave   *frango navem*
quebrantamiento de nave   *naufragium -ii*
quebrantador de nave   assi   *naufragus -a -um*
quebrada de monte   *faux -cis. Pyla -ae*
quebrado   potroso   *herniosus -a -um*
quebrar una cosa a otra   *allido -is -si. Collido -is -si*
quebrar terrones   *occo -as -avi*
quebrar puertas forçando   *effringo -is*
quebrar el credito   *conturbo -as. Decoquo -is*
quedo   cosa sosegada   *quietus -a -um*
quedo, estar   *consisto -is. Quiesco -is*
quedar a lo que huye   *quieto -as. Sisto -is*
quedarse   *maneo -es. Remaneo -es*
quedada   *mansio -onis. Remansio -onis*
quedar   lo antiguo   *exto -as extiti*
quemar   *uro -is. Aduro -is. Comburo -is*

quemar concremo -as. Cremo -as. Adoleo -es

quemar en derredor amburo -is. Oburo -is

quemar mucho deuro -is. Exuro -is

quemarse uresco -is. Ardeo -es. Ardesco -is

quema, quemadura, quemazon ustio -onis

quemar los arboles sidero -as. Uro -is

quemadura assi sideratio -onis

querella querela -ae. Querimonia -ae. Questus -us

querelloso querulus -a -um. Queribundus -a -um

querellarse queror -eris. Conqueror -eris

querellarse a menudo queritor -aris

querellarse del amigo expostulo cum amico

querer por voluntad volo -is volui

querer mas malo mavis malui

querer bien amando bene volo

querencia por amor benivolentia -ae

ques cosa & cosa aenigma -atis. Scirpus -i

question pregunta quaestio -onis

question de tormento quaestio -onis

question en pleyto controversia -ae

questionando adverbio controversim

quexar lo mesmo es que **querella**

quexarse lo mesmo que **querellarse**

quexoso lo mesmo que **querelloso**

quexura priessa instantia -ae. Festinatio -onis

quexura properantia. Properatio. Properatus

quiça por aventura Forte. Fortasse. Forsan. Forsitan. Fortassis. Forsit

quicio o quicial de puerta cardo -inis

quien quis. Qui quae quod

quienquiera quilibet qualibet quodlibet

quienquiera quivis quaevis quodvis

quienquiera que quicumque quaecumque quodcumque

quilate de oro gradus auri

quilatar oro exploro gradus

quinientos numero quingenarius numerus

quinientos en numero quingenti -ae -a

quinientos mill quingenti mille

quinientos millares quingenta millia

quinientos cuentos quinquiens millies centum mille

quinientos en orden quingentesimus -a -um

quinientos mill en orden quingenties millesimus

quinientos cada uno quingenteni -ae -a

quinientos mill cada uno quingenteni milleni

quinientos cuentos cada uno quinquiens millies centeni milleni

quinientas vezes quingenties

quinientas mill vezes quingenties millies

quintal cien libras centipondium -ii. Centenarium pondus

quinterno de escriptura quinternio -onis

quinto en orden quintus -a -um

quinze numero numerus quindenarius

quinze en numero quindecim

quinze mill en numero quindecim mille

quinze millares quindecim millia

quinze cuentos centies quinquagiens centum mille

quinze mill cuentos centies quinquagiens millies centum mille

quinze en orden quindecimus -a -um. Quintusdecimus -a -um

quinze mill en orden quindecies millesimus

quinze cada uno quindeni -ae -a

quinze mill cada uno quindeni milleni

quinze cuentos cada uno centies quinquagiens centeni milleni

quinze vezes adverbio quindecies

quinze mill vezes quindecies millies

quinze tanto quindecuplus -a -um

quiñon de eredad portio -onis

quiñonero que tiene alli parte partiarius -ii

quitar adimo -is. Removeo -es. Tollo -is

quitamiento assi ablatio. Amotio. Remotio

quitar rompiendo abrumpo -is

quitar por fuerça abstraho -is -xi

quitamiento assi abstractio -onis

quitar la ley abrogo -as -avi

quitamiento abrogatio -onis

quitar la ley en parte exrogare legem

quitamiento de ley en parte exrogatio -onis

quitar por sentencia *abjudico -as -avi*
quitamiento en esta manera *abjudicatio -onis*
quitar de la memoria *aboleo -es -evi*
quitamiento de la memoria *abolutio -onis*
quitarse los casados *diverto -is -ti*
quitamiento de casados *divortium -ii*
quitar la onrra *detrecto -as. Detraho -is*
quitamiento de onrra *detractio -onis. Detrectatio -onis*
quixar o quixada *mandibula -ae*
quixote armadura *femorale -is*

R

rabadilla de ave *orrhopygium -ii*
rabear *caudam motito -as -avi*
rabo de animal *cauda -ae. Penis -is*
rabo de vestidura *syrma* graece
rabo por el culo *podex -icis. Culus -i*
raça del sol *radius solis per rimam*
raça del paño *panni raritas*
racion de palacio *sportula -ae*
racion de pan mendigado *quadra -ae*
racion de cada uno *rata portio*
racion pequeña *portiuncula -ae*
racion de iglesia *portio -onis*
racionero que la tiene *portionarius -ii*
raer *rado -is -si. Deleo -es -evi*
raedura *ramentum -i. Rasura -ae*
raer a menudo *rasito -as -avi*
raer de alguna cosa *abrado -is. Derado -is*
raedura en esta manera *abrasio -onis*
raer de la memoria *oblittero -as. Oboleo -es*
raedura en esta manera *oblitteratio -onis*
raedera para raer *radula -ae. Rasorium -ii*
raez cosa de hazer *facilis -e*
raya pescado de los llanos *raia -ae. Batis* [graece]
raya medio lixa *squatiraia -ae*
raya lisa *leviraia -ae*
raya para señalar *linea -ae. Lineamentum -i*
raya esta mesma en griego *gramme -es*
rayar hazer raya *lineo -as. Delineo -as*
rayar el sol *radio -as -avi*

rayado con rayos *radiatus -a -um*
rayo del sol *radius solaris*
rayo del cielo *fulmen -inis*
rayo de rueda *radius rotae*
raida cosa *rasilis -e. Rasus -a -um*
raygar *radico -as. Stirpesco -is*
raiz de arbol o yerva *radix -icis*
raja de madera *fax -cis. Assula -ae*
raja pequeña de madera *facula -ae*
rajar madera *faces incido*
rala o rara cosa *rarus -a -um*
ralas o **raras vezes** *raro. Rarenter*
ralear hazer ralo *raresco -is*
ralea *genus praedae in aucupio*
raleza de cosas ralas *raritas -atis. Raritudo -inis*
rallo *scalprum -i. Scobina -ae. Tyrocnestis* [graece]
rama de arbol o yerva *ramus -i*
ramada sombra de ramos *scaena -ae*
ramal o ramon *ramale -is. Ramus -i*
ramera puta onesta *meretrix -icis*
ramo de arbol *ramus -i. Thyrsus -i*
ramo para plantar *talea -ae. Crada -ae*
ramo del renuevo *germen -inis. Furculus -i. Termes -itis. Turio -onis*
ramoso lleno de ramos *ramosus -a -um*
rana animal terrestre *rana -ae. Batrachus -i*
rana que se cria en çarça *rubeta -ae*
rana que se cria en cañaveral *calamites -ae*
rana cierto pescado *rana -ae. Batrachus -i*
ranacuajo *ranunculus -i. Filius ranae*
rancor ira envegecida *odium -ii*
rancio o rancioso *rancidus -a -um*
rancioso un poco *rancidulus -a -um*
rancio *rancor -oris. Ranciditas -atis*
randa *rete -is. Reticulum -i*
rapar raer el pelo *rado -is -si*
rapaz de escudero *cacula -ae*
raposa animal conocido *vulpes -is. Alopex -icis*
raposuna cosa de raposa *vulpinus -a -um*
rasar la medida *hostio -is -ivi*
rasadura de medida *hostimentum -i*
rasero de medida *hostorium -ii*
rascar *scalpo -is. Scabo -is*
rascadura *scalptura -ae. Scalptus -us*

rascador para rascar *scalptorium -ii*
raso cosa rasa *rasilis -e. Rasus -a -um*
raso campo llano *campus -i. Planicies -ei*
raso por seda rasa *sericum rasum*
raspa de espiga *arista -ae*
raspar *rado -is. Attero -is*
rastillar lino *carmino -as -avi*
rastra o narria o mierra *traha -ae*
rastro para arrastrar pajas *rastrum -i*
rastrillo pequeño rastro *rastellum -i*
rastro de pisada *vestigium -ii. Tractus -us*
rastro por olor *indago -inis. Indages -is*
rastro por trocha *tractus -us*
rastrojo o restrojo *ager restibilis*
rastro por resto *reliquum -i. Reliquiae -arum*
rastros para cavar *rastri -orum* in plurali
rasura o raedura *ramentum -i*
rasuras de cuba *eschara -ae. Stigmon -i*
rata parte proporcional *rata portio*
rata o raton animal terrestre *mus -ris*
ratoncillo *musculus -i. Sorex -icis*
ratonera para tomarlos *muscipula -ae*
rato a en tiempo *dudum. Jamdudum*
raudo por cosa ligera *rapidus -a -um*
raudal venage del agua *profluens -tis*
ravano yerva & raiz *radix -icis. Raphanus -i*
ravano silvestre *armoracia -ae. Armon -i*
ravia *rabies -ei. Lymphatio -onis*
raviar *rabio -is -ivi. Lymphor -aris -atus*
ravioso *rabidus -a -um. Rabiosus -a -um*
ravioso *lymphaticus -a -um. Hydrophobus -i*
razimo de uvas *uva -ae. Staphyle -es*
razimo de yedra *corymbus -i*
razimo de alamo blanco *irion -i*
razimo de datiles *spadix -icis. Spathula -ae. Botryo -onis*
razimo assi en griego *botrys -yos*
razon o cuenta *ratio -onis*
razonar *ratiocinor -aris. Sermocinor -aris*
razonamiento *oratio -onis. Sermo -onis. Dictio -onis*
razonable cosa *rationalis -e. Rationabilis -e*
real cosa *regius -a -um. Regalis -e*
real casa *regia. Praetorium. Basilica*

real moneda de plata *argenteus -i*
real de gentes armadas *castra -orum*
real de gente do inviernan *hiberna -orum*
real de gente en el estio *aestiva -orum*
real de gente de passada *stativa -orum*
real, assentar *castramentor -aris -atus*
realengo *fiscus -i. Publicus -a -um*
realmente cosa hecha *regificus -a -um*
reatar atar otra vez *religo -as -avi*
reatadura *religatio -onis. Religamentum -i*
reata *religaculum -i. Religamen -inis*
rebaño de ganado *grex -gis*
rebañiego cosa de rebaño *gregarius -a -um*
rebañar *grego -as. Congrego -as*
rebañar dineros *aerusco -as -avi*
rebatar *rapio -is. Corripio -is*
rebatina *rapina -ae. Raptus -us*
rebato *tumultus -us. Tumultuatio -onis*
rebato, hazer *tumultuor -aris*
rebelar *rebello -as. Descisco -is. Deficio -is*
rebelde *rebellis -e. Perduellis -e*
rebeldia *rebellio -onis. Perduellio -onis*
rebentar sonando *crepo -as. Crepito -as*
rebentar de enojo *rumpor -eris*
rebentar planta o simiente *germino -as*
rebezar *vicissim ago aliquid*
rebezero *vicissitudinarius -ii*
rebidar *reduplico -as -avi*
rebite *reduplicatio -onis*
rebivir *revivo -is. Revivisco -is*
rebolar *revolo -as -avi*
rebolcar *voluto -as -avi*
rebolcadero *volutabrum -i*
rebuelco *volutatio -onis. Volutatus -us*
rebolver *evoluo -is. Revoluto -as. Misceo -es*
rebolvedero *involucrum -i*
rebolton gusano *involvolus -i. Volvox -cis*
rebossar lo lleno *undo -as. Inundo -as*
rebossadura *undatio -onis. Inundatio -onis*
rebotar lo agudo *obtundo -is. Retundo -is*
rebotadura assi *obtusio -onis. Retusio -onis*
rebotarse *hebeo -es. Hebesco -is*
rebotadura assi *hebetudo -inis*

rebotado en esta manera *hebes -etis*
rebotarse la color *evanesco -is*
rebotada cosa assi *evanidus -a -um*
rebotado vino *vappa -ae*
rebuznar el asno *orco -as. Rudo -is*
recabar o recaudar *recupero -as*
recaer caer otra vez *recido -is -di*
recalcar *farcio -is. Infercio -is. Refercio -is*
recalcar *stipo -as. Constipo -as. Inculco -as*
recamara *conclave -is. Penetrale -is. Recessus -us*
recatarse *circumspicio -is*
recatado assi *circumspectus -a -um*
recanton de lança o cuento *contus -i*
recaudar rentas *exigo -is exegi*
recaudador dellas *exactor -oris. Publicanus -i*
recaudamiento assi *exactio -onis*
recaudo, poner *curam adhibeo -es*
recaudo por contrato *rei cautio*
reclamar de agravio *reclamo -as -avi*
reclamacion assi *reclamatio -onis. Proclamatio -onis*
reclamo para aves *illix -icis*
recoger *recolligo -is. Recipio -is*
recogimiento *recollectio -onis. Receptio -onis*
recogimiento en lugar *receptaculum -i*
recompensar *rependo -is. Compenso -as*
recompensacion *repensio -onis. Compensatio -onis*
reconciliar al enemigo *reconcilio -as*
reconciliacion assi *reconciliatio -onis*
reconocer *agnosco -is. Recognosco -is*
reconocimiento *agnitio -onis. Recognitio -onis*
recordarse *reminiscor -eris. Recordor -aris*
recordarse *memini -isti. Commemini -isti*
recordar a otro *memoro -as. Commemoro -as. Admoneo -es*
recrear *recreo -as. Refocillo -as. Refoveo -es*
recreacion *recreatio -onis. Refocillatio -onis*
recrecerse *accresco -is. Incresco -is*
recrecimiento *accrementum -i. Incrementum -i*
recua *mandra asinorum* vel *mulorum*
recudir con la renta *reddo -is -di*

recudimiento assi *redditio -onis. Redditus -us*
recuero *agaso -onis. Mulio -onis*
recuesto de monte *clivus -i*
recebir *accipio -is. Recipio -is. Suscipio -is*
recebimiento *acceptio. Receptio. Susceptio*
recebir por el sentido *percipio -is*
recebimiento *perceptio -onis*
recebir para si *excipio -is. Admitto -is*
recebimiento assi *admissio -onis*
recelar sospechando *suspicor -aris*
recelo assi *formidolosa suspicio*
receptor o recibidor *receptor -oris*
rechaçar *repello -is. Repulso -as*
rechaça *repulsio -onis. Repulsa -ae*
rechinar *strideo -es. Strido -is -di*
red donde venden pescado fresco *forum cupedinis*
red como quiera *rete retis*
red pequeña *reticulum -i. Retiaculum -i*
red para peces *sagena -ae. Funda -ae*
red barredera *verriculum -i. Everriculum -i*
red tendida para tomar algo *tendicula -ae*
red para fieras *plaga -ae. Casses -ium*
red tumbadera *panthera -ae*
red en que nace el niño *hymen -enis*
redero que las redes cura *retiarius -ii*
redaño *omentum intestinorum*
redemir *redimo -is -emi* unde *redemptio*
redoblar *reduplico -as. Conduplico -as*
redobladura *reduplicatio -onis. Anadiplosis -is*
redoma de vidrio *ampulla vitrea*
redondo *rotundus. Orbitus. Orbicularis*
redondez *orbis -is. Rotunditas -atis*
redondo en maciço *globosus -a -um*
redondeza assi *globus -i. Glomus -i*
redondo por de fuera *convexus -a -um*
redondeza assi *convexitas -atis. Convexio -onis*
redondo por dentro *concavus -a -um*
redondeza assi *concavitas -atis*
redondo como luna *lunatus -a -um*
redondo como hoce *falcatus -a -um*
redrojo *regerminatio -onis*
redropelo *pilus adversus*

reduzir *redigo -is. Reduco -is*
reduzimiento *redactio -onis. Reductio -onis*
reduzir al medio *modificor -aris*
reduzimiento assi *modificatio -onis*
reformar *reformo -as -avi*
reformacion *reformatio -onis*
reformador *reformator -oris*
refran *proverbium -ii. Deverbium -ii. Adagium -ii*
refregar *refrico -as. Attero -is -ivi*
refregamiento *refricatio -onis. Attritio -onis*
refrenar *freno -as. Refreno -as*
refrenamiento *frenatio -onis. Refrenatio -onis*
refrescar *recento -as -avi*
refrescar con frescura *refrigero -as*
refrigerio *r e c r e a t i o -onis. Refocillatio -onis*
regaçar *accingo -is. Succingo -is*
regaçado *accintus -a -um. Succinctus -a -um*
regaço *gremium -ii. Sinus -us*
regalar derretiendo *regelo -as. Liquo -as*
regalamiento assi *regelatio -onis*
regalar halagando *delicate tracto. Indulgeo -es*
regalo desta manera *indulgentia -ae*
regaliza o orosuz *glycyrrhiza -ae*
regar *rigo -as -avi. Adaquo -as -avi*
regadiza cosa de riego *irriguus -a -um*
regadio o regadura *irrigatio -onis*
regañar *frendo -es. Ringor -eris*
regañon viento *boreas -ae. Aquilo -onis*
regaton *minutus mercator. Institor -oris. Promercator -oris*
regatonear *promercor -aris*
regatonia *promercatura -ae*
reguizcar *rigeo -es. Truso -as*
regla *regula -ae. Canon* graece
reglar o regular cosa *regularis -e. Canonicus -a -um*
reglarmente *regulariter. Canonice*
regoldar *ructor -aris. Ructo -as*
regoldando echar *eructo -as -avi*
regueldo *ructus -us. Ructatio -onis*
regolfo *refluxus fluminis aut maris*
region o reynado *regio -onis. Regnum -i*
regir *rego -is. Guberno -as. Moderor -aris*
regimiento *regimen moderatus*

regidor *rector. Gubernator. Moderator*
regidor de ciudad *senator -oris*
regimiento de ciudad *senatus -us*
regidor de villa *decurio -onis*
regimiento de villa *decurionatus -us*
regidor uno & bueno *rex -gis*
regimiento de aqueste *regnum -i*
regidor uno de pocos buenos *optimas -atis*
regimiento de tales *optimatum principatus*
regimiento tal en griego *aristocratia*
regimiento popular *popularis principatus*
regir carro *aurigo -as. Aurigor -aris*
regidor de carro *auriga -ae. Aurigator -oris*
registro *regestum* non *registrum*
rehazer *reficio -is. Instauro -as*
rehazimiento *refectio -onis. Instauratio -onis*
rehen *obses -idis. Pignus pacis*
rehollar *proculco -as. Conculco -as*
rehusar *refugio -is. Recuso -as*
rey *rex regis. Regator -oris. Basileos* [graece]
rey pequeño *regulus -i. Basiliscus -i*
reyna *regina -ae. Basilissa* [graece]
reynar *regno -as. Impero -as*
reyno *regnum -i. Imperium -ii*
reir propio del ombre *rideo -es -si*
reir un poco *subrideo -es -si*
reir a la risa de otro *arrideo -es -si*
reir con otro *corrideo -es -si*
reir de otro *irrideo* [vel] *derrideo illum*
reir demasiado *cachinnor -aris*
reja de hierro para arar *vomis -eris*
rejalgar *aconitum -i. Myophonos -i*
rejo de cinto *fibula -ae. Ansa -ae*
relamerse *relinguo -is -xi*
relampago *fulgur -uris. Fulgetrum -i*
relampaguear *fulguro -as*
relatar *refero -fers. Narro -as*
relacion *relatio -onis. Narratio -onis*
relator *relator -oris. Enarrator -oris*
relentecerse *lenteo -es. Lentesco -is*
relentecer a otra cosa *lento -as*
relieves de la mesa *reliquiae -arum. Analecta -orum*
religion *religio -onis. Pietas -atis*
religioso *religiosus -a -um. Pius -a -um*
religiosamente *religiose. Pie* adverbia

religion falsa *superstitio -onis*
religioso assi *superstitiosus -a -um*
religiosamente assi *superstitiose*
relinchar el cavallo *hinnio -is*
relinchido *hinnitus -us. Hintus -us*
relinchar al relinchido *adhinnio -is*
relinchido assi *adhinnitus -us*
reliquias de santo *reliquiae -arum*
reliquiario do estan *reliquiarium -ii*
relox de agua *clepsydra -ae*
relox del sol *horologium solarium*
relox de sombra *horologium sciothericon*
relox de campana *horologium novum*
relox de astrolabio *horoscopum -i*
relumbrar o reluzir *luceo -es luxi*
rellanada cosa por el suelo *sessilis -e*
relleno *fartus -a -um. Refertus -a -um*
remanecer *remaneo -es -si* unde *remansio*
remanso de rio *diverticulum fluminis*
remar *remigo -as -avi*
remador *remex -gis. Remigator -oris*
remadura *remigium -ii. Remigatio -onis*
remar por debaxo *subremigo -as -avi*
remar hasta el cabo *eremigo -as -avi*
remedar *imitor -aris. Assimulo -as*
remedar en bien o mal *aemulor -aris*
remedamiento assi *aemulatio -onis*
remedamiento *imitatio -onis. Assimulatio -onis*
remedamiento *imitamen -inis. Imitamentum -i*
remedar al padre *patrisso -as -avi*
remedar al griego *graecisso -as -avi*
remedar al de Athenas *atticisso -as*
remediar *opem fero. Remedium fero*
remedio *remedium -ii*
remembrarse *memini -isti. Recordor -aris. Reminiscor -eris*
remembrar a otro *memoro -as. Commemoro -as*
remembrança *commemoratio -onis. Monumentum -i*
remendar vestidura o çapato *resarcio -is*
remendon *veteramentarius sartor*
remendon çapatero *veteramentarius sutor*
remo para remar *remus -i*
remocecer *repuerasco -is. Rejuvenesco -is*
remojar *macero -as. Remollio -is*

remojo *maceratio -onis. Remollitio -onis*
remolino de viento *turbo -inis*
remolino de agua *vorago -inis. Vertex -icis*
remolinado a s s i *voraginosus -a -um. Verticosus -a -um*
remolino de pelos o cabellos *vertex -icis*
remolino como quiera *vertex -icis. Vertigo -inis*
remolinada cosa *verticosus -a -um. Vertiginosus -a -um*
remolinarse *circuagor -eris circuatus*
remostecerse el vino *mustesco -is*
remudar *muto -as. Immuto -as*
remundar *emundo -as. Emaculo -as*
ren o riñon de animal *ren -is*
rendajo ave *avis imitatrix* novum
rendirse el vencido *dedo -is -didi*
rendir por rentar *reddo -is -didi*
rendir por gomitar *vomo -is. Evomo -is*
renegar *denego -as. Apostato -as*
renegador o renegado *apostata -ae*
reniego del renegado *apostasia -ae*
renglada o riñonada *sevum incuratum*
renglon de escriptura *linea -ae*
renombre propio *agnomen -inis*
renombre de linage *cognomen -inis*
renovar *novo -as. Renovo -as. Innovo -as*
renovacion *novatio -onis. Novatus -us*
renovar lo caido *instauro -as*
renovacion assi *instauratio -onis*
renovar el arbol o yerva *germino -as*
renuevo de arbol *germen -inis. Surculus -i*
renuevo logro o usura *faenus -oris*
renta *redditus -us. Reditus -us*
renta in portatis *vectigal -alis*
rentar lo que da renta *reddo -is -didi*
rentero que arrienda *conductor -oris*
renunciar dignidad *abdico -as. Abrogo -as*
renunciacion assi *abdicatio -onis. Abrogatio -onis*
renzilla o reñilla *rixa -ae. Jurgium -ii*
renzilloso *rixosus -a -um. Morosus -a -um*
reñir rifando *rigor -eris* unde *rixa*
reparar *reficio -is. Reparo -as. Instauro -as*
reparacion *refectio. Reparatio. Instauratio*
reparos de casa *sartatecta -orum*

repartir *divido -is. Distribuo -is. Partior -iris*

repartimiento *divisio -onis. Distributio -onis*

repentimiento *poenitentia -ae. Poenitudo -inis*

repentirse *poenitet poenitebat* imperso-nale

repicar con campanas *crepito -as* novum

repique assi *cymbalorum crepitus* novum

replicar *replico -as. Itero -as*

replicato *replicatio -onis. Iteratio -onis*

repollo de berça *cyma -ae* vel *-atis*

reportar en libro *repono -is -sui*

reportorio libro desto *repositorium -ii*

reposar *requiesco -is. Desideo -es*

reposo *quies -etis. Requies -etis. Otium -ii*

reposado *quietus -a -um. Sedatus -a -um*

repostero lo que se tiende *stragulum -i*

repostero el que lo tiende *instrator -oris*

repostero de la plata *acaliculis -is*

reprehender *reprehendo -is -di*

reprehension *reprehensio -onis*

representar *represento -as. Ago -is*

representacion *representatio -onis. Actio -onis*

reresentador *representator -oris. Actor -oris*

representador de comedias *comoedus -i*

representador de tragedias *tragoedus -i*

representador de momos *mimus -i*

representar contrahazer *imitor -aris*

representacion assi *imitatio -onis. Imitamentum -i*

representador assi *imitator -oris. Mimus -i*

reprochar *reprobo -as. Obprobro -as*

reproche *reprobatio -onis. Obprobrium -ii*

reprovar *reprobo -as. Improbo -as*

reprovacion *reprobatio -onis. Improbatio -onis*

repuesto *sarcina -ae. Impedimenta -orum*

requerir amonestando *moneo -es. Hortor -aris*

requerimiento assi *monitio -onis. Monitus -us*

requerir de amores *interpello -as*

requesta de amores *interpellatio -onis*

requerir como quiera *requiro -is -ivi*

requesta o requerimiento *requisitio -onis*

res por cabeça de ganado menor *pecus -dis*

res cabeça de ganado mayor *armentum -i*

resbalar o deleznarse *labor -eris*

resbalar a menudo *lapso -as*

resbaladero *labina -ae. Lapsus -us*

rescatar o resgatar *redimo -is -emi*

rescate o resgate *redemptio -onis*

resfriarse *perfrigeo -es. Refrigeo -es*

resfriar a otra cosa *infrigero -as. Refrigero -as*

resider hazer residencia *resideo -es*

resignar lo consignado *resigno -as*

resignacion en esta manera *resignatio -onis*

resina de arbol *resina -ae. Gummi* [indeclinabile]

resina de pino *cedria -ae. Spagas. Rasis*

resistir *obsisto -is. Resisto -is. Repugno -as*

resistencia *repugnantia. Resistentia. Obstaculum*

resolgar o **resollar** *spiro -as. Respiro -as*

respigon cerca de la uña *rediviae -arum*

respirar *respiro -as. Expiro -as*

respiracion *respiratio -onis. Expiratio -onis*

respiradero *spiraculum -i. Spiramentum -i*

resplandecer *splendeo -es. Niteo -es*

resplandecer *mico -as. Corusco -as. Fulgeo -es*

resplandeciente *nitidus -a -um. Fulgidus -a -um*

resplandor *splendor -oris. Fulgor -oris. Nitor -oris*

resplandor de cuerpo glorioso *nimbus -i*

responder *respondeo -es. Refero -fers*

responder a menudo *responso -as. Respondito -as*

responder a carta *rescribo -is*

respuesta de carta *rescriptio -onis*

responder a argumento *refuto -as. Refello -is*

respuesta assi *confutatio -onis. Refutatio -onis*

resquebrajarse *hio -as. Hisco -is. Fatisco -is*

resquebrajadura *rima -ae. Hiatus -us*
resquebrajado *rimosus -a -um. Hiulcus -a -um*
resquicio o hendidura *rima -ae. Hiatus -us*
restañar o restriñir *stringo -is. Sisto -is*
restituir *restituo -is -tui. Reddo -is*
restitucion *restitutio -onis. Redditio -onis*
restriñidora cosa *stypticus -a -um*
resurrecion *resurrectio -onis. Anastasis* [graece]
resuscitar a otro *suscito -as. Resuscito -as*
resuscitar levantarse *resurgo -is -rexi*
resuscitado de muerto *redivivus -a -um*
retablo de pinturas *tabula picta*
retajar *circuncido -is. Curto -as*
retajado *circuncisus -a -um. Curtus -a -um*
retajado judio *apella -ae. Recutitus -a -um*
retama mata conocida *genista -ae*
retardar a otro *remoror -aris*
retardarse *moror -aris. Moram facio*
retener *detineo -es. Retineo -es*
retencion *detentio -onis. Retentio -onis*
retener apretando *reprimo -is -si*
retesar las tetas *distendo -is -di*
retesamiento de tetas *distentio -onis*
retiñir el metal *tinnio -is -ivi. Re-*
retinte de moneda *tinnitus -us*
retoçar *lascivio -is -ivi*
retoço *lascivia -ae. Petulantia -ae*
retoçon *lascivus -a -um. Petulans -tis*
retoñecer los arboles *regermino -as*
retoño de arbol *regerminatio -onis*
retorcer *contorqueo -es. Retorqueo -es*
retorcedura *contorsio -onis. Retorsio -onis*
retornar en si *reciproco -as -avi*
retornado en si *reciprocus -a -um*
retorno de presente *apophoretum -i*
retratar *retracto -as. Detracto -as*
retratacion *retractatio -onis. Detrectatio -onis*
retraerse *recipio me recipis te recipit se*
retraymiento *receptus -us. Receptaculum -i*
retraerse en la batalla *cano receptui*
retraymiento o retrete *recessus -us. Penetrale -is*
retraymiento de mugeres *gynaecium -ii*
retronar *resono -as. Resulto -as*

revanada *segmentum -i. Frustum -i*
revanar *seco -as secui sectum*
revelar *revelo -as. Evelo -as*
revelacion *revelatio. Evelatio. Apocalypsis*
reverdecer *revireo -es. Reviresco -is*
reverencia, hazer *genu flecto -is. Adoro -as*
reverencia assi *genu flexio -onis. Adoratio -onis*
reverencia, catar *revereor -eris. Colo -is. Observo -as*
reverencia assi *reverentia. Cultus. Observantia*
reves *transversus -a -um. Obliquus -a -um*
revesado o traviesso *perversus -a -um*
revesar por gomitar o rendir *vomo -is*
rexa *clatrus -i. Cancelli -orum*
rexado *clatratus -a -um. Cancellatus -a -um*
rezar pronunciar alto *recito -as*
rezador desta manera *recitator -oris*
rezar como clerigo *musso -as*
rezador desta manera *mussator -oris*
rezentar hazer reziente *recento -as*
rezental cosa reziente *recens -tis*
reziente cosa fresca *musteus -a -um. Recens -tis*
rezia cosa *robustus -a -um. Rigidus -a -um*
reziura *robur -oris. Rigiditas -atis*
rezio no doliente *validas -a -um. Robustus -a -um*
reziura desta manera *valetudo -inis*
reziura despues de dolencia *convalescentia -ae*
rezma de papel *quingentenarium -ii* novum
rezmilla del genital miembro *glans -dis. Balanos* graece
rezno garrapata *ricinus -i*
ria puerto de rio *ostium fluminis*
riatillo pequeño rio *amniculus -i*
ribera de mar *litus -oris. Crepido -inis*
ribera de rio *ripa -ae. Margo -inis*
ribera de cualquier agua *margo -inis*
rico *dis ditis. Dives -itis. Opulentus -a -um. Locuples -etis. Assiduus -a -um*
rico abonado en raizes *praes praedis*
ricamente *opulenter. Opipare. Opulente*
rienda de freno *habena -ae*

riesgo *conflictus -us. Certamen -inis*
riestra de ajos o cebollas *restis -is*
rifar como perros *ringor -eris* unde *rictus*
rifadora cosa *rixosus -a -um* unde *rixa*
rigor de cosa yerta *rigor -oris. Rigiditas -atis*
rigoroso *rigidus -a -um. Rigorosus -a -um*
rigorosamente *rigide. Severe* adverbia
rima o rimero *congeries -ei*
rincon *angulus -i. Gonia* graece
rincon derecho *angulus rectus. Orthogonium -ii*
rincon agudo *angulus acutus. Oxygonion* [graece]
rincon boto *angulus obtusus. Amblygonion* [graece]
rio *flumen -inis. Fluvius -ii. Amnis -is*
rio pequeño *amniculus -i. Rivus -i*
rio que se seca a tiempo *torrens -tis*
rio perenal *amnis -is. Flumen -inis*
rio que se navega *flumen navigabile*
rio arriba *flumen adversum*
rio abaxo *flumen secundum*
ripia de madera *scandula -ae. Assula -ae*
riqueza *divitiae -arum. Opes opum. Opulentia -ae. Opulentitas -atis*
risa *risus -us. Gelos* graece
risa demasiada *cachinnus -i*
risueño *cachinno -onis. Ridibundus -a -um*
risueño en griego *gelastes*
risco de peña *crepido -inis*
robar salteando *grassor -aris. Compilo -as*
robador en esta manera *grassator -oris*
robar assi con armas *compilo -as. Expilo -as*
robar lo publico *peculor -aris. Depeculor -aris*
robador de lo publico *depeculator -oris*
robar lo sagrado *sacrum sublego -is*
robador de lo sagrado *sacrilegus -a -um*
robar a sacomano *diripio -is diripui*
robador desta manera *direptor -oris*
robar los enemigos *praedor -aris. Depraedor -aris*
robador assi *praedo -onis. Praedator -oris*
robar los ladrones *latrocinor -aris*
robador ladron *latro -onis*

robo del que saltea *grassatio -onis*
robo de armados *expilatio -onis. Compilatio -onis*
robo de la cosa publica *peculatus -us*
robo de lo sagrado *sacrilegium -i*
robo de sacomanos *direptio -onis*
robo de enemigos *praeda -ae*
robo de ladrones *latrocinium -ii*
roble arbol & madera *robur -oris*
roble arbol, en griego *platyphylos*
roble este mesmo en latin *latifolia -ae*
robledal de robles *roboretum -i*
robliza cosa rezia *robustus -a -um*
roca peña en la mar *scopulus -i. Murex -icis*
roçar *runco -as. Averrunco -as*
roça *runcatio -onis. Averruncatio -onis*
roçador instrumento *runcina -ae*
rocin cavallo arrocinado *caballus -i*
rocio *ros roris rori rorem ros rore*
rociada cosa *roscidus -a -um. Rorulentus -a -um*
rociar el tiempo *roro -as*
rociar a otra cosa *aspergo -is. Conspergo -is. Irroro -as*
rocio assi *aspergo -inis. Respersus -us. Roratio -onis*
rodar traer en derredor *roto -as*
rodar andar en derredor *rotor -aris*
rodaja instrumento para rodar *trochlea -ae*
rodavallo pece conocido *rhombus -i*
rodear *lustro -as. Ambio -is*
rodear *circuago -is circuegi*
rodear andar en rodeo *circueo -is*
rodeo *lustratio -onis. Ambitus -us. Ambages -um. Anfractus -us*
rodeo de camino *dispendium -ii*
rodeo para cargar la cabeça *circulus -i. Cesticillus -i*
rodezno de molino *vertebra -ae. Trochlea -ae*
rodilla de la pierna *genu. Gony* [graece]
rodrigon para vid *ridica -ae. Pedamentum -i*
rodrigar vides *pedo -as. Ridico -as*
roer *rodo -is. Corrodo -is. Arrodo -is*
roedura *rosio -onis. Corrosio -onis*
rofian o alcahuete *leno -onis* unde *lena*
rofianeria arte destos *lenocinium -ii*

rofianear aquestos *lenocinor -aris*
rogar al igual o menor *rogo -as*
rogando assi impetrar *exoro -as -avi*
rogar halagando *quaeso quaesumus*
rogar mal a alguno *imprecor -aris -atus*
rogarias por ruegos *preces precum*
rogar como quiera *precor -aris. Deprecor -aris*
roido de gente armada *tumultus -us*
roido, hazer estos *tumultuor -aris*
roido de cosas quebradas *fragor -oris*
roido de pies pateando *strepitus -us*
roido de dientes rechinando *s t r i d o r -oris*
roido, hazer con dientes *strideo -es. Strido -is*
roido, hazer con ira *fremo -is*
roido en esta manera *fremitus -us*
roido de murmuradores *susurrus -i*
roido, hazer assi *susurro -as. Musso -as*
rolliza cosa redonda en luengo *teres -etis*
rollo coluna desta forma *cylindrus -i*
rollo de donde ahorcan *patibulum -i*
romadizo *gravedo -inis. Rheumatismus -i*
romadizo grave *coryza -ae. Catarrhus -i*
romadizarse *perfrigeo -es. Perfrigesco -is*
romance lengua romana *sermo romanus. Sermo latinus*
romançar *in sermonem romanum verto*
romaza yerva conocida *oxylapathum -i. Rumex -icis*
romero mata conocida *ros marinus. Libanotis -idis*
romero *ex voto peregrinus -a -um*
romeria desta manera *ex voto peregrinatio*
romper batalla *confligo -is. Congredior -eris. Confero signa*
romper en otra manera *rumpo -is rupi*
romper en diversas partes *disrumpo -is*
romper por medio *perrumpo -is*
romper quitando algo *abrumpo -is*
roncar *sterto -is. Sanno -as*
ronco *raucus -a -um*
ronquedad *raucedo -inis. Raucitas -atis*
ronquido *rhonchus -i. Sanna -ae*
roncero *blandus -a -um. Adulator -oris*
ronceria *blanditiae -arum. Adulatio -onis*
roncha *vibex -icis. Exanthema -atis* [graece]

ronda lugar por do rondan *pomerium -ii*
ronda el rondador *lustrator urbis. Circitor -oris*
ronda la obra del rondar *custodia urbis*
ronda *lustrare urbem* sive *circueo urbem*
roña o sarna *scabies -ei. Psora -ae*
roñoso lleno de roña *scabiosus -a -um*
rosa flor & mata conocida *rosa -ae*
rosado de materia de rosa *rosaceus -a -um*
rosado color de rosas *roseus -a -um*
rosa montes *paeonia -ae. Glycyside -es*
rosa silvestre o gavança *cynorrhodon -i. Cynosbatos -i*
rosal *rosarium -ii. Rosetum -i*
rosca de pan o de culebra *spira -ae*
rosquilla desta forma *spirula -ae*
roxo *rutilus -a -um. Flavus -a -um*
roxo un poco *subrutilus -a -um. Subflavus -a -um*
rubi piedra preciosa *carbunculus -i. Pyropus -i*
ruda yerva conocida *ruta -ae*
ruda cosa de ingenio *tardus -a -um. Hebes -etis*
rudeza *tarditas -atis. Hebetudo -inis*
rueca para hilar *colus -i. Colus -us*
rueda de carreta *orbita -ae. Rota -ae*
rueda como de pescado *minutal -alis*
rueda cualquiera *rota -ae. Trochlea -ae*
ruego al igual o menor *rogatio -onis*
ruego al mayor *oratio -onis. Obsecratio -onis*
ruego en mal de otro *imprecatio -onis*
ruego como quiera *prex -cis. Precatus -us*
ruga de cosa arrugada *ruga -ae*
rugoso cosa arrugada *rugosus -a -um*
ruibarvo *radix barbara. Rha ponticum*
ruin *pessimus -a -um. Malignus -a -um*
ruipontigo *centauria major*
ruiseñor *luscinia -ae. Lusciola -ae. Philomela -ae*
rumiar el ganado *rumino -as. Ruminor -aris*
ruvia raiz & yerva conocida *rubia -ae*
ruvia cosa *flavus -a -um. Rutilus -a -um*
ruvia cosa un poco *subflavus -a -um. Subrutilus -a -um*

rubio encendido *rufus -a -um. Fulvus -a -um*

S

sabado *sabbatum -i. Saturni dies*
saber en mala parte *conscio -is*
saber en cosas divinas *sapio -is*
saber como quiera *scio -is scivi*
saber el manjar tener sabor *sapio -is*
sabio o sabidor de cosas divinas *sapiens -tis*
sabiduria en esta manera *sapientia -ae*
sabiamente assi *sapienter* adverbium
sabio en griego *sophos*
sabiduria en griego *sophia*
sabiamente en griego *sophos* adverbium
sabio en mal *conscius -a -um*
sabiduria en mala parte *conscientia -ae*
sabio como quiera *sciens -entis. Expertus -a -um*
sabiduria assi *scientia -ae. Prudentia -ae*
sabiamente assi *scienter. Prudenter*
sabio fingido *sophistes* [vel] *sophista -ae*
sabio experimentado *peritus -a -um*
sabidor de lo suyo solamente *idiota -ae*
sabina arbol conocido *sabina -ae. Brathy* graece
sabina yerva conocida *sabina [herba]*
sabor de manjar *sapor -oris*
sabroso manjar *sapidus -a -um*
sabroso, ser el manjar *sapio -is*
saca saco grande *saccus magnus*
sacabuche *tuba ductilis* novum
sacaliña garrocha *aclis -idis*
sacar lo enterrado *eruo -is erui*
sacar lo guardado *depromo -is. Expromo -is*
sacar una cosa de otra *subduco -is. Subtraho -is*
sacar de regla general *excipio -is. Demo -is*
sacar del seno *exsinuo -as -avi*
sacar de pielago *exgurgito -as -avi*
sacar naves del agua *subduco -is subduxi*
sacar como agua del pozo *haurio -is*
sacar vassura *erudero -as -avi*
sacar pollos las aves *excludo -is*

sacar podre o materia *exanio -as -avi*
sacar la verdad por fuerça *extorqueo -es*
saco o costal *saccus -i. Sacculus -i*
sacomano para robar *saccularius -ii*
sacre especie de halcon *hierax -acos* [graece]
sacrificar *sacrifico -as. Sacrificor -aris. Libo -as*
sacrificar ombre al muerto *parento -as*
sacrificando impetrar *lito -as -avi*
sacrificio *sacrum -i. Sacrificium -ii. Fertum -i*
sacrificio por el vencimiento *victima -ae. Hostia -ae*
sacrificio encendido *holocaustum -i. Holocautoma -atis*
sacrificio por las miesses *harumbale -is*
sacrificio en cerca de la ciudad *amburbale -is*
sacrificio de armados *armilustrium -ii*
sacrificio de ombre *parentatio -onis*
sacrificio de cien bueyes *hecatombe -es*
sacrificio de lo nacido en verano *versacrum -i*
sacrificio de buey, carnero & toro *solitaurilia -ae*
sacrificio de Ceres *thesmophoria -orum*
sacrilegio hurto de lo sagrado *sacrilegium -ii*
sacrilego el que lo comete *sacrilegus -a -um*
sacristan *aedituus -i. Aeditimus -i*
sacristania lugar de lo sagrado *sacrarium -ii*
sacudir *quatio -is quassi. Concutio -is*
sacudimiento assi *concussio -onis*
sacudir en diversas partes *discutio -is -si*
sacudir de alguna cosa *excutio -is -si*
sacudir de abaxo arriba *succutio -is*
sacudimiento assi *succussio -onis. Succussus -us*
sacerdote *sacerdos -otis. Flaminia -ae*
sacerdocio *sacerdotium -ii. Flaminium -ii*
sacerdote de Jupiter *flamen Dialis*
sacerdote de Mars *flamen martialis*
sacerdote de Romulo *flamen quirinalis*
sacerdote de lo secreto *mystes -ae*
sacerdotissa de Bacco *thyas -adis. Baccha -ae*

sacerdotissa de Vesta *sacerdos vestalis*
saeta *sagitta -ae. Spiculum -i*
saetera o tronera *cavum ballistarium*
sagrada cosa *sacer -a -um. Fanaticus -a -um*
sagrario *sacrarium. Sanctuarium -ii*
sagrario secreto del templo *adyta -orum*
sagramento juramento *sacramentum -i*
sage casi divino *sagax -cis. Praesagus -a -um*
sagitario signo del cielo *Sagittarius -ii*
sahornado de sudor *subluvidus -a -um*
sahorno desta manera *subluvies -ei. Intertrigo -inis*
sahumar *suffio -is. Suffumigo -as. Aromatizo -as*
sahumaduras *suffimenta -orum. Aromata -um*
sahumerio *suffitus -us. Suffitio -onis*
sahumador en que sahuman *suffitorium -ii*
sahumador el que sahuma *suffitor -oris*
sayal de lana grossera *sagum -i. Saccus -i*
saya de muger *tunica muliebris* novum
sayalero que obra sayales *sagarius -ii*
sayo de varon *tunica virilis* novum
sain grossura *sagina -ae. Arvina -ae*
saynete para cavar o halagar *saginula -ae*
saynar por engordar a otra cosa *sagino -as*
sayon o verdugo *carnifex -icis. Tortor -oris*
sal generalmente *sal salis. Hals halos* [graece]
sal armoniaca *ammoniacus sal*
sal que se cava de so tierra *sal fossilis*
sal en panes *sal baeticus a provincia*
salar con sal *salio -is. Salo -is*
salada cosa con sal *salitus -a -um. Salsus -a -um*
salada cosa graciosa *salsus -a -um. Facetus -a -um*
saladura de sal *salsura -ae. Salitura -ae*
sala *aula -ae. Atrium -ii. Coenatio -onis*
sala alta o aposentamiento *coenaculum -i*
sala combite publico *epulum -i*
salamanquesa animal *salamandra -ae*
salario *salarium -ii. Stipendium -ii*

salariado de publico *stipendiatus -a -um*
salero para tener sal *salinum -i. Salillum -i*
salinas do se coge sal *salinae -arum*
salinero que haze sal *salinator -oris*
salir *exeo -is. Prodeo -is. Egredior -eris*
salida *exitus -us. Egressio -onis. Exodos* graece
salir arrebatadamente *erumpo -is -pi*
salida en esta manera *eruptio -onis*
salir debaxo del agua *emergo -is*
salida en esta manera *emersio -onis*
salir a nado *enato -as*
salirse el vaso *effluo -is. Perfluo -is*
salirse el siesso *procidit sedes*
salida desta manera *procidentia sedis*
salida en bien *eventus -us. Bonus finis*
salida en mal *exitium -ii. Malus finis*
salitre sudor de tierra *nitrum -i*
salitroso lleno de salitre *nitrosus -a -um*
salitral lugar do se cria *nitraria -ae*
saliva de la boca *saliva -ae* unde *salivo -as*
salivoso lleno de saliva *salivosus -a -um*
salmon pescado conocido *salmo -onis*
salmorejo o salmuera *muria -ae*
salmuera sudor de lo s a l a d o *salsugo -inis. Salsilago -inis. Salsitudo -inis*
salmuera de sal cortida *muria dura*
salmuera de alaches *g a r u m -i. Halec -ecis*
salobre cosa de agua *amarus -a -um*
salsa para el manjar *salsamentum -i*
salsera o salsereta *salsamentarium -ii*
salsereta de donde lançan los dados *fritillus -i*
saltar *salio -is salui* vel *salivi saltum*
saltar a lexos *prosilio -is prosilui*
saltar de arriba *desilio -is desilui*
saltar de baxo *subsilio -is subsilui*
saltar atras *resilio -is resilui*
saltar hazia otra cosa *assilio -is assilui*
saltar resurtiendo atras *resulto -as*
saltar en otra cosa *insilio -is insilui*
saltar allende de algo *transilio -is transilui*
saltar contra alguno *insulto -as*
saltear a alguno *compilo -as. Expilo -as*
salteador assi *compilator -oris. Exupilator -oris*
saltear *grassor -aris. Circumvenio -is*

salteador *grassator -oris. Circumventor -oris*

saltero o montaraz *saltuarius -ii*

salto generalmente *saltus -us*

salto a salto adverbio *saltim. Saltuatim*

salud *salus -utis. Sotiria graece*

saludable cosa *salubris -e. Salutaris -e*

saludablemente *salubriter. Salutariter*

saludador *psyllus -i. Marsus -i*

saludar a alguno *saluto -as. Salvere jubeo*

salutacion en esta manera *salutatio -onis*

saludarse uno a otro *consaluto -as*

salutacion assi *consalutatio -onis*

saludar al que nos saluda *resaluto -as*

salutacion en esta m a n e r a *resalutatio -onis*

salute moneda *aureus salutaris*

salva *degustatio -onis. Libamentum -i*

salva, hazer *degusto -as. Delibo -as*

salvacion *salutare -is. Incolumnitas -atis*

salvador *salvator -oris. Soter -ros graece. Jesus*

salvados *s a l v i a t u m -i. Furfures -um. Apluda -ae*

salvage *solivagus -a -um. Silvestris -e*

salvar *salvifico -as. Salvum facio*

salvar de peligro *sospito -as*

salvo de peligro *sospes -itis. Redux -icis*

salvo como quiera *salvus -a -um. Incolumis -e*

salvo conducto de principe *fides publica*

salvia yerva conocida *salvia -ae. Elelisphacos -i*

sana cosa en si *sanus -a -um. Incolumis -e*

sana cosa a otro *salubris -e. Salutaris -e*

sanar a otros *sano -as. Sanitati restituo*

sanar el mesmo *sanesco -is. Consanesco -is*

sanable cosa *sanabilis -e. Curabilis -e*

sanaojos *ocularius medicus*

sanapotras *enterovelarius medicus*

sandia especie de melon *melo indicus*

sandio loco *sanio -onis. Insanus -a -um*

sanear la cosa *satispresto -as. Satisdo -as*

saneamiento *satisprestatio -onis. Satisdatio -onis*

sangre fuera de cuerpo *cruor -oris*

sangre en el o fuera del *sanguis -inis*

sangriento *sanguinolentus -a -um. Sanguineus -a -um*

sangriento *cruentus -a -um. Cruentatus -a -um*

sangre lluvia *profluvium sanguinis*

sangre corrompida *tabes -is. Tabi tabo* [defectivum]

sangrentar *cruento -as -avi. Sanguine inficio*

sangrar *pertundo venam. Demitto sanguinem*

sangrar en griego *phlebotomizo*

sangria *dimissio sanguinis. Venae pertusio*

sangrador *venae incisor. Phlebotomus -i*

sangradera lanceta *scalpellum -i*

sangradera de agua cogida *aquaelicium -ii*

sangradera de sulco *elix -icis. Colliquia -ae*

sangradera como quiera *emissarium -ii*

sanguaza *sanies -ei. Tabes -is*

sanguaza, sacar de algo *exanio -as*

sanguisuela *sanguisuga -ae. Hirudo -inis*

sanidad en si *sanitas -atis. Incolumitas -atis*

sanidad para otro *salubritas -atis*

santa cosa *sanctus -a -um. Sacer -cra -crum*

santo & sagrado *sacrosanctus -a -um*

santidad *sanctitas. Sanctitudo. Sanctimonia*

santificar hazer santo *sanctifico -as*

santiguar por santificar *sanctifico -as*

saña *furor -oris. Insania -ae. Ira -ae*

saña envegecida *iracundia -ae. O d i u m -ii*

saña con causa *indignatio -onis. Nemesis graece*

saña tal pequeña *indignatiuncula -ae*

sañudo *iratus -a -um. Iracundus -a -um*

sapo o escuerço *bufo -onis*

sarcia *sarcina -ae. Impedimenta -orum*

sardina pece conocido *halex -cis. Halecula -ae*

sargo pescado marino *sargus -i*

sarmiento en la vid *palmes -itis*

sarmiento para plantar *malleolus -i*

sarmiento para quemar *sarmentum -i*

sarmiento barvado *viviradix -icis*

sarmiento para provena　*tradux -ucis.*
Rumpus -i

sarmiento del cuerpo de la vid　*resex*
-ecis

sarmiento frutifero　*pampinus racematus*

sarna　hebraicum [est]　*scabies -ei. Psora*
-ae

sarnoso　lleno de sarna　*scabiosus -a -um*

sartal de cuentas　*linea calculorum*

sartal de aljofar　*linea margaritarum*

sarten　para freir　*sartago -inis. Frixorium*
-ii

sastre　*sartor -oris. Sarcinator -oris*

sastra　muger　*sarcinatrix -icis*

satiros　dioses eran de los montes　*satyrus*
-i

satirones　yerva　*satyrion -ii*

satisfazer por la deuda　*satisfacio -is*

satisfacion de la deuda　*satisfactio -onis*

sauco　a r b o l　*sambucus -i. Sabucus -i.*
Acte -es

sauze　arbol conocido　*salix -icis*

sauzedal　lugar destos arboles　*salictum -i*

sauze gatillo　arbol desta especie　*agnus*
castus

sauze para bimbres　*vitex -icis*

savana de lienço　*linteum -i. Linteolum -i*

sazon　*ab eo quod est satio -onis. Tem-*
pestivitas -atis

sazonar　*tempero -as*

secar　*sicco -as. Exicco -as. Arefacio -is*

secarse　*areo -es. Aresco -is. In- Ex-*

seco　cosa seca　*aridus -a -um. Siccus -a*
-um

seco un poco　*aridulus -a -um. Subaridus*
-a -um

secura　*siccitas. Ariditas. Aritudo*

secreta　cosa　*secretus -a -um. Arcanus -a*
-um

secreto　*secretum -i. Arcanum -i*

secretario　*secretarius -ii. A secretis*

secretario a la oreja　*secretarius ab aure*

secreto en lo divino　*mysterium -ii*

secreta　cosa assi　*mysticus -a -um*

secreto lugar en el templo　*adyta -orum*

secrestar en tercero　*sequestro -as*

secresto　en esta manera　*sequestrum -i*

secrestacion　assi　*sequestratio -onis*

sed　gana de bever　*sitis -is*

sed, aver　*sitio -is -ivi*

seda　como de puerco o cavallo　*seta -ae*

seda　o **sirgo**　non　*sericum* sed *bom-*
byx

sedadera　para assedar　*setarium -ii* novum

sedeña　cosa con sedas　*setosus -a -um.*
Setiger -era -erum

sedal　para pescar　*linea -ae. Seta -ae*

segar las miesses　*meto -is. Seco -as*

segador de miesses　*messor -oris*

segadora　cosa para segar　*messorius -a*
-um

segador de heno　*foeniseca -ae*

segazon　tiempo de segar　*messis -is*

seguir　*sequor -eris. Subsequor -eris. Inse-*
quor -eris

seguimiento　*insecutio -onis. Subsecutio*
-onis

seguidor de otro mucho　*sequax -acis*

seguir a menudo　*sector -aris*

seguimiento　assi　*sectatio -onis*

seguidor　en esta manera　*sectator -oris*

seguir acompañando　*assequor -eris*

seguidor　en esta manera　*assecla -ae*

seguimiento　assi　*assecutio -onis*

seguir assi a menudo　*assector -aris*

seguidor　en esta manera　*assectator -oris*

seguimiento　tal　*assectatio -onis*

seguir a lexos　*prosequor -eris*

seguir hasta el cabo　*persequor -eris*

segun　preposicion　*secundum. Juxta*

segundo en orden　*secundus -a -um*

segundo pan　*secundarius panis*

segundo vino　*secundarium vinum*

segur　para cortar　*securis -is. Falx -cis*

segur que corta por ambas partes　*bi-*
pennis -is

segureja　pequeña segur　*securicula -ae*

segura　cosa descuidada　*securus -a -um*

seguramente　*secure. Otiose* adverbia

segurar　*securum facio* vel *reddo*

seguridad　*securitas -atis. Otium -ii*

seguro de peligro　*tutus -a -um. Sospes*
-itis

seys　numero　*numerus senarius*

seys en numero　*sex* indeclinabile

seyscientos　numero　*sexcenarius numerus*

seyscientos　*sexcenti -ae -a. Sexcentum*

seys mill　*sex mille* sive *sex millia*

seyscientos mill　*sexcenti mille*

seyscientos millares　*sexcenta millia*

seyscientos cuentos *sex millies centum mille*

seys en orden *sextus -a -um*

seyscientos en orden *sexcentesimus -a -um*

seys mill en orden *sexies millesimus*

seys cada uno *seni senae sena*

seyscientos cada uno *sexcenteni -ae -a*

seys mill cada uno *seni milleni*

seyscientos mill cada uno *sexcenteni milleni*

seys cuentos cada uno *sexagies centeni milleni*

seys vezes adverbio *sexies*

seyscientas vezes *sexies centies*

seyscientas mill vezes *sexies centies millies*

seys tanto *sexcuplus -a -um*

seys años *sexennium -ii*

seys añal cosa de seys años *sexennis -e*

seys dias adverbio *nudius sextus*

seys en el dado *senio -onis. Venerius -ii*

seys este mesmo en griego *colias -adis*

seys vezes seys seys vezes *senio -onis*

sellar escriptura *signo -as. Obsigno -as*

sellador *signator -oris. Obsignator -oris*

selladura *signatio -onis. Obsignatio -onis*

sellar debaxo *subsigno -as*

sellador desta manera *subsignator -oris*

selladura desta manera *subsignatio -onis*

sello, quitar a lo escripto *resigno -as*

semana *hebdomas. Hebdoas. Hebdomada*

semanero *hebdomadistes -ae*

semanera cosa *hebdomaticus -a -um*

semblante de cara *vultus -us*

semble adverbio *simul. Una. Pariter*

sembrar *semino -as. Insemino -as. Prosemino -as*

sembrada *satum -i. Novale -is*

sembrar otra vez *resemino -as*

sembrar *sero -is serui satum. Prosero -is*

sembradura *satio -onis. Satus -us*

semejar uno a otro *similo -as. Assimilo -as*

semejança *similitudo. Instar. Simulacrum*

semejante *similis -e. Adsimilis -e*

semejantemente *similiter. Pariter*

semejante con otro *consimilis -e*

semental cosa *sementivus -a -um. Sationalis -e*

sementar *semento -as. Prosemino -as*

sementera *sementis -is. Satio -onis*

semiente o simiente *semen -inis. Sperma graece*

senado romano *senatus -us. Senaculum -i*

senador romano o de otra ciudad *senator -oris*

senda o sendero *semita -ae. Trames -itis*

sendos *singuli -ae -a*

seno de vestidura *sinus -us*

sentenciar *judico -as. Censeo -es*

sentencia assi *judicatio. Censura -ae*

sentencia de lo que sentimos *sententia -ae*

sentenciando dar *adjudico -as*

sentencia en esta manera *adjudicatio -onis*

sentenciando quitar *abjudico -as*

sentencia en esta manera *abjudicatio -onis*

sentenciar por alguno *judico secundum eum*

sentina de nave *sentina -ae. Nautea -ae*

sentir por algun sentido *sentio -is sensi*

sentido con que sentimos *sensus -us*

sentible cosa *sensibilis -e. Sensilis -e*

sentimiento obra de sentir *sensus -us*

sentir con otro *consentio -is. Astipulor -aris*

senzillo cosa no doblada *simplex -icis*

senzillamente *simpliciter* adverbium

senzillez no dobladura *simplicitas -atis*

seña de armados *signum -i. Vexillum -i*

señal *signum -i. Signaculum -i. Nota -ae*

señal, dar en el comprar *subarro -as*

señal en la compra *arrae -arum. Arrabo -onis*

señal de virtud en los niños *indoles -is*

señal de infamia *nota infamiae*

señalar en esta manera *noto -as*

señalar con la palma *palmo -as*

señal de la palma *vestigium palmae*

señal de la planta *vestigium plantae*

señalar con el dedo *indico -as -avi*

señal con el dedo *indicium -ii*

señal de la herida *cicatrix -icis*

señal de golpe o açote *vibex -icis*

señalar *signo -as. Designo -as. Insignio -is*

señalar *noto -as. Denoto -as. Annoto -as*

señalar con huego *inuro -is inussi*

señal de hierro assi *inustio -onis*

señalado en bien o mal *insignis -e*

señaladamente a s s i *insigniter* adverbium

señalado en virtud *egregius -a -um. Eximius -a -um*

señaladamente assi *egregie. Eximie*

señas para se entender *nutus -us*

señas en la guerra *symbolum -i. Tessera -ae*

señero *singularis -e. Solus -a -um. Solitarius -a -um*

señeramente *singulariter. Singulatim*

señor de siervos *dominus -i. Herus -i*

señora de siervos *domina -ae. Hera -ae*

señorio *dominatio -onis. Dominatus -us*

señorear *dominor -aris*

señoria de gran señor *dignatio -onis*

señor soberano *arbiter -tri*

señorio de aqueste *arbitrium -ii*

señor de casa *paterfamilias -ae*

señora de casa *materfamilias -ae*

sepulcro o sepultura *sepulchrum -i. Conditorium -ii*

sepultura *tumulus -e. Bustum -i. Mausoleum -i*

sepultura con epitafio *monumentum -i*

sepultura de piedra *sarcophagum -i. Tumba -ae*

sepultura comun *coenotaphium -ii*

sepultura nueva *caenotaphium -ii*

sepultura vana *cenotaphium -ii*

sequedad *siccitas. Ariditas. Aritudo*

sequera cosa de sequero *siccaneus -a -um*

ser *sum es fui esse futurus*

sera de esparto *fiscus -i. Fiscina -ae. Fiscella -ae*

serena de la mar *siren sirenis*

serena cosa clara *serenus -a -um. Sudus -a -um*

serenar el tiempo *sereno -as -avi*

serenar poner al sereno *sub divo expono*

sereno *divus. Jupiter. Jovis*

serenidad de tiempo *serenitas -atis*

sermon *sermo -onis. Sermocinatio -onis*

sermonar *sermocinor -aris. Sermonor -aris*

seron de esparto *fiscus sparteus*

serpiente generalmente *serpens -tis*

serpiente del agua *hydrus -i. Anguis -is*

serpiente de tierra *chelydrus -i. Chersydros -i*

serpol yerva *serpillum -i. Herpyllon* graece

serrana cosa de sierra *montanus -a -um*

serrania tierra montañesa *montes -ium*

seruenda cosa tardia *serotinus -a -um*

serval arbol conocido *sorbus -i*

serva fruta de aqueste arbol *sorbum -i*

servidor *cliens -tis. Minister -tri*

servidor bacin *trulla -ae. Scaphium -ii*

servidumbre *servitus -utis. Servitium -ii*

servil cosa *servilis -e. Vernilis -e*

servir el esclavo *servio -is. Ancillor -aris*

servir el libre *inservio -is. Famulor -aris*

servir a la mesa *ministro -as -avi*

sesenta numero *numerus sexagenarius*

sesenta en numero *sexaginta* indeclinabile

sesenta millares *sexaginta millia*

sesenta mill en numero *sexaginta mille*

sesenta cuentos *sexcenties centum mille*

sesenta mill cuentos *sexcenties millies centum mille*

sesenta en orden *sexagesimus -a -um*

sesenta mill en orden *sexagies millesimus*

sesenta cada uno *sexageni -ae -a*

sesenta mill cada uno *sexageni milleni*

sesenta vezes adverbio *sexagies*

sesenta mill vezes *sexagies millies*

sesenta tanto *decies sescuplus*

sesmo por sesta parte *sexta pars*

seso o sentido *sensus -us*

sesos por meollos *cerebrum -i*

sesudo cosa de buen seso *sensatus -a -um*

sestear tener la siesta *meridior -aris*

sesteadero lugar para siesta *aestiva -orum*

seta de lo que alguno sigue *secta -ae*

setecientos numero *septingenarius numerus*

setecientos en numero *septingenti -ae -a*

setecientos en orden *septingentesimus*

setecientos cada uno *septingeni -ae -a*

setecientos mill *septingenti mille*

setecientos mill cada uno *septingeni milleni*

setecientos millares *septingenta millia*

setecientos cuentos *septies millies centum mille*

setecientos cuentos cada uno *septie millies centeni milleni*
setecientas vezes adverbio *septingenties*
setecientas mill vezes *septingenties millies*
setenas pena del hurto *septuplum -i*
setenta parte *pars septima*
setenta numero *numerus septuagenarius*
setenta en numero *septuaginta* indeclinabile
setenta cada uno *septuageni -ae -a*
setenta en orden *septuagesimus -a -um*
setenta mill en numero *septuaginta mille*
setenta mill cada uno *septuageni milleni*
setenta mill en orden *septuagies millesimus*
setenta millares *septuaginta millia*
setenta cuentos *septingenties centum mille*
setenta cuentos cada uno *septingenties centeni milleni*
setenta vezes adverbio *septuagies*
setenta mill vezes *septuagies millies*
setiembre mes *September -bris*
seto sepes -is. *Septum -i. Sepimentum -i*
severo cosa grave *severus -a -um. Tetricus -a -um. Gravis -e. Tristis -e*
severidad *gravitas. Severitas. Tristitia*
severamente *graviter. Severiter*
sevo de animal patihendido *sevum -i*
sevo para exes *axungia -ae*
sevo derretido *sevum curatum*
sevoso lleno de sevo *sevosus -a -um*
si adverbio para afirmar *etiam*
si conjuncion condicional *si*
si alguno *siquis siqua siquod* [vel] *siquid*
si en algun lugar *sicubi* adverbium
si de algun lugar *sicunde* adverbium
si por algun modo *siqua* adverbium
si a algun lugar *siquo* adverbium
siempre biva yerva *sedum -i. Aizoon -i*
siempre adverbio *semper. Usque. Usquequaque*
sien parte de la cabeça *tempus -oris*
sierpe o serpiente *serpens -tis*
sierra par asserrar de hierro *serra -ae*

sierra pequeña assi *serrula -ae*
sierra o monte alto *mons -tis. Saltus -us*
siervo *servus -i. Mancipium -ii*
sierva *serva -ae. Ancilla -ae*
siervo pequeño *servulus -i*
sierva pequeña *servula -ae. Ancillula -ae*
siervo con otro o otra *conservus -i*
siervo con otro o otra *conserva -ae*
siervo nacido en casa *verna -ae. Vernula -ae*
siervo boçal *novicius servus*
siervo matrero *veterator servus*
siervo que se vende *venalicius -ii*
siervos generalmente *servitia -orum*
siesso el salvonor *sedes -is. Hedra* [graece]
siesta en el medio dia *aestus -us*
siete en numero *septem* indeclinabile
siete mill en numero *septem mille*
siete millares *septem millia*
siete cuentos *septuagies centum mille*
siete mill cuentos *septuagies millies centum mille*
siete cada uno *septeni -ae -a*
siete mill cada uno *septeni milleni*
siete cuentos cada uno *septuagies centeni milleni*
siete mill cuentos cada uno *septuagies millies centeni milleni*
siete en orden *septimus -a -um*
siete mill en orden *septies millesimus -a -um*
siete vezes adverbio *septies*
siete mill vezes *septies millies*
siete tanto *septuplus -a -um*
siete años tiempo *septennium ii*
sietañal cosa de siete años *septennis -e*
siete en rama yerva *pentaphyllon -i*
siglo espacio de cien años *saeculum -i*
siglo por edad de cada cosa *aevum -i*
signo por señal *signum -i. Sigillum -i*
signar *signo -as. Sigillo -as*
signar debaxo *subsigno -as -avi*
signatura *signatio -onis. Sigillatio -onis*
signatura debaxo *subsignatio -onis*
significar *significo -as. Significor -aris*
significacion *significatio -onis. Significatus -us*
significar mal venidero *portendo -is*
silencio por callamiento *silentium -ii*

silo para guardar trigo *sirus -i. Scrobs -bis*

silvo *sibilus -i. Sibila -orum*

silvar *sibilo -as. Insibilo -as*

silvar a otro en desfavor *exibilo -as*

silla para assentarse *sedes -is. Sedile -is*

silla real *solium -ii. Sedes regia*

silleta comun *subsellium -ii*

silla en griego *cathedra. Exedra*

silla de cavallo o mula *stragulum -i*

silla de cavallo en griego *ephippion*

sillero que las haze *stragularius -ii*

sima por carcel de mazmorra *ergastulum -i*

simiente *semen -inis. Seminium -ii. Sperma -ae*

simiente de nabos *rapina -ae*

simiente de cebollas *cepina -ae*

simiente de puerros *porrina -ae*

simiente de olmo arbol *samara -ae*

simonia *ambitus rerum sacrarum*

simoniaco *reus ambitus rerum sacrarum*

simple cosa no doblada *simplex -icis*

simplemente sin dobladura *simpliciter*

simpleza no dobladura *simplicitas -atis*

simular lo que no es *simulo -as -avi*

simulacion assi *simulatio -onis. Simulamen -inis*

simulacion en griego *hypocrisis. Ironia*

simulador assi *simulator -oris. Hypocrita -ae*

simuladamente *simulanter. Ironice*

sin preposicion *sine. Citra. Absque*

singular cosa *singularis -e. Unicus -a -um*

singularmente *singulariter. Unice*

siniestra cosa *sinister -tra -trum*

siniestra mano *sinistra -ae. Laeva -ae*

sino conjuncion *nisi. Si non*

sinzel instrumento de platero *caelum -i*

sinzel arte desta manera *toreutice -es*

sinzel obra desta arte *caelatura -ae*

sinzelada cosa *caelatus -a -um*

sinzelada cosa en griego *anaglyptos*

sirga manera de llevar barco *tractus -us*

sirguerito ave *carduelis pictus. Acanthis -idis*

sirgo o seda *sericum -i. Bombyx -ycis*

siringa de cirugiano *clystere oricularium*

sisa para dorar *leucophoron -i*

sisa *rerum venalium exactio extraordinaria*

sitio por assiento de lugar *situs -us*

sitio por cerco de lugar *obsidio -onis*

sitio, poner assi *obsideo -es -edi*

so preposicion *sub. Infra*

sobaco lugar so el braço *ala -ae*

sobaquina hedor *hircus -i. Virus alarum*

sobarcar *suffarcino -as*

soberado *coenaculum -i. Tabulatum -i. Contignatio -onis*

soberadar *contigno -as*

soberana cosa *supernus -a -um. Superus -a -um*

soberanamente *superne. Supreme*

sobervia *superbia -ae. Arrogantia -ae. Insolentia -ae*

sobervia cosa *superbus -a -um. Arrogans -tis. Insolens -tis*

sobervecerse *superbio -is -ivi. Insolesco -is*

soberviamente *superbe. Arroganter. Insolenter*

sobervio en hablar *superbiloquus -a -um*

sobervia en la habla *superbiloquentia -ae*

sobornal en la carga *auctarium -ii*

sobornar *suborno -as* unde *subornatio -onis*

sobra *superatio -onis. Reliquum -i*

sobrar sobrepujando *supero -as. Vinco -is*

sobrar lo que queda *supersum -es*

sobrada cosa *immodicus -a -um*

sobre preposicion *super. Supra*

sobrecarga por sobornal *auctarium -ii*

sobrenombre *cognomen -inis. Cognomentum -i*

sobrescrivir *superscribo -is* unde *superscriptio -onis*

sobreseer *supersedeo -es* unde *supersessio -onis*

sobrevenir *supervenio -is* unde *superventio -onis*

sobrino, hijo de ermano *nepos ex fratre*

sobrino, hijo de ermana *nepos ex sorore*

sobrina, hija de ermano *neptis ex fratre*

sobrina, hija de ermana *neptis ex sorore*

socarrar *amburo -is -ussi ambustum*
socarren del tejado *subgrunda -ae*
socorrer *succurro -is. Suppetias fero*
socorro *suppetiae -arum. Subsidium -ii*
sofrenar *refreno -as. Suffreno -as*
sofrenada *refrenatio -onis. Suffrenatio -onis*
soga cuerda de esparto *restis -is. Resticula -ae*
sol planeta *sol solis. Helios* graece
sola cosa *solus -a -um. Singularis -e*
sola cosa & señera *solitarius -a -um*
solamente *tantum. Solum. Dumtaxat*
solana o corredor para sol *solarium -ii*
solana viento *subsolanus -i. Apeliotes -ae*
solar cosa de sol *solaris -e. Heliacus -a -um*
solar en casa o suelo *area -ae. Solum -i*
solar echar suelo a la casa *pavimento -as*
solar de maçacote *maltho -as*
solaz consolacion con obra *solatium -ii*
solaz pequeño desta manera *solatiolum -i*
solazar en esta manera *solor -aris -atus*
soldan en aravigo rey *sultanus -i. Rex -gis*
soldada *merces -edis. Stipendium -ii*
soldado *mercenarius -ii. Stipendiatus -a -um*
soldar *solido -as. Consolido -as*
soldar travando *committo -is -si*
soldadura *consolidatio -onis. Commissura -ae*
soldar con plomo *adplumbo -as*
soldar metal o otra cosa *ferrumino -as*
soldarse la herida *coit vulnus*
soledad *solitudo -inis*
solene cosa *solemnis -e. Celebris -e*
solenemente *solemniter. Celebriter*
solenidad *solemnitas -atis. Celebritas -atis*
soler acostumbrar *soleo -es. Suesco -is*
solitario ave *passer solitarius*
soliviar lo pesado *sublevo -as*
solivio o soliviadura *sublevatio -onis*
soltar tiro *emitto -is -si. Exballisto -as*
soltar deuda *dimmitto -is -si*
soltar de prision *solvo a vinculis*
soltar sueños *conjecto somnia*
soltador de sueños *conjector -oris*
soltar lo atado *solvo -is -vi*

soltura de lo atado *solutio -onis*
soltura para mal *licentia -ae. Dissolutio -onis*
soltar el juramento *exauctoro -as*
soltera o soltera no casados *caelebs -ibis*
solteria de aquestos *caelibatus -us*
sollar como fuelles *sufflo -as -avi*
sollamar *amburo -is. Sufflammo -as*
sollo pescado notable *lupus -i*
solloço en el lloro *singultus -us*
solloçar en esta manera *singultio -is*
solloçar a menudo *singulto -as -avi*
solloçando adverbio *singultim*
somas lo mesmo es que salvados
sombra *umbra -ae. Opacitas -atis*
sombra, hazer *opaco -as. Umbro -as. Ob- Ad-*
sombrajo *umbraculum -i. Gurgustium -ii*
sombrero *umbella -ae. Petasus -i*
sombria cosa *umbrosus -a -um. Opacus -a -um*
somera cosa *supernus -a -um. Summus -a -um*
someter *submitto -is. Summitto -is -si*
somo por encima *super. Supra*
somorgujon ave *urinatrix -icis*
somorgujar nadar assi *urinor -aris*
somorgujador que nada assi *urinator -oris*
son o sonido *sonus -i. Sonor -oris*
son bueno *sonoritas -atis. Euphonia -ae*
son de trompetas *clangor tubarum*
sonajas o sonageras *sonalium -ii*
sonable cosa *sonabilis -e. Vocalis -e. Sonorus -a -um*
sonadero de mocos *emunctorium -ii*
sonar los mocos *emungo -is -xi*
sonar quebrando *crepo -as. Crepito -as*
sonar como quiera *sono -as -avi*
sonar bien *consono -as. Assono -as. Persono -as*
sonar mal *absono -as. Dissono -as*
sonar en derredor *circumsono -as*
sonda para el hondo del agua *bolis -idis*
sonido *sonitus -us. Sonus -i*
sonido de trompetas *classicum -i*
sonido de los buchetes *stloppus -i*
soñar *somnio -as. Per quietem video*

soñoliento *somnolentus -a -um. Somno sepultus. Somniculosus -a -um. Soporus -a -um*

sopa de pan *offa panis. Offula -ae. Offella -ae*

sopear mojar sopas *offas intingo -is*

sopear sojuzgar *pessundo -as. Supprimo -is*

sopeton de vid *focaneus palmes*

soplar *flo -as. Sufflo -as. Inflo -as. Perflo -as. Spiro -as*

soplar en diversas partes *difflo -as*

soplar a fuera *efflo -as. Expiro -as*

soplar hazia otro *afflo -as. Aspiro -as*

soplar *flamen. Flatus. Flabrum. Spiritus*

soportar *suffero -fers. Supporto -as*

sordo cosa que no oye *surdus -a -um*

sordo un poco *surdaster -tri*

sordedad *surditas -atis*

sordecer o ensordecer *surdesco -is*

sortear *sortior -iris sortitus*

sorteamiento *sortitio -onis. Sortitus -us*

sorver *sorbeo -es. Exorbeo -es. Absorbeo -es*

sorvible cosa que se sorve *sorbilis -e*

sorvo *sorbitio -onis. Sorbitium -ii*

sorvito sorvo pequeño *sorbitiuncula -ae*

sorvo cuanto una vez sorvemos *cyathus -i*

sosa cosa sin sal *fatuus -a -um. Insulsus -a -um*

sosedad assi *fatuitas -atis. Insulsitas -atis*

sospechar *suspicor -aris -atus*

sospecha *suspicio -onis. Suspicatus -us*

sospechoso que sospecha *suspiciosus -a -um. Suspicax -cis*

sospechoso de quien sospecha *suspicatus -a -um*

sospirar *suspiro -as -avi*

sospiro *suspirium -ii. Suspiratio -onis. Suspiratus -us*

sossacar *seduco -is -xi* unde *seductio -onis*

sossegar a otro *sedo -as. Tranquillo -as*

sossegarse el mesmo *quiesco -is*

sossegado *quietus -a -um. Tranquillus -a -um. Sedatus -a -um. Placidus -a -um*

sossiego *tranquillitas -atis. Quies -etis. Sedatio -onis. Placiditas -atis*

sostener *fulcio -is. Sustineo -es. Sustento -as*

sostenimiento *sultura -ae. Fulcimentum -i. Sustentatio -onis*

soterrar meter so tierra *defodio -is*

soterrar muerto *humo -as. Sepelio -is*

sotil cosa *subtilis -e. Argutus -a -um. Acris -e*

sotilmente *subtiliter. Argute. Acriter*

sotileza *subtilitas -atis. Argutia -ae. Acrimonia -ae*

soto *sepimentum -i. Seps* [vel] *sepes -is*

sovar la massa *depso -is. Condepso -is*

sovar cualquier cosa *subigo -is*

sovadura *subactio -onis. Subactus -us*

sovajar *attero -is. Vexo -as. Subagito -as*

sovajadura *attritus -us. Vexatio -onis*

sovina clavo de madera *subscus -udis*

suave cosa al sentido *suavis -e. Dulcis -e*

suavidad *suavitas. Suavitudo. Dulcedo*

suavemente *suaviter. Dulciter*

suave hablador *suaviloquus -a -um*

suave habla *suaviloquentia -ae*

subir *scando -is. Ascendo -is. Subeo -is*

subida *scansio -onis. Ascensio -onis*

subir en alguna cosa *inscendo -is -di*

subir con otros *conscendo -is -di*

subir traspassando *transcendo -is -di*

subita cosa *subitus -a -um. Subitaneus -a -um*

subita cosa *repens -tis. Repentinus -a -um*

subitamente *subido. Repente* adverbia

suceder a otro que precede *succedo -is*

sucessor de otro *successor -oris* unde *successio -onis*

sucessiva cosa que sucede *successivus -a -um*

sudar *sudo -as. Exudo -as. Insudo -as. Desudo -as*

sudario de lienço *sudarium -ii*

sudadero en el baño lugar *sudatorium -ii*

sudadero este mesmo en griego *hypocauston*

sudito o sujeto *subditus -a -um*

sudor *sudor -oris. Mador -oris*

suegro padre de la muger *socer -cri*

suegra madre de la muger *socrus -us*

suela de çapato *solea -ae*

suelda yerva *consolida -ae*
sueldo en la guerra *stipendium -ii*
sueldo, ganar *stipendium facio. Mereo -es*
suelo sacado a pison *pavimentum -i*
suelo de maçacote *pavimentum maltha-tum*
suelo de ladrillos *pavimentum latericium*
suelo de losas *pavimentum lithostrotum*
suelo que se aljofifa & no se barre *asarotum -i*
suelo de azulejos *pavimentum tessella-tum*
suelo de arte musica *pavimentum museacum*
suelo como quiera *solum -i*
suelto cosa no atada *solutus -a -um*
suelto lo que se puede desatar *solutilis -e*
suelto cosa diestra *strenuus -a -um. Dexter -tra -trum*
sueltas de mula o cavallo *compedes -um*
suelto de juramento *exauctoratus -a -um*
sueltamente *solutim. Solute* adverbia
sueño *somnus -i. Sopor -oris. Quies -etis*
sueño lo que soñamos *somnium -ii*
sueño vano *insomnium -ii. Insomnia -ae*
sueño verdadero *visum -i. Orama* [graece]
suero de la leche *serum -i. Orros* graece
suerte *sors -tis. Sortitio -onis. Sortitus -us*
suertes, echar *sortior -iris*
sufre o piedra sufre *sulphur -uris*
sufrir *fero fers. Suffero -fers. Tolero -as*
sufrimiento *aequanimitas. Parientia. Tolerantia*
sufrido *pariens -tis. Aequanimis -e. Tolerans -tis*
sufrible o sufridera cosa *tolerabilis -e*
sugoso *succidus -a -um. Succosus -a -um*
suyo cosa suya *suus -a -um* pronomen
sujuzgar *subjicio. Subigo. Subjugo. Subdo*
sulcar hazer sulco *sulco -as*
sulco del arado *sulcus -i. Versura -ae*
sulco en lo sembrado *lira -ae*
sulcar assi *liro -as*
sulco para sacar el agua *elix -icis*
sulfonete de piedra sufre *sulphuratum -i*
suma en la cuenta *summa -ae. Summula -ae*
sumar en la cuenta *in summan redigo*
sumario de sumas *summarium -ii*

sumir debaxo *obruo -is. Mergo -is*
superflua cosa *superfluus -a -um. Supervacaneus -a -um*
superfluamente *superflue. Supervacue*
superfluidad *superfluitas -atis. Supervacatio -onis*
superfluidad del cuerpo *excrementum -i*
supita cosa *subitus -a -um. Improvisus -a -um. Subitaneus -a -um. Subitarius -a -um. Repens -tis. Repentinus -a -um*
supitamente *subito. Repente. Derepente. De improviso. Ex tempore*
suplir lo que falta *suppleo -es -evi*
suplimiento de lo que falta *supplementum -i*
surzir o coser *sarcio -is sarsi*
surzidor *sartor -oris. Sarcinator -oris*
surzidera *sarcinatrix -icis*
suso preposicion *super. Supra*
suso adverbio de lugar *sursum*
suspenso por incierto *suspensus -a -um*
sustancia *substantia -ae. Ousia* graece
sustituir en lugar de otro *substituo -is. Sufficio -is*
suzia cosa *immundus -a -um. Spurcus -a -um. Sordidus -a -um. Foedus -a -um*
suziedad *immunditia -ae. Spurcitia -ae. Sordes -is*
suzia cosa no afeytada *squalidus -a -um*
suziedad en esta manera *squalor -oris*
suzio, estar assi *squaleo -es. Squalesco -is*
suzio por no estar lavado *illotus -a -um*
suziedad de niños *paedor -oris*
suziedad por negligencia *situs -us*

T

tabla *tabula -ae. Asser -eris*
tablado *tabulatum -i. Contignatio -onis*
tabla para contar *abacus -i. Abax -cis*
tabla pequeña assi *abaculus -i*
tablero para jugar *alveus -i. Pyrgus -i. Magis -idis*
tablero de axedrez *tabula latruncularia*
tablilla *tabella -ae. Asserculus -i*
tablillas para escrivir *tabellae -arum Pugillares -ium*

tablillas, dos para escrivir *duplices -um. Diploma -atis*

tablillas, tres para escrivir *triplices -um*

tablillas, cuatro para escrivir *quadruplices -um*

tablillas, cinco para escrivir *quintuplices -um*

taça o taçon para bever *phiala -ae*

tacha en cualquier cosa *vitium -ii*

tachar *vitium ostendo sive monstro*

tafurea para passar cavallos *hippegus -i*

taheño en la barva *aenobarbus -i*

tayta padre de los niños *tata -ae*

tajar *seco -as. Scindo -is*

tajada *segmentum -i. Scissura -ae*

taja entre dos *tessera -ae. Symbolum -i*

tal cosa *talis -e* unde *taliter*

tal cual *talis qualis. Qualiscumque*

taladro *terebrum -i. Terebellum -i*

taladrar *terebro -as. Perflo -as*

talamo de novios *thalamus nuptialis*

talante *libido -inis. Voluptas -atis*

talantoso *voluptuosus -a -um. Placidus -a -um*

talar *depopulor agros. Populor -aris*

tala *agrorum depopulatio -onis*

talega *pera -ae. Saccus -i. Mantica -ae*

talion la pena del tanto *talio -onis*

talon del animal *talus -i. Astragulos* graece

talque barro para crisoles *tasconium -ii*

talvina de cualquier cosa *cremor -oris*

tallo de yerva *caulis -is. Cauliculus -i*

tallo de yerva en griego *thallos*

tallecer la yerva *caulesco -is*

talluda cosa assi *caulescens -tis*

tamaño *tantus -a -um*

tamaño cuamaño *quantuscunque*

tamariz o atrarife mata *tamariscus -i. Tamarix -cis*

tamar *indus -i. Dactylus ex India*

tambien adverbio *aeque bene*

tambien conjuncion *quoque. Etiam*

tan adverbio para comparar *tam*

tan poco adverbio *aeque minus*

tan solamente *solum. Solummodo. Modo. Tantum. Tantummodo*

tanto *tantus -a -um. Tantulus -a -um*

tanto & medio *sesquialter -tra -trum. Hemiolos -on*

tanto & tercio *sesquitertius -a -um*

tanto & cuarto *sesquiquartus -a -um*

tantos en numero *tot* in plurali

tantos cuantos en numero *tot quot*

tantas vezes adverbio *toties,* non *totiens*

tanto por tanto nombre *talio -onis*

tanto por tanto, dar *retalio -as*

tanto que conjuncion *tantisper. Dum*

tanto o contante para contar *calculus -i*

tañer *tango -is. Pulso -as*

tañedor de cuerdas *fidicen -inis*

tañedor de flautas *tibiicen -inis. Auloedus -i*

tañedor de laud *lyricen -inis*

tañedor de coro & flauta *choraules -ae*

tañedor de gayta *utricularius -ii. Ascaules -ae*

tañedor de flautas en agua *hydraules -ae*

tañedor de trompeta *cornicen -inis*

tañedor de añafil *tubicen -inis*

tañedor de atabal o atambor *tympanistes* [graece]

tañedor de pandero o adufe *tympanistes* [graece]

tañedora destos instrumentos *tympanistria -ae*

tañedor en mortuorio *siticen -inis*

tarahe o atarfe *tamarix -cis*

tarantola animal ponçoñoso *stelio -onis. Ascalabotes -ae*

tardarse *cesso -as. Moror -aris. Demoror -aris. Immoror -aris*

tardar a otro *tardo -as. Morar -aris. Demorar -aris. Immoror -aris*

tardar o tardarse *cunctor -aris*

tardança *mora -ae. Cunctatio -onis. Cunctamen -inis*

tardador de otro *cunctator -oris*

tardador que se tarda *cessator -oris*

tardadora cosa *moratorius -a -um. Cunctatorius -a -um*

tarde del dia nombre *vesper -eris. Vespera -ae*

tarde del dia adverbio *vesperi*

tarde en el tiempo *sero* adverbium

tardia cosa assi *serotinus -a -um. Tardus -a -um*

tardia cosa en el dia *vespertinus -a -um*
tardon *cessator -oris. Cunctabundus -a -um*
tarea de alguna obra *ostum -i*
tarrenas chapas para tañer *crotalum -i*
tarro en que ordeñan *mulctra -ae. Mulctrarium -ii*
tartago *lathyris -idis. Ficus inferorum*
tartago mayor *pentadactylus -i*
tartamudo *balbus -a -um. Blaesus -a -um*
tartamudo en griego *traulos. Tryphos*
tartamudear *balbutio -is -ivi*
tarugo clavo de madera *subscus -udis*
tascar en el freno *mando -is -di*
tascos de lino *purgamenta lini*
tascos para colchon *tomentum lineum*
tassar *taxo -as. Aestimo -as. Apprecio -as*
tassador *taxator -oris. Aestimator -oris*
tassa o tassacion *taxatio -onis. Aestimatio -onis*
tavano *tabanus -i. Asilus -i. Oestrus -i*
tavarro especie de avispa *crabro -onis*
taverna de vino *caupona -ae. Copona -ae*
tavernero *caupo -onis. Copo -onis*
tavernera *caupona -ae. Copona -ae*
tavernear *cauponor -aris*
tavernera cosa *cauponius -a -um*
tea de pino *teda -ae*
tea de cedro o alerze *cedricum -i*
techar casa *tego -is texi* unde *tectum -i*
techar de çaquiçami *sublaqueo -as. Lacuno -as*
techo assi *laquear -aris. Lacunar -aris. Lacus -us*
teja arbol conocido *tilia -ae. Philyura* graece
teja de barro *tegula -ae. Imbrex -icis*
tejado o techo *tectum -i. Doma -atis*
teja para canal maestra *deliciaris tegula*
tejar do hazen tejas *tegularia figlina*
tejar do hazen ladrillos *lateria -ae*
tegero que haze tejas *tegularius figulus*
tejo *testaceum -i. Testu* indeclinabile
tejuela pedaço de teja *tegula -ae*
tela o telar para texer *tela -ae*
tela del coraçon *septum -i. Praecordia -orum*
tela esta en griego *diaphragma. Diazoma*

tela de la granada entre los granos *ciccum -i*
telaraña tela de araña *arachnea -ae*
tema por porfia *pervicacia -ae*
tematico porfiado *pervicax -acis*
temblar *tremo -is. Tremisco -is. Contremisco -is. Intremisco -is*
temblor *tremor -oris. Horror -oris*
temblar para caer *corusco -as. Nuto -as*
temblor desta manera *coruscatio -onis*
temblar la carne biva *palpito -as*
temblor assi *palpitatio -onis. Palpitatus -us*
temer *timeo -es. Metuo -is. Formido -as*
temer con pavor *paveo -es. Pavesco -is*
temer assi mucho *expaveo -es. Expavesco -is*
temer con verguença *vereor -eris*
temer con espanto *horreo -es. Horresco -is*
temer assi mucho *exhorreo -es. Exhorresco -is*
temeroso *timidus -a -um. Meticulosus -a -um. Formidulosus -a -um. Trepidus -a -um*
temeroso con pavor *pavidus -a -um. Expavidus -a -um*
temedera cosa *formidabilis -e. Horribilis -e*
temor *metus -us. Timor -oris. Formido -inis. Pavor -oris*
tempano de corcho *tympanum -i*
tempero o sazon *temperies -ei. Tempestivitas -atis*
tempestad *tempestas -atis. Procella -ae*
templar *tempero -as*
templado *temperans -tis. Temperatus -a -um*
templança *temperantia -ae. Temperies -ei. Temperamentum -i. Temperatura -ae*
templar rigiendo *moderor -aris*
templança a s s i *modus -i. Moderatio -onis*
templado assi *modestus -a -um*
templança de aqueste *modestia -ae*
templado en el vino *sobrius -a -um*
templança desta manera *sobrietas -atis*
temple lo mesmo es que **templança**
templo *templum. Delubrum. Fanum. Aedes*

templo pequeño *aedicula -ae. Sacellum -i*

temporal cosa de tiempo *temporalis -e*

temporal hasta cierto tiempo *temporarius -a -um*

temprano antes de tiempo *intempestivus -a -um*

temprano en buen tiempo *temperus -a -um*

temprana fruta *praecox -cis. Praecoquus -a -um*

temprano antes de tiempo, adverbio *intempestive*

tenazas *forceps -cipis. Forfex -icis*

tenazar con tenazas *forcipo -as*

tenazuelas para cejas *volsella -ae*

tender *tendo -is. Extendo -is. Protendo -is*

tendedero do tienden *tentorium -ii*

tendejon *tabernaculum -i. Tentorium -ii*

tendero que vende en tienda *tabernarius -ii*

tender en diversas partes *distendo -is. Dispando -is*

tender lo encogido *expando -is*

tenebregoso *tenebricosus -a -um. Tenebrosus -a -um*

tener *teneo -es tenui. Habeo -es habui*

tener en mucho *magnifacio -is. Magnipendo -is. Multifacio -is. Multipendo -is*

tener en poco *parvifacio -is. Parvipendo -is. Vilifacio -is. Vilipendo -is. Naucipendo -is. Floccipendo -is*

tener buena fama *bene audio*

tener mala fama *male audio*

teniente de fortaleza *praeses -idis*

tenencia de fortaleza *praesidium -ii*

tenor continuacion ordenada *tenor -oris*

tenor acento *tenor -oris. Accentus -us*

tentar *tento -as. Pertento -as*

tentacion *tentatio -onis. Tentamen -inis. Tentamentum -i*

tentador *tentator -oris. Tentabundus -a -um*

teñir de color *inficio -is. Tingo -is*

teñido assi *infectus -a -um. Tinctilis -e*

teñidura assi *infectio -onis. Tinctura -ae*

teñido dos vezes *dibaphus -a -um*

tercero en orden *tertius -a -um*

tercera parte *pars tertia*

tercero de quien dos confian *sequester -tris*

terceria assi *sequestrum -i*

terciar barvecho o viña *tertio -as*

terciazon de barvecho *tertiatio -onis*

terciana calentura *tertiana febris*

terciana doble *hemitritaeus -i*

terciopelo *sericum gausapinum*

terliz texido a tres lizos *trilix -icis*

termino por fin *terminus -i. Finis -is*

termino por territorio *ager -gri*

termino por linde *limes -itis. Finis -is*

termino de carrera *meta -ae*

ternero hijo de vaca *vitulus -i. Vitula -ae*

ternezuelo tierno un poco *tenellus -a -um*

ternura *teneritas -atis. Teneritudo -inis*

ternilla entre uesso & carne *cartilago -inis*

ternilloso cosa de ternillas *cartilaginosus -a -um*

terrenal *terrestris -e. Terrenus -a -um*

terron pedaço de tierra *gleba -ae*

terregoso lleno de terrones *glebosus -a -um*

terroncillo pequeño terron *glebula -ae*

terrible *terribilis -e. Horribilis -e*

terrible con crueldad *trux -cis. Atrox -cis*

territorio *territorium -ii. Ager -gri*

terruño linage de tierra *terrenum -i*

tesbique *craticius sive concraticius paries*

teso *cervicosus -a -um. Contumax -acis*

tesoneria *pervicacia -ae. Contumacia -ae*

tesoro escondido *thesaurus -i*

tesoro publico *gazophylacion [graece]. Aerarium -ii*

tesorero *praefectus aerarii. Quaestor maximus*

tesorar *congere aurum*

testar hazer testamento *testor -aris*

testamento *testamentum -i. Tabulae ultimae*

testamento de propia mano *holographum -i*

testador que lo haze *testator -oris*

testamentario *testamentarius -ii*

testigo que sella o firma *signator -oris*

testigo macho o hembra *testis -is*
testiguar *testor -aris. Testificor -aris*
testimonio *testimonium -ii. Testatio -onis*
testo no glosa *lectio auctoris*
teta *mamma -ae. Uber -eris. Rumis -is. Mammilla -ae*
tetuda de grandes tetas *mammosa. Mammeata*
texer *texo -is. Detexo -is. Subtexo -is*
texedura *textura -ae. Textus -us*
texedor *textor -oris* unde *textrix*
texida cosa *textilis -e. Textus -a -um*
texido nombre *textum -i*
texiendo adverbio *contextim*
texer en derredor *obtexo -is*
texer uno con otro *contexo -is*
texer hasta el cabo *pertexo -is*
texer a escudetes *scutulo -as*
texedor desta forma *scutulator -oris*
texida cosa assi *scutulatus -a -um*
texidor con muchos lizos *polymitarius -ii*
texida cosa assi *polymitus -a -um*
texo arbol conocido *taxus -i. Smilax -acis*
texon animal conocido *meles -is*
tia ermana de padre *amita -ae*
tia ermana de madre *matertera -ae*
tias estas mesmas en griego *theai*
tia ermana de abuelo *amita magna*
tia ermana de abuela *matertera magna*
tibia cosa *tepidus -a -um. Egelidus -a -um*
tibiamente *tepide. Egelide* adverbia
tibieza *tepiditas -atis. Tepor -oris*
tiempo *tempus -oris. Tempestas -atis*
tiempo oportuno *tempestivitas -atis*
tiempo menstruo de muger *menstruum -i*
tienda donde venden algo *taberna -ae*
tienda donde hazen algo *officina -ae*
tienda de barvero *tonstrina -ae*
tienda de boticario *pharmacopolium -ii*
tienda de especiero *aromatopolium -ii*
tienda de libros *taberna libraria*
tienda de lienço *tentorium -ii. Tabernaculum -i*
tienda de ollero *figlina -ae*
tienda de platero *aurificina -ae*
tienda de texedor *textrina -ae*
tienda de unguentos *myropolium -ii*

tienta instrumento de cirugia *specillum -i*
tierna cosa *tener -era -erum*
tierna cosa un poco *tenellus -a -um*
tierra *terra -ae. Humus -i. Ge ges* graece
tierra naturaleza de cada uno *patria -ae. Natale solum*
tierra firme *continens -tis*
tierra amontonada *agger -eris*
tilde en la escriptura *titulus -i. Apex -icis*
tilla en la nave *fori -orum. Agea -ae*
timon de carro o arado *temo -onis*
timon de governallo *clavus -i. Temo -onis*
tina de tintor *cortina -ae. Ahenum -i*
tinada de leña *strues lignorum*
tinaja de madera *contignatio -onis*
tinaja de barro *tina -ae. Dolium -ii. Testa -ae. Seria -ae. Seriola -ae*
tinaja para agua *hydria - ae. Dolium aquale*
tinta para escrivir *atramentum scriptorium*
tinta de humo *encaustum -i*
tinta de çapateros *atramentum sutorium*
tintero para tinta *atramentarium -ii*
tinte de tintor *cortina -ae. Ahenum -i*
tintor *infector -oris. Offector -oris. Bapheus -i*
tintura *infectio -onis*
tio ermano de padre *patruus -i*
tio ermano de madre *avunculus -i*
tio estos mesmos en griego *theoi*
tio ermano de abuelo *patruus magnus*
tio ermano de abuela *avunculus magnus*
tira braguero *subligaculum -i*
tirano *tyrannus -i. Dominus -i*
tirania *tyrannis -idis. Dominatio -onis*
tiranizar *tyrannidem exerceo*
tirar echando *jacio -is. Jacto -as. Jaculor -aris*
tiro aquello que se echa *telum -i. Jaculum -i*
tiro el mesmo echar *jactus -us. Jaculatio -onis*
tirar algo de lugar *aufero -fers. Tollo -is. Amolior -iris*
tiseras *forfices -um. Cultri tonsorii*

tiseretas de vid *clavicula -ae. Capreolus -i. Helix* graece
tisica dolencia *phthisis -is*
tisico doliente della *phthisicus -a -um*
titulo de libro *index -icis. Inscriptio -onis. Titulus -i*
tizne o hollin *fuligo -inis*
tiznar *fuligine inficio* sive *denigro*
tiznado *fuligine infectus* sive *denigratus*
tizon *titio -onis. Cremium -ii. Torris -is*
toca de muger o tocado *velamen -inis*
toca sagrada de monja *vitta -ae*
toca de muger alta *caliendrum -i*
toca de ombre *sudarium -ii*
toca como almayzar *sudarium setabum*
tocar con toca *velo tegere* sive *ornare*
tocar con mano o instrumento *tango -is*
tocar juntamente *contingo -is*
tocar livianamente *libo -as. Stringo -is*
tocar trompetas acometiendo *cano bellicum*
tocar las retrayendose *cano receptui*
tocar pertenecer *pertineo -es. Attineo -es*
tocante perteneciente *pertinens -tis. Attinens -tis*
tocino sin perniles *petaso -onis*
tocino pequeño *petasunculus -i*
todo en cuantidad discreta *omnis -e*
todo en cuantidad continua *totus -a -um*
todo por partes *universus -a -um*
todo juntamente *cunctus -a -um*
todopoderoso *omnipotens -tis*
todo poder de aqueste *omnipotentia -ae*
todo punto adverbio *omnino. Penitus*
tollido *debilis aliquo membro*
tomar *capio -is. Accipio -is. Sumo -is*
toma *captura -ae. Captus -us. Acceptio -onis*
tomar acechando *excipio -is*
tomar, querer assi *capto -as*
tomar por combate *expugno -as*
tomar con anzuelo *adhamo -as*
tomar prendiendo *apprehendo -is*
tomar a su cargo *suscipio -is -cepi*
tomar en buene parte *consulo boni*
tomiza cuerda de esparto *tomix -icis*
topar topetando con cuerno *cornupeto -is*

topar encontrando con otro *occurro -is. Obvio -as. Offendo -is*
topo animal conocido *talpa -ae*
toque de oro *coticula -ae. Index -icis*
toque tocamiento *tactio -onis. Tactus -us*
torcaza paloma *palumbes torquatus*
torçal *funiculus tortilis*
torcecuello ave conocida *torquilla -ae. Iynx -ngis*
torcer en derredor *torqueo -es. Intorqueo -es*
torcer lo derecho *obliquo -as. Obvaro -as*
torcer de lo bueno *distorqueo -es. Depravo -as*
torcer en diversas partes *distorqueo -es*
torcida cosa *tortilis -e. Tortivus -a -um*
torçon de tripas *tormen -inis. Torsio -onis*
torçonado desta dolencia *torminosus -a -um*
tordo ave conocida *ficedula -ae. Ampelis* [graece]
torienda vaca que se para *taura -ae*
toril para ganado vacuno *taurile -is*
tormenta de mar *tempestas -atis. Procella -ae*
tormentar *torqueo -es. Crucio -as*
tormento *tormentum -i. Supplicium -ii. Crux -cis*
tormento de cuerdas *fidiculae -arum*
tornar de do fueste *redeo -is. Remeo -is. Reverto -is*
tornada assi *reditus -us. Reversio -onis. Remeatus -us*
tornar a otro guiandolo *reduco -is -xi*
tornar lo prestado *reddo -is. Restituo -is*
tornadura medida de tierra *decempeda -ae*
tornar en nada *adnihilo -as*
tornaboda *repotia -orum*
tornar en su seso el loco *resipisco -is*
tornadizo *perfuga -ae. Transfuga -ae*
tornasol yerva *heliotropium -ii*
tornear *torno -as. Detorno -as*
torneada cosa al torno *tornatilis -e*
tornero el que tornea *tornarius -ii*
torno para tornear *tornus -i*
torno para prensar *torcular -aris. Praelum -i*

toro animal conocido *taurus -i*
toro silvestre animal *urus -i*
torondon *tuber -eris. Tuberculum -i*
torongil yerva avegera *apiastrum -i. Citreago -inis*
torongil en griego *meliphyllon*
toronjo arbol *malus citrea* sive *medica*
toronja fruto del *malum citreum* sive *medicum*
torpe cosa *torpidus -a -um. Torpens -tis*
torpedad o torpeza *tropedo -inis. Torpor -oris*
torre para defender *turris -is*
torre para combatir *turris lignea*
torre albarrana *turris extraria*
torre mocha *turris mutila pinnis*
torrear *turri cingo* sive *munio*
torreada cosa *turritus -a -um*
torrezno de tocino *lardifrustum -i*
torta *peponus -i. Placenta -ae*
tortero de huso *verticulum -i. Verticillus -i*
tortola o tortolilla ave *turtur -uris. Trygon* graece
tortuga galapago *testudo -inis*
torvellino *turbo -inis. Ecnephias* graece
tosca cosa *rudis -e. Illaboratus -a -um*
tosquedad *ruditas -atis*
tosse *tussis -is. Tussicula -ae*
tossegoso que mucho tosse *tussens -tis*
tosser *tussio -is -ivi. Extussio -is -ivi*
tostar *torreo -es -ui tostum*
tostada cosa *tostus -a -um. Torridus -a -um*
tova de dientes *scabritia dentium. Tofus -i. Porus -i*
tovajas *mantile -is. Orarium -ii. Orale -is*
trabajo *labor -oris. Ponos* graece
trabajo con passion *aerumna -ae*
trabajosa cosa *laboriosus -a -um*
trabajar *laboro -as. Elaboro -as*
trabuco *tormentum -i. Machina -ae. Balista -ae*
traçar *lineo -as. Delinio -as. Praescribo -is*
traço *liniamentum -i. Praescriptio -onis*
traer acuestas *veho -is. Adveho -is. Deveho -is. Conveho -is*
traer en si mesmo *porto -as. Fero fers*
traer en derredor *circumfero -fers*
traer guiando *deduco -is -xi*
traer por fuerça *traho -is -xi*

trafagar *versuram facio*
tragar *glutio -is. Deglutio -is. Voro -as*
tragon *gluto -onis. Barathro -onis*
tragonia *ingluvies -ei. Vorago -inis*
trago de cosa liquida *haustus -us. Cyathus -i*
trage de vestido *vestium cultus*
traicion *proditio -onis. Traditio -onis*
traidor *proditor -oris. Traditor -oris*
traicion, hazer *prodo -is -didi. Trado -is -didi*
trailla de canes *copula -ae*
trama de tela *trama -ae. Subtegmen -inis*
tramojo *copula lignea*
tranca de puerta *repagulum -i*
tranco de bestia *subsultus -us*
trançado de muger *linteum capillare*
trance de armas *singulare certamen*
trepala estruendo *strepitus -us*
trapo *pannus -i. Panniculus -i*
trapero *pannarius institor*
tras preposicion *trans. Ultra*
trasdoblar *triplico -as*
trasdoblada cosa *triplex -icis. Triplus -a -um*
trasdobladura *triplicatio -onis*
trasdoblo *triplum -i*
trasera cosa *posticus -a -um. Posterus -a -um*
trasera parte *tergum -i. Dorsum -i*
trasladar de lengua en lengua *verto -is. Transfero -fers. Interpretor -aris*
traslacion *translatio -onis. Interpretatio -onis*
trasladador *translator -oris. Interpres -etis*
trasladar escriptura *transcribo -is*
trasluzirse *perluceo -es -xi*
trasluziente cosa *perlucidus -a -um*
trasluziente en griego *diaphanes*
trasmañana adverbio *perendie*
trasmañana nombre *perendinus dies*
trasmañana diferir *perendino -as*
trasnochar *lucubro -as. Pervigilo -as*
traspassar a otro el señorio *trado -is -didi*
traspassar andando *transgredior -eris*
traspassar corriendo *praeverto -is*
traspie en la lucha *supplantatio -onis*
trasponer plantas *traspono -is. Digero -is*
trasponerse *evanesco a conspectu*

trassegar vino   o cosa liquida   *deseco -as. Elutrio -is*

trastejar la casa   *sarcire tectum*

trastejadura   *sartatectum -i*

trastornar   *supino -as. Resupino -as*

trastornada   cosa   *resupinus -a -um*

trastornadura   *resupinatio -onis*

trastornar vaso   *vergo -is. Invergo -is*

trastornar   como quiera   *inverto -is*

tratar   *tracto -as. Contrecto -as*

tratado   *tractatus -us. Tractatio -onis*

tratar negocios   *agere res*

tratante   assi   *negotiatorum gestor*

tratar mercaderia   *commercor -aris*

trato de mercaderia   *commercium -ii*

trato de cuerda   tormento   *fidiculae -arum*

travar   *necto -is. Connecto -is*

travazon   *nexus -us. Connexio -onis. Compago -inis. Compages -is*

travada   cosa assi   *compactilis -e*

travar pelea   *consero -is. Committo -is*

travessar   *oppono -is. Objicio -is*

travessura   *perversitas -atis. Versutia -ae*

traviesso   *perversus -a -um. Versutus -a -um*

trebejo de niños   *crepitaculum -i*

trebejo de axedrez   *calculus -i. Abaculus -i*

trebol   yerva conocida   *trifolium -ii*

trecho   o trocha   *tractus -us*

trefe de livianos   *pulmonarius -a -um. Phthisicus -a -um*

trefedad   dolencia   *phthisis -is*

treguas   paz a cierto dia   *induciae -arum*

treynta   numero   *numerus tricenarius*

treynta en numero   *triginta* indeclinabile

treynta mill   *triginta mille*

treynta millares   *triginta millia*

treynta cuentos   *trecenties centum mille*

treynta en orden   *tricesimus -a -um*

treynta mill en orden   *tricies millesimus*

treynta cada uno   *triceni -ae -a*

treynta mill cada uno   *triceni milleni*

treynta cuentos cada uno   *trecenties centeni milleni*

treynta vezes   adverbio   *tricies*

treynta mill vezes   *tricies millies*

treyntanario   *tricenarium -ii*

treyntena parte   *trigesima pars*

tremesina   cosa de tres meses   *trimestris -e*

trementina   *resina terebinthina*

trementina contrahecha   *resina pinea*

trena   o trença casi   *taenia -ae*

trepa de vestidura   *segmentum -i*

trepada   cosa   *segmentatus -a -um*

trepador en cuerda   *petaurista -ae*

trepa   assi   *petaurus -i*

tres   numero   *numerus ternarius*

tres en numero   *tres tria*   in plurali

tres mill   *tres mille   tria mille*

tres millares   *tria millia*

tres cuentos   *tricies centum mille*

tres mill cuentos   *tricies millies centum mille*

tres mill en orden   *ter millesimus -a -um*

tres cada uno   *terni -ae -a*

tres mill cada uno   *ter milleni -ae -a*

tres cuentos cada uno   *tricies centeni milleni*

tres vezes   adverbio   *ter*

tres mill vezes   *ter millies*

tres tanto   *triplus -a -um*

tres años espacio   *triennium -ii. Trimatus -us*

tres añal   cosa   *trimus -a -um. Triennis -e*

tres dias espacio   *triduum -i*

tres dias a   adverbio   *nudius tertius*

tres noches   *trinoctium -ii*

tres onças   *quadrans -tis. Teruncius -ii*

tres blancas   moneda   *tressis -is*

tresquilar   *tondeo -es totondi*

tresquilador   *tonsor -oris. Tondens -tis*

tresquiladora   *tonstrix -icis*

treze   numero   *numerus tredenarius*

treze en numero   *tredecim*   in plurali

trece mill en numero   *tredecim mille*

treze millares   *tredecim millia*

treze en orden   *tredecimus -a -um*

treze mill en orden   *terdecies millesimus -a -um*

treze cada uno   *terdeni -ae -a*

treze mill cada uno   *terdecies milleni -ae -a*

treze vezes   adverbio   *terdecies*

treze mill vezes   *terdecies millies*

treze tanto   *tredecuplus -a -um*

trezientos   numero   *trecenarius numerus*

trezientos en numero   *tercentum. Trecenti*

trezientos mill *tercentum mille. Trecenti mille*

trezientos cuentos *ter millies centum mille*

trezientos cada uno *treceni -ae -a*

trezientos mill cada uno *treceni milleni*

trezientos cuentos cada uno *ter millies centeni milleni*

trezientos en orden *trecentesimus -a -um*

trezientas vezes *trecenties. Tercenties*

trezientas mill vezes *trecenties millies*

tribunal donde juzgan *tribunal -is*

tributo *tributum -i. Tributus -us*

tributario *tributarius -ii. Tributorius -ii*

trigo generalmente *triticum -i*

trigo ruvion *robus -i*

trigo candial *siligo -inis*

trigo tremesino *triticum trimestre*

trigazo cosa de trigo *triticeus -a -um*

triguera yerva *cauda vulpina. Alopecuros -i*

trillo para trillar *tribulus -i*

trillar *tero -is. Trituro -as*

trillazon *tritura -ae*

trinchate *chironomon -ontis*

trinchete de çapatero *scalprum -i*

tripas generalmente *intestina -orum*

tripas delgadas *tenue intestinum. Ilia -ium*

tripas gruessas *laxum intestinum. Colon -i*

tripa ciega *alvus -i. Intestinum caecum*

tripa ayuna *intestinum jejunum*

tipa longaon *longavus -i*

triste *tristis -e. Moestus -a -um*

tristeza *tristitia -ae. Moestitia -ae*

triste, estar *tristor -aris. Moereo -es*

tristel o ayuda *clyster -eris. Clystere -is*

trobar por hallar *invenio -is*

trobador por hallador *inventor -oris*

troba por hallamiento *inventio -onis*

trobador por poeta *versificator -oris*

trobar hazer versos *versificor -aris*

trocar *commuto -as. Permuto -as*

trocatinte *versicolorius -a -um*

trocha o rastro *tractus -us*

trompa de elefante *proboscis -idis. Promuscis -idis*

trompa o trompeta derecha *tuba -ae*

trompeta de bueltas *cornu -us*

trompeta que tañe esta *cornicen -inis*

trompeta que tañe la otra *tubicen -inis*

trompeta que tañe ambas *aeneator -oris*

trompeçar *caespito -as. Incurso -as. Offendo -is*

trompeçadura *offensio pedum*

trompeçadero *offendiculum pedum*

trompillar *proculco -as. Conculco -as*

trompo o peonça *trochus -i. Turbo -inis. Strombus -i*

tronar *tono -as. Detono -as. Intono -as*

tronco de arbol *truncus -i. Stipes -itis. Codex -icis*

tronco pequeño *trunculus -i. Condicilus -i*

tronco de berça o de otra cosa *thyrsus -i*

tronera *cavus machinarius. Ballistarium -ii*

tronido o trueno *tonitrus -us. Tonitru*

tropel de gente *agmen -inis*

trotar *curso -as. Cursito -as. Subsulto -as*

trote *subsultus -us. Cursitatio -onis*

troxa de pan *horreum -i. Granarium -ii*

trucha pescado conocido *tructa -ae*

trueco o trueque *permutatio -onis. Commutatio -onis*

truhan por ganar de comer *parasitus -i*

truhanear aqueste *parasitor -aris*

truhan que mueve risa *scurra -ae*

truhaneria deste *scurrilitas -atis*

truhanear assi *scurror -aris*

trujaman en aravigo *interpres -etis*

trujamanear *interpretor -aris*

tuerto cosa no derecha *obliquus -a -um. Varus -a -um. Tortuosus -a -um*

tuerto de un ojo *luscus -i. Cocles -itis. Unoculus -i*

tuerto, hazer de un ojo *elusco -as*

tuetano del uesso *medulla -ae*

tumba sepultura *bustum -i. Tumba -ae*

tundir paño *tundo -is tutudi*

tundidor de paño *tunsor -oris*

tupir recalcando *stipo -as*

turar por durar *duro -as*

tura por duracion *duratio -onis*

turbar o turvar *turbo- as. Con- Per- Ob-*

turbada cosa *turbidus -a -um. Turbulentus -a -um*

turbadamente *turbide. Turbulente*

turma de tierra *tuber -eris*

turma de animal *testis -is. Coleus -i*

turnio de ojos *strabo -onis. Straba mulier*

turon ratoncillo del campo *nitela -ae*

turquesa *thalassites lapis. Cyaneus lapis*
turquesado color *glaucus -a -um. Cyaneus -a -um*
turron de miel & cetera *crustum -i. Crustulum -i*
tutano de uesso *medulla -ae*
tutor de menor de edad *tutor -oris*
tutela de aqueste *tutela -ae*
tutor con otro *contutor -oris*

U

ubre teta de parida *uber -eris. Mamma -ae*
ubre de puerca parida *sumen -inis*
uebra obra de un dia *opera -ae. Operula -ae*
uebra de dos bueyes *jugerum -i*
ueca cosa no maciça *cavus -a -um. Inanis -e*
ueca del huso *fusi surculus*
ueco del cuerpo del animal *thorax -acis*
uerfano con pobreza *orphanus -i*
uerfano sin padre *pupillus -i*
uerta para ortaliza *hortus -i. Hortulus -i*
uerto como vergel *viridarium -ii. Viretum -i*
uertos de plazer *horti -orum. Paradisos* graece
uesped por amistad *hospes -itis. Hospita -ae*
uesped por aposentamiento *xenoparochus -i*
uessa para enterrar *fossa -ae. Scrobs -obis*
uesso de animal *os ossis. Ossiculum -i*
uesso a uesso abverbio *ossiculatim*
ueste de gentes *exercitus -us. Copiae -arum. Manus -us*
uevo de ave o reptilia o pece *ovum -i*
uevo guero *ovum urinum*
uevo sin meaja *ovum hypenemiun* [vel] *zephyrium*
ultimo *ultimus -a -um. Extremus -a -um*
ultimamente *ultimo. Extreme*
umana o umanal cosa *humanus -a -um*
umanamente *humaniter. Humane. Humanitus*
umanidad *humanitas -atis. Facilitas -atis*
umedecerse *humeo -es. Humesco -is*
umedecer otra cosa *humecto -as. Humefacio -is*

umida cosa *humidus -a -um. Humectus -a -um*
umida cosa por defuera *udus -a -um. uvidus -a -um*
umidad *humiditas -atis. Humor -oris*
umidad continua de la tierra *uligo -inis*
umida cosa assi *uliginosus -a -um*
umilde baxo *humilis -e. Abjectus -a -um*
umildad assi *humilitas -atis. Abjectio -onis*
umilmente assi *humiliter. Abjecte*
umillar assi *humilio -as. Abjicio -is*
umilde inclinado *supplex -icis*
umildad assi *supplicium -ii. Supplicatio -onis*
umilmente assi *suppliciter*
umillarse al mayor *adoro -as*
umillandose pedir *supplico -as*
umor generalmente *humor -oris*
umor de ojos *oculorum suffusio. Hypochysis -is*
umor bueno *euchyla* [graece]; **malo** *cacochyla* [graece]
umor de cosa derretida *liquor -oris*
una vez *semel* adverbium numerandi
una & otra vez *identidem. Iterum. Iterumque*
ungir o untar *ungo -is unxi. Linio -is*
uncion *unctio -onis. Unctura -ae. Linimentum -i*
unguento *unguentum -i. Unguen -inis*
unguento para arrancar pelos *psilotrum -i*
unguento para estender nervios *acopon -i*
unguento para ablandar *malagma -atis*
unguento de arrayhan *myrtinum -i*
unguento de licores *hedysma -atis*
unguento de luchadores *ceroma -atis*
unguento de mirra *myrrhinum -i*
unguento de nardo *foliatum -i*
unguento de olores *stymma -atis*
unguentario que lo vende *unguentarius -ii*
unguentario en griego *myropoles*
ungido con unguento *delibutus -a -um*
unicornio animal *unicornis -is. Monoceros -otis*
unidad *unitas -atis. Monas -adis*
union *unitas -atis. Unio* novum est

universal cosa *universus -a -um. Catho-licus -a -um*

universalmente *universim* adverbium

universidad de cosas *universitas -atis*

universidad estudio *gymnasium -ii. Aca-demia -ae*

uno numero *unitas -atis. Monas -adis*

uno en numero *unus -a -um*

uno solo & señero *unicus -a -um*

uno solo hijo *unigenitus -a -um*

uno de dos *alter -era -erum*

uno de muchos *alius alia aliud*

uno o otro de dos *alteruter -tra -trum*

uno una vez & otro otra *alternus -a -um*

uno por cierto *quidam quaedam quoddam*

untar *ungo -is. Linio -is. Lino -is*

untadura *unctio -onis. Unctura -ae*

untador *unctor -oris. Inunctor -oris. Alip-tes -ae*

unto *adeps -ipis. Unguen -inis*

unto para exes de carro *axungia -ae*

uña de dedo *unguis -is. Unguiculus -i*

uña de animal patihendido *ungula -ae*

uñero *pterygium -ii. Paronychium -ii*

uñir bueyes o mulas o cavallos *jungo -is -xi*

uñidura *junctio -onis. Junctura -ae*

urina *urina -ae. Lotium -ii*

usar de alguna cosa *utor -eris*

usar de oficio *fungor -eris. Defungor -eris*

usar mucho de oficio *defungor -eris*

usar hasta el cabo de oficio *perfungor -eris*

usar mal de algo *abutor -eris abusus*

usar & gozar *uti. Frui* unde *usus. Fructus*

usança o uso *usus -us*

uso en mala parte *abusio -onis. Abusus -us*

usual cosa *utilis -e. Utensilis -e. Usuarius -a -um*

usura logro *foenus -eris. Usura -ae*

usurario *usurarius -ii. Foenerator -oris*

utrero de tres años *bos trimus*

uva generalmente *uva -ae. Botrys -yos*

uva canilla *sedum -i. Aizoon -i*

uva silvestre *labrusca -ae. Oenanthe -es*

uvas colgadas *uvae pensiles*

uvas passas *uvae passae*

uvas que se guardan en ollas *uvae ollares*

uvas de almuñecar *uvae dactylides*

uvas jaenesas *uvae bumastae*

uvas tempranas *uvae preciae*

V

v consonante *digamma aeolicum*

vaca *bos bovis. Vacca -ae*

vaca pequeña *bucula -ae. Vaccula -ae*

vaca torienda *quae appetit taurum taura*

vacar por muerte el oficio *vaco -as*

vacacion desta manera *vacatio -onis*

vacacion de justicia *justitium -ii*

vacacion de obra *interstitio -onis*

vado de rio o agua *vadum -i*

vadoso de muchos vados *vadosus -a -um*

vadear el rio *vado -as -avi*

vaga cosa *vagus -a -um*

vagabundo *vagabundus -a -um*

vagar andar vagando *vagor -aris. Evagor -aris*

vagar estar ocioso *vaco -as -avi*

vaya de laurel *baca lauri*

vayna de cuchillo *vagina -ae*

vayna de legumbre *siliqua -ae. Valvula -ae*

vayna, hazer la legumbre *siliquo -as*

vayo cavallo *equus gilvus*

valer precio *valeo -es valui*

valer otro tanto *aequivaleo -es. Aequi-polleo -es*

valiente *validus -a -um. Valens -tis*

valientemente *valide. Valenter*

valor de precio *pretium -ii. Valor -oris*

valor del tanto *aequivalentia -ae. Aequi-pollentia -ae*

valladar de tierra *agger -eris. Choma -atis*

vallado *vallum -i. Sepes -is. Seps sepis*

valle entre dos montes *vallis -is*

valle cercado por todas partes *convallis -is*

vallena de la mar *balena -ae*

vallico yerva *lolium -ii*

vana cosa que alcança su fin *vanus -a -um*

vanedad desta manera *vanitas -atis*

vana cosa no llena *inanis -e*

vanedad assi *inanitas -atis*
vanagloria *inanis gloria. Jactantia -ae. Arrogantia -ae. Cenodoxia* [graece]
vanaglorioso *gloriosus. Arrogans. Jactator. Jactabundus*
vanagloriosamente *gloriose. Jactanter. Arroganter*
vanagloriarse *jacto -as. Arrogo -as*
vanas palabras *nugae -arum*
vanear en palabras *nugor -aris*
vano en palabras *nugax -acis. Nugator -oris*
vanda en las armas *balteus -i*
vandear *fero suppetias. Auxilior -aris*
vandeo *suppetiae -arum. Auxilium -ii*
vandera *signum auxiliare*
vando de la ciudad *factio -onis*
vandero ombre de vando *factiosus -a -um*
vaquero *bubulcus -i. Armentarius -ii*
vara *sudis -is. Virga -ae. Vimen -inis*
vara para hostigar *fustis -is. Verber -eris*
vara real *sceptrum -i*
vara de justicia *rudis -is. Vindicta -ae*
vara de embaxador *caduceus -i*
vara de medir o alna *ulna -ae*
varal vara grande *pertica -ae. Contus -i*
varandas *menianum -i. Tabulatum -i*
varaseto *loricula -ae. Cratis -is*
varilla del cuello *jugulus -is*
varon no hembra *vir viri* unde *virilis*
vasar *vasarium -ii. Frivolarium -ii*
vaso generalmente *vas vasis. Vasum -i*
vaso pequeño assi *vasculum -i*
vaso de barro *testa -ae. Fictile -is*
vaso de dos orejas *diota -ae*
vaso de gran vientre *obba -ae*
vaso de oro *chrysendetum -i*
vaso de sinzel labrado *toreuma -atis*
vaso para bever *vas vasis. Potorium -ii. Calix -icis*
vaso para bever clarea *promulsidarium -ii*
vaso para bever ordiate *ptisanarium -ii*
vaso para manjares *vas escarium*
vaso sin hondon *barathrum -i*
vaziar *vacuo -as. Exinanio -is. Depleo -es. Exhaurio -is*
vazia cosa *vacuus -a -um. Inanis -e*
vaziamente *inaniter. Vacue*
vaziedad *inanitas -atis. Vacuitas -atis*

vedar *veto -as. Prohibeo -es. Inhibeo -es*
vedamiento *vetatio -onis. Prohibitio -onis*
vedegambre *helleborus -i. Veratrum -i*
veer *video -es. Cerno -is. Aspicio -is*
vega campo llano *campus -i*
vega que se labra *ager cultivus*
vegada por vez *vicis vicem vice*
veynte numero *numerus vicenarius*
veynte en numero *viginti* indeclinabile
veynte mill en numero *viginti mille*
veynte millares *viginti millia*
veynte cuentos *ducenties centum mille*
veynte mill cuentos *ducenties millies centum mille*
veynte mill en orden *vicies millesimus*
veynte cada uno *viceni -ae -a*
veynte mill cada uno *viceni milleni*
veynte vezes adverbio *vicies*
veynte mill vezes *vicies millies*
veynte tanto *bis decuplus -a -um*
veynte años tiempo *vicennium -ii*
veyntañal cosa de veynte años *vicennalis -e*
veynte blancas moneda *vigessis -is*
vejedad de tiempo *antiquitas -atis. Vetustas -atis*
vejez de persona *senectus -utis. Senecta -ae. Senium -ii*
vejez de viejo que desvaria *senilitas -atis*
vejez de vieja assi *anilitas -atis. Anas -atis*
vejezuelo *vetulus -i. Senectio -onis*
vejezuela *vetula -ae. Anicula -ae*
vela de nave *velum -i. Supparum -i. Linteum -i*
vela para hazer sombra *velum -i. Peripetasma -atis*
vela candela *lucerna -ae. Candela -ae*
velada a la candela *lucubratio -onis*
velar a la candela *lucubro -as*
vela de la noche *vigilia -ae. Vigilium -ii*
vela de la prima *prima vigilia*
vela de la modorra *secunda vigilia*
vela de la modorrilla *tertia vigilia*
vela del alva *quarta vigilia*
velador desta manera *vigil -is*
velador toda la noche *pervigil -is. Pernox -octis*
velada toda la noche *pervigilium -ii*
velar la noche *vigilo -as*

velar toda la noche *pervigilo -as*
velar hasta el cabo *evigilo -as*
velar los novios *sancire matrimonium*
velarse el varon *uxorem ducere*
velarse la muger *nubere viro*
veleño yerva c o n o c i d a *herba insana.*
Hyoscyamus -i
veleta de vara de pescador *tragula -ae*
velo o toca de muger *velamen -inis*
velo sagrado como de monja *vitta -ae*
velo del templo *cortina -ae*
vellaco *turpis -e. Inhonestus -a -um*
vellaqueria *t u r p i t u d o -inis. Inhonestas*
-atis
vellaco de la palanca *palangarius -ii*
vellocino o vellon *vellus -eris. Velumen*
-inis
vello de pelos sotiles *villus -i*
velloso destos pelos *villosus -a -um*
vello de barva *lanugo -inis*
velloso de pelos asperos o sedas *hirtus*
-a -um. Hirsutus -a -um
velludo de mucho vello *villosus -a -um*
vena generalmente *vena -ae*
vena de sangre *sanguinis vena*
vena sotil de sangre *fibra -ae*
vena de ayre o spiritus *arteria -ae*
vena ñudosa de piernas *varix -icis*
vena de piedra *lapidis vena*
vena de agua *aquae vena*
venage o raudal del rio *profluens -tis*
venablo de montero *venabulum -i*
vencer *vinco -is. Supero -as. Evinco -is*
vencimiento *victoria -ae. Superatio -onis*
vencedor *victor -oris. Superator -oris*
vencer en el pleyto *evinco -is*
vencimiento de pleyto *evictio -onis*
vencedor en juegos sagrados *hieronica*
-ae
vencimiento de los que huyeron *tro-*
phaeum -i
vencimiento legitimo *triumphus -i*
vencimiento figuradamente *palma -ae*
vencejo o arrexaque ave *cypsellus -i*
vencejo para atar *vinculum -i*
venda de lino *lemniscus -i. Splenium -ii*
vender *vendo -is. Venundo -as*
vender en almoneda *addico -is -xi*
vender por menudo *divendo -is. Dis-*
traho -is
vendedor de mercaderias *institor -oris*

vendedor de siervos *mango -onis*
vendedor de vestiduras *vestiarius -ii*
vendedor de perfumes *aromatopola -ae*
vendedor de unguentos *myropola -ae*
vendedor de libros *bibliopola -ae*
vendido, ser *veneo -is venii*
vendimia tiempo de vendimiar *vindemia*
-ae
vendimiar *vindemio -as*
vendimiador *vindemiator -oris. Vinitor*
-oris. Trygeter graece
vengar *ulciscor -eris. Vindico -as*
vengança *ultio -onis. Vindicta -ae*
vengador *ultor -oris. Vendicator -oris*
vengadora *ultrix -icis. Vindicatrix -icis*
venidero que a de venir *venturus -a*
-um
venidero que a de ser *futurus -a -um*
venino ponçoña *venenum -i. Pus puris*
venenoso ponçoñoso *venenosus -a -um*
venir *venio -is. Advenio -is*
venida *adventus -us*
venir a la memoria *subvenit. Occurrit.*
Venit in mentem
venir en suerte *obvenio -is*
venta taberna en el camino *caupona -ae*
ventero della *caupo -onis. Copo -onis*
venta *venditio -onis. Venundatio -onis*
venta en almoneda *addictio -onis*
venta por menudo *distractio -onis*
venta a quien da mas *auctio -onis*
ventaja *primae -arum. Victoria -ae*
ventaja, dar *primas concedo. Cedo -is*
ventana o finiestra *fenestra -ae*
ventana enrrexada *fenestra clatrata*
ventosa cosa de viento *ventosus -a -um*
ventosa medicinal *cucurbita -ae*
ventura *fortuna -ae. Casus -us*
venturera cosa *fortuitus -a -um*
venturoso *fortunatus -a -um*
ver o veer *video -es. Cerno -is*
verano propiamente *ver -eris*
verano, ser o hazer *verno -as*
veraniega cosa *vernus -a -um. Vernalis*
-e
veras no burlas *serius -a -um*
verbena yerva conocida *verbenaca -ae*
verbena *peristereon graece. Hierabota-*
ne graece
verdad *veritas. En griego Alethia*

verdadera cosa *verus -a -um. Verax -acis*

verdadero en lo que dize *veridicus -a -um*

verde cosa en color *viridis -e. Glaucus -a -um*

verde cosa que luze *viridans -tis*

verde el mesmo color *viriditas -atis*

verdecerse *vireo -es. Viresco -is*

verdeguear *virido -as*

verdura *viriditas -atis*

verdolaga yerva *portulaca -ae. Andrachne -es*

verdugo o sayon *carnifex -icis*

vereda *semita -ae. Trames -itis*

verga o vara *virga -ae. Fustis -is*

vergajo de toro *taurea -ae*

verguença *pudor -oris. Verecundia -ae*

vergonçosa cosa *verecundus -a -um. Pudibundus -a -um*

vergonçosamente *verecunde. Pudenter*

verguença, aver *verecundor -aris. Vereor -eris. Pudet pudebat* impersonale

verguença con infamia *propudium -ii*

vergonçosa cosa assi *propudiosus -a -um*

verguenças de varon o muger *pudenda -orum*

verguenças de varon *veretrum -i*

verguenças de puerta *anta -ae*

vergel *viridarium -ii. Viretum -i. Xystus -i*

veste lo mesmo es que **vestidura**

vestidura generalmente *vestis -is. Amictus -us. Induviae -arum. Indutus -us. Indumentum -i. Vestimentum -i*

vestidura sin mangas *colobium -ii*

vestidura con mangas *chiridota -ae*

vestidura remendada *cento -onis*

vestidura enforrada *abolla -ae. Synthesis -is. Diplois -idis*

vestidura para el campo *campestre -is*

vestidura del cuerpo solo *perizoma -atis*

vestidura sin costura *adasum -i*

vestidura vellosa *gausape -is. Gausapum -i. Tapes -etis. Tapetum -i*

vestidura vellosa por ambas p a r t e s *amphimalla -ae. Amphitapa -ae*

vestidura muelle *multicium -ii*

vestidura para remudar *mutatorium -ii*

vestidura romana *toga -ae*

vestido desta vestidura *togatus -a -um*

vestidura real *trabea -ae*

vestidura interior *tunica -ae. Interula -ae*

vestido desta vestidura *tunicatus -a -um*

vestido de blanco *albatus -a -um*

vestido de luto *pullatus -a -um. Atratus -a -um*

vestido de xerga o sayal *sagatus -a -um*

vez *vicem vice. Vicissitudo -inis*

vez primera *primum* vel *primo*

vez segunda *iterum. Bis* adverbia

vezino de barrio *vicinus -a -um*

vezino con otro *convicinus -a -um*

vezindad *vicinia -ae. Vicinitas -atis*

vezindad con otro *convicinium -ii*

vezino en terminos *confinis -e. Conterminus -a -um*

vezindad assi *confinium -ii. Affinitas -atis*

via camino *via -ae. Iter -ineris*

vianda *victus -us. Cibus -i*

viandante *viator -oris*

vicario que tiene vez de otro *vicarius -ii*

victoria vencimiento *victoria -ae. Palma -ae*

victorioso *victor -oris. Victoriosus -a -um*

vicio *luxus -us. Luxuria -ae. Asotia -ae*

vicioso *luxuriosus -a -um. Asotus -a -um*

vid o p a r r a o cepa *vitis -is. Ampelos* graece

vid sin braços *vitis capitata*

vid con braços *vitis bracchiata*

vid abraçada con arbol *vitis arbustiva*

vid echada de cabeça *mergus -i*

vid enhiesta sin rodrigon *orthampelos -i*

vida duracion del bivir *vita -ae*

vidrio o vidro *vitrum -i. Hyalus -i*

vidriero *vitriarius -ii*

vidriol romano o c a p a r r o s a *chalcanthum -i*

vidueño de vides *vitis genus*

viejo ombre de mucha edad *senex -is. Vetulus -i*

vieja muger de edad *anus -us. Vetula -ae*

vieja cosa *vetus -eris. Antiquus -a -um. Vetustus -a -um. Priscus -a -um*

viejo en la guerra *veteranus -i*

viento *anima -ae. Spiritus -us. Flabrum -i. Flamen -inis*

viento liviano *aura -ae*

viento rezio *ventus -i. Anemos* graece
viento con agua a refriega *nimbus -i*
viento en popa *ventus secundus*
viento en prora *ventus adversus*
viento de tierra en la mar *altanus -i*
viento que atrae las nuves *caecias -ae*
viento en los dias caniculares *etesiae -arum*
viento del oriente verdadero *subsolanus -i*
viento este mesmo en griego *apeliotes*
viento del oriente invernal *vulturnus -i*
viento este mesmo en griego *euros*
viento del oriente estival *aquilo -onis*
viento este mesmo en griego *boreas*
viento del ocidente verdadero *favonius -ii*
viento este mesmo en griego *zephyros*
viento del ocidente invernal *africus -i. Libs -ibis*
viento este mesmo en griego *lips*
viento del ocidente estival *corus -i*
viento este mesmo en griego *argestes*
viento septentrional *septentrio -onis*
viento este mesmo en griego *aparctias*
viento meridional *auster -tri*
viento este mesmo en griego *notos*
viento entre oriente & austro *euronotus -i*
viento entre oriente & abrigo *libonotus -i*
viento entre gallego & cierço *meses -ae*
viento entre oriente & cierço *caecias -ae*
viento propio de Francia *circius -ii*
viento en la marea *olympias -adis*
viento en Apulia *iapyx -ygis*
viento de mediado hebrero *ornithias -ae*
viernes *dies Veneris. Feria sexta*
viga para edificio *tignus -i. Tignum -i*
viga pequeña tal *tigillum -i*
viga que buela como can *tignus projectus*
viga que descansa en pared *tignus immissus*
viga de lagar *praelum -i*
viga cualquiera *trabes -is*
viga pequeña assi *trabecula -ae*
vigornia de albeytar *incus veterinaria*

vigilia o velada *vigilia -ae. Pervigilium -ii*
vil cosa de poco precio *vilis -e*
vileza poco precio *vilitas -atis*
vilecerse en el precio *vilesco -is*
villa cercada *castrum -i. Castellum -i*
villa con juridicion *municipium -ii*
villano que mora en villa *castellanus -a -um*
villano no escudero o cavallero *paganus -i*
villano no hidalgo *illiberalis -e*
villano en la criança *rusticus -a -um*
villania en la criança *rusticitas -atis*
vimbre cualquier vara *vimen -inis*
vinagre vino corrompido *acetum -i*
vinagrera vaso para el *acetarium -ii*
vinar barvecho *offringo -is*
vinar viña *repastino -as -avi*
vinatero que trata vino *vinarius -ii. Vinitor -oris*
vinda vanda al traves *balteus inversus*
vino generalmente *vinum -i. Temetum -i*
vino puro sin agua *merum -i*
vino rebotado o desvanecido *vappa -ae*
vino cozido *defrutum -i*
vino bastardo *vinum passum*
vino de mosto torcido *vinum tortivum*
vino aguapie *lora -ae. Vinum secundarium*
vino espesso de mucha hez *rubellum -i*
vino de trigo *zythum -i*
vino de mançanas *sicera -ae*
vino aguado *vinum dilutum* vel *mixtum*
vino con especias *myrrhina -ae*
vino con miel *mulsum -i. Oenomeli -itos*
vino blanco *amineum vinum*
vino tinto *vinum rubeum*
vino dorado *vinum gilvum*
viña lugar de vides *vinea -ae*
viñadero que la guarda *vinitor -oris*
viñedo lugar de viñas *vinetum -i*
violeta flor conocida *viola -ae*
violado de violetas *violaceus -a -um*
violado en griego *ianthinos -e -on*
violar lugar de violetas *violarium -ii*
vira para coser madera *subscus -udis*
vira especie de saeta *sagitta -ae*
virey rey por otro *prorex -regis*

virgo de donzella *flos aetatis. Eugion*
   graece
virgen o donzella *virgo -inis. Virguncula
   -ae*
virginidad *virginitas -atis*
visagra de mesa *mensae vertebra*
visage *distorsio oris* vel *vultus*
visible cosa que se puede ver *visibilis -e*
vision en sueños *visum -i. Orama* [grae-
   ce]
vision que parece de noche *phantasma
   -atis. Lemures -um*
visitar ir a ver *viso -is. Inviso -is*
visitar a menudo *visito -as*
visojo *strabo -onis. Luscinius -ii*
visoja *straba -ae. Luscinia -ae*
vista *visus -us. Visio -onis*
vista de los ojos *oculorum acies*
vistuario de vestiduras *vestiarium -ii*
vituallas para ueste *commeatus -us*
vihuela *lyra -ae. Barbitos*
vizcocho pan dos vezes cozido *copta -ae*
vizconde *vice comes -itis*
vocal letra que suena por si *vocalis -is*
vocativo caso *vocativus -i. Vocandi casus*
voluntad razonable *voluntas -atis*
voluntad antojo *appetitus -us*
voluntad de dios *numen -inis*
voluntarioso *voluntarius -a -um*
voluntariosamente *volenter*
votar hazer voto *voveo -es vovi. Vota
   suspicio* vel *concipio*
voto desta manera *votum -i*
votar dar el voto *suffragor -aris*
voto desta manera *suffragium -ii. Punctum -ii*
vuestra cosa *vester -tra -trum*

vulgar cosa comun *vulgaris -e*
vulgarmente *vulgariter*

X

xabon *sapo -onis. Smegma* [graece]
xabonero *saponarius -ii. Saponaria -ae*
xabonera yerva *herba fullonum. Borith*
xaquima de bestia *camus -i*
xara mata conocida *lada -ae. Cisthos -i*
xarafe de medicina *potio -onis*
xarafe para gomitar *tropis -is*
xaramago yerva *armoracia -ae*
xeme medida *semipes -pedis*
xenabe o mostaza *sinapis -is*
xerga o sayal *sagum -i*
xergon *culcitra stramenticia*
xibia pescado conocido *sepia -ae*
xibia pequeña *sepiola -ae*
xibion para plateros *sepium -ii*
ximia o mona *simius -ii. Simia -ae*
xugosa cosa *succidus -a -um*

Z

zangano de colmena *fucus -i*
zaque para agua *ascopa -ae*
zarco o garço de ojos *glaucus -i*
zarca o garça de ojos *glaucopis -idis*
zargatona simiente *psyllion -ii*
zebra animal conocido *mula syria*
zebratana *zarbatana -ae* novum
zorro o raposa *vulpes -is*
zorra pequeña *vulpecula -ae*
zorzal ave conocida *turdus -i*
zumbar *susurro -as. Bombito -as*
zumbido *susurrus -i. Bombus -i*

EPILOGUS

Ad indolis egregiae liberos magnifici atque proinde splendidissimi ex equestris ordinis viri Michaelis Almazani a secretis regum clarissimi Ferdinandi regis. Aelius Antonius Nebrissensis, historicus regius

Salutem Plurimam Dicit

Libet mihi paulisper jocari vobiscum, filii carissimi. Sic enim volui vos interim appellare sive aetatis, sive doctrinae, sive amoris pietatisque ratione. Fuit me juvene Evangelista quidam nomine vir inter primores hispanos atque in curia regali prope semper versatus, alioquin natura perquam facetus. Is cum itinere quodam assectaretur Arevacorum ducem, perventumque esset in bivium, quod indiscreta differentia se partes in duas findebat, interrogatus ab ipso duce utra ex illis ad locum destinatum perduceret, "Utramque," respondit, "o clarissime dux, simul arripito. Isto namque modo non aberrabis." Cum mensibus proximis Bilbili cum pientissima matre vestra hibernaretis, accepti litteras a praelectore vestro Lastra quibus faciebat me cerciorem et vos bene valere atque in praeceptis artis grammaticae illis maxime quae in promptu esse debent, satis commode institutos. Laetatus sum, ita me Deus bene amet, pervenisse vos jam ad bivium, quaeadmodum ait Poeta, partes ubi se via findet in ambas. Non dico illas quarum altera tendit ad Elisios, altera ad pallentes umbras Erebi noctemque profundam, * sed ad illas quibus insistunt latini sermonis studiosi. Quas ego nunc vos cum Evangelista meo simul arripere hortor et moneo; non enim altera obstat alteri, cujusmodi erant illae de quibus interrogatus respondit, quin potius alterutra alterius auxilio recreata ad

---

* "pallentes umbras Erebi noctemque profundam": Virgilio, *Eneida*, libro 4, verso 26.

destinatum finem perducit. Quae sunt, dicetis, duae illae viae quibus tantopere jubeo vos insistere? Nemirum ut latinam lectionem vertatis in sermonem hispanum atque e diverso latinis hispanas voces permutetis. Non obstat alterum studium alteri; immo se invicem juvant cum eadem sit via Thebis Athenas et Athenis Thebas, exemplum dialecticis familiare quod jam in proverbium abit. Quaedam enim sunt opera quae nisi e contrario nitentibus profici non possunt, quemadmodum mulierculae duae linthea polientes. Cum humorem conceptum exprimere volunt, numquam efficient quod ambae intendunt nisi utrinque obluctantes distorqueant. Utram libet institeritis viam, jucundissimi filii, duos mitto vobis duces atque studiorum vestrorum probos adjutores, alterum qui vobis latinos auctores legentibus praesto sit cum in reconditioris alicujus significationis verbum incideretis, alterum quem possitis consulere quoties a praeceptore vestro proposita hispana thesis latino sermoni vobis reddenda fuerit. Sic enim et latina hispanis et hispana latinis commodissime permutabitis. Valete patris optimi atque proinde nobilissimi voluptas et altera spes. Salmanticae Kalendis Aprilibus. Anno MDXIII.

Aelii Antonii Nebrissensis grammatici dictionum hispaniarum in latinum sermonem translatio explicita est atque impressa Hispali. Anno a natali christiano millesimo quingentesimo decimo sexto, tertio Kalendas Majas absoluta in domo Joannis Varelae, salmanticensis.